寻访山西古庙

晋中、晋北篇

连 达◎著

清华大学出版社

北京

图书在版编目（CIP）数据

寻访山西古庙 . 晋中、晋北篇 / 连达著 . —北京 : 清华大学出版社，2020.4（2024.9重印）
ISBN 978-7-302-54762-4

Ⅰ . ①寻… Ⅱ . ①连… Ⅲ . ①古建筑—介绍—山西 Ⅳ . ① K928.71

中国版本图书馆 CIP 数据核字（2020）第 005401 号

责任编辑：孙元元
封面设计：杨大炜
版式设计：环宇智汇
责任校对：王荣静
责任印制：杨 艳

出版发行：清华大学出版社
　　　网　　址：https://www.tup.com.cn，https://www.wqxuetang.com
　　　地　　址：北京清华大学学研大厦 A 座　　邮　编：100084
　　　社总机：010-83470000　　　　　　　邮　购：010-62786544
　　　投稿与读者服务：010-62776969, c-service@tup.tsinghua.edu.cn
　　　质量反馈：010-62772015, zhiliang@tup.tsinghua.edu.cn
印装者：三河市春园印刷有限公司
经　销：全国新华书店
开　本：182mm×260mm　　印　张：27　　字　数：532 千字
版　次：2020 年 4 月第 1 版　　印　次：2024 年 9 月第 6 次印刷
定　价：99.00 元

产品编号：079193-02

序

这个 9 月，在凤凰网组织之下，我们一行重访了佛光寺、五台山。行程中得连达赠我两种他的山西古建筑手绘画册和寻访记录。连达对山西古建筑热爱之深，其绘画功底之扎实、功夫之巨，让我非常感动。

特别是他在佛光寺大殿台基上展开几幅原作时，其尺幅之大令人震惊。一般作钢笔画时，以速写本或 A4 纸的开本为多。想不到连达的中国古建筑写生竟然使用大纸，40 多厘米高，一二米长的大幅，全部用钢笔单线写生绘成。当时在场的每一个人看到这些心血之作时，无不感动、震惊。

我立刻回想起八十多年前，"七七事变"爆发前两天，梁思成、林徽因先生从佛光寺大梁上和门前的石经幢上同时找到了可以为佛光寺的断代铁证，从而终于证明了佛光寺是唐代古建筑的真实遗存——那一光辉的时刻，将永志史册。

八十多年过去，中华大地历经抗日战火、解放战争烽烟、各种政治运动、改革开放大潮……所幸，佛光古刹、应县木塔等国宝还能保存至今。中华民族文化遗产的保护，党和国家十分重视，一再重申。但是实践中，由于利益驱使和无知造成的破坏从未停止，形势相当严峻。因而必须大力提高全民对保护文化遗产的认识，加强宣传力度。

连达从事古建筑手绘已经二十多年。他不是学建筑的，也不是学历史、考古、美术的，全出于对中国古建筑的热爱，一下子就投入古建筑手绘之中，"越陷越深"。他的画全部是实地写生，全靠目测徒手墨线绘成。特别难得的是，他绘成的古建筑比例准确、形象逼真。庙宇的开间比例，柱子的高广比例，斗栱的形、数、关系都十分精准。这些线画不是工程测绘图、不注尺寸，却可以成为实物照片和测绘图的极好对照，比测绘图更形象、更有温度。

连达古建筑手绘已经有了自己的风格，不是钢笔速写的画法。传统的钢笔速写线条虽然可以使全的画更具艺术感，但是，他保持自己已经形成的风格是更重要的。

祝连达获得更大成功！

罗健敏

自 序

　　山西省保存下来的古建筑实在太多了，我在上一册书里记录了晋东南和晋南的乡野古建筑，得到了读者朋友们的热烈支持与响应，这说明关注和热爱古建筑及传统文化的人越来越多了，令我颇为欣慰。同时我也不曾停下自己寻访和绘画的脚步，继续奔波在山西的土地上，对山西中部和北部地区的乡野濒危古建筑进行写生记录。又经过了三年的"上山下乡"，努力拼搏，我终于完成了这册"晋中、晋北篇"，使《寻访山西古庙》成为一部完整的作品集。这既是对自己二十年摸索绘画、记录古建筑的一次总结，也是对山西极其丰富且堪称伟大的古建筑遗存的全面搜集和整理，更是对自己青春时光乃至人生选择的一个交代。

　　人的一生总要找到一条适合自己且积极向上的道路才好，我很庆幸在二十岁出头的时候把自己毕生的兴趣和祖国的传统建筑文化结合在一起，认准这条路，哪怕再难再险，哪怕面对无数的不解与压力，我都一直坚持下来了。回头看看，自己曾经年轻的身影和坚定的足迹都同传承了千百年的古建筑联系在一起，自己笨拙的画笔曾经画出了那么多消逝的景物。哪怕两鬓已经发白，头发日渐稀疏，哪怕背了二十年的大背包越发显得沉重，自己也不再健壮结实，轻抚和审视着心血凝成的作品，心中是充实和满足的。自己以一介草莽，能够从发自于灵魂深处的热爱出发，为我们的祖国记录下珍贵而濒危的瑰宝，略尽匹夫之责，也大有不负此生之感。

　　随着当代城市化的加速，古老乡镇村庄传统风貌的改变与古建筑的消亡越来越快，这是一股无可阻挡的历史洪流。想多留住一些珍贵的记忆、阻止更多违背文保原则的对古建筑的破坏性建设行为，虽然是我的愿望，可惜自我估量，心余力绌，所能选择的最适合自己能力的方式，也就是以写生绘画的形式记录古建筑最后的面貌而已。在三晋大地奔波的这些年，风霜雨雪，冷暖自知，有人说我有一种可贵的情怀，有人认为我做了一件了不起的大事，也有人说我是一心贪玩，置家庭和妻女于不顾……其实我只不过是在咬紧牙关走自己设定的人生道路。后来我在妻子的支持和鼓励下，在一股倔强精神的支撑下，这么多年也就挺过来了，自己最清楚，动力永远是内心对中国传统文化和古建筑难以割舍的挚爱，唯此而已！

目 录

第六章 散落村郊无人识——寿盂阳平觅古风 / 223

第七章 古长城畔文殊境——忻代五台佛国行 / 273

第八章 辽金巨刹今犹在——云朔烈烈塞上风 / 381

跋 / 421

第一章

三晋西陲荟琼楼——踏遍山乡走吕梁

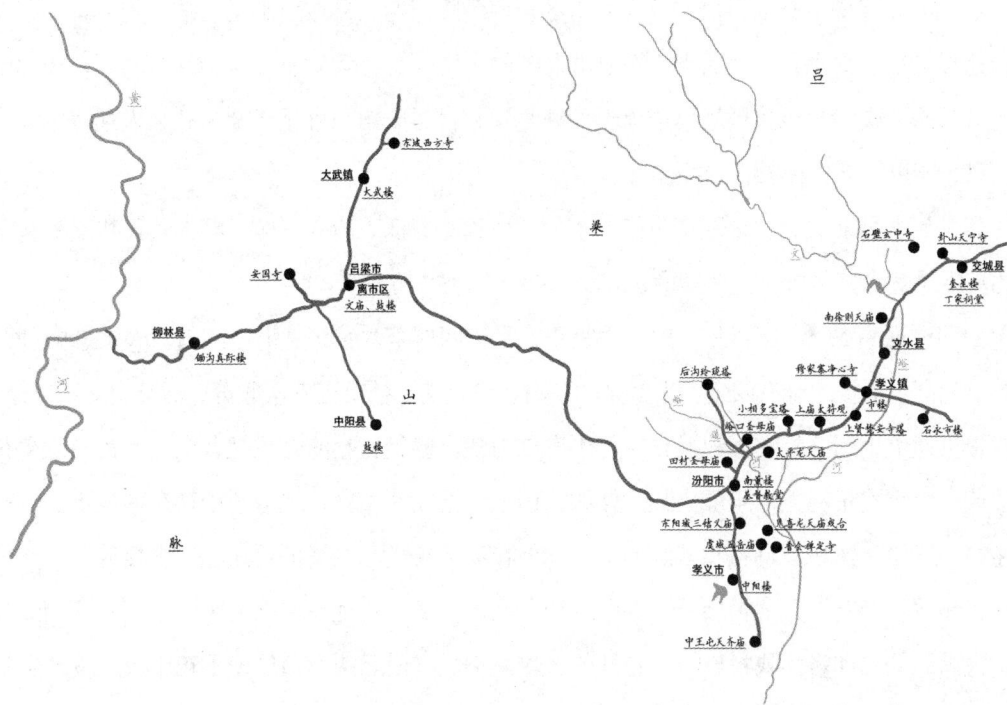

　　说起吕梁，我这一代人脑海中立即浮现出的是连绵的吕梁山脉，是在壁立万仞的晋陕大峡谷中滚滚而下、奔腾咆哮的母亲河，是在高山之巅卓绝抗战的吕梁英烈。是啊，山西这片神奇的土地，东边是如华夏脊梁般的太行山脉，西边是这同样伟大的吕梁山脉，两山护持之下的三晋沃土上，积淀着多少光耀千秋、感召后世的壮丽篇章。

　　吕梁山是古老而神秘的地方，至 2004 年，位于山西省中西部的孝义、汾阳、文水、交城、离石、柳林等十三个县市区进行重组，成为因山而名、充满了勃勃的生机与活力的吕梁市。这里西隔黄河，与陕西相望，北靠忻州，东邻太原和晋中，南接临汾，早在春秋时期就是诸侯争夺的要地。两千年沧桑荡涤，散落在吕梁大地上的古建遗珍也日趋凋零，但仍有诸多精华尚存，引得我冒着酷暑烈日前往寻访不辍，第一站就直奔孝义市。

孝义中阳楼

　　孝义市位于吕梁市的东南部,处在吕梁山脉东麓与汾河西岸间的广袤沃野之上,东南隔河毗邻介休市,西南接交口县,西北为中阳县,北面同汾阳市相连。这里曾是西汉的兹氏县、曹魏的中阳县、北魏的永安县旧地。相传唐时当地出了一位"割股奉母"的孝子郑兴,于是太宗李世民敕赐改永安县为孝义县。另外清代的顾祖禹在《读史方舆纪要》中说因为县境内旧有孝水和义水而得名。1992 年孝义县撤县设市。

　　今天的孝义城市整洁,楼群林立,市区东南角陈旧的老县城似乎早已被人们遗忘了,而我到达孝义后,则直奔这里而来。在老城北部的十字街心,耸立着一座雄壮木楼阁,类似于古代城市的鼓楼。相传该楼最早创建于汉魏时期,自建成起一直是当地名胜,因那时此地为中阳县,所以得名中阳楼而沿用至今。

　　我来到老城北关,很远就望见了窄窄的街上耸立着插天般的一座巨楼,其挺拔之姿在低矮的单层民房和店铺映衬之下,犹如鹤立鸡群一般格外夺目。

　　中阳楼通高 23 米有余,是一座平面呈正方形的四层全木结构过街楼阁,每边均面阔三间。一层最为高大。楼阁设有四组 1 米多高的条石台基,其上楼身则渐次收分,层高也逐渐缩矮,由四根贯通上下的金柱支撑起最顶层的十字歇山顶。密集花哨的斗栱把各层檐下都装点得花团锦簇,雍容富贵,尤以顶层为最。楼的下面三层均设有回廊,梯道置于楼东南角上。早些年在二、三层上还塑有佛祖和菩萨的法身,但在动乱年代已经被摧毁无存。全楼的装饰不厌其精,雕琢不厌其繁,飞檐层叠,斗栱环列,吻兽威猛,屋瓦在似火的骄阳下闪着熠熠的光辉,饱满的油饰和彩画映衬着楼身悬挂的各块匾额。在南北两面顶层檐下正中央均设"中阳楼"斗匾,三层则不悬匾额。南面的二层明间为"行孝仗义",两次间辅以"向南斗""衔衡岳";一层明间悬"中和位育",两侧是"带汾水""襟霍山"。北面二层是"纵览四宇"和"拱北极""倚太恒",一层拥"光被四表",配"控云朔""位中枢"。楼的东西两立面不设匾额。

　　此楼也是命运多舛,屡建屡毁,有明确记载的是元大德七年(1303)大地震中轰然崩塌,后得以重建,但在清同治七年(1868)再遭雷击而焚毁。所以其创建虽久,但眼前的这一座却已经是清朝晚期的宣统元年(1909)重建,又经过当代的修缮维护,使得中阳楼得以如此完好地呈现在世人面前——它也是孝义老城里最重要的古建遗存了。当年孝义作为一方重镇,楼下这条古街更是承载了数代的商贾繁华,不知有多少车马人流在楼下走过。如今

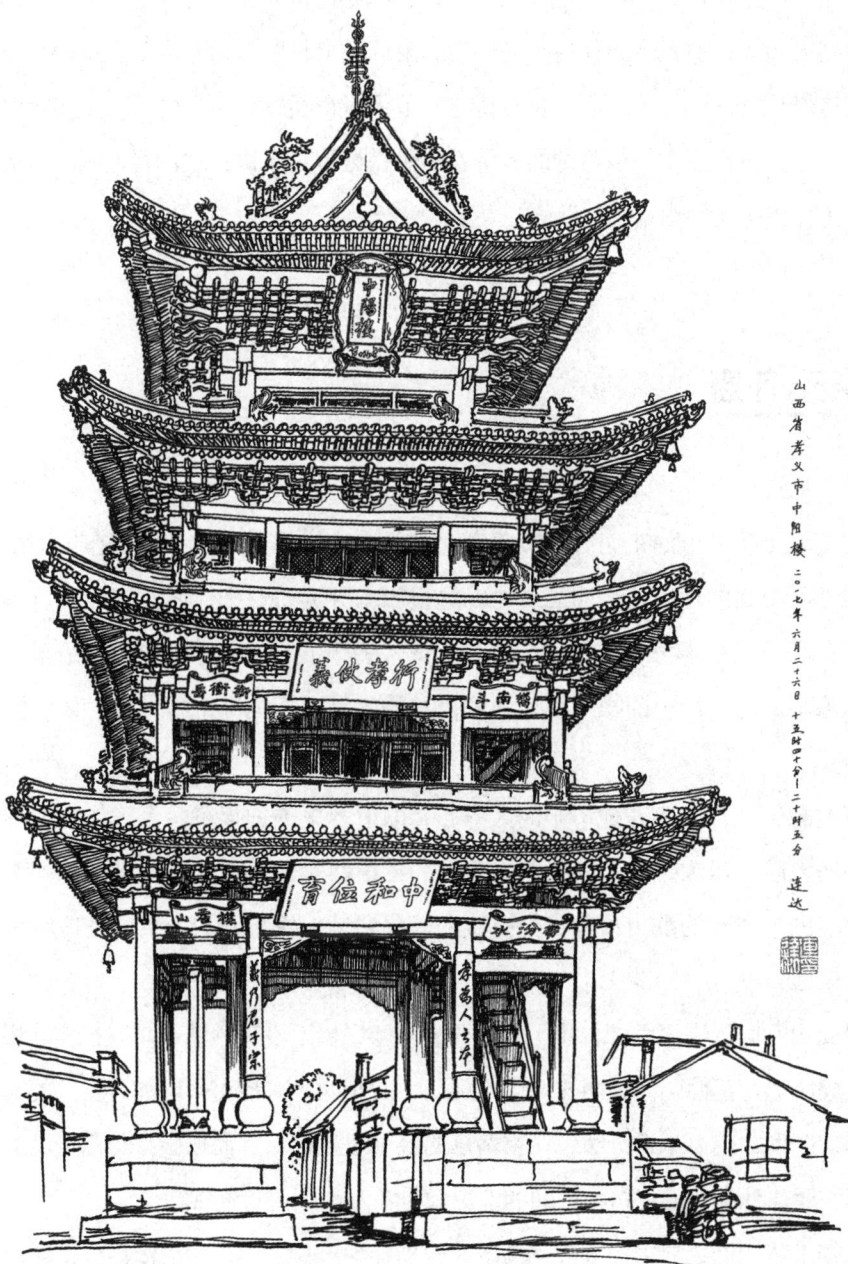

孝义市中阳楼

直冲云霄的喧闹早已归于沉寂，但仰观这巍巍楼阁，审视这依旧保留了昔日格局的街巷，怀古之情仍让人颇为慨叹。我为古建筑画像，为时代留记忆，也终将汇入中阳楼下如水而逝的往事之中。

在夏季干热的午后，小街上已没有多少人，我尽量挤靠在路边的电线杆旁，因为这里既不会妨碍别人停车，也不会挡住商铺的门口。附近一桌打麻将的老乡斗志正酣，我也奋笔疾绘，就在这燥热里一同挥汗如雨。也亏得这时节天黑得晚，我足足画了四个多小时，已经晚上八点多了才完成作品，一位路过的大婶看到后兴奋地对人讲："你看他画得多美啊，把那些疙瘩瘩（斗栱）也画出来了！"

中王屯天齐庙

梧桐镇位于孝义市的东南方，隔着孝河及张家庄水库与市区相望，在镇子东南部有一片村庄与工厂交错的地方，名叫王屯村。这里原本分为东、中、西三部分，有一座占地巨大的工厂在西王屯和中王屯之间拔地而起，把两者一下子撕裂开，使得已经来到西王屯的我仍然迷路了。与工厂里的噪声形成强烈反差的，是中王屯出奇地安静，像已被废弃了一般死寂。

中王屯东部现存一座占地不小的天齐庙，即道教里的神祇东岳天齐仁圣大帝的所在，俗称东岳庙。院子虽大，里面却仅剩下戏台和正殿两座建筑了。此庙是坐北朝南的长方形院落，南墙内为清代的歇山顶前出抱厦戏台，北端是规模宏大的正殿，是这座天齐庙的精华所在。

正殿面阔五间，进深六椽，悬山顶，前檐出廊，檐下设单杪单下昂五铺作斗栱十一朵，耍头也做成昂形。正面明间和两次间开木板门，两稍间为直棂窗，殿前有宽阔的月台。正殿体量魁伟，造型端庄，举折舒缓，在空荡荡的院子里显得深沉而孤傲，与周遭民房颇有格格不入之感，而远处高耸的红白相间的烟囱更像是在对大殿俯首逼视。

殿内彻上露明造，显得空间分外高敞，椽栿构架一目了然，手法简洁洗练，用材不甚规范，梁栿大多弯曲随意。减柱法让空间更为疏朗，四根承重的内槽方形木柱上部都悬塑着游龙。这些龙都朝向殿中央原来神坛的位置，各个神态威猛，身形遒劲，张口挥爪，栩栩如生。可惜东岳天齐大帝及驾前众仙官神将早已灰飞烟灭，只有墙壁上斑驳残存的几尊御座背屏壁画若隐若现，看起来殿中昔日曾经将五岳大帝一并供奉，而非专祀东岳。

孝义市梧桐镇中王屯村天齐庙

这座天齐庙的创建年代已经无从考证，庙中也不见碑刻残存，看斗栱和梁架特点应是元代风格，但这里的元构与晋东南和晋南的狂放的元代大木作又不尽相同：用材虽然不羁，却相对纤细不少，并非如绛州大堂那样的整根圆木直接使用，因而粗犷之中透露着严谨气质。

院子里很空旷，守庙的老哥在曾经配殿的位置开垦出了菜地，我就坐在一片大葱田和豆角架之间，顶着太阳的暴晒给这座天齐庙正殿画了一幅，背上被阳光烫得火辣辣，两个多小时里汗水就未曾干过。

汾阳南薰楼

汾阳市位于吕梁山脉以东的平原上，南连孝义市，北接文水县，东邻介休市和平遥县，西靠中阳县和离石区，是晋省中部汾河谷地上最西南的城市。此地是春秋时期的瓜衍县，战汉时期更名为兹氏县，晋为隰城县。北朝于此置西河郡、汾州、南朔州，唐代复置西河郡，并于上元元年（760）改隰城县为西河县。明初重置汾州，万历二十三年（1595）升汾州为府，并于现址改称汾阳县，沿用至今。1996年撤销汾阳县，设立县级汾阳市。

对于这座古老的城市，我最初的印象来源于平定安史之乱、中兴大唐的汾阳王郭子仪，一直以为如同评书里讲的那样，郭王爷在汾阳开衙建府，同这座名城相映生辉。后来我觉得唐代汾阳王与今天山西汾阳的关系似乎值得重新研究，因为那时这里还只是叫作西河县。另一方面按照唐代封爵制度，王公并没有实际封地，却有食邑若干户的名义，称为虚封，如《唐

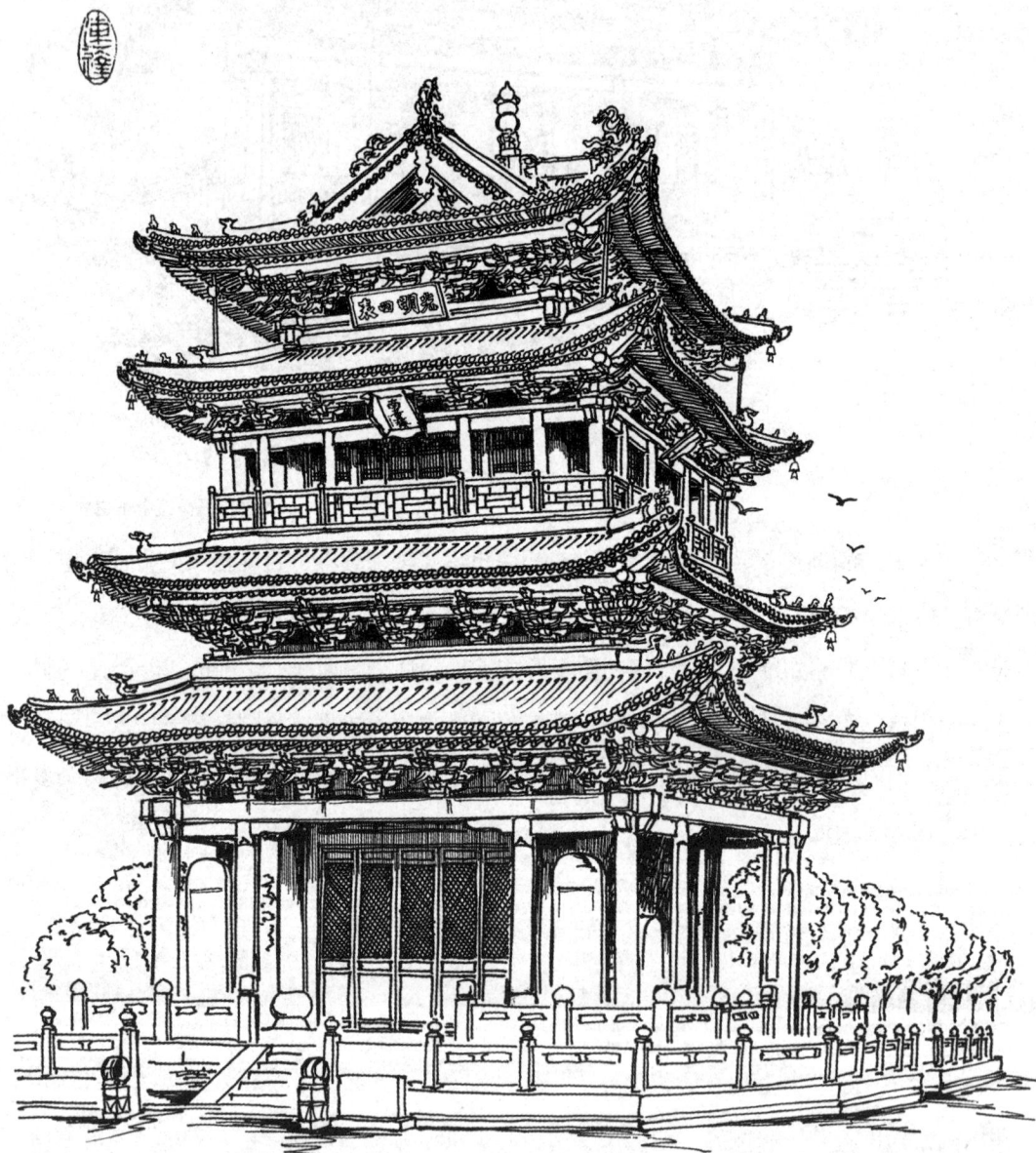

山西省汾阳市南薰楼
二〇一八年四月十五日 中午十一时许—下午十四点五十分
连达

汾阳市南薰楼

六典》中即有封爵"皆以乡亭，多假空名，不食本邑"的记载。只有加上"食实封"的前提，才能真正将若干户的赋税赐予受封者享用。《新唐书·百官志一》载"食实封者，得真户，分食诸州"。郭子仪被封为二等汾阳郡王，食实封两千户，可知"汾阳"二字不过虚名，既不能真正拥有封地，连所谓食邑的赋税也是从各地分散筹集交付的，因此更与今天的汾阳无实质性联系。汾阳在北宋时期还出过一位名满天下的大将狄青，可惜他的墓园早已被荡涤干净，片瓦无存了。

现在的汾阳早已是高楼大厦林立，而昔日古城的身影则日渐凋零模糊，正如那已被人们淡忘的悠久历史般渐行渐远。倒是在老城南关的十字大街中央，还孤零零地耸立着一座古香古色的南薰楼，似乎倔强地坚守着古城汾阳最后的尊严。

这是一座四重檐的两层十字歇山顶木楼阁，通高约17米，平面呈正方形，面阔、进深皆为三间，下部建在石砌的平台上，周围以石栏板环护。在二层置平坐腰檐，两层均设回廊，中部以四根金柱撑起最上层的十字歇山顶，柱间设隔扇门窗，各层檐下都有复杂的斗栱承托和装点。楼阁四面均在二层明间的檐下悬挂"南薰楼"斗匾，比喻和煦的薰风从东南方吹来，取吉祥之意。

此楼创建于明弘治十三年（1500），最初是一座下部可供通行的过街楼，到了万历二十二年（1594）时，将楼内改建为佛阁，供奉佛祖和菩萨，后来将道家的三官和真武大帝等也一并列入。可惜到了近代，楼阁已是破烂不堪，内部神佛也尽数被毁，好在主体构架得以在浩劫之中侥幸保全下来。现在的南薰楼已经被油饰一新，艳红的柱子光可鉴人，内部新塑的神佛也透露着一股暴发户的气质，能够吸引我的也就是楼阁本身传统的造型而已。想想偌大一座汾阳城也就仅剩下南薰楼这唯一的传统楼阁，难怪被今人如此精心地修饰起来，但是气质妖冶，用力过猛了。

基督教堂

汾阳市内的古建筑已经所剩不多，前些年又拆除了一些老街区，现在老城内还有些味道的古民居和老房子主要集中在西北角一带，这之中最有特色的莫过于基督教堂了。

这座教堂由美国牧师文阿德于清宣统二年（1910）主持修建，包括祷告堂、钟楼和附属建筑。当时正是"庚子"国难之后，西洋文化和宗教全面进入中国内地，盲目的排外已经宣告失败，进而是被迫接纳与融合，反映在教堂建筑上便是颇为有趣的改良造型。教堂房屋格

山西省汾阳市
基督教教堂
二〇一七年六月二十七日
十五时五十分一十七时
四十分
速达

汾阳市基督教堂

局是西式设计，但中国传统的硬山顶、卷棚顶和攒尖顶以及屋脊瓦作一应俱全，浸透着浓郁的中式风格。最为独特的是那高高耸立的钟楼，20米高的哥特式钟楼顶上奇异地覆盖着一座中国特色的十字歇山顶，有点像一个人身穿西装，头上戴着一顶道冠，与欧式教堂常见的高塔尖顶形如巨锥般的钟楼真是迥然相异。如此中西合璧式的构造让我既觉得惊奇，又似乎没有了隔阂，它百余年来一直那么高调地昭示于城池的上空，既是文化的妥协与融合，也是历史时期的见证。

这样的钟楼后来我再未见过，虽不敢说是个孤例，也堪称罕见和特立独行。我平素只钟情于中国传统古建筑，对于洋教堂绝少留意，但这一座钟楼却让我过目不忘，一定要画下来不可。在教堂附近还有清末民初修建的"汾阳医院""崇德女学"和"铭义中学"等近代建筑群，与教堂共同组成了一片活生生的汾阳近代史陈列展，再加上附近几条街巷里尚存的老民居，给古老的汾阳城好歹保留下了一段虽不甚久远，却仍然可以触碰的直观的历史记忆。

不过现在教堂整体的境况很糟糕，从紧闭的大门向内张望，不少房子都年久失修，墙体开裂甚至塌顶。钟楼更是衣衫褴褛，十字歇山顶也已经破败得如同飞边的草帽一样。希望这座中西合璧的教堂能够被修缮和保存下来，虽然仅有百年，但贵在其独特的造型和时代背景，如果任其塌毁就太可惜了。我坐在教堂北边的深巷中，顶着正午灼热的阳光，举着伞为钟楼画了一幅像。

东阳城三结义庙

东阳城村位于汾阳市的东南方，这里地势开阔，原野连绵，成片的村舍给人一种无边无际的感觉，但村子里多是平房，走进去就有种不见尽头、难觅边界的困惑。实际上223省道把阳城村分割成东西两部分，东阳城村的老村在新村西北。老村南部现存一座三结义庙，我在汾阳当地师大哥和田大哥的带领下，在村里七拐八绕，终于找到了这座荒废很久的大院子。

此院坐北朝南，呈长方形，南半部的建筑已经毁掉，现存的房屋都在北边。主要有正殿和前边的过廊，东西两侧有配殿。正殿面阔三间，进深六椽，悬山顶，檐下出廊，明间开门，两次间为直棂窗，现在均只剩下黑乎乎的窟窿。五条屋脊的琉璃构件被偷了个精光，夏日浑浊蒸热的光线从屋顶后坡成片垮塌的大洞投射进空荡荡的殿内，到处都散发着一种木料受潮霉烂的气息。昏暗的墙壁上，壁画被方方正正地盗割了很多块，盗贼失手切碎后遗弃的壁画

汾阳市东阳城村三结义庙

残片就堆在墙边厚厚的瓦砾与尘土之上。俯身细看，残片上的关老爷面貌仍然清晰。这些壁画是清代风格，看墙壁上的残存部分，是刘关张三兄弟的故事，正符合三结义庙的主旨，可惜已被盗割殆尽，露出下边的黄泥墙壁。檐柱之下，柱础全部被盗，仅以一些碎砖胡乱地垫起来。这种琉璃构件、壁画和柱础全部被洗劫的庙宇我虽然不是第一次遭遇，但仍感触目惊心。

殿前有一排南北向的过廊，与正殿呈垂直排布，基本同明间等宽，现存十余米，左右下部设矮墙，之上立木梁架，覆卷棚顶，但最前端已经垮塌。这种殿前架设的过廊多用于连接前后两座殿宇，如现在北京故宫文华殿的前后殿就由过廊连接成"工"字形，武英殿也是如此，应该是早期建筑风格的一种遗存，在晋东南高平市的伯方村仙翁庙也有这种过廊的实例，但在本地区我还是头一次遇到。

辨认檐下的碑刻，我得知在明崇祯元年（1628）对三结义庙曾经进行过重修，那时候已经不知道庙宇的创建年代了，甚至可能早于明代，不过现存的结构则基本为清代风格了。

2013年田大哥曾经来过，在他拍摄的照片上，三结义庙的过廊前端耸立着一座单开间的小巧木牌坊，极为美观别致。很显然它已经在这几年之间倒掉了，连同过廊的前半部也一并垮塌。现在正殿和过廊周围瓦砾堆积，野草丛生，一派荒野遗址的凄惨景象。

两侧的配殿是几孔废弃的砖窑洞，满地砖头，我躲在西侧配殿里为三结义庙的惨状留下一幅画像。空气热得几乎叫人喘不上气来，天空灰暗阴郁，不知道太阳躲在何处，但这种如同披上棉被的闷热让我刚坐在那里即汗出如浆，画板压在腿上，少时被压过的地方就好似水洗一般湿透了。望着满院的破败惨状，我真是遗憾自己没能够早几年赶来，而永远错过了它原来的模样。

见喜龙天庙戏台

见喜村是个很大的村子，但都是清一色的平房并肩连片，单调呆板，毫无特色。在村子中部一户老乡的院子里，不可思议地出现了一座歇山顶建筑，这就是见喜龙天庙仅存的戏台。

龙天庙相传是为纪念西晋时的介休县令贾浑而建。晋惠帝时爆发了"八王之乱"，匈奴人刘渊眼见晋室衰微，起兵造反，揭开了"五胡乱华"的序幕。当时刘渊自称汉高祖后裔，国号称汉，派乔晞率兵攻打介休。县令贾浑在内无粮草、外无救兵的情况下，拒绝投降，以死殉国，其妻宗氏亦骂贼而死。忠烈事迹被收录在《晋书·卷八十九·列传第五十九》中，后人遂建庙祭祀，并祈祷他成神之后保佑乡里。清乾隆版《汾州府志》载："贾侯庙，在介休县南三里，晋介休令贾浑墓侧。县境及孝义、永宁、宁乡境，民间亦多立庙，以为祈祷雨泽之所，俗呼龙天庙。"

可见龙天庙发源于介休，主要分布在山西省中部，地域性很强，后来也被一些地方讹传为龙王庙。日久年深，老乡们也弄不清何为龙天，更早就忘了贾浑是何许人也，只管焚香求告神仙庇佑便是。

见喜龙天庙早已被拆毁，仅剩下最南边的戏台残存，其余殿堂完全为民居取代，丝毫看不出往昔的痕迹。戏台坐南朝北，面阔三间，进深两间，原来是一座紧凑的单檐歇山顶小殿，紧连着南侧屋檐还接出来一椽抱厦，显然是为了增加后台的使用面积。除了北面为台口，其余三面都砌筑砖墙，但现在南墙和南侧的屋顶已经垮塌，许多砖石和木料散落于地，凌乱不堪，其余的屋檐也都糟朽破烂，状况凄然。北立面的木构架不甚高大，拘谨的造型、如意斗栱、花哨的木雕，看起来是一座清代建筑。戏台前堆满了老乡清理出来的木料和一些日常杂物，在南墙的坍塌处还架设了铁网，作为临时的围墙。

我小心翼翼地走进半残的戏台内部，抬头四下张望，只见脊槫下前后隔间的柱子上镶嵌匾额"咏言阁"，应是取自于《尚书》中的"诗言志，歌咏言"。戏台里边的梁架与外檐的风格颇为不同，柱头卷杀圆润，使用了好几种驼峰，粗硕不羁的绰幕枋和经锯改的月梁竟然有元代的遗风，脊槫之下的叉手和丁华抹颏栱做法更是古老，同孝义中王屯天齐庙十分近似，

汾阳市见喜村龙天庙戏台

看起来是一座元代戏台在清代维修时改换了外檐，但保留了内部的旧有构架。如果戏台能够早至元代，就可以说这座龙天庙至少已有八百年的历史。但一座元代戏台落魄到如此地步，比起晋南的牛王庙舞楼等元代遗存，境况实在有天壤之别。不知道龙天庙戏台遗留的元代特征是否能被发现，也不知道是否有人在意这样一座已经破烂到几乎没救了的老房子。从它目前坍塌损坏的程度来看，再不挽救便真的要彻底失去了。

我迎着正南面直晒的滚烫阳光为戏台画像，晒得头晕眼花，汗滴成泥水般在全身上下肆意流淌。

虞城五岳庙

虞城村在见喜村南边，相传早在春秋时期晋国假虞灭虢，顺便扫平了不知唇亡齿寒道理的虞国，将其遗民迁至此处，遂名虞城，其历史悠久可想而知。村北头现存五岳庙和广福寺两座古建筑群，两院之间隔着一条路，五岳庙在北，已经处在农田的环抱之中。庙宇坐北朝南，院子很大，但大门紧闭。庙西是一处废弃的加工厂，空荡的仓库和锈蚀的机器零件与砖石瓦砾为伍，我在这里看到庙西墙上有个大窟窿，于是由此钻进了五岳庙院里，简直如野外探险一般。

山西省汾阳市虞城村五岳庙
二〇一七年七月九日 十二时四十分一十三时五分
连达

汾阳市虞城村五岳庙

此庙原为两进院，但目前建筑已经所剩不多，最南边是倒座戏台，简易的庙门开在戏台旁边。北边有正殿和两侧的垛殿，西侧是单开间的小配殿，旁边的厢房已经垮塌，东边相对位置的房子被改建严重，已完全失去旧貌。空荡的院中充斥着杂草和垃圾。

五岳庙正殿面阔三间，进深五椽，硬山顶，前檐下出廊，置七朵硕大的单杪单下昂五铺作斗栱，檐柱粗壮。明间开木板门，两次间设直棂窗，但拱形的窗楣显然是近代改造所遗。斗栱的做法古朴，与硬山顶的两山墙却显得风格很不协调，应该是清代在修缮时将原有的悬山顶或者歇山顶的两端锯掉，粗暴地改成硬山墙承重所致。这种暴虐的改造在山西中部地区有很多实例残存，经常把好端端的元、明殿宇改成这般僵直局促的模样。这也说明了彼时大木结构建筑走向没落的趋势，以砖墙为代表的建筑材料的普及和廉价，客观上给框架承重理念的木建筑以巨大的冲击。现在两组最边上的斗栱有一半被砌进墙里，也许正是转角斗栱外侧被锯断使之与砖墙取齐，但门窗紧闭，内部构架状况不可得见。现在正殿顶上已经架起了彩钢棚，周遭支满铁框架，看来应该是屋顶漏了。

据檐下碑刻记载，此庙创修于唐宋时期，重修于金，在元大德七年（1303）地震中倒塌，第二年重建，现存主体结构即那时遗留，想来应是当年以旧料依旧制而建，因此有金代遗风。

我坐在正殿东侧的房前开始画起来，忽然一个中年男人拎着酒肉从墙洞钻进来，对我视而不见，径直打开门进屋去了，倒把我吓了一跳。我扭头看见他在屋里自斟自饮，后来就传出了鼾声。

南面的广福寺也是年代久远的古刹，格局倒与五岳庙类似，正殿构架应为明代，也是在清代被改造成了硬山顶大瓦房。

普会禅定寺

虞城村东边是面积更大的普会村，靠近村东南角有一处规模不小的寺院，叫作禅定寺。我从虞城村一路找过来，碰巧当时这里在翻修，工人们为了运料排渣方便，就在东北角围墙上扒了个洞，我也跟着从这里钻了进去。

这座禅定寺分为东、中、西三组建筑，东路建筑有山门、前殿、正殿和东西配殿，前殿和配殿都是三开间的硬山顶大瓦房，正殿居于宽大的砖石台基上，面阔五间，进深四椽，悬山顶，前出廊，枋柱粗壮敦厚，柱头有卷杀，看殿内构架有早期建筑的一些特征，但外观的木雕装饰和内外残留的彩画都是清代风格，斗栱更是几乎退化、萎缩。明间的门和两侧大小共十个窗都是近代的拱券造型。殿内襻间下有题记"大清嘉庆二十二年（1817）三月二十二

山西省汾阳市普会村 禅定寺 关帝殿
二〇一七年四月七日 十五时——十七时 连达

汾阳市普会村禅定寺关帝殿

日卯时上梁"，因知此庙是清代后期在旧有基础上翻修成现在这般面貌的，近代又被改建他用。

中路建筑是一座比正殿略靠后的三开间悬山顶殿宇，进深四椽，前檐下出廊，设五踩重昂如意斗栱，三间皆开隔扇门窗。这座殿与正殿风格迥异，但模样看起来更协调，是一座供奉关老爷的关帝殿。根据廊下陈列的石碑可知，此殿创建于清顺治四年（1647），之前还有钟鼓楼和兼具戏台作用的山门，乾隆四十二年（1777）重修，至光绪十九年（1893）再次大修。如今这一组建筑除了关帝殿外，只有戏台远远地矗立在狭长院落的南端。

西路建筑共两层，下部为并排的三眼窑洞，二层建一座硬山瓦房，是晋中一带较常见的村庙形式，实际上是整个寺院的禅堂僧舍所在。

此时寺院的前部是一片热闹的工地，电锯声音轰鸣，我则像一个侦察员似的从墙洞钻进来，看了看东边正殿的外观，觉得太过平常，于是躲在西配殿的阴影里给中路的关帝殿画了一幅，然后又悄悄地从墙洞撤了出去。

田村圣母庙

田村位于汾阳市区西北方的黄土台塬脚下，村旁有禹门河蜿蜒而过，风景秀丽。在村东的小学校东院现存一座圣母庙，此庙坐北朝南，是一座长方形院落，原有山门、钟鼓双楼、献殿、东西配殿和廊庑、正殿和垛殿以及住持居所等众多建筑，现在绝大部分建筑都已毁灭不在，仅有最北边的正殿及其东垛殿马王殿尚存。偌大的院子铺着平整的灰白色地砖，在阳光下泛着白森森的光，空旷得好像一个运动场。

正殿面阔三间，进深四椽，悬山顶，下部建有坚厚的砖石平台，前方还凸出宽敞的月台。殿前出门廊，斗栱为单昂三踩如意栱，每间补出两攒平身科，当心两攒勾连出斜昂，用材纤细清秀，很契合圣母娘娘的女神气质。三开间皆设隔扇门，门廊下陈列着几通明清碑刻。旁边的马王殿粗糙简陋，是晚清风格。

《汾阳金石类编》里有一篇《唐田村神母庙尊胜经幢》，时间为唐中宗景龙二年（708），说明此庙至少可上溯到唐代前期。明嘉靖二十八年（1549）《重修田村里神母庙碑记》有云："汾城西五里许，为田村，连络向阳诸山，禹门南抱，彪岭北环，盖汾西之□区也，宜有庙祀哉。顾神母庙建代不可□，唯门匾题曰'神母祠'。"看正殿风格应是彼时重修所遗留。清顺治二年（1645）的残碑亦称之为神母庙，到了光绪十三年（1887）才改称圣母庙，言之奉祀后土圣母。那么神母和圣母是不是一回事呢——有种说法称这位神母乃是村旁禹门河神。

我在山西所见过的圣母庙大体祀有九天圣母、后土圣母、碧霞圣母、显灵昭济圣母等，而此地距离晋南后土圣母传说的发源地（即汾黄交汇处的万荣县）不远，似乎供奉后土圣母更为合乎情理。

正殿内三面墙壁上保存有完整的明代壁画，北墙上为《宴乐图》，描绘圣母于宫中生活的场景，云端殿阁俨然，周围有侍从环绕，仙娥奏乐，一派雍容华贵的至尊气派。东墙为《迎驾图》，表现了圣母即将出行，宫外仪仗车驾已经备好，仙官神将整装待发迎候圣母登车的场面。颇为有趣的是，在宫殿一侧还有满满一车胖娃娃，看来是要被圣母派去人间投胎的。西墙是《游幸图》，展示了浩荡的行列随扈圣母乘坐龙辇行进在途中。这些壁画造型端庄，笔法精湛，设色艳丽中又不失古雅，充满堂皇的贵气，堪称明代壁画中的极佳之作。而从圣母还掌管求子来看，并非河神职责，却与后土圣母女娲抟土造人的故事相契合，所以主神为后土圣母更为可信。至此可以说明神母和圣母就是一回事，只不过不同时代的称呼有所差异，在民众心中估计就是个送子娘娘。

我正顶着热辣辣的太阳在墙根下画这座圣母庙大殿，院子里忽然又来了两个访古庙看壁画的人。最前边的是一个大胖子，我一看这不是祁县的老李嘛，他可是个高人，也是我的老朋友了，想不到竟然在这里遇上了。我一喊，把老李也吓了一跳，真是"有缘千里来相会"啊，我们都特别兴奋，毕竟这种偶遇的概率实在太低了。

山西省汾阳市栗家庄乡田村圣母庙
二〇一八年四月十六日下午十五时许—十七时　莲达

汾阳市栗家庄乡田村圣母庙

太平龙天庙

龙天庙广泛地分布在山西中部地区，尤其在发源地介休市及周边数量更多，但年代久远，普通民众已经不大知道庙里的主神是晋朝的忠烈贾浑了，而且当年曾经遍布这里的龙天庙近些年越发凋零消逝。

听闻在汾阳市北面的太平村有一座龙天庙，大清早我就赶过去寻找。这个村子和之前去过的村子很类似，连片的平房似乎不见尽头，在街巷里也根本看不见什么与众不同的高大房脊，从前的找庙经验在本地失灵了。跟老乡打听，大多都是很含糊地向前一指"那边"，然后仍是曲折的巷子和相似的民房，我甚至都转到相连在一起的另一个村中去了。后来我终于找到龙天庙时才发现，这里四周完全被民房包围起来，只留了一个巷口出入，仅存的正殿也并不高大，以至于我在路上很难看见。

这是一处坐北朝南的长方形空地，最北边是正殿，对面有戏台，正殿东侧还有一座破烂的晚清风格二层砖楼，是原庙中藏经楼。正殿面阔三间，进深四椽，悬山顶，明间开门，两次间为窗，都经过近代拆改，已无旧貌。屋顶的琉璃构件毁失殆尽，几块残缺的正脊随着已

山西省汾阳市贾家庄镇太平村
龙天庙
二〇一八年四月十六日 上午八时十分一九时五分 连达

汾阳市贾家庄镇太平村龙天庙

经严重下沉的房梁呈现出东倒西歪的衰颓模样。前檐下的单翘单昂五踩斗栱大体保存完好，补间出斜栱，装饰龙头和云纹浮雕，是明代风格。后檐的东侧已经垮塌，朽烂的椽子无力地塌落下来。整座殿宇低矮敦实，质朴而破败，但宽大的悬山顶和下边的房屋呈现出一种很大气而庄严的比例。戏台和藏经楼均为三开间硬山顶，同样荒废破败。

此庙的创建时间为明万历甲申年，即万历十二年（1584），殿内正脊下有"甲申季秋吉旦造，汾州米家庄琉璃匠秦廷壮，男秦朝、秦国，谨志"的题记。这座太平龙天庙曾经引以为傲的正是辉煌的琉璃装饰，也就是题记上秦氏父子当年的创作，这些琉璃构件在十多年前还是完整的，可眼下却已经几乎全军覆没了。

村子虽大却特别寂静，我坐下画这座破败的正殿，除了徐徐的微风，只有巷口的一只狗不知疲倦地朝我吼叫。

峪口圣母庙

峪道河发源于汾阳西北面白虎岭（也称彪岭）中的马跑神泉，一路向东汇入汾河，滋润了群山沃野，给黄土高坡留下了如画的风景。"去夏乘暑假之便，作晋汾之游。汾阳城外峪道河，为山右绝好消夏的去处；地据白彪山麓，因山头有'马跑神泉'……千年来为沿溪数十家磨坊供给原动力，直至电气磨机在平遥创立了山西面粉业的中心，这源源清流始闲散的单剩曲折的画意。辘辘轮声既然消寂下来，而空静的磨坊，便也成了许多洋人避暑的别墅。"（梁思成、林徽因《晋汾古建筑预查纪略》）在梁林两位先生的记述里，峪道河是古建遗珍和山川画卷相得益彰的美妙之地，那些点缀在山光水色间的文明圣迹，随着两位先生八十多年前的文字至今仍然萦绕在每一位后来者的心头。那奔流的河水和避暑的磨坊，那田园诗般的美好时光一直令我无限神往。当我来到峪道河流出山口的峪口村，终于直面了那早已知晓却又不愿相信的残酷结局——河水几乎干涸，当年沿河随处可见的水磨坊也几乎绝迹，仅剩的最后一座磨坊已经房倒屋塌，磨盘弃于荒野，而两位先生考察记录的古建筑如今也几乎全都毁灭，曾经的碧波荡漾和寺庙别墅都归宿于衰草荒丘之下。幻梦般的美好被现实无情地彻底撕碎了，追寻先贤的足迹既是纪念，也是坚守和传承，我站在峪口村圣母庙前心中充满了无限的感慨。

峪口圣母庙位于村子东边，原也是屏如带群山、临碧波潺潺的一方胜景，现隐没于密集的村舍深处。院子坐北朝南，颇为狭长，最南端是窑洞式山门，二层建硬山小殿，最北端才是主体建筑群。正殿左右有垛殿，东西有配殿，正殿和东垛殿前各有献殿。在东配殿的南边还有一座关帝殿。

正殿名曰贺鲁殿，面阔三间，进深五椽，悬山顶，前檐下出廊，古拙的檐柱、粗犷的额枋和硕大的双下昂五铺作斗栱散发着元代建筑的豪迈与野性。西垛殿为牛王殿，额枋东端直接插在正殿西角柱上，垫在正殿额枋下边，使两者牢固地结合成一体。两宽一窄、不通情理的开间分割更是除了元代绝难再有。东垛殿叫作圣母殿，也是三间，为明代重建，额枋已经不同正殿齐平，整体上比西垛殿向后退了一大步，曾经与西侧一致的额枋虽然被锯断，但剩下的一截仍然插在正殿东角柱上。正殿前有清代的三开间卷棚顶献殿，东垛殿前的献殿也是卷棚顶，仅有一间。东西配殿实则为一排窑洞，关帝殿是清代三开间硬山顶大瓦房。

那么此处既然叫圣母庙，为什么正殿里供奉着一位不知是何方神圣的贺鲁将军呢？连法力无边的圣母娘娘都退居一旁了，这真是令人费解。据传贺鲁是一位北朝时期的胡人将军，因带兵打仗到了白虎岭，天气炎热，却没有水源，士卒干渴难耐。这时将军的战马蹬刨大地，甘泉喷涌而出，最后形成了峪道河。这条河滋养了一方土地，让百姓安居乐业，后来人们尊他为河神，在神泉旁建贺鲁庙，历代传承祭祀。相传北宋宣和元年（1119）此地大旱，泉水断流，官员求告于贺鲁庙，泉水随即复涌而出，宋徽宗即下旨封贺鲁将军为"润济侯"，庙

汾阳市峪道河镇峪口村圣母庙

号"永泽",大修贺鲁庙。可惜后来这座庙宇在1939年6月被扫荡到此的日寇焚毁。存世的《汾州西河县永泽庙碑》载："邑人传言,将军贺鲁平寇至白虎山,士卒渴思饮,马刨地得泉,可灌田千顷,邑人感德,建祠祀之。其泉清冽,有若晋水,号为第二泉,为邑名胜。"因峪道河水域皆为贺鲁将军掌管,沿线到处奉祀也就不足为奇了。我猜想,也许忽一日乡民把贺鲁神位请入田村圣母庙内,又感到种田灌溉离不开峪道河,把涉及生计的河神放在主位以示尊崇,于是把圣母娘娘迁至东垛殿。

查北朝史书,并无贺鲁其人,倒是有一位名将斛律金,至今脍炙人口的《敕勒歌》便是他在行军途中创作。在东魏时期,斛律金即追随高欢东征西战,时任大司马的斛律金曾率军攻打西河杂部(乌突),而汾阳那时候确实叫作西河郡,因此有理由推测所谓贺鲁乃是斛律的谐音,在浓重的方言下这是极其相近的,最后就被后世讹传成了贺鲁将军。

后沟玲珑塔

从峪口向西,过赵庄后转向西南,一直朝这条山沟深处前进,逐渐走入吕梁山余脉之中,满眼呈现出苍翠葱郁。山坳里有个叫"后沟"的小村。老远就能望见在村东头的高地上有一座秀气的砖塔昂然挺立,给连绵无奇的丘陵山地点缀出了一丝灵动之气,这就是华严庵玲珑塔。

我不由得赞叹古人取的这个名字多么准确——纤秀精巧、姿态玲珑正是宝塔给我的第一印象。此塔修建在一座八边形平台上,通高十余米,为八角七级的楼阁式砖塔,每层檐下都以砖雕仿木结构做出惟妙惟肖的斗栱。塔一层仅设一拱门,开在正西面,门上方还加筑短檐装饰。第二层和第四层外墙设砖雕平座勾栏。第三、五两层各面真假窗交错,其余各层则仅四面开真窗。一层最为高大,其上各层渐次收分,尤其自第四层起收窄格外明显。塔基上镶嵌的《修建华严庵施地数目》碑中提到了明万历甲午(1594)和天启六年(1626)的捐赠土地时间,而实际上此塔到崇祯年间才最终落成,可见筹资和建造之艰辛,但跨越时间之久也反映了彼时僧众乡民信仰的笃定不移。

玲珑塔不但为山川增添无尽古韵,也给今日越发缺乏人文底蕴的乡村保留下一丝传统中国的味道。塔下有一座破败的三开间卷棚顶大殿,已是墙塌顶漏,几乎倾倒了。周围还有一排窑洞,一通清康熙丙寅(1686)仲春的《重修华严庵碑记》巨碑,歪斜且倔强地仍然耸立在赑屃的背上,这便是昔日华严庵的全部遗存了。

山西省汾阳市后沟村华严庵玲珑塔
二〇一四年六月二十八日十八时二十一分—十九时四十分 速写

汾阳市后沟村华严庵玲珑塔

小相多宝塔

汾阳市现在驰名全国的、最闪亮的金字招牌便是杏花村汾酒了，这个位于汾阳市东北部仍然保留着千年来村名的地方，现在早已因醇厚的酒香，发展成规模超过一些县城的大镇子，把周围许多村庄都并了进来。小相村就是其中较大的一个村子，密密层层的房舍从公路边一直延伸到远处的山坡之下。

相传春秋时期，晋惠公夷吾在中大夫里克的帮助下夺取了君位，却反过来加害于里克。里克之妻带着幼子逃到此地避祸，改姓相里——这是关于小相村和西南边大相村最早的记载。在公路边即可望见村北坡地上有一尊古塔挺拔高耸，分外夺目，正是灵岩寺的药师七佛多宝塔。"灵岩寺在山坡上，远在村后，一塔秀挺，楼阁巍然，殿瓦琉璃，辉映闪烁夕阳中，望去易知为明清物，但景物婉丽可人，不容过路人弃置不睬。"这便是梁林二先生对灵岩寺和塔的最初印象。

梁林两先生接着写道："及到寺前，残破中虽仅存在山门券洞，但寺址之大，一望而知。

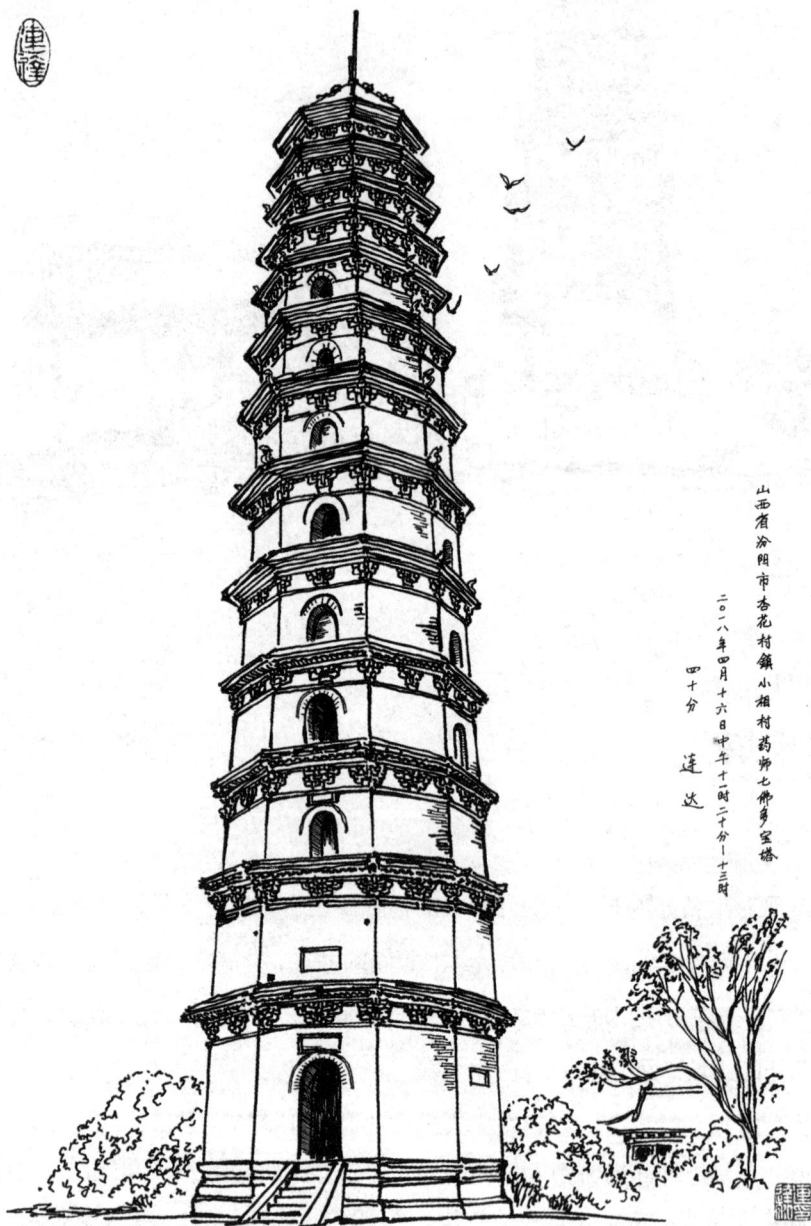

山西省汾阳市杏花村镇小相村药师七佛多宝塔

二〇一八年四月十六日中午十一时二十分—十三时

四十分　莲达

汾阳市杏花村镇小相村药师七佛多宝塔

进门只见瓦砾土丘，满目荒凉，中间天王殿遗址，隆起如冢，气象皇堂……更进又一土丘，当为原来前殿——中间露天跌坐两铁佛，中挟一无像大莲座……再后当为正殿址……更有铁佛三尊，跌坐慈静如前，东首一尊且低头前伛，现悯恻垂注之情……铁像有明正德年号，铸工极精……在明代佛像中可称上品。

"灵岩寺各殿本皆发券窑洞建筑，砖砌券洞繁复相接……正殿偏西，残窑多眼尚存……券洞中一处，尚存券底画壁，颜色鲜好，画工精美，当为明代遗物。

"砖塔在正殿之后，建于明嘉靖二十七年（1548）。这塔可作晋冀两省一种晚明砖塔的代表。砖塔之后……院内左右配殿各窑五眼……北面有基窑七眼，上建楼殿七大间，即远望巍然有琉璃瓦者……处处是诗情画趣，一时记忆几不及于建筑结构形状……据说是光绪二十六年（1900）替换村长时，新旧两长各树一帜，怂恿村人械斗，将寺拆毁……全寺余此一院楼厢，及院外一塔而已。"（《晋汾古建筑预查纪略》）

我穿过漫长的村路向宝塔寻过去，众多的民房此时倒好似荆棘丛横陈在我与塔之间。梁林两先生当初所见到的山门、天王殿、正殿和配殿等建筑的遗址，以及那著名的"东首一尊且低头前伛，现悯恻垂注之情"、留下了与林徽因对视照片的铁佛像，全部都已经消失得无影无踪，似乎从来不存在一般。塔的周围只有紧紧靠建的民房在寸土必争。

这座砖塔通高约36米，为八角十三级密檐楼阁式造型，下部建在条石雕刻的须弥座上，最下几层较高，再上则逐渐变矮，塔身也向内收分，从第九层起到顶则变为层叠的密檐式。在一层南向开塔门，二层南墙无门，只在上边镶嵌一块匾额"药师七佛多宝佛塔"，上款为"旹大明嘉靖廿七年（1548）七月初三日吉日建立"。塔南墙从三层到九层都设有真窗或假窗，再向上密檐部分则无窗。北墙上是二、五、六、八层设真假窗，东西向仅在四、五、六、八层开真假窗，窗户设置似乎无规律可循，真窗假窗也很随意，但据说这种设计有很好的抗震作用，经过四百多年的沧桑和多次地震，塔身至今完好，连裂痕都没有。塔檐下都有砖雕仿木结构斗栱装饰，但因为塔身瘦高，各墙面狭窄，出檐短促，每边只象征性地分割成两开间，三层以上斗栱不再出昂，仅用简单的一斗三升装饰。塔内空间狭窄，实际上只能登到五层，再向上八边形内室变为直贯到顶的方筒，能够直接看到塔顶的藻井。

灵岩寺创建年代已难考证，明代汾阳大才子榜眼孔天胤撰写的《灵岩寺增修记》里曾有"自隋唐以来莫之或衰"的描述。寺中原来也曾有唐宋石幢，明清时更是占地百亩，殿宇层叠，宝塔巍巍，僧侣如云，成为汾阳地区名刹。明万历皇帝钦赐匾额，冠以"护国"之名，使灵岩寺达到极盛之势。然而这一切终究灰飞烟灭，只剩下这尊孤独的宝塔，还有梁林两位先生给我们留下的八十多年前的珍贵记录。

汾阳现存古塔多座，在当地人心中最著名者必定是城东南直插云天的清代文峰塔了，那是一座瘦骨伶仃的砖塔，高度有 80 多米，但除了追求高度，造型的美观和比例的协调都被忽视了，在我眼中它比不上玲珑塔美好，也不及这座药师七佛多宝塔的故事值得追思，高虽高矣，却暗淡许多。

塔北侧一路之隔现在建起来一座崭新的寺院，依旧叫灵岩寺，据说里面有一排窑洞仍是当年的原物，即"北面有基窑七眼，上建楼殿七大间"里所说的"基窑七眼"，但上面的楼殿则再也没有了。

沧桑变换之间，我辈追寻先贤的足迹，给古迹做记录，给未来留追忆，上承先辈，展望将来，还需更加勉力前行才是啊。

上庙太符观

杏花村的东面有一座上庙村，村西北保存着一座完整的道教建筑群，叫作太符观，村名也就因此庙而得。

太符观创建于金承安五年（1200），当时在此地初设醮坛，之后历代传承延续，建起了辉煌的道教宫观建筑群。现存的太符观坐北朝南，由山门、正殿、东西配殿、西配殿旁的窑洞和院子西南重建的紫微阁组成，院子南北向狭长，建筑和精华主要集中在北半部。这里是整个汾阳乃至吕梁市现存最完整也最珍贵的一处古建筑群，不但有年代久远的殿宇，更有三堂完整的彩塑和壁画保留了下来，因而使得太符观在古迹众多的山西能够占有重要地位。

山门修建在条石台基上，是一座精巧的三门并列的悬山顶木牌坊，中门最大，厚重的屋檐下设置七踩斗栱，两边对称的掖门则相对低矮和缩窄，檐下设五踩斗栱，三座门之间的墙壁上镶嵌华丽的二龙戏珠琉璃壁心，两掖门左右分列八字照壁。这一组建筑是典型的明代晋中地区风格，端庄凝重，繁而有度，华而不俗，给太符观以先声夺人的雍容气质，令初到者赞叹不已，也对观内的圣迹充满了更多的期待。

走进山门，在长长的甬道上向尽头的正殿徐徐前行，心中竟然有些兴奋之余的无措，我想大约众仙朝元也是如此吧。正殿修建在砖石台基上，前面凸出月台，面阔三间，进深六椽，单檐歇山顶。檐下设五铺作双杪计心斗栱，高高托起上扬的檐角，画出优美的弧线，充满了自信的力量，严整内敛的殿身给予瓦作辉煌的歇山顶以比例恰当的呼应。在正面檐下三间各有一朵补间斗栱，栱眼壁上绘制有描金云龙，东西两檐下只在南侧一间设补间，后檐则无补间。明间开木板门，门上排列着花朵形的门钉，两次间为宽大的直棂窗，门上方悬挂精致的

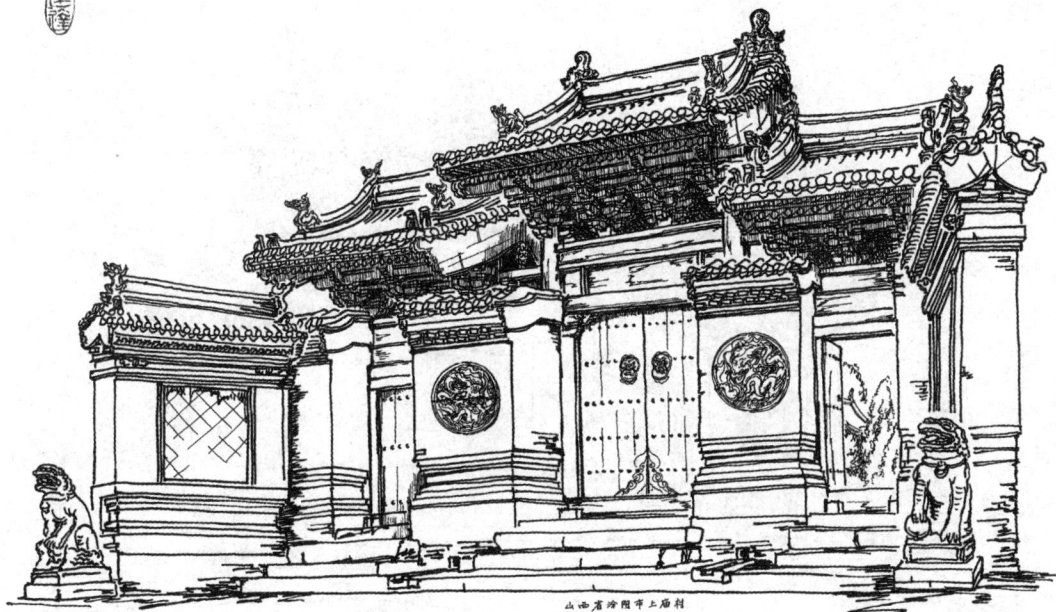

汾阳市上庙村太符观山门

斗匾"昊天玉皇上帝之殿"，整座大殿都是金代创建时的原物，一派端庄肃穆又华贵典雅的堂皇气韵，继承了北宋的风雅，又有从骨子里散发出的雍容大气，给我一种直面阅千年的洞明与舒畅。

殿内为减柱造，中后部设有一座很大的神坛，上面建有小宫殿一般的木结构神龛，面阔三间，进深两间，檐下有密集的五昂十一踩描金斗栱。龛的前后开敞，左右两面以精美的镂空木隔扇装饰。正中央御座上是一位冠带煌煌、手持笏板、正襟危坐的长者，自然就是玉皇大帝，左右各侍立着一位仙女。御座前有四位仙官执笏而立，俨然就是玉帝小朝堂。三面墙壁上绘有成百上千的仙官神将，他们排列着整齐的队伍浩浩荡荡行进在云端之上，好像是前往天庭的途中，给玉帝神龛周围营造出一种云气升腾、天界九重的神圣气氛。这满堂的塑像和壁画都是典型的明代作品，尤其是神台上的仙女和仙官身高接近真人，面貌生动，衣饰华美，几乎给人以可开口相谈的错觉。

东西两座配殿格局一致，都是明代遗构，面阔五间，进深六椽，悬山顶，前出廊，当中三间设隔扇门，两稍间为直棂窗。东配殿是"后土圣母殿"，为明万历十一年（1583）火灾后重建，内部中央供奉后土圣母，其左右各有两尊圣母坐像，东西两厢又有四位娘娘，应是圣母娘娘不同的化身——有掌管送子的，有负责奶水的，有教育开蒙的，也有保佑顺产的，简直就是神界的妇幼保健院。圣母身边有女官仆妇侍列，墙壁上绘制着大面积的壁画，主要

汾阳市上庙村太符观昊天玉皇上帝之殿

是众多侍女手捧书籍图册和丝竹管弦侍候圣母娘娘的场景。殿内东西山墙上还有大量的悬塑装饰，为云端之上圣母车驾行进的场面，营造出更加尊崇威仪的气氛。在殿内窗边还保留着五顶轿子，轿顶都做成重檐十字歇山顶式样，檐下精妙密集的斗栱也是一丝不苟，完全按照神龛的标准制成，意为圣母娘娘出巡时乘用，想来昔日应该曾经有过游神之类的活动。

西配殿名曰"五岳殿"，曾于清顺治十四年（1657）大修，正向供奉以东岳天齐仁圣大帝为核心的五岳帝君，两厢端坐四渎之神，五位帝君身边都有从人侍立。四渎背后的墙上饰有大量悬塑，是诸神君的车驾行进在云端之上巡视山川河流的景象，墙壁上壁画较为简单，都是升腾的黄云，象征着众位帝君法力无边，居于天界。

三座殿宇内主神面前的柱子上都塑有遒劲飞腾的蟠龙，更为仙境的神圣增色。这些龙的风格与孝义中王屯天齐庙的龙非常相似，不知是出于同一批匠人之手，还是汾孝一带当时所流行的一种风格，我多年来于各庙宇中所见的泥塑之龙尚无出其右者。在五岳殿内一条黄龙爪中抓着一颗血淋淋的女子头颅，据说惩罚的是民间的不孝之人。这种执人头的龙令我印象最深的是新绛县泉掌镇关帝庙的石雕龙柱。

正殿前月台上有两座明代铸造的铁狮子，其造型内敛中不失威严，静态中暗藏动势，一头顺滑披散的鬃毛又和明清时期狮子常见的满头卷毛不同，使我想起了太原崇善寺门前的一对铁狮子，风格颇感接近。

山西省汾阳市上庙村太符观正殿前雌狮 二〇二三年五月十日下午六点二十分 连达

汾阳市上庙村太符观雄狮与雌狮

　　院子西南有一座崭新的紫微阁，顾名思义，供奉的是紫微大帝。此阁最早创建于明万历三十六年（1608），现在这座则是近两年复建的。

　　我不止一次来到太符观，虽然精华都在这三座殿里，但我每次都感觉看不够也离不开。这博大精深的道教文化和建筑彩塑艺术岂是几日盘桓和肤浅的观瞻所能领略感悟的呢！

上贤梵安寺塔

　　文水县位于汾阳市北面，西靠吕梁山与离石区交界，东边隔着汾河与平遥和祁县为邻，北部同交城、清徐两县相接。县境内有一条纵贯南北的文峪河，古名文谷水，县名即源于此。文水县在春秋时期便是诸侯争夺的封邑，秦代在此设大陵县，北魏称受阳县，隋开皇十年（590）始称文水县。武则天时期曾一度改名为武兴县，唐中宗复位后，再次恢复文水之名，并沿用至今。

　　这里是一个文化底蕴深厚的地方，尤其是一代女皇武则天的家乡，给这个原本声名不显

山西省文水县上贤村梵安寺塔
二〇一五年七月四日九时四十分—十时三十分
连达

文水县上贤村梵安寺塔

的山边县城蒙上了一层神秘的色彩。

上贤村古名太平里，位于文水县南部，这里距离汾阳已经不远了。当客车沿村东公路驶过，村北一座沧桑的平顶古塔顿时映入眼帘。我两次路过上贤村，都是看到古塔就立即下车奔过去，那种穿透了现代平庸僵直水泥房子的包围、穿透了历史时空的古朴气息和不屈力量让我无法抗拒。

村北原有一座古刹名曰梵安寺，塔也就叫作梵安寺塔了，寺院北侧还残存有昔日的堡墙。相传此地早在北魏时期就已经建寺了，唐代时一位皇子为了逃避残酷的权力斗争，来到这里出家，后来村人以"上等贤人于此"的意思把村庄改名为上贤村。另有说法是原为上仙村，日久谐音成了上贤村。可惜当初的寺院早已毁灭无存，仅余下这座孤独的砖塔。

相传此塔最早由一个叫李信的居士创建于唐高宗显庆年间（656—661），现存者则为北宋崇宁三年（1104）重建，存高约45米，是一座八角七级的楼阁式砖塔，自下向上略有收分，周身已被近千年的风雨侵蚀成土黄色，布满了榫孔和裂痕，各层塔檐都已支离破碎、残缺不全。一层仅在南侧开塔门，原有门洞被后世改成一个很小的拱门，成年人仅能躬身挤进去。各层塔檐之上皆出平坐，檐下设单杪双下昂六铺作斗栱，平坐下为双杪五铺作。二层以上的塔身四向开拱形窗，真窗和假窗相交错。据说塔内原有木梯登顶，顶层并无塔刹，而是辟为平台，修建小型殿堂一座，供奉铁佛一尊。后来被侵华日军掠去熔炼、铸造枪弹，塔顶被捣毁，木梯也被拆掉，现在仅存空桶状墙壁而已，看起来像一个超级粗大的烟囱。也有一种说法是此塔在地震中倒掉了半截，仅剩下七层。

这座粗壮敦实的平头塔显得老态龙钟，看墙上密布的裂痕和脱落的砖石似乎已有随时崩塌之忧，不过也就这样一直坚挺到了今天。传说此塔的另一个奇绝之处便是直接建在黄土台地上，并无地基，现在塔根部被新建的水泥平台所包裹，无法辨明真伪。

塔下的寺院早已毁掉，近些年新修的水泥仿古殿堂惨不忍睹，不看也罢。

孝义镇市楼

从上贤村北去不远就是孝义镇，这里虽然和孝义市相距甚远，却也流传着一个和孝顺有关的故事。相传古时候这里有一个妇人经常虐待公婆，忽一日有炸雷将村口的老槐树劈为两半，人们看见妇人无头的尸身立于树下，沿着血迹一路找到了十几里外的太符观，发现妇人的头颅被五岳殿黄龙抓在爪子里。自此村里人人贤孝，再无忤逆之事，遂得名"孝义"。但

文水县孝义镇市楼

根据明万历年间的碑文记载，孝义村原本由鬼市、忠义祠和南夏祠三部分组成，鬼市附近是坟场，常有孝子哭祭，后来人们就取"孝"字和忠义村的"义"字给村庄定名。

这里是一座很大的镇子，也是一座千年古镇，历史可以追溯到夏商时期，孔子的弟子子夏还曾在此讲学，北魏太延二年（436）始筑城堡。因地处并州南下汾孝、西出关中的通衢之上，自古就是重要的运输动脉，千百年来的积累使孝义镇繁荣富足，始终是文水县首屈一指的大镇。

如今镇子东边的国道上运煤货车川流不息，有时候甚至首尾相接，达到几十辆之多，钢铁车厢颠簸中发出狂暴的轰鸣，声势之大，整个镇子似乎都在随之一起震颤，扬起的灰尘让人无法呼吸。但在镇子西边则别有洞天，紧凑的小街巷寂静无声，与国道上完全是两个世界。

旧十字街心有一座严整精致的市楼，一下子把氛围带回到了纯正的中国风里。市楼，顾名思义，即市中楼房，又称旗亭。古时建于集市中，上立旗帜，以为市吏候望之所。这座市楼创建于明万历三年（1575），通高18米有余，平面为正方形，分上下两部分。下部是开十字穿心门洞的砖石城台，可通行车马行人。上边建十字歇山顶两层木楼阁，一层面阔、进深均为三间，出回廊，开拱门。二层为一间，设平坐，置隔扇门窗，整体风格端庄清秀。

当初这里是从太原南下汾阳的必经之路，古往今来滚滚的商队和辚辚的兵车都曾从楼下穿过，近代以来的动荡和战乱使繁华的城镇风光不再，明清老宅院也被红砖水泥的新瓦房更替殆尽，只有市楼还屹立在原地，躲过了浩劫，见证着变迁。由于近代的公路绕开了镇子中部，才使得市楼逃脱了被摧毁的命运，默默地隐藏在归于沉寂的老街深处，昭示着曾经的繁华岁月和如水光阴。

我当初来到孝义镇本是想找车下乡去寻访石永市楼，老乡自豪地对我说："我们这里也有一座漂亮的市楼呢！"由此我才万幸地没有和孝义镇市楼失之交臂。

穆家寨净心寺

从孝义镇向西直行不远，就到了穆家寨，相传这里最初是杨家将驻扎大军的地方，称为"寨子"，后来有穆姓人家在此聚居，就得名穆家寨了。村子不算大，东北角外紧邻一面黄土断崖，在断崖附近有一座净心寺。净心即指禅心清净，没有干扰，是修行者的第一要务。

寺院坐北朝南而建，仅剩下正殿和东配殿两座建筑，西侧和南侧现在均为密集的民房，昔日寺院的布局状况因此已经难于彻查。正殿是元代遗构，面阔三间，进深四椽，悬山顶，明间开木板门，两次间原有的窗户已经被砌死。殿内还有一些壁画残存。后来正殿的后墙、后檐坍塌，但正面看起来似乎还是完整的。我从曾来此寻访的好友处得知了净心寺的存在，心知这种半塌的境况很不妙，一直惦记着尽快前往，可还是晚了。老乡说在一场大雨后，佛殿前坡的屋顶整个倒扣下来，摔在殿前，化为一片瓦砾堆。当我来到这里时，散乱的木料和砖瓦几乎没有变化地依然堆在原地，成朵的斗栱仍旧以从前紧凑的拼组形式楔合在一起，只是已经更加糟朽，其间生满了杂草。依然粗壮的几根大梁颓然斜靠在仅剩三面墙壁的殿内，梁下部分墨书题记尚可辨识，有"副维那"等字样，更多是出资修殿的功德主姓名，可惜没能找见年号。已经被雨水淋得满是泥浆痕迹的墙面上，依稀还有壁画的残迹可辨。我当时正穿着短裤和凉鞋，也顾不得许多，径直向残垣断壁间深一脚浅一脚地搜寻，腿上被杂草荆棘不时刺中，少时就伤痕累累了。

虽然大殿已经无法挽救了，但我觉得还是要做一个记录，对于一座元代古建筑的消亡我们不能无动于衷。最后选在东配殿的屋檐下开始画起来。东配殿是座地藏殿，面阔三间，进深四椽，北半部也已经坍塌，看起来曾经被改做过仓库，里面堆放了许多草料。墙面上一些壁画和楹联还较清晰，看风格应该是清代作品。我所在的屋檐已经歪斜扭曲，几组筒瓦随时将要塌落下来，如果在我绘画时掉下来，肯定会砸破我的脑袋。

山西省文水县穆家寨净心寺
二〇一七年七月一日九时——十一时 连达

文水县穆家寨净心寺

前院里的老乡见我顶着酷暑坚持为这片废墟作画，热情地给我送来了蜂蜜水，真是甜入心脾。

净心寺，我第一次到来也是最后一次邂逅，一座元代殿堂在无名的村庄一隅彻底归于尘土，永远地逝去了。

石永市楼

在孝义镇东南方广袤的田野中，有一座面积不小的石永村，这里实际上已经是下曲镇地界了。村庄原本叫作石家庄，但本地口音"家"字读成"啊"的音，连起来读，倒好像叫作"傻庄"，令村人很郁闷，后来就取"石家庄永固"之意改叫石永村。村里房舍连脊接栋，但老房子则已经很少了，只是旧有的街巷布局仍然未有大的变动，主干街道还是由明清时代的十字大街撑起。

在十字街中央耸立着一座古香古色的楼阁，与周围贴了瓷砖的红砖瓦房显得格格不入，这就是石永村的市楼。

此楼是一座平面呈正方形的木结构楼阁，通高约 17 米，底部仅有简单的砖石台基，以四根金柱贯通上下，外观为三重檐十字歇山顶两层结构，各面均为三开间。一层跨建在街上，较为高大，下部可通行车马。楼的西南角设有木梯，在两层之间的结合部向北一转。这里也可以理解为衔接上下的夹层，但因一层顶部彻上露明，所以两层间纵横交叉的梁架也就一目了然。二层出平坐，有回廊，四面皆设隔扇门窗。楼内举架很高，空间宽敞，从塌落的天花板可以窥见巨大的十字歇山顶内部结构。地面铺设青砖，立有两根直通天花板的木柱，柱间横挂一块双面木匾，一侧为"慈云普护"，上款已看不清楚，下款为"祝德金敬题"；另一侧是"竹韵松风"，时间落"乾隆癸丑仲春"，即乾隆五十八年（1793）。楼内北侧地面上还有一个比天花板略小的盖板，上边有两个椭圆形的透明孔，显然是用来揭开盖板的，透过这俩窟窿能够直接看到楼下的街面，让人如临深渊一般紧张，想来也许是昔日为了往楼上搬运东西留的吊装口。

最顶层檐下设单翘重昂七踩斗栱，簇拥着各面中央的精致斗匾，正南面为"南阳楼"，北面书"极北斗"，东侧是"永光楼"，西边曰"白云台"，可以理解为赞誉楼阁的吉祥词，所以还是叫"市楼"更为人们所接受。老乡说楼里早些年曾供奉 5 尊佛和菩萨的塑像，后来被砸掉了。老乡又很自豪地告诉我，别看这楼现在破，很快就要大修了。

山西省文水县
石永市楼
二0一七年六月三十日
十五时四十——十九时四十分
连达

文水县石永市楼

楼下东北角陈列着几通石碑，因为有木栅栏遮挡，仅能看清最外侧一块清光绪十七年（1891）的《重修市楼碑记》。文中云："镇何以有市，致民也，聚货也。市何以有楼，庇风雨，避寒暑也。"说明了市楼的作用。碑中还提到了不知始创年代，明弘治年间重修，后来清代康熙、乾隆年间也曾修缮。看现在市楼的风格也确是明清遗构，但已经老态龙钟了，许多地方开裂变形，甚至发生了扭曲，但整体上倒也问题不大。

我在画市楼时跟围观的老汉聊天，问他这么大的村子里怎么只有市楼这一座古建筑，难道就没有什么庙宇之类的东西吗？老汉说早年间村里有不少庙，后来大军过境都给拆掉烧柴做饭用了。我很惊讶，说做饭也不至于拆得这么干净吧？老汉反问我，一过大军都成千上万的人，你说得用多少木头？我顿时无言以对了。

南徐则天庙

南徐村位于文水县城正北，靠近吕梁山脚下，右依苍茫群山，左挽文峪河水，地势开阔，风水极佳。这里是隋末唐初商人武士彟的家乡，当年天下群雄并起之时，武士彟敏锐地意识到太原的唐公李渊将来必是天下的有力竞争者，于是倾心相交，全力支持，因而唐朝建立后，武士彟也荣膺开国功臣的行列。后来他奉旨去四川广元任职，在那里生下了一个女儿武则天——没错，他就是这位千古第一女皇的父亲。到了武则天掌握天下权柄的年代，武士彟早已故去多年，于是武则天追赠父亲为孝明高皇帝，在文水县南徐村一带按帝王规制修建了宫殿，又在北面的文峪河旁为父亲重修了宏大的陵寝昊陵。可是好景不长，武则天去世后，李唐朝廷开始清算武周旧账，武士彟陵园和庞大的宫殿建筑群被夷为平地，仅剩下一片丘墟。民间传说因为宫殿废墟位于武家陵园之南，所以后世人就称之为南墟，久之则演化为南徐。

南徐村北部现有一座则天庙，也是国内现存唯一的一座供奉女皇武则天的庙宇。规模不甚大，只是一座坐北朝南的长方形院子，由山门兼倒座戏台、钟鼓楼、东西配殿和廊庑、最北面的正殿以及两侧的垛殿组成。庙中绿树成荫，幽静典雅，与村外喧闹嘈杂的市井气息和采矿挖沙的糟糕环境判若云泥。

庙门前现在陈列着两尊高度足有3米的巨大灰白色花岗岩石狮子，正是武士彟昊陵所遗留。陵区现在已经沉没在文峪河水库的碧波之下，两尊唐狮也正是仰仗了泥沙的掩埋，重见天日后竟然完好如昔。其造型和用石均同陕西关中地区现存的唐代帝王陵寝石狮子风格一致，很可能就是当年在长安雕凿完成，长途运来此地的。蹲坐的石狮呈昂首怒吼状，左边这一尊

文水县南徐村则天庙

保存得更好一些，基座上的纹饰依稀还残留
着些许北朝时期的余韵。

　　庙中最重要的建筑就是正殿，竟然是
一座重建于皇统五年（1145）的金代遗构，
下部为砖石台基，面阔三间，进深六椽，单
檐歇山顶，明间开木板门，两次间为直棂窗，
檐下设单杪单下昂五铺作斗栱，耍头也做成
批竹昂形，仅设柱头铺作，无补间。伶俐硬
朗的批竹昂一下子把我的思绪带到了对晋东
南那些宋代建筑的回忆里。这座殿堂不仅有
唐宋遗风，而且殿内还保留一对唐代旧柱，
很可能就是昔日宫殿的遗存。忽然在吕梁山
脚下见到这雅致的殿堂竟有不真实的感觉，
殿内梁架简洁疏朗，一派宋金之风，与五台
县李家庄的唐代南禅寺大殿有许多神似之处。

文水县则天庙唐代石狮

殿内采用减柱造，两根内柱之间的神台上有一则小木作神龛，相传也是与大殿同时代的作品，只是现在龛内的武则天塑像和殿内三面墙上的壁画都是现代人后补的了。

庙里的廊庑下还陈列了许多从县境各处收集来的碑刻石雕，大多是明清之物，年代较晚，雕琢简单。环顾四周，在这金代的则天庙里，只有两尊唐狮更能让人联想起一代女皇，只是辉煌霸气的所谓万载功业实际上脆弱不堪，转瞬即逝，也只有这些冰冷的石刻能够穿透岁月的幽远，给当年的辉煌留下一丝注脚罢了。

除了女皇武则天，另一位名冠天下的文水女性就是刘胡兰了。

交城奎星楼

交城县是吕梁市东北部的一个县，位于吕梁山东坡之下，距离太原市已经很近了。这里北面为娄烦县和古交市，东北为清徐县，西面同方山县毗邻，西南为离石区，南边同文水县接壤。交城有首民歌叫《交城的山来交城的水》，第一句便是"交城的山来交城的水，不浇交城浇了文水"，指的是发源于交城县西南部大山深处庞泉沟的文峪河，汇集了南边的四道川，和北面的西葫芦河一路东下，在西社镇附近又纳入了西冶川的水，即将走出群山之时却流出交城，进入文水县境，发源于交城的大河为文水浇灌了良田。

隋开皇十六年（596），取汾河和孔河交汇处的汉代交城之名，正式设立交城县，到了武周天授二年（691），县城毁于洪水，于是迁移交城县到了瓦窑河东岸与磁窑河西岸之间的今址。原来的旧县城被称作故交，即今天交城县北面的古交市。

交城县是个正在快速发展的县城，给人一种充满朝气的印象，进入城区就看到许多挺拔崭新的楼房，宽阔平整的街道，已经有了点大城市的味道。令我颇为意外的是，在县城的中部竟然还有大片旧城区存在——确切地说，除了城墙已经消逝，老城和东关厢的大部分老街巷仍然保留下来了，这也是我在吕梁几个市县奔走中所不多见的。老城和东关厢被宽阔的新开路从南向北劈开，又被东西向连通的东关街和东正街紧紧地联系在一起。东关厢的老街区面积更广，除了保有大量的古民居，甚至还有一些寺庙。西边主城区保存的老街巷虽然不少，但被从南北两面一起蚕食过来的楼群挤压得已经有全面瓦解的态势，尤其在新开路两侧新搭建的工地围挡上分明写着又有新楼盘即将开工，这种改造和吞噬真叫人局促不安。

至少目前沿着东正街两侧，尚有不少老宅大院仍然完整，窄窄的街道和相望的宅门浸透着百年的沧桑。在长街西段耸立着一座清秀的楼阁，这就是交城的奎星楼。此楼于明天启五

山西省交城县奎星楼
二〇一七年七月二日八时—十时三十分
连达

交城县奎星楼

年（1625）迁建到此，明崇祯九年（1636）、清顺治十八年（1661）、清同治五年（1866）和光绪二十七年（1901）都曾有过修缮。平面呈正方形，下部建在一座砖石高台上，四周设石栏，台下原开辟有南北向的拱门洞，是文昌祠的前门，已经被堵死，目前后面是空荡荡的学校操场，文昌祠早已灰飞烟灭。台顶上建一座重檐歇山顶的两层砖木楼阁。一层深广各三间，出回廊，南北向开门，二层为一间，出平坐勾栏，设隔扇门窗，造型端庄严谨，出檐深远高挑，把老街点缀得更加多了些古朴韵味。奎星楼北边的城内完全小学是华国锋儿时就读的母校，现在操场宽阔，楼宇气派，是在交城县文庙和文昌祠的旧址上建立起来的。奎星楼正好被砌到了学校围墙的东南角上，但它却把古香古色的身影留给了墙外的老街，这种仍然真实地活着的老街已经越来越少了。

丁家祠堂

在交城东关厢的南部有一座高大厚重的古堡门，门洞对面一路之隔是一座修缮艳丽的广生寺，路中间生有一株无比粗壮古拙的老槐树，繁茂的树冠延展得把堡门和寺门一起遮蔽起来。我查了清末的《交城县志》才弄明白，和广生寺相对的这座门竟然就是交城东关厢的南门，也是交城城防体系中唯一幸存下来的部分了。

向北走进幽深的门洞，里面是一条基本保持了旧时格局的街道，路西侧现存一大片老宅院，入内探访，虽然已经被许多住户分割使用，颓坏与拆建也极大地改变了原有面貌，但仍然能够依稀窥见当年的堂皇气派，据说这里曾是当地著名的丁家大院。这个丁家也算得上几百年的望族了，早在明万历年间就出过武举人，有清一代也是人才辈出，几乎每一代都有举人和外出做官者，在本地更是修路开渠，建庙酬神，广受爱戴。清康熙十五年（1676），当时丁家的丁世醇就出资修建了广生寺，并在此办学。丁世醇曾任浙江仁和知县，在当地古刹广生院兴办义学，因当时已年过不惑仍无子嗣，就于佛前许愿，若能得子，日后必定在家乡也修建一座广生院。后来愿望成真，于是丁世醇出资在东关厢南门外建寺还愿，并继续办学育人，鼓励和资助平民学子读书成才。

在小街中部还有一座院子是丁家的祠堂旧址，现存前后两组建筑，院内是一座朝东而建的五开间正房，可惜已经沦为民居，内外堆满了杂物。画中的是临街的前房，典型的清代建筑，面阔五间，硬山顶，下部建有高高的条石台基，临街面出前廊，正中央设卷棚歇山式抱厦，屋檐已经糟朽，杂乱的砖瓦里生满杂草，残缺破败之状好似时间都停滞了，苍凉得让人

交城县东关村丁家祠堂

无法同昔日的望族大户联系起来。院子的大门上还保留着"抓革命，促生产"的铁字，又是一个时代的烙印。悠长的深巷和荒败的老房子，便是交城县给予我的另一种淳厚古朴甚至有些萧瑟的印象。

卦山天宁寺

　　卦山位于交城县的西北方，是吕梁山的一角，相传因这里山势奇绝，群峰环伺，形如八卦而得名。卦山满目葱郁，尤以形态各异的古柏而闻名于世，遒劲的老柏树扭曲着向天空展示自己力与美的乖张身形，根系则强有力地抓入山体，牢牢地握住了冰冷坚硬的岩石，哪怕身在险峰，独处绝壁，仍然毫不怯懦地绽放着自己的舞姿，既是一种顽强不屈的象征，也是大自然生命力量的体现，与山间古刹相映成趣，更彰显出一种中华文化古雅悠远的意境，因而卦山柏与黄山松和云栖竹共称奇观。

　　走进卦山深处，我好似到了仙家的洞天福地，一股清逸洒脱的气息沁人心脾，在古柏林

交城县卦山天宁寺毗卢阁

中缓步前行，走上漫长的石阶，就来到了依山而建层层攀升的庞大古建筑群——天宁寺。

相传早在唐贞观元年（627），华严宗初祖高僧法顺就在卦山创建石佛堂讲经说法。贞元二年（786），太原节度使、检校礼部尚书李说夫妇开始在卦山中心建造天宁寺，十四年后告竣。古刹历代多有重建、增建和修缮，尤以明清为最，现存格局也基本形成于彼时。清朝康熙年间还在天宁寺对面山顶建起了卦山书院。在 20 世纪 20 世纪后期，天宁寺才逐渐被腾退和修缮，重新成为了一方风景人文名胜。但是到了近代，卦山和天宁寺屡经浩劫，先是遭侵华日军洗劫扫荡，众多庙宇殿堂被毁，新中国成立后人为的拆毁和改建更使得这里面目全非。

现存建筑主要分三进院落，中轴线上是山门、千佛阁、大雄宝殿和最后边的毗卢阁，两厢都有耳殿、配殿和廊庑等附属建筑。寺院东边还有石佛堂、圣母庙、魁星阁、朱公祠，西面是地藏殿、三教堂和药王庙等大小祠庙。这些建筑或是明清遗留，或是近些年复建，依山势面南展开，层叠递进，与苍山林海相呼应，恢宏壮丽，气象森严，远观尤具神秘莫测之感。寺中还存有唐代以来的众多碑刻，甚至有的殿宇所用柱础也是唐代旧物，让人不胜感慨时光流逝和岁月的更迭，怀古之情充满胸中。

炎炎夏日里，我穿过宽敞崭新的千佛阁和大雄宝殿继续向上攀登，身旁殿阁错落，层叠升高，毗卢阁则建在一重更高大的石平台顶上，成为了全寺地势最高也最宏伟的建筑。现存者为清康熙四十七年（1708）重建，是面阔五间、进深三间、三重檐歇山顶的两层砖木楼阁，上下皆出回廊，造型古朴，不施粉黛，是天宁寺中最具气度和年代感的大型建筑。雄大的古阁背靠连绵的苍山，置身于葱郁的林海之间，宛如佛祖端坐其上俯瞰苍生，气魄宏大。

从毗卢阁平台下的照壁前走过，我发现斗栱的空隙里竟然藏着一个精致的鸟巢，几枚晶莹圆润的鸟蛋安静地躺在里面，真是让人心中顿时充满了怜爱之情，想来鸟妈妈也真是会选地方，在佛祖的注视和庇护下繁育后代，也是一桩吉祥幸事了。

石壁玄中寺

在交城县西南连绵不绝的群山之中，有一座石壁山，山怀里如捧珍宝般坐落着一所古刹，名曰玄中寺。此地隐藏于如海的山峦深处，要在沟谷里走很远才能来到山门前。尚未看到寺院身影时，即已远远望见一座名曰龙首峰的绝壁之巅，耸立着一尊八角两层的白色楼阁式砖塔，在浪涛般的林海里好像灯塔般为行旅之人指引着方向，这就是宋代所建的秋容塔。看见了塔，玄中寺也就快到了。

玄中寺最早创建于北魏延兴二年（472），是汉传佛教十三宗之一净土宗的道场，从北魏至唐，历经高僧昙鸾、道绰、善导的大力发扬，净土宗已经广布天下，拥有巨大的影响和无数的信众，并且远播到朝鲜、日本一带，因此这三位高僧也被后世尊为净土宗祖师。唐代贞观九年（635），太宗李世民曾亲临此地礼佛，赐名"石壁永宁寺"。贞元九年（793），慎微禅师在寺内兴建"甘露无碍义坛"，和当时长安的灵感坛、洛阳的会善坛合称"中国三大戒坛"。

在宋金时期，寺院两次遭遇大火，至元灭金之际，再次惨遭兵燹。蒙古帝国占领此地后又一次重修，元太宗窝阔台赐名为"龙山护国永宁十方大玄中禅寺"，这也就是玄中寺名字的由来。寺院规模在元代达到了鼎盛，所拥有山林田产不计其数，当时归其统辖的下院就有四十余座，包括挂山天宁寺也一度归其所有。可惜到了清光绪十七年（1891），玄中寺又燃起大火，数代积累一朝灰飞烟灭。当时国家战乱不断，时局动荡，僧侣流散，千年古刹终被遗弃在了寂静的石壁山深处。

早在20世纪20年代，日本学者常盘大定多方寻访和考证后，终于找到了已被世人遗忘的玄中寺，证明这里就是东瀛佛界净土宗的祖庭。尤其在新中国成立后，日本的僧众信徒寻访团更是多次来玄中寺瞻仰参拜，追踪溯源。

　　玄中寺经过新中国成立后的大规模重修，恢复了完整的布局，但因为曾经毁坏严重，现存最古老的建筑除了东南方龙首峰顶上的秋容塔外，只有最前端兼做天王殿的山门为明代遗构，两旁的钟鼓楼为清代所建，其余殿堂几乎都是新中国成立后复建起来的。现在建筑群坐北朝南，主要有山门及两侧的钟鼓楼、大雄宝殿、七佛殿、千佛阁等，两侧有配殿和垛殿。

　　山门面阔三间，进深两间，单檐歇山顶，南面仅在明间开板门，北面在门两侧还设有直棂窗，结构虽然简单，却是这千年古刹难得的珍贵遗存了。殿内中央供奉弥勒佛，背后是韦驮，东西两厢的四大天王塑像则是明代作品，虽经后世重绘，毕竟气势犹存，其塑身型魁伟，不怒自威，堪称佳作，于是我为山门和西、北两尊天王画了像。

　　寺中其余建筑虽然都是仿古之作，没有什么历史价值，但飞檐斗栱，亭台楼阁，配合着苍山林海，仍然有浓郁的古典风韵。寺中最具价值的文物其实是历代的碑刻，第一进院中的两座碑亭里各有一通大碑，东侧是《唐石壁禅寺甘露义坛碑》，记载了唐时创建甘露戒坛的事，为元代重刻。西侧为《石壁寺铁弥勒像颂并序碑》，为金代重刻。七佛殿两侧建有碑廊，收藏着北魏以来的数十块大小碑石，是玄中寺千余年悠久岁月的铁证。这些石头虽然冰冷，却使人能够把这座仿古建筑群同遥远的北魏和辉煌的大唐联系在一起，思绪不禁飞回到那繁华的过往烟云中纵横驰骋，冰冷的镌刻里仿佛还残留着岁月的余温。可惜如此悠久的历史积

山西省交城县玄中寺山门
二〇一七年七月三日八时一十时十分　连达

交城县玄中寺山门

山西省交城县玄中寺
西方广目天王一尊
二〇一七年七月三日十四时十分—十六时三十分
连达

交城县玄中寺西方广目天王一尊

交城县玄中寺北方多闻天王一尊

淀并未能给玄中寺留下什么特别的或有代表性的古建筑，心中不免还是怅然若失。

我略带慵懒地坐在阳光里，伴着徐徐的清风和叽喳的鸟鸣认真地画着，静静地好似已经入定，专注于画板之上，仿佛世界是凝固的，一切只在画中演进着。

离石文庙

离石是一座位于吕梁山脉中部的城市，老城建在北川河与东川河交汇处东岸的高地上。早在战国时期，这里就是赵国的离石邑，西汉正式设立离石县。"五胡乱华"时期，匈奴人刘渊建立的汉政权就曾经在这里临时定都，之后累名昌化、石州，明代后期改永宁州，民国代清，为永宁县，1914 年定名离石县。2004 年设立吕梁市，市区就在离石，于是这里成了吕梁市下辖的离石区。当年望川而建的古老离石早已被蓬勃发展、日新月异的现代化城市楼宇所覆盖，市区沿着两条河川不断向外扩展，形成了巨大的人字形布局，老城区则几乎被湮没不见了。

我在老城和新城交错处依山而建的狭窄街巷里七拐八绕，终于找到了一所名曰贺昌的中

山西省吕梁市离石区贺昌中学内 文庙大成殿
二〇一七年七月四日 下午四分一十六点半十分
连达

吕梁市离石区文庙大成殿

学。该校创建于 1945 年，为了纪念柳林县的革命先烈贺昌，于第二年改为贺昌中学，位置就在离石区文庙。

据记载离石文庙创建于元朝初年，明末战乱时惨遭焚毁，清代重建并屡有修缮，到民国时布局尚保存完整，天下文庙标配的棂星门、泮池、名宦祠、乡贤祠、大成门、大成殿、明伦堂、尊经阁等建筑一应俱全，可惜到"文革"时遭到严重破坏，各殿塑像和庙中碑刻被捣毁。后来中学扩建校舍，将文庙里绝大部分建筑拆除，只有大成殿和两厢的配殿当时被用作印刷厂而侥幸残存，这就是我要寻访的目标。

当我看到操场深处绿树掩映中有一座歇山顶的大殿，立即兴奋起来，终于找到了离石文庙大成殿，它被围在一个单独的小院中，好像校区里的一个仿古公园。大成殿坐北朝南，修建在砖石台基上，前边还凸出月台，主体面阔七间，进深五间，单檐歇山顶，檐下出回廊，设重昂五踩斗栱。正面当心三间开门，两侧为窗，门窗在民国时期被改造成了仿西方的哥特式尖拱形窗，呈现出一种中西混搭的风格，这也是鲜明的时代烙印。虽然大成殿现在被粉饰一新，但在现代的校园里还是显得很与众不同，又因周围楼房环伺，街巷迂回，我能最终把它找出来也是颇觉不易，直面于前时，还真有点"千辛万苦终于来到你身边"的感慨。

我坐在球场旁边开始画大成殿，引来了不少师生围观，似乎在这一时刻，大家才开始认真地审视起这座早已再熟悉不过的老房子，似乎也有了新的认识，有的同学说"才发现中国古建筑挺美的"。

离石鼓楼

在文庙西边不远的巷子里还隐藏着一座残破的楼阁，是离石老城昔日的鼓楼。此楼平面呈正方形，下部建在砖石城台上，原本开辟有十字穿心门洞，现在西、南两面被封死，只有东北两个出口仍能通行。城台上部朝南建有一座面阔和进深均为五间的单檐歇山顶砖木殿堂，四周设回廊，檐下置重昂五踩斗栱，正面设有两窗夹一门，和文庙大成殿一样为仿哥特式尖拱造型，很显然被改造的时间应相差无几。

离石鼓楼创建于明万历年间，清代在楼内供奉关老爷，因此也称作关帝楼，当地人则俗称为大楼底。楼下南向的门洞被封起来成了一间庙堂，楼前辟有院子，南面还建有戏台，整体上变为一座关帝庙。早年间楼内还有清代绘制的关老爷故事壁画和关羽、关平、周仓三人的塑像，以及一口几十斤重的铁铸青龙偃月刀。1949 年这里被改作供奉革命烈士，关帝楼

山西省吕梁市离石区鼓楼
二〇一七年七月四日十八时——十九时三十分
莲达

吕梁市离石区鼓楼

变成烈士楼，正脊中部的脊刹被换成了铁条焊制的五星和镰刀锤头标志，至今犹存。不过前些年烈士陵园迁往别处，失去功能的烈士楼也就再无人问津了，楼前原来曾建有一座歇山顶四柱小亭子，类似一个献亭，如今垮塌在地，歇山顶的外形仍依稀可辨，却成了垃圾堆的一部分。院子围墙已经被拆掉，当初的戏台早已踪迹难寻，只有东边的小院门还在，是一个尖顶砖门楼，门额上写着"烈士园"。楼前几株柏树无人修剪，肆意生长，杂乱无章，下边堆满了各种垃圾和杂物，把楼的正面完全堵住了。

原来庄严肃穆的烈士园变成了一个大杂院和停车场，旁边近些年建起的居民楼呈环抱之势靠拢过来，尤其鼓楼西边的一座五层楼房显然新建不久，艳丽的粉色涂料和鼓楼灰暗的外观形成强烈的反差，楼东墙紧紧挤压在鼓楼西侧屋檐旁，几乎要挨在一起了，寸土必争，真是欺人太甚。衰败的鼓楼如一位垂暮而无力的老者，难以抗衡，睹之凄然。

鼓楼这般惨状看起来已经濒临绝境，西边不远处的山坡下有一大片恢宏的仿古建筑群正在火热的施工建设中，两相对照怎不叫人无奈叹息。我也只能坐在污水流淌的空地上，主观去掉那些疯长的杂草和树木的遮挡，给鼓楼画出一幅尽量完整的肖像了。

离石安国寺

在离石区西北十余公里的吕梁山深处有一座乌崖山,这里群峰阵列,林木茂密,山怀里现存一处古刹——安国寺。寺院修建在半山腰的台地上,背依高崖,面临深谷,因受地形所限,虽然是坐北朝南的方向,建筑群却是东西向狭长的布局,寺院的门开在最西端。全寺大致分为东西两个区域,西部是核心区域,由大雄宝殿、东西垛殿和一座叫铜塔楼的砖木楼阁组成,院子两端还建有对称的钟、鼓楼。寺院东部又分前后两院,供奉有关帝、观音、十王、吕祖等众神佛,另有一些房屋是昔日的禅房、僧舍等附属建筑群,其中尤以清代的于成龙读书处最为著名。于成龙在清初官至两江总督,以廉洁著称于世,当年没有出来做官时,就是在安国寺中隐居苦读的。

全寺殿堂环山崖而列,凭栏远望,但见沟谷幽深,四周是苍翠的群峰相拥,风声鸟鸣,景色怡人,在寺外的山林掩映之间,还点缀着石牌坊和砖塔等建筑,堪称上佳的世外桃源之地。

大雄宝殿是全寺的核心建筑,面阔五间,进深六椽,悬山顶,前檐下出廊,共设有十一朵斗栱,除了正中央补间出一朵斜栱外,其余均为单杪单下昂五铺作,用材硕大,手法古拙。明间和两次间为隔扇门,两稍间是直棂窗。殿内采用减柱造,构架也相对粗犷简练,颇有元代遗风。三尊主佛面目圆润,仪态雍容,结跏趺坐在莲台之上,是元代旧塑,历经磨难至今,殊为不易。殿内东西两山墙上还留有明代绘制的大面积佛传故事壁画,特别珍贵。殿前廊下陈列着古今碑刻十余通,翔实地记载了寺院千余年来的沧桑变迁。

殿前有一座面阔和进深各三间的两层歇山顶砖木楼阁,名曰铜塔楼,相传始创于唐代,不过现在的是明清时期遗留。楼前有两尊暗红色的砂岩石狮子,身材高挑,神态威猛,很有气势。

吕梁市离石区安国寺

吕梁市离石区安国寺正殿

据一通"皆大明隆庆五年（1571）岁次辛未八月"所立的《重修安国寺碑记》所载，这座寺院创建于唐贞观十一年（637），初名安吉寺，至唐代宗时，其女昌化公主将御赐的两枚佛牙放在一尊铜铸佛塔里，供奉到寺中一座楼阁内，相传即今日大雄宝殿前铜塔楼的由来。北宋嘉祐三年（1058）更名为安国寺。元至正二十八年（1368）的元末明初战乱中，寺院被毁，僧众溃散。明洪武二十一年（1388），万松和尚云游至此，欲募集捐款重修寺院，可惜不久就圆寂了。后有僧人得玘于明永乐二十二年（1424）重修了正殿并彩绘金妆，但至天顺年间殿宇再次损坏，到嘉靖年间，寺内已经濒临荒废。后来僧人正如等欲再次重修，恰逢明隆庆元年（1567）九月十三日午时蒙古俺达汗大举南下攻破石州城，死者数万，寺内僧众独存，感于佛祖庇护，于是重修了安国寺。清代和近、现代更有多次重修，才使安国寺得以保留到现在。

我早上初到安国寺时，只是天有薄云，清风习习，待到我想画大雄宝殿时，却已经是狂风大作，山雨急袭了，只好躲进了大殿前的铜塔楼里，才勉强给大殿画了一幅。

中阳鼓楼

中阳县位于离石区南边的南川河谷地里，与离石城区相距很近。这里也是一座早在西汉时期就已经设立的有着两千多年历史的古老县城，历史上还曾经叫作平夷县和宁乡县。这里处在南北向两山相对的河谷之内，城市也是沿着河川建设展开，相传当年于成龙在安国寺读书时，就可以望见南边大川之中的中阳县城。

我在离石区盘桓的时候，并未有去中阳县的打算，可在安国寺里遇到的两位当地画家却谈到中阳县里有一座鼓楼，就在县城中心，顿时引起我的兴趣，于是返回离石之后，立即上了去中阳县的客车，颠颠簸簸地向南而来。

中阳县处在狭长的黄土山沟里，跨河而建，在山与河之间有限的空间中已经建满了参差层叠的楼宇，远望有一种特别繁华的氛围。客车正沿着河东岸向南前进的时候，我忽然发现了河西边楼宇包围之中，有一座古朴的十字歇山顶楼阁，与那些方形水泥盒子楼房完全不同的建筑风格一下子牢牢地抓住了我的目光。

这正是我要找的中阳鼓楼，它孤独地矗立在十字街中央，在周围楼房的环伺下显得有些低矮和瘦小，因为附近再也没有别的古建筑，所以它卓尔不群的造型还是能够脱颖而出，我立即下车直向它跑了过去。

此楼通高有 20 余米，是一座平面正方形、分为上下两部分的砖木楼阁，下部为厚重的十字穿心城台，每个门洞上还镶嵌匾额。平台四周设宇墙，在南墙西部开有入口，焊接着铁梯子，不过梯子下部已经断掉，看起来很久都没人上楼了。顶上建有面阔、进深各三间的两层十字歇山顶鼓楼。一层为砖造，各面皆砌四根突出于外的立柱，每面都是两窗夹一门的格局，门为拱形，拱下设两根浮雕圆柱，窗上为漫弧形，都是近代仿西式风格的产物，门顶上镶嵌横匾，两侧柱上雕刻楹联。这一层顶上出短檐，装饰着简洁的砖雕仿木结构斗栱，看起来有浓郁的民国风。二层上又设宇墙围护，建有三开间木结构的亭阁，四面通透不设门窗，仰望可知里边有四根金柱贯通到一层之内，上面覆盖着宽大厚重的十字歇山顶，每一面檐下都悬挂有匾额。

这原本是一座建于 1919 年的钟鼓楼，当地人俗称大楼，1949 年 3 月，由当时的人民政府主持，将此楼改造成了供奉革命先烈的纪念性建筑。看到北侧门洞上镶嵌的"烈士楼"以及上上下下众多的"勋功昭著""殉身真理""为民捐躯"之类匾额，我顿时明白了这座楼和离石鼓楼一样，因为对烈士的供奉意外地侥幸保存下来，这也是中阳县城内仅存的古迹了。

我在楼旁边的商店屋檐下画起来，有许多人拥挤围观。当他们听说我一个东北人专程跑来画这么个东西，大多表示无法理解。有老人跟我介绍，当初在这条街上曾经建有十多座牌坊，那才叫堂皇气派呢，可惜"文革"时全拆光了。仰望着与周围风格天壤之别的老楼阁，看着这繁华喧闹的街市我不禁感慨，这样的环境能够让楼内供奉的英灵安息吗？可是如果哪天没有了"烈士楼"这张护身符，鼓楼还能保全下去吗？

中阳县鼓楼

方山大武楼

　　沿着离石区西边的北川河谷一路向北走不多远，就到了方山县的大武镇。这里位于方山县的南部，昔日是南北大道上的咽喉之地，曾经特别繁华的镇子呈南北向狭长分布，镇中耸立着一座创建于明景泰四年（1453）的鼓楼，人称大武楼，清代在楼内供奉了观音菩萨，所以又俗称观音楼。

山西省方山县大武镇鼓楼
二〇一八年四月十四日下午十五时五十——十八时三十分

连达

方山县大武镇鼓楼

此楼跨在十字街心，通高近 19 米，下部筑有一米多高的砖石台基，平面呈正方形，为三重檐十字歇山顶的两层木楼阁。楼体各面均为三开间，二层置平坐，有回廊，设隔扇门窗。此楼现在被修缮一新，浑身涂成暗红色，很硬朗地挺立在空旷的镇子中央，因为当地已经几乎把整个大武镇全拆掉了，只留下了鼓楼这一座建筑。我半年前来过一次，当时镇子就已经拆光了，到处是瓦砾堆和垃圾堆，那时候大武楼被脚手架和防尘网包裹得密不透风，好像是废墟里遗弃的一件巨大的衣柜。古老的镇子消失了，几十层高的居民楼正从南北两面向大武楼逐渐逼近过来。听说最后楼群要连成一片的，大武楼将被作为现代楼群里的一个凉亭式点缀而存在，真是个让人无可奈何的归宿。

　　这一次我再来寻访大武楼，四周的情形几乎没有什么改变，废弃的瓦砾堆都长出了浓密的杂草，大武楼也粉刷一新，孤零零地看着自己几百年的家园就这么灰飞烟灭，周围空荡荡得可怕，那种孤寂之感让人有些发毛。而试想一位雄踞于集镇上空的魁梧的将军，即将沦为一群钢筋混凝土巨兽脚下玩物的那种绝望和无助，真有生不如死之感。远处的楼群还在忙碌地建设着，我望着这般境况，内心里甚至比大武楼还感到悲凉。

东坡西方寺

　　从大武镇沿着北川河上行不远，有一座东坡村，村子因修建在河东岸山坡上而得名，现在新村面积很大，老村子被挤在了角落里。村东北的山坡上坐东朝西尚存一座小庙，其破败的惨状在山下很远就清晰可见。庙宇建在一座很高的平台上，看起来似乎是将背靠的黄土山削平了一部分所成，平台外立面用河川里巨大的鹅卵石包砌。

　　我漫步走上庙前很陡的石阶，满是荆棘和垃圾的寺庙呈现在眼前。山门已经没有了，围墙也几乎倒光，现存一座正殿和一座北配殿。南侧配殿位置是一排砖砌窑洞的后背，它的顶部是一座狭长的平台，最东端建有一座衔接正殿后檐角的东垛殿。正殿前有一株高大的槐树，树冠张开，如伞盖般遮在院子上空。

　　正殿修建在半米余的砖砌台基上，面阔三间，进深六椽，悬山顶，造型端庄秀气，殿顶和殿身的比例恰当匀称，檐下设七攒双昂五踩斗栱，正中心补出大斜栱，用材古拙厚重，有早期建筑遗韵。檐柱里边又设一排内柱，应是原有前廊，现在这里门窗全无，贯通明间前后砌有一道砖墙，把不大的正殿分隔为左右两个房间，这是曾经被改做学校时所建，殿内墙上的黑板仍在。殿内构架简洁舒朗，保存着多组题记，明间正脊下清晰地写着"旹大明成化陆

方山县大武镇东坡村西方寺

年（1470）岁次庚寅三月庚辰朔初九日戊子庚申时"，证明了此殿为明代所建。南次间脊下有"大清嘉庆岁次庚申五年（1800）闰四月初九日吉时"的题记，这是清代重修的记录。我注意到了掉落在地上的琉璃脊刹字牌上赫然写着"旹大元至元三年（1337）丁丑仲夏上旬三日"，这就是说此庙创建于元朝，重修于明清了。殿内南侧尚存部分清代风格的天花，已经陈旧发黑的图板上，依稀可辨是云纹环绕瑞兽或吉祥图案装饰。殿顶现在多处坍塌，后檐最为严重，已经漏天了，雨水和泥浆顺着后墙流下来，殿内更是一片狼藉。前檐也已经糟朽腐烂，几乎所有的椽子和飞子都塌掉了，没有出檐的遮蔽，挑檐桁和斗栱被雨水淋浸得腐朽严重。我在南次间窗台位置发现一块"道光十三年（1833）七月初九"所立的重新明确寺产土地的碑刻，其中有一句"永郡北川东坡村旧有西方寺，年远古刹……"，村人皆称此破庙为佛寺，却已不知道原名了，佛教自西域传入，因此供奉佛祖的寺庙叫作西方寺也就顺理成章了。

北侧配殿面阔三间，进深两间，硬山顶，已经坍塌过半，成排的椽子颓然地耷拉下来。门前立有一通"大清同治六年（1867）十一月二十五日"的《重修观音、三官之楼碑记》，但现存建筑并无此楼，我想很可能是指原来的山门，现在已经毁坏无存了，这种佛、道背对背共处一楼的山门在乡间也是很常见的。

正殿南次间前设有石阶，可以登至旁边砖窑洞顶部的平台，其上宛若野地一般尽是生满坚硬利刺的荆棘。平台尽头与正殿后檐角相接处建有三开间硬山顶小殿一座，低矮局促，其貌不扬，却是保存最完整的一座殿堂。平台下一共有两组面朝南的砖石窑洞，应是原来寺中的僧舍之类用途，后来被改造成了教室。现在寺院西南角尚存一座时代特征明显的拱顶砖砌小门楼，最上面用水泥塑造的五角星和"东坡七年制学校"的字样依然完整。

我顶着吕梁山初春凛冽的寒风，尽量躲开身边扎人的荆棘，坐在正殿旁的平台上给西方寺留下一幅画像，我知道自己救不了它。

锄沟真际楼

柳林县位于离石区西侧，北靠临县，南接石楼、中阳县，西边隔黄河同陕西省吴堡县相望。这里两千多年来一直是离石、中阳和方山等地下辖的镇，直到 1971 年才设立柳林县。县城处在黄土高坡的环抱之中，从离石方向流过来的汇集了东川、北川和南川河而成的三川河在山间画了个"S"形曲线，柳林老城就位于河北岸。随着城市建设发展，现在整个山谷河川已经被各种楼宇民房见缝插针地填满了，甚至显得杂乱拥挤，南山脚下铁路桥旁的锄沟村尤其突出。

这里村舍街巷曲折，高低错落地把山坡上下都挤满了，又有铁路桥穿山而出，从村庄头顶飞跨越过，旁边几栋高楼还在施工，二十多层的高度把锄沟村完全遮蔽在了铁路桥和黄土山坡的夹角中，几乎不会引起外人的注意。我为了寻找真际楼沿途打听，费了不少周折，当在狭窄的被水泥房子充斥的小巷深处看到这座不大却古韵十足的楼阁时，充满了不可思议之感。

这是一座朝西南而建的十字歇山顶两层砖木楼阁，一层显得有些低矮，面阔和进深都是三间，正面明间开门，右侧另设有一个单独的梯道门，檐下设简单的单翘三踩斗栱，出檐宽大厚重。二层仅为一间，由四根贯通上下的金柱支撑起上面的十字歇山顶，因为比一层窄了许多，所以也显得更高一些。檐下设单昂三踩斗栱，开隔扇门窗，四周立有围栏，各面设有数量不等的立柱支撑起顶上远远出挑的屋檐。屋面采用灰瓦覆顶，外观显得其貌不扬，但显然被自发地修整过，许多现在的装饰材料都用了上来，油漆彩画也艳俗粗糙，梯道门两边甚至贴了瓷砖，显得很不协调。

楼门前有几通现代的维修碑，时间也已经接近二十年了，倒有些有价值的记载。上面说真际楼创建于明正统七年（1442）壬戌，嘉靖三十六年（1557）夏和万历四十八年（1620）秋都曾重修。最后的一次大修是清同治三年（1864）。楼里供奉有佛祖和观音、文殊、普贤等菩萨。并且记述了真际楼周边旧有楼阁庙宇多处，可惜都已经毁坏了。

我环顾四周，在杂乱的小巷内，高楼的紧逼下，这衰微的真际楼还能够存在就已经殊为不易，只能寄希望它不要最终被楼群所吞噬了。我坐在真际楼旁边，在打闹的孩子们叽叽喳

柳林县锄沟村真际楼

喳的欢叫声里给这座毫毫的楼阁画了一幅。在周遭虎狼环视的情况下，这样一座传统建筑能够被容纳保留，即使已经被当地修缮过，也是值得庆幸的事情了。

柳林县的老街原本东西向狭长，在 20 世纪 90 年代还保持着古朴旧貌，此番探访，除了窄街格局尚存，临街房屋绝大部分已经被水泥小楼所取代，旧貌所剩无几。老街东部倒有一座香严寺古刹保存完整，坐落在半山坡上，面朝三川河，颇有气势。寺内殿宇更是有金、元遗构，可惜寺内遍植树木，难以找到满意的绘画角度，无奈只好作罢。

第二章
晶莹环翠留余晖——灵石介休访遗珍

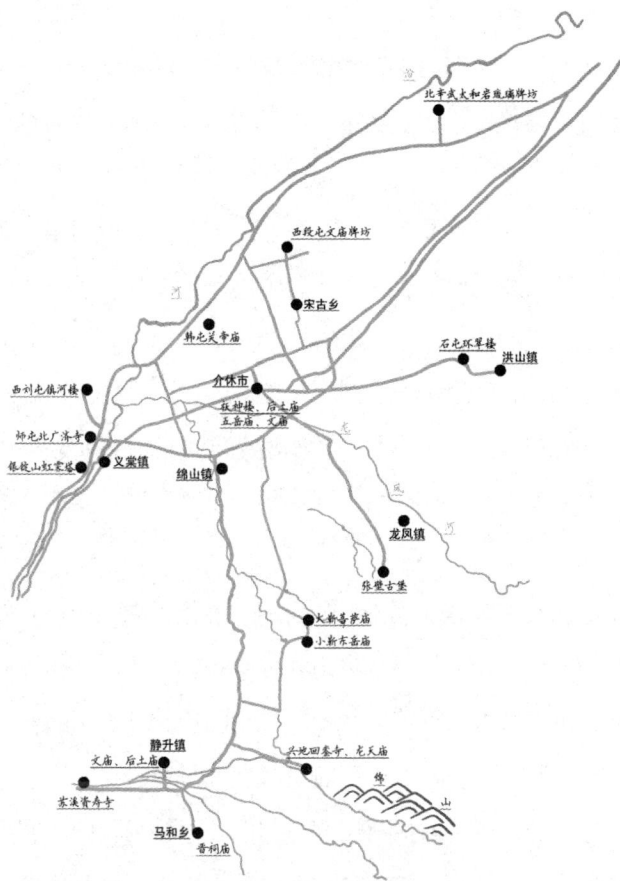

北宇武大和君庙琉璃牌坊

西坡后土文庙牌坊

宋古乡

郝屯关帝庙

石屯环翠楼
洪山镇

西刘屯镇河楼

介休市

师屯北广济寺

祆神楼、后土庙
五岳庙、文庙

银锭山虹霁塔
义棠镇
绵山镇

龙凤镇

张壁古堡

大靳昌梦庙
小靳东岳庙

静升镇
文庙、后土庙
大地回銮寺、龙天庙

宏济资寿寺
马和乡　晋祠庙

　　山西省中部是夹在吕梁山和太行山之间的一块东北—西南走向的平原，这是由汾河冲积形成的河谷平原，南抵太岳山，北达阳曲县石岭关。但从山西的全局来看，似乎叫它盆地更为准确，所以这里又被称作晋中盆地或者太原盆地。此处是山西的核心区，处在北上云朔、南下关中的枢纽要地，是山西政治、经济的中心，也是全晋文化最繁荣，积淀最厚重的地区之一。在这片大约5 000平方公里的土地上，几乎荟萃了山西明清两代以来最繁华的城市群落和辉煌的文明创造，如介休、平遥、祁县、太谷都留存下了众多堪称伟大的古建筑遗存，这一地区又是汇通天下的晋商大本营。实际上沿着吕梁山脚下分布的交城、文水、汾阳、孝义等地与上述地区也仅隔汾河相望，本来是属于晋中经济文化圈的一部分，也曾经共同结出了璀璨的文明硕果，只是到了现代才被划归吕梁市管辖罢了。告别了吕梁山脉，寻古的脚步自然而然就来到了晋中。

马和晋祠庙

灵石县在吕梁山和太岳山交汇之处，县城位于群山环绕的汾河谷地之中。这里早在隋开皇十年（590）便已置县，据说是隋文帝杨坚"巡幸开道，得瑞石，遂于谷口置县，因名'灵石'"。但灵石县古迹最多的地方不在县城，而是在县境东北方的静升镇一带。这座镇子处在晋中盆地最南端的狭窄处，所在的平原如楔子般嵌入了群山之中。早在新石器时代当地就有人类活动，历史上曾有旌善、灵瑞等名字，镇子北部的王家大院建筑群是明清两代晋商辉煌历史的重要见证。

静升镇南边的马和乡马和村面积很大，是马和乡的驻地。村里有一座晋祠庙，我一路打听，最后在村子西北角、上乡政府隔壁一个不起眼的角落里找到了晋祠庙。晋祠者，晋王祠也，是祭祀晋国始祖唐叔虞的庙宇，最著名的晋王祠是太原晋源区的晋祠，想不到在这村落的一隅也隐藏着一座晋祠。

这座晋祠庙创建于元至正三年（1343），明清两代屡经修缮，新中国成立后被改做醋厂使用，前些年又转租到个人手中，继续当作醋作坊，已经是殿宇倾颓，墙垣垮塌，只是在近几年才得到了修复。

此庙是一座不小的四合院，坐北朝南，最前端为清代楼阁式山门兼倒座戏台，两旁配有钟鼓楼。院子中央是一座体量庞大的四柱歇山顶献亭，结构雄健，檐下的双下昂五铺作斗栱充满了阳刚之力，造型上显得端庄沉稳，在不施彩绘的质朴外表下有一种低调的雍容气度。院子最北端是正殿，和太原晋祠一样也供奉着唐叔虞的母亲邑姜，叫作"昭济圣母殿"，此殿面阔三间，进深六椽，硬山顶，前檐下出廊，明间开木板门，两次间设直棂窗，看殿内梁架构造和用材，有浓郁的元代风格，与前边的献亭都是元代创庙时所建，但其檐下斗栱之巨大和张扬，与光秃秃的硬山顶显得极不协调，应该是清代将旧有的悬山顶两端锯掉后强行改成硬山的。

院子的东西两侧还建有硬山顶的配殿，其实就是两排硬山大瓦房，这些房屋原是清代所建，做醋厂时曾被严重改造，现在又被修整一番，恢复其所谓原貌。经过了这么多沧桑变幻之后，却显现出一种僵直生硬的隔阂感。全庙各殿宇都空空荡荡，甚至院中也干净平整，杂草不生，但却是过于平淡，了无生趣，也只有院子中央这座献亭还有些意思罢了。

现在许多古建筑一旦修缮之后就大门紧锁，不再能轻易得见，因此就越来越缺乏生活气

山西省灵石县马和乡晋祠庙
二〇一六年九月七日下午十六时四十分一十秒时
连达

灵石县马和乡晋祠庙

息，无论最初的宗教功能还是后来的工厂应用，都有其历史时代的烙印，有时间所留下的痕迹。现在这般与世隔绝，与人隔绝，庙宇也就仅仅是一个毫无生气的标本，生硬冰冷，让我觉得缺乏真实感。

苏溪资寿寺

最早听说"资寿寺"还是在新闻里，该寺的明代十八罗汉彩塑被恶贼集体斩首盗卖，后被台商购得并重新捐回寺里，将众罗汉的头身恢复完整，也让我记住了灵石县苏溪村有一座资寿寺。

苏溪村位于静升镇以西，是一片建在山坡上的东西狭长的大村落，远观村貌高低错落，颇有气势，村前有从绵山兴地村一路流来的峪河相映，山水之间的古刹资寿寺坐北朝南，巍峨地矗立于村西北，葱郁的群山映衬出飞檐高挑，锦绣庄严，展现出一派华贵的气度。此寺最早创建于唐咸通十一年（870），金朝末年毁于大火，元泰定三年（1326）重建，明正德十六年（1521）再次重修，基本奠定了今天的格局，清代也是屡经修缮。根据寺内一通

灵石县苏溪村资寿寺

清康熙年间的《重修资寿寺金妆碑记》所载，"资寿寺在城之东十五里许，创建于唐，重构于宋"，因"祝帝道以遐昌，资群生于寿域"而得名资寿寺。

资寿寺的布局也很有意思，在最南端的照壁之后设有一座清代楼阁式仪门，下部为砖拱门洞，上边建重檐十字歇山顶木楼一座，悬匾"尊天阁"。仪门内侧是狭窄而悠长的南北向甬道，其间加筑有一座明天启二年（1622）的单开间砖门楼，嵌匾"法王古刹"。穿过这里才来到了寺院真正的山门，一座三开间出前廊的硬山顶过殿，其后是由它和天王殿以及配殿组成的第一进院落，这些建筑多是明代遗构。天王殿面阔三间，进深六椽，悬山顶，并不设窗，仅在前后明间开门，两侧建钟鼓楼护持。檐下悬挂匾额"山林野趣"，殿内东西两廊下塑有威猛的四大天王，也是明代旧物。天王通高 3 米许，头戴宝冠，全身铠甲，手持法器，怒目凝眉，脚踏厉鬼，端坐在神台上，充满威吓之势，意在震骇心怀叵测之徒，战袍和披帛呈随风飘举之势，生动逼真。

穿过天王殿便来到了后院，这是资寿寺的核心部分，庭院宽敞，殿堂巍峨，经过漫长的甬道和紧凑的前院来到这里，顿时有豁然开朗之感。院子呈东西向的长方形布局，北端是一排砖石高台，上边一字排开建有三座殿宇，正中央为大雄宝殿，面阔三间，进深六椽，悬山顶，前出廊，檐下双下昂五铺作斗栱密集硕大，中央补出斜栱，悬匾"万德巍巍"，各间均

山西省灵石县资寿寺天王殿南方增长天王像一尊
二○一六年九月八日下午十四时三十分一十六时
延达

灵石县苏溪村资寿寺天王殿南方增长天王像一尊

开隔扇门窗。此殿是三座殿宇中最大的，也是全庙的核心建筑，左右分别为弥陀佛殿和药师佛殿，相对略低矮一些以彰显主次地位。

东西两厢排列着长长的配殿，分别为弥勒佛殿、三大士殿、地藏殿和二郎殿，庭院里还对称分布着四座简单的四柱歇山顶碑亭。

这些殿堂里大部分都保存了彩塑和壁画，一派明清气息。在东边的三大士殿，我看到了久仰大名的十八罗汉彩塑，这些栩栩如生的和尚模样的罗汉环列在正中央的观音、文殊和普贤菩萨周围。我印象最深的是几尊年轻的罗汉像，各个模样清秀，面带微笑，宛若邻家小哥一样生动传神，果然是佳作上品。弥勒殿窗前双手合十平端降魔杵的韦驮刻画得更是细致入

灵石县苏溪村资寿寺天王殿东方持国天王像一尊

微，甚至还在头盔下、额头上狭窄的位置细密地画出了裹头网巾的边缘，这是明代服饰里的一大特色，因此也就确定了这些彩塑的时代，亦可见当年匠人的一丝不苟。

　　各殿内大面积壁画也基本完整，和彩塑一样许多都有明显的重妆和重绘痕迹。尤其正殿里的壁画，是寺中规模最大也最艳丽的，构图和造型都是明代风格，但用笔设色和细节处理又很显然是清代所为，因而可以判定是在原有明代壁画上重描过的，水准又下一等，至于外界传闻的寺中壁画堪比永乐宫云云，不足信也。

静升文庙

　　静升镇处在黄土山地和平原的交汇处，面积不小，大体分为南北两部分，南边是镇子的职能部门和新区，北边是傍依在王家大院周围的老街区和一些诸如文庙的古建筑群。静升镇在元明清时期是商贸繁荣之地，保留下不少古建老宅和殿宇厅堂，及至巨贾王家几大片宅院拔地而起，甚至超越了镇子的规模，加之前些年祁县的乔家大院因同名电视剧而声名鹊起，各界对这些晋商老宅日渐关注，以至于人们几乎不知静升镇，只知王家大院了。许多游人千里迢迢来到这里，也仅仅就是奔入王家大院浏览一番即离去，对紧邻于路旁的文庙却视而不见。相比人流涌动的王家大院，静升文庙真是门可罗雀，几乎无人问津。但这种闹中取静且古韵十足的所在，正是我所关注的重点，而那些喧闹的各家大院，我在山西寻古 20 年，从未踏进任何一家的门槛。

　　静升镇文庙所在位置甚是醒目，紧靠在中心街的十字路口北侧，所有来王家大院游览的人都会经过文庙门前，庙宇东南角高高的魁星楼就是文庙乃至静升镇的标志性建筑，很远就可以望见。因空间有限，文庙规模其实并不大，但该有的规制性建筑却是一应俱全，而且雕琢精美，古意十足。相传此庙最早创建于元至元二年（1336），现存者则基本为清代所建了。也不难想象，当初静升镇因商业而辉煌富庶，必定更加寄希望本地学子能在仕途上也一展身手，经常修缮文庙学宫也就再正常不过了，修来修去，能够留下的也就是清代之物了。现在的文庙呈南北向长方形，大体分为东、中、西三路，主要建筑都在中路，有最前边的鲤鱼跳龙门石雕照壁、棂星门石牌坊、泮池、大成门、大成殿和东西配殿、寝殿、尊经阁，东路为义仓，西路是明伦堂，在文庙的东南角上建有魁星楼。

　　在路边就能看见的鲤鱼跳龙门石雕照壁造型简洁华美，两侧图案类似，做成透雕，别具一格。照壁内东西两端又各有单开间小木牌坊一座，即标配的"德侔天地""道贯古今"坊。照壁里边就是四柱三楼悬山顶的棂星门仿木结构石牌坊，其内为三开间硬山顶两侧连接耳殿的大成门，两者间是堪称小巧袖珍的泮池和状元桥，旁边有六角四级盔式顶的魁星楼作为呼应。此楼纤细高挑，既有江南建筑秀美之风韵，厚重的盔式顶又兼具西北的粗犷风情，在山西十分罕见。

　　大成门内空间略显宽敞，长方形院落北端 1 米高的台基上就是大成殿了，殿前凸出有月台，周遭以石栏板围护。这是一座面阔三间、进深五椽的悬山顶小殿，前檐下出廊，单翘三踩的斗栱分布疏朗，三间都设置隔扇门窗。殿内构架尚有明代遗风，神台上三组小木作神龛

灵石县静升镇文庙大成殿

灵石县静升镇文庙魁星楼

虽是今人所作，倒也精致。孔子和众贤人亦为现代新塑，还陈列了鼓乐和供器，不大的空间内倒也颇有威严堂皇的气氛。两侧配殿即寻常的名宦祠和乡贤祠，修整一新，并无特别之处。

院中有几株瘦骨伶仃的槐树，看起来树龄不会太久，已经枯死，在九月时节光秃秃如入寒冬，其姿态遒劲，树冠扭曲，与古老的建筑氛围倒是颇为契合。

庙中其他建筑也多是近年整修之物，中规中矩，但这里最打动人的是这些建筑营造出的整体氛围。盘桓于这闹市中难得的幽静去处，让我倍感舒畅，静静地坐在角落里画着并欣赏和感受着，颇为惬意。

静升后土庙

在静升镇西边的农田之中，耸立着一座后土庙，这里虽然处在镇子边缘，却好似已经与那些繁华喧闹相距遥远，北山坡上巍峨的王家大院建筑群也成了后土庙的一道背景。

后土庙是祭祀后土圣母女娲娘娘的地方，在晋南多有分布，最著名者莫过于万荣县的后土祠，但此类神祇在晋中现存者不多。这种信仰发源久远，其庙宇亦多有早期木构遗存，静升后土庙就是这种情况。根据庙中一通明正德五年（1510）的《平阳府霍州灵石县静升里重修古庙记》所载，此庙创建年代为元至元三年（1266），"皇天后土圣母居此殿之中，左五岳而右四渎"。再根据正殿梁下的一条题记"大元大德八年（1304）七月十四日重修穀旦"可知，此庙应是大德七年（1303）的河东大地震时被摧毁，仅一年后即得到了重建。之后明清两代多有修缮，这在庙中现存的几块碑刻上可见端倪。

静升后土庙格局与马和晋祠庙相似，面积也大体相当，庙宇坐北朝南，最前端是山门兼倒座戏台，长方形的院子中央也有一座巨大的四柱歇山顶献亭，用材更粗硕，三下昂六铺作斗栱雄健密集，结构更精妙复杂，内部层叠托举八角藻井，依稀与长治县南宋村玉皇观内献亭神似。

最北端的砖石台基上是面阔三间、进深六椽的悬山顶正殿，前出廊，设隔扇门窗，两侧连建有垛殿，东西有配殿。在献亭两侧还建有如资寿寺正殿前的四柱歇山顶简单碑亭。我来此时，大修尚未完工，施工车辆从东墙的豁口进进出出，忙碌地运送着建筑材料。

其实我早在四年前就曾来过此地，那时候镇上的办公机构刚刚迁出不久，院子里空荡荡的，只有一位独臂的青年守护在此，他挥动扫帚奋力打扫的样子令我印象深刻。彼时后土庙只有献亭和正殿两座建筑，献亭上生满了杂草，屋檐都烂掉了，整体已经开始倾斜，前前后

山西省灵石县静升镇后土庙
二〇〇六年九月初四日上午九时拜谒——十时动身
连达

灵石县静升镇后土庙

后加了好多根戗柱支撑。正殿倒还是老样子，没有太多变化。院子四周是一圈水泥平房环绕，也就是说，现在能看到的后土庙古建筑群，除了献亭和正殿，全部是拆除了水泥平房后新建的仿古建筑。我审视了正殿，觉得构架的元风也不纯正了，在六百多年的岁月里，多次的维修早就改变了它原有的面貌。

兴地回銮寺

　　介休市虽然历史悠久，但最早被人民记住的是介子推。他追随晋文公重耳流亡列国时，恰逢断粮，便将自己腿上的肉割下来给重耳吃，可谓赤胆忠心之臣。待重耳终于得以回国即位并大封群臣时，介子推坚辞不受，带着母亲隐居进了绵山。晋文公前来寻找，介子推就是不肯相见。传说晋文公无奈便放火烧山，想逼迫介子推母子退出绵山接受封赏，但这个倔人偏偏不出来，最后和母亲烧死在山中，介子推命休于此，当地遂得名介休。至于晋文公后悔莫及，设立寒食节每年悼念介子推云云，已经流传了两千多年。

　　关于绵山到底在哪里，历来颇多争议，甚至介休之名的来历也有不同说法。相传战国时，

介休市绵山镇兴地村回銮寺

这里属魏、赵边界，秦军攻赵前曾在此休整，秦朝建立后，就于此设立界休县，至西晋时才改称介休。介休的绵山风景区这些年声名大噪，大家也就约定俗成地认为这里正宗了。其实介休除了介子推还出过东汉著名学者郭泰和北宋名相文彦博，因此有"三贤故里"的美誉。在吕梁和晋中寻古时，我还知道了忠烈的西晋介休令贾浑，亦颇为敬仰。

静升镇东北方便是介休市绵山镇，如接天铁壁一般的绵山脚下有一个叫兴地的村庄，村子东西向狭长，面积不小，村西部现存一座古刹，名曰回銮寺。相传唐太宗李世民登绵山访空王佛，在此处灵溪寺驻跸回銮，唐人因之改为回銮寺，但后来毁于五代战火。北宋建隆三年（962）再次重建，可惜屡建屡毁，金元两代更是多次重修，寺内现存最早的建筑便是元代遗构大雄宝殿了。

回銮寺呈南北向、长方形布局，最前端的山门为现代复建，院中央有天王殿一座，面阔三间，进深四椽，悬山顶，正面明间开板门，两次间配直棂窗，背面只开一门，檐下不设斗栱，应为清代建筑。院子最北端有一列1米多高的平台，上面一字排开三座大殿，核心便是大雄宝殿，其面阔五间，进深六椽，悬山顶，前檐下出廊，檐下设单杪双下昂六铺作斗栱十一朵，正中心出斜栱。明间设木板门，两次间为直棂窗，古老厚重的柏木门板上，一排排酒盅大小的铁铸盘龙门钉依然完整。廊下陈列着众多的明清两代碑刻，记述了寺院的修缮状况和高僧们传经说法的事迹。殿内采用减柱造，梁架高举，用材粗犷，后槽三段粗略砍削成方形的内额搭架在两根金柱上，同前槽包砌在墙壁里的柱子一同托举起了顶上沉重的六组梁架。这些梁下写满了元代风格的粗大墨书题记，诸如"皇帝万岁文武千秋国泰民安"之类的祈愿之词、"功德主、都维那"的名单等，大多是为捐钱的善人祈福。在正脊下最不显眼处还有"大元国至大元年（1308）岁次戊申二十七日壬子丁未时重建"的题记，这正是大雄宝殿建造的准

山西省介休市绵山镇兴地村
回銮寺关帝殿彩塑
二〇六年七月十日下午十五时三十六分连达写生
连达

介休市绵山镇兴地村回銮寺关帝殿彩塑

确时间，疑似仍与河东大地震有关。殿内东墙上白森森的石灰之下依稀显露出大面积的壁画，隐约辨得是衣冠华丽的众神列队行进在云端里，其上似有明王法身。整座殿宇给人一种宽厚沉稳的气质，就好像一位含蓄高深的长者端坐于前，不用张扬炫耀，自生雍容威仪。那些在岁月磨砺下已经干裂的柏木梁柱和门窗都散发着一种令人陶醉的美感。

大雄宝殿两侧的垛殿相对低矮，均为三间四椽，前出廊，设隔扇门窗，簇拥着大雄宝殿，成为回銮寺最重要的一组建筑群。寺院东西两厢还排列着配殿和厢房之类附属建筑，这些殿堂大多为清代增建或改建，有些配殿改为窑洞形式在清代的碑刻里还有明确的记载，里边供奉财神、罗汉、文昌、关帝等各种神明，是寺庙流传到清代时，信仰分界渐渐模糊，三教合流的一种反映。

在这些建筑最东南角上有一座关帝殿，其结构为三开间前出廊的硬山顶小殿，看梁架似有明代痕迹，但里面空空荡荡，仅在神台上供奉着正中央的关老爷和两旁的关平、周仓，除此外再无他物。实际上四年前我第一次来此时，神台上只有关老爷与关平二人，首级皆被盗割，好像两具无头尸身戳在土台上。周仓则头脚全无，只剩下躯干，被扔在墙角里，简直就像来到了凶杀现场。此番虽喜见塑像被修补完整，手法也算不错，可更深恨文物盗窃和销赃之徒，他们一日不除，文物便难有彻底的安全。

兴地龙天庙

在距离回銮寺不远的兴地村西北部一个黄土山坡上，坐北朝南建有一座龙天庙，因地势较高，远远即可望见。此庙最前端是两层倒座戏台和钟鼓楼，戏台下开辟进出庙宇的砖拱门洞，上方嵌石匾曰"龙天庙"。院内东西两厢是配殿，最北端1米余高的砖石平台上为正殿，两侧连建有垛殿，围成了一个严整的四合院。

关于龙天庙供奉着西晋的介休令贾浑，我已不陌生，但这种地方性信仰能够传承一千多年，实属不易。查明万历《汾州府志》有"晋贾浑，魏昌人，居牧效劳，见危致命，忠贞不失，节义成双"的记载。但清乾隆版《汾州府志》则说"贾浑，不知何郡人"。虽不能确知其原籍，但作为介休县令死于任上却是毫无争议的。流传到清代，贾浑已经由一个忠烈人物化身成能为一方呼风唤雨、保佑平安的全能之神。

兴地龙天庙最核心、最有价值的殿宇是正殿，此殿平面呈正方形，前端亦设有方形月台，主体木结构面阔三间，进深六椽，悬山顶，前檐下出廊，设置单杪单下昂五铺作斗栱，当心

山西省介休市绵山镇兴地村
龙天庙
二〇一六年九月八日下午十七时四十分—十八时四十分 连达

介休市绵山镇兴地村龙天庙

补间出斜栱，明间为木板门，两次间是直棂窗。殿内梁架用材不甚规整，以四椽栿和剳（dá）牵连接内外四柱，从一些构件的设置上，可见早期木构的特点。殿内神台上一字排开供奉着三尊主神，都是冠服华丽，正襟危坐。每人身边各有两个侍从相对。中央主神台下另立有两尊大臣模样的塑像。两侧山墙上也存有大面积壁画，描绘的是仪仗队列行进中的样子，服色鲜明的众人神鬼护持着三位骑龙神君前行，最中央的神君头戴冕旒冠，另两位戴进贤冠，画风应为清代作品。我开始有些糊涂，这三位到底是何人？与贾浑或者龙天神是什么关系？问及守庙大叔，他竟然告诉我这三位是"尧舜禹"，令我一时张口结舌。

待我看正殿两窗台下镶嵌的碑刻，廊下所立大碑，以及东垛殿前廊墙上镶嵌的大碑后，就更加糊涂了。正殿廊下大碑是清乾隆十三年（1748）《重修蚼蜉庙碑记》，"介邑兴地村有蚼蜉庙焉，由来久矣，始创之碑无存，详考古迹，唯有大元延祐三年（1316）重建之说，历明正德、嘉靖、隆庆、万历以及国朝康熙年间……"这与正殿现存结构有早期特征很是契合。窗台下两块碑字迹细小，并无碑名，雕刻粗糙，但大体可以看清意思，一块是明隆庆二年（1568）村里捐钱出工修庙的名录；另一块更早，是嘉靖三十五年（1556）捐修碑，历数了从洪武、成化、弘治等年来捐钱捐地的情况，其中先提到"蚼蜉庙自古以来……"，后又说到乡民"始建蚼蜉风雨楼三座"。东垛殿前廊墙上并列镶嵌两方大碑，其中一块是清乾隆四十年（1775）所立的《蚼蜉庙地亩碑记》。也就是说这座庙里的碑刻都在说此庙叫作"蚼蜉庙"，也称虫王庙或者八蜡庙，就是祭祀虫神，祈祷庄稼不遭虫灾的。通篇并无一字与龙天神有关，而山门上的匾额却分明写着龙天庙，以我所能想到的解释，似乎只能是清代晚期，这座蚼蜉庙被改为供奉龙天之用了，看庙门石匾的刻工和周边纹样，也应是时代甚晚的。可殿内神像和壁画却又绝非清晚期作品风格，如果是蚼蜉庙改祀，则神主必应变化，否则又何以彰显改换门庭呢？若非说神像是尧舜禹，则又置虫王和龙天于何地呢？真是越想越糊涂，在没有进一步准确的考证结果之前，只能存疑了。

小靳东岳庙

在兴地村以北、绵山脚下的黄土台塬上，有一个面积不大的小靳村，村东北角上现存一座东岳庙。此庙坐北朝南，是一片长方形院落。最前端是三间硬山顶的山门，左右设"八"字照壁，院内是一组单独的倒座戏台，左右配建钟鼓楼，南边设石阶可登上后台。穿过钟鼓楼下的门洞来到第二进院落，中央的砖石平台上建有面阔三间，进深两间的卷棚歇山顶献殿

介休市绵山镇小靳村东岳庙

一座，檐下设重昂五踩斗栱，正面明间又前突一座歇山顶抱厦，设三昂七踩斗栱，檐下悬挂"历代登封"竖匾。台基正面设踏跺，周围设石栏板。献殿后面是正殿，平面呈正方形，面阔进深都是五间，重檐歇山顶，四周有回廊，尤其后廊下陈列着许多碑刻。正殿和献殿紧挨在一起，想要看到正殿全貌只能到后面去了。东西两侧设有出前廊的窑洞式配殿，和戏台、献殿、正殿组成了严谨且略显拥挤的东岳庙核心建筑群。后院里还有一座三开间硬山顶的圣母宫，结构简单，并无奇异之处。

纵观全庙建筑，以献殿最为辉煌壮丽，密集的斗栱和富有韵律感的象鼻昂让人有眼花缭乱之感，而栏板雀替上奇技百出的雕刻更令人叹为观止，这也是我进入介休所见到的第一座以华丽见长的古建筑。更令人赞叹的还有各殿顶上晶莹剔透的琉璃装饰，神兽被塑造得威猛张扬，孔武有力，花卉绚丽富贵，惟妙惟肖，正是介休在明清时期琉璃烧造水准高超的展现。

据说此庙正殿和圣母宫内保存有明代彩塑，但近些年接连惨遭斩首盗割，只能以丑陋的补塑勉强保全神像的完整。粗读廊下碑刻，一通清嘉庆三年（1798）的《重修东岳庙碑记》云"大小靳村东岳庙由来久矣，历唐宋元明，代有补修"，说明了此庙最早创修于唐代。另一通清咸丰十年（1860）的《重修东岳庙碑记》载："道光二十四年（1844）春，即择吉日动土……向之大殿甚低今则升以三尺，向之三面土壁皆易为砖墙，殿内栋梁大柱易旧为新者不可胜数，殿门二大柱旧为暗柱且脱梁换为明柱……殿前旧有献殿一大间，改建为包亭三大间，四面俱有石栏杆，殿后旧有子孙圣母殿三小间，亦升以三尺，三面俱易砖壁焉。大殿内神前皆建暖阁，加以盘龙明柱，又，东方建戏房院一所，西北建厨房院一所，其余庙内两旁之重修者勿论……金妆神像俱以上五彩绘之，前之庙貌不堪者至今焕然改观焉。二十七年（1847）三月二十八日开光诵经三天，献戏四天而功告竣矣。"碑中还记述了工程浩大，筹款艰难，竟至伐去庙内原有古柏以充庙工之资，工毕后又因账目亏欠，纠首和管账人亦先后去世，直到十多年后才终于还清账目，得以勒石记录，真是艰辛异常，为之慨叹。

我来庙中时，恰逢一群工人在献殿周围搭起脚手架，登上殿顶清除淤土和杂草，哗啦啦地从上边扔下来，院子里顿时尘土飞扬，几乎让人睁不开眼，呛得没法呼吸。但此庙平时并不开放，若不是恰逢此次施工运料，我还难以入内，所以也顾不得这许多，在弥漫的烟尘灰土之中拼了性命画得这幅画。

大靳菩萨庙

从小靳村向北走不远就到了大靳村，村庄面积果然比小靳村大了不少，在村子东西向的主街西口建有一座菩萨庙。因卡在街口上，空间有限，这座庙并不大，仅有山门和正殿两座建筑，下部设有约 1 米高的砖石台基。两屋等宽，均为三开间，山门较矮，为卷棚顶，正殿是典型的清代起脊硬山顶，屋面特别陡。这两座砖房之间只有几米的距离，由短墙相连，勉强形成了一个不能再窄的院子。它们的结构可以说十分简单，各部位也没有什么特别的装饰，山门安装着近代的门窗，使我疑惑其在被改造前甚至没有门窗，只是一个穿堂通透的献殿。这种在街心位置修建的庙宇过去在城池里也是广泛存在的，有些是出于风水或镇压的目的而建，现在为了交通方便，已经拆毁得所剩无几，只有体量大如钟楼、鼓楼或市楼这类建筑才有所残存，但规模和形式又不可同日而语。

这座菩萨庙自然是供奉观音菩萨的了，到了清代后期，各种信仰都已经世俗化，佛教的观音和道教的普度慈航或者圣母娘娘在民众心中，都是慈爱而万能的女神而已，有这样一位娘娘守在路口，村人可能更感踏实。

结构如此简单的村庙似乎也不值得更多关注，但其门前两株参天的古槐树却引起了我的注意，尤其东边的一株，粗壮得要两人合抱，近屋檐处又一分为二，直插青天，树冠宛若巨伞罩在小小的菩萨庙上空，以我多年寻古的经验来看，这般惊人的体量恐怕也该有千年树龄了。这对老树很显然是当初种在庙前起仪仗作用的，如果村庄规划和街道格局始终未变的话，

介休市绵山镇大靳村菩萨庙

也就说明这个小庙已经有近千年历史了。虽然现存者仅为清代构筑，但从老树来看仍可猜到庙史之久远，直追故宋也是完全有可能的。现在不加粉饰的沧桑小庙配以参天古树，在平淡无奇的村落中营造出古意盎然的淳厚气息，好像是历史留给今天的一个坐标、今人回眸历史的一座灯塔，这也是古村血脉的延续。我徒步十余华里，从兴地村那边一路走来，能够见到这样直面千年的景象，虽然身体疲惫不堪，心中却大感值得。

烈日当空，我躲在一处阴影里绘画，许多孩子欢快地跑过来围观，叽叽喳喳的热情也让我有些感慨，眼前老庙古树所营造出的意境与这些活力四射的少年儿童相映衬，不正是一种生生不息的传承吗！

银锭山虹霁塔

介休市西南部的义棠镇处在晋中盆地的边缘，汾河从这里劈开群山，进入了著名的隋唐古战场雀鼠谷，向灵石县一路滚滚南下，义棠镇就傍依汾河东岸呈南北向狭长分布。河西岸群山连绵，其中一座临河高峰山势突兀，形如一个倒扣的银锭子，山顶建有宝塔一尊，远远望去，浩荡的汾河碧波之上倒映着山形塔影，风光壮美，赏心悦目，此山名曰银锭山，塔名虹霁塔。

相传这里早在唐朝初年就曾建有寺庙，是由唐太宗李世民修建的泓济寺。在隋唐更迭之际，李世民曾率军在南边的雀鼠谷大败刘武周，感于杀伤太重，后来于谷口北端的银锭山顶修寺建塔祈福，之后历朝传承修缮，直到清代，始终是一方风景名胜。当年泛舟于汾河上的商旅船队都把山顶的宝塔当做路标一般，是介休南大门的重要标志。

银锭山顶现存的是明万历十八年（1590）重建的宝塔，通高近20米，坐西朝东，平面八角，高九级，是一座楼阁式砖塔，雄踞于山顶的前部。塔底设八边形砖石台基，一层较高，下部有坚厚的石雕须弥座，仅在正东面开石拱门，其上有砖雕门楼装饰。二层高度与一层近似，周围设平坐勾栏，这两层檐下都以砖雕仿木结构做出重昂五踩斗栱，平身科和角科做花团锦簇的斜栱，斗栱层下做平板枋和大额枋，出垂柱。再向上层高逐渐缩矮，宽度也渐次收分，各层檐下只设简单的三踩斗栱。塔身除了一层外，各层各面均设拱形窗，真窗和假窗相交错，最上层为盔式顶，安琉璃葫芦形塔刹。日久年深，砖塔通体风化成一种土黄之色，古朴凝重，素雅挺拔。塔内因无承重梁架，全靠厚重的墙壁支撑，所以空间狭窄，除下面几层设砖台阶外，其上都是木楼板和木梯，各层梯口相互交错，层高也仅能站直身躯，最顶层以砖叠涩成穹隆顶。

前些年附近的煤矿肆意开采导致银锭山下成了采空区，地基下沉，虹霁塔因而开始向东北方倾斜，最严重时曾经达到惊人的近3米，几乎是随时就要垮塌。后来经过一系列的纠偏工程，才纠正了约2米，现在塔身的倾斜仍然很明显。

东山坡有漫长陡峻的石阶，仰望好像插入云中，我气喘吁吁地爬上山来，当时正是雨后的清晨，山顶云遮雾裹，宝塔忽然就撕破迷雾挺拔而出，几乎是迎面撞到了眼前，让我大感神圣庄严。于是也顾不得汗流浃背，围着塔转了好多圈，然后赶紧开始画起来。

塔下现在建起了大面积的仿古寺庙，其崭新庞大的气势和俗气的审美品位让人不敢恭维，不过有人重新进驻寺院，客观上倒是对虹霁塔起到了一定的守护作用，希望宝塔不要再有倾覆之忧。

介休市义棠镇银锭山虹霁塔

师屯北广济寺

在与义棠镇一水之隔的汾河西岸山脚下，是同样南北向狭长分布的师屯村，村子实际上以一条小路分隔成南北两部分。北村西南部山脚下有一所小学，校园里隐藏着一座古刹，名叫广济寺。

这座寺院坐西朝东，现存形式为一个四合院，即山门、南北配殿、大雄宝殿，奇特之处在于这四座建筑全部是面阔五间的较大型殿堂，这种情况在别处并不多见。据正殿前所立的一通清雍正八年（1730）岁次庚戌三月二十一日的《敕建广济禅林重修鼎新碑记》载"介邑之西师屯村离城二十里许，有古义同里广济寺宝刹一所，唐朝创始，明季重修"，可知此庙也有至少一千三百年的历史了，不过看现存建筑也就是明清遗构。

我来到这里时，正是阴雨连绵，举着伞跟随学生们一起走进校园，穿过前边的教学楼就看见了破破烂烂的山门。当初寺院成了学校，建筑外观全被改造成砌着拱形门窗的教室，山门仍然是这种模样，房顶漏了好多个窟窿，檐椽朽烂不堪，和杂草纠缠在一起，只是在明间门额位置仍然镶嵌着的"广济禅林"木匾昭示着自己昔日的身份。走进院中，里面正在热火朝天地进行着大修，东西两座配殿被铁架和大棚裹挟起来，露出了嶙峋的骨架，满地堆着木料和砖石构件，木屑随着雨水和泥浆在脚下肆意流淌。大雄宝殿的修缮看起来已经接近了尾声，墙面和门窗也得到了仿古的修复，殿顶上崭新而色彩艳丽的琉璃构件尚未安插完毕，可惜这里引以为傲的介休特产黑琉璃则已经无迹可寻。我之所以听说这座寺院，还是先听说了这里的黑琉璃，其在介休这个琉璃之乡也是首屈一指、独树一帜的。待目光偶然扫过台基前杂乱堆放的砖瓦木料，竟发现了一个已经破裂的黑琉璃兽头被胡乱压在下面，心中顿时明白了这不是在进行文物保护，仅仅只是一个土建施工，不需要再心存幻想了。

新铺的屋顶下一排单下昂四铺作斗栱保存完整，耍头刻做昂形，当央补出斜栱。殿内粉刷一新的墙壁上白森森光秃秃，并无壁画痕迹。梁架使用减柱造，在前槽设有左右两根跨度巨大且敦实粗犷的木柱，撑起三段连通两山墙的更硕大的内额，扛托六组沉重的梁栿，有浓郁的元代风格，但看插手和蜀柱的用材及处理上又有明代味道。

再看佛坛上的景象，着实吓我一跳，并列而坐的三尊佛像全部被斩首，而且均遭开膛破肚，缺手断肢。同样手足具断、头颅无存的阿难和迦叶的残躯歪斜地靠在正中央主尊脚前。三尊佛背后原本华丽的明代风格背光，也好像被踹扁了的花环一样，残缺不全地弃置于后。本来应该是华贵祥和的佛堂之内，倒让人感到一种地狱般惨烈和恐怖的气氛，不用说这些塑

山西省介休市义棠镇师屯北村
广济寺
二○一六年九月十二日下午性期一下午一七时十四分 逢达

介休市义棠镇师屯北村广济寺

像曾经遭到过窃贼无情的掠夺和破坏，此等惨状真是令我大为感伤。待到这寺院全部修缮完成时，这些残破的塑像下场到底会怎样？是被接续补全重获新生，还是另塑金身，把这些残缺旧像直接扔进垃圾堆呢？也许只有时间才能回答我了！

西刘屯镇河楼

师屯北村向西北去不远，有一个西刘屯村，村中部现存的一座镇河楼吸引我专程前来寻访。说起这个西刘屯倒也颇有意思，此村位于介休市区西数里，按正常规律，它的东边应该会有一座东刘屯才对，可村东不远就是滚滚汾河，并无村落。遍查介休地图，竟然在市区东边数里外又发现了一个东刘屯，两者相距之远也只能用重名来解释了。可我看了镇河楼下一通"大明嘉靖十九年（1540）岁次庚子"的《新建镇河楼记》中第一句就是"介休县西二十里有镇曰刘同"，说明本村原来叫作刘同镇，我想大概日久年深谐音成了刘屯吧。镇河楼所镇者必定是村旁的汾河了，碑中说此楼筹工于"正德辛未（1511）"，断续多年，始成大功，楼上供奉有玉皇圣像。

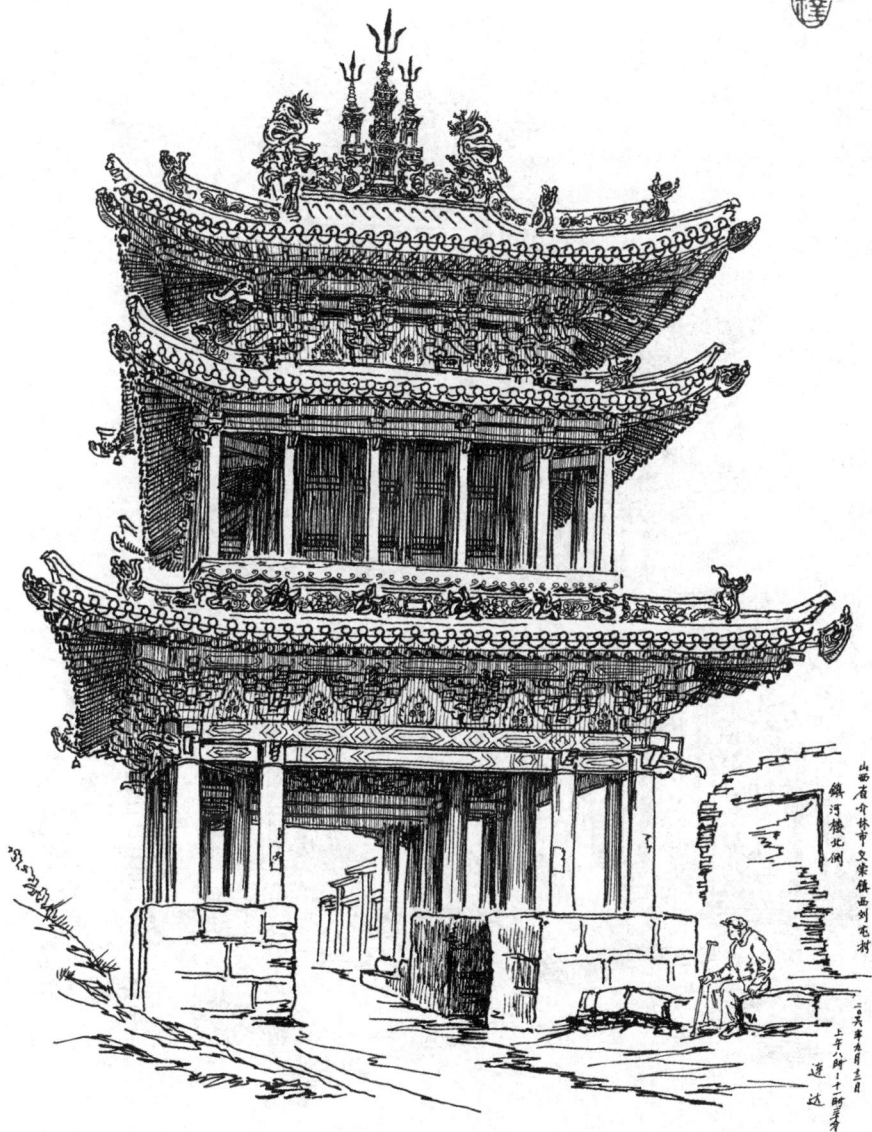

介休市义棠镇西刘屯村镇河楼北侧

介休市义棠镇西刘屯村镇河楼南侧

这座镇河楼造型颇为奇特，修建在村中一处十字路口中央，实际上是一座分为南北两部分的过街楼，北高而南低。北楼平面呈正方形，为三滴水两层歇山顶木楼阁，核心有四根贯通上下的金柱支撑，底部分设四组高大的石台基，看现状应是当代修缮时将柱础也一并包砌进去，因而显得柱子很短。一层分三间，当心间最宽大，以便通行人车，二层设平坐回廊，最上覆重檐歇山顶。一层檐设单翘三踩斗栱，二层檐无斗栱，顶层檐出重昂五踩斗栱，各檐上均覆翠绿剪边琉璃瓦，五条脊上琉璃构件璀璨夺目，华彩流光。南楼与北楼紧连在一起，宽度相当，也是正方形格局，两层歇山顶。下部开间极宽，跨在南北向的路上，亦有四根金柱承重，上部歇山顶山面朝向正南，檐下有"镇河楼"匾额，南楼更像是整座镇河楼突出的一个抱厦式结构。

在村庄里得见这样一座结构复杂、装饰华丽的楼阁，有大出意外之感。虽然在山西寻古多年，经常有这种体会，但还是每每感慨于这片土地对古建筑资源的蕴藏能力，令我由衷地钦佩和叹服。整座镇河楼以飞檐叠起、炫彩夺目的姿态屹立于平淡无奇的村中，引得我为之绘画和赞叹。环顾四周，夹楼而建的平直水泥民房、漫天杂乱的电线和紧靠楼前而立的线杆，都显示着人们对这样美好的建筑已经熟视无睹、漠不关心了。

韩屯关帝庙

在介休市区正北偏西的地方有个大村，名叫韩屯村，村南临近公路的位置现存一座关帝庙，也算是我在介休城周边乡村寻古过程中所见到的特别古朴沧桑的庙堂之一了。我凭借赶公交和徒步在介休城西部和北部多个村庄逐一寻访过去，失望地看到这些村庄原有的旧庙不是被破坏得所剩无几，就是被修缮得艳俗不堪，更有甚者将原有庙宇拆除后，重新用水泥盖了座崭新的房子，屋檐处还粘上几片琉璃瓦，依然用旧名字号称某某庙。耗时费力地奔走之中，不断被失望的情绪笼罩，在街巷中边打听边寻找后终于看到了韩屯关帝庙时，我不由得长出了一口气，感叹它竟然仍保有沧桑之貌，难道是在等待我吗？

这座关帝庙坐南朝北，是面阔三间、进深四椽的悬山顶小殿，为典型的清代建筑。日久年深，村子地面抬升，使得殿门严重下凹，现在进门要先下台阶。殿前檐下设有七攒漂亮的重昂五踩斗栱，当心间平身科和两角科出斜栱，形如怒放的花束，耍头雕成龙头和象头状，雀替也刻成游龙宝象。三间皆为隔扇门窗，殿内正中央神龛里是关老爷正襟危坐，双手持笏，两厢侍立着两位文官和关平周仓两员武将——可惜这些塑像的头部也都是被盗割后重新补塑的。这座庙最有特色之处在于琉璃装饰，虽然屋顶上生满了如同长发一般浓密的野草，五条

介休市宋古乡韩屯村关帝庙

脊也掉个精光，仅剩下半个脊刹还在勉强支撑，但两侧山面博风板和悬鱼上竟然还镶嵌着大面积的琉璃浮雕，虽也开裂损坏，但多半尚存。其中有兽头吞口，有活灵活现的蟠龙和金凤，还有盛开的花卉，简直就是琉璃雕刻陈列展。在上午的小雨冲刷后，这些积淀了岁月凝重的琉璃作品展现出剔透欲滴的光洁，有洗尽铅华的沉稳，也有宛如新生的明艳，真实到触手可及地对我诉说着昔日琉璃之乡实至名归的极高造诣。但开裂的墙体、残缺的屋檐和山坡一般的野草都在尴尬地注解着明珠蒙尘的没落。

如此杰出的艺术作品和穿越时空的珍贵文化遗产，不应该只是文物贩子眼中能够换钱的宝贝，让它们得到更多人发自内心的认同、尊重和守护才是我们这个时代最需要做的，要不又何谈传承呢！

西段屯文庙牌坊

西段屯位于介休市区的东北方，是好大一片村舍，在村西北部的幼儿园里神奇地耸立着一座造型雍容、雕琢华丽、结构繁复的四柱三楼歇山顶式木牌坊，牌坊后面不远处还有一座

介休市宋古乡西段屯文庙牌坊

面阔三间的硬山顶殿宇，看前檐下斗栱的模样，依稀有明代特征。院子里仅存这两座古建筑，尤其以牌坊格外夺目，后边殿宇的墙根处立有一块县级文保碑，此地叫作文庙。

这座牌坊给我的感觉是头部特别沉重，好像前后的四对抱鼓石狮和八根戗柱也不足以令其稳固，三昂七踩和四昂九踩的密集斗栱更能体现一种似乎要炸裂的视觉冲击，明间斗栱下边加设的一圈垂柱则有西北和内蒙古清晚期牌坊的特点。总之，这座牌坊通过炫技般复杂的木结构塑造，传达出一种尊贵和奢华的气质，也许当年整组建筑群也是这种风格。很显然在若干年前，牌坊曾经被整修粉刷过，现代的琉璃瓦和兽头鸱吻构件虽然粗糙，在风吹雨淋的洗礼下，也不再显得那么生硬艳俗了。牌坊明间上还镶嵌有一块木匾，刻着"崇福寺"三个字，这令我感到诧异。那么这里到底是文庙还是崇福寺呢？

我查阅了清代乾隆和嘉庆的两版《介休县志》，都只说在西段屯有崇福寺，而在全县各处学校的记载中也不见和本村相关的记录，那么这个文庙又是从何说起呢？即便是将旧有崇福寺改做文庙，也必定是嘉庆时期之后的事情了，可若是真的改成过文庙，牌坊上现存的"崇福寺"匾额又作何解释呢？看守院子的大叔告诉我，这个地方荒废很多年了，有个家在本地的大老板就出钱给修整了一下，并且想请来僧人，改成寺院，他中意朔州的崇福寺，于是把这里也改成了崇福寺。可事情还没办完，他就出了事，工程就停下来再也没有下文了。

我因此推测，也许出资人只是恢复了一下本村旧有的崇福寺之名吧，毕竟看这块匾额也应该是近些年的作品，于是这个文庙的来龙去脉变得越发扑朔迷离起来。

张壁古堡

介休市南边龙凤镇的张壁村近些年声名鹊起，皆因村里有一座保存较为完整的千年古堡。在近现代大规模建设改造的影响下，晋中这处经济繁荣、交通便捷的枢纽要地，能够保存下来的古城古堡已经极少，所以平遥古城才显得异常珍贵，张壁古堡同样也是在这种大环境下逐渐变得备受瞩目。

因依托地形修建，古堡平面接近一个东北向西南斜置的不规则矩形，周长约 2 华里，东西长 374 米，南北长 244 米，修建在绵山余脉脚下深厚的黄土台塬上，在古堡西、北、东北各有一条天然的深涧，也就是黄土地上常见的水浸沟壑，最深处可达几十米，成为了古堡天然的屏障，尤其古堡西北临渊而建，在借助地势的情况下又筑起 10 米高的堡墙，足以使敌军望而兴叹，一筹莫展。古堡东南两面是进出的主要通道，背后依托绵山，是一种可守可战

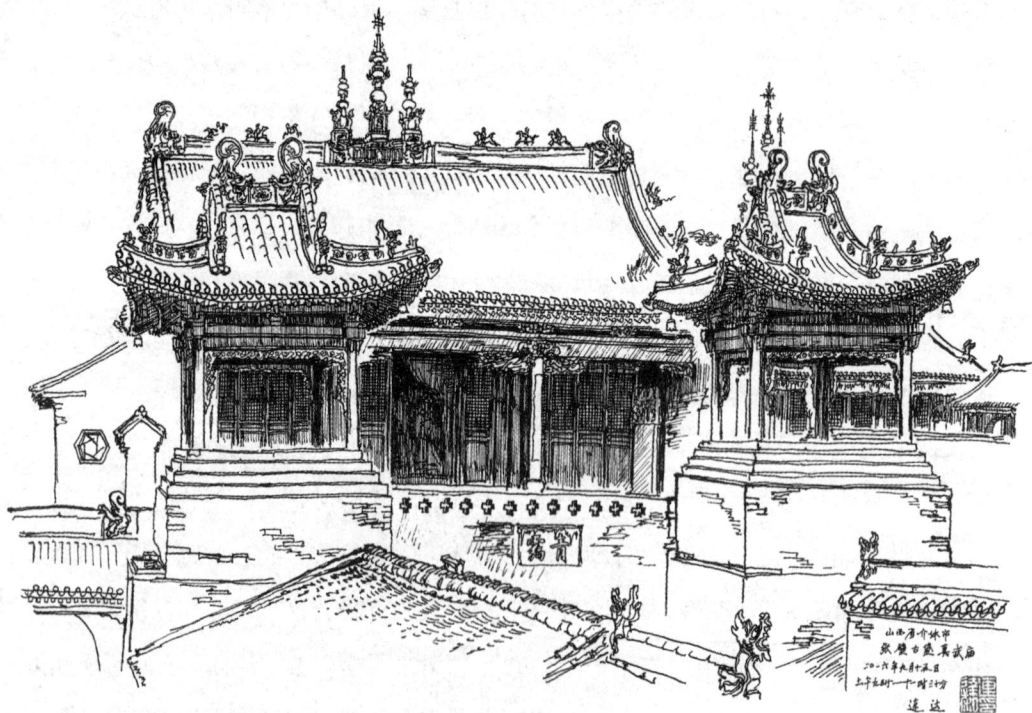

介休市张壁古堡真武庙

亦可及时退去的有利地形。这里只开南北两座堡门，以一条青石小街串联起来，南门地势高于北门，城门上建有硬山顶城楼，这条小街左右还另串联起 7 条深巷，是古堡的主干道路。北门因是临敌面，还格外加筑了瓮城。城楼上设有真武庙，前边并列建钟鼓楼，东侧还连建空王佛殿，虽为军事防御功能的堡垒，堡墙顶上却是佛道并存，一派融洽景象。

真武庙自不必说，是供奉北方战神以保佑城堡平安的寓意，此庙面阔三间，硬山顶，出前廊，两座钟鼓楼都是四柱歇山顶，前凸于外，形如双阙，虽为清代小庙，巍峨地耸立在墙垣之上，也有一番不凡的气度。尤其正脊上争比向天的琉璃脊刹更是显得神圣无比。但旁边的空王佛殿结构与真武庙类似，却是一座明代遗构，脊刹的高度几乎超过了真武庙，已是令人惊叹，廊下陈列的两通明万历四十一年（1613）的孔雀蓝琉璃碑更是极为罕见和珍贵。这座空王佛殿仅是行祠，殿内还有明代遗留的空王佛坐像，说明了介休地区空王佛信仰分布甚广。传说空王佛为隋唐时期的高僧田志超，是汉传佛教里唯一成佛的人。在唐太宗李世民修建银锭山泓济寺的时候，就有田志超施法术用铁钟帮助工匠们向山顶运水的传说。后来天下大旱，李世民听说田志超法力高强，亲临绵山拜访，田志超却已经圆寂了。李世民大失所望，长叹道"此番空望佛也"，却得天降大雨，消除旱灾，后人皆称田志超坐化为空王佛。李世民在返回时，还留下了一座回銮寺。

古堡南门内路东侧还建有一座可汗庙，也称可罕庙，虽然只有倒座戏台、配殿、正殿、

山西省介休市张壁古堡
可汗庙　二〇一六年四月十五日下午四路一十次阿四坊
　　　　连达

介休市张壁古堡可汗庙

垛殿和钟鼓双楼这几座建筑，但这样的名字的确不多见。正殿修建在宽阔的平台上，面阔三间硬山顶，前出廊，一对歇山顶钟鼓楼分列左右，一看就是清代的房子，建筑本身并无多么出众，但其来历却颇值得探究。

相传张壁古堡创建于隋唐时期，现在关于创始的记载和考古资料都不甚明晰，经历了一千多年后，现存建筑已尽为明清遗留，但却依旧保存了一座可汗庙，这不能不说是神奇的现象。纵观历史上能以可汗身份影响到晋中地区的人物，在唐代以后是没有的，那么只能从五胡十六国到隋唐之间筛查。自西晋末年匈奴人刘渊称帝始，掀起了胡人入主中原的一波又一波狂潮，但那时的五胡民族首领或称皇帝，或称单于，可汗这种称谓至少是在南北朝时期才见于史书，是指草原上新兴的游牧民族首领，其中尤以柔然、突厥实力最强。但作为入侵者，他们肆意杀掠，深为中原百姓所恨，自然不会建庙祭祀，所以基本也可排除。

那么就剩下两个有过可汗名号的汉人了，一个是隋末的定杨可汗刘武周；另一个是天可汗李世民。但分析古堡修建背景，李世民应该不会跑到这里修建固守型防御堡垒。他当时正在东征西讨，所以这种耗费大工的堡垒他既无时间更无必要修建。那就只有突厥扶植的定杨可汗刘武周了，看起来也比较合乎逻辑，他从晋北一路打到晋南，严重威胁了新生的李唐政权，占据了地盘需要固守，修筑坞堡是十分必要的。刘武周起于乱世，也堪称一代枭雄，还拥有宋金刚和尉迟恭这样的猛将，只可惜他遭遇了更优秀的李世民，所以连遭败绩，逃回后台老板突厥处，最终断送了性命。若说当地民众为纪念刘武周而修庙似乎也说得通。总之可汗庙这个名字就是一段历史的延续，比现存的庙宇本身更具价值。

古堡之下还保存有设计复杂的地道，相传也是和古堡同时代所挖，以便在城防万一被攻破后继续进行周旋。至于古堡内几处主要建筑与天上星宿相对应的传说，更给这里披上了一层神秘的面纱。

介休袄神楼

介休城池分为两部分，主城为方形，其东、北两面又加筑了口袋状外城。虽然时至今日介休的老城墙被拆除殆尽，但城里旧有庙宇如后土庙、五岳庙、文庙、城隍庙、关帝庙、三结义庙等古建筑群还大多幸存，这种情况在山西全省也不是太多了，其中三结义庙的袄神楼精美绝伦，是介休现存木结构建筑中的翘楚。

介休市袄神楼

　　三结义庙位于外城东门内，袄神楼耸立于庙前，由庙内的四重檐两层歇山顶倒座戏楼和跨建在庙外的四重檐十字歇山顶两层过街楼共同组成。倒座戏楼面阔七间，进深四间，平面是长方形，过街楼深广各三间，平面为正方形，两者呈"凸"字形布局，东西向的街道自楼下穿过，向南可通往小巷，向北便进入三结义庙内，既可为行旅遮风挡雨，又不阻碍城内交通，还使庙内可用面积大为拓展。全楼二层出回廊，设平坐腰檐，在过街楼二层东、南、西三面的明间均突出有山面向外的歇山顶抱厦。整组楼阁外立面层次丰富，结构精妙，令人有眼花缭乱之感，飞檐出挑充满了韵律，各层檐上琉璃装饰流光溢彩、璀璨晶莹，两组脊刹更如天宫楼阁一般比肩高耸，酣畅淋漓地展现出中国古建筑的结构与装饰之美。整座袄神楼因组合而产生的变化比单体楼阁更具有视觉冲击力，让我想起了万荣飞云楼和陵川古陵楼，仿佛是二者的一种有机组合。

　　据清乾隆版《介休县志》载："三结义庙在东关文潞公（文彦博）祠之右，旧为元（玄）神庙，万历年间知县王宗正改建。"现在庙内尚存正殿五间和献殿三间。献殿里的清康熙十三年（1674）《重建三结义庙碑》载："介邑之东关有三结义庙，盖宋文潞公特为袄神建耳。其规制之壮丽，气象之峥嵘，称一方巨观焉。在当年缔造之意，见于《平妖传》中者，固非无因。"文彦博（1006—1097），字宽夫，号伊叟，介休文家庄人，历经北宋仁宗、英宗、神宗、哲宗四朝，为官 50 年，封潞国公。这里的祆神指的是祆教，也就是拜火教，源于波斯和中亚地区，自北魏时传入中国，南宋以后基本绝迹。《平妖传》上说北宋时河北爆发了王则、胡永儿起义，文彦博率兵清剿，有天降神猿相助打败了起义军。因此传说文彦博还乡后，在修自家祠堂时，于旁建造了玄神庙供奉神猿，应是清代为了避讳康熙帝玄烨的名讳，在县志里采用"元"字代替"玄"。碑中另述，明嘉靖十一年（1532），朝廷下令除儒释道的庙宇宫观外，尽毁天下淫祠，玄神庙因此改为供奉刘关张兄弟的三结义庙，碑刻所载与县志正可相互印证。碑中还记录清顺治十六年（1659）三结义庙毁于大火，直到康熙七年（1668）才重修完成，所以今天能看到的三结义庙只是清代建筑了。

在民国时期的老照片里，这座庙前的楼阁被标注为"玄神楼"，而 20 世纪 70 年代的照片中，此楼已经破烂不堪，摇摇欲坠，仅存光秃秃的屋顶和一些已经歪斜的主要框架。这就说明今天所能看到的祆神楼是经过翻天覆地般重修的，那些华丽的琉璃、木雕以及门窗等构件都是近三十年来增补的。而现在说从楼上发现了带有祆教装饰图案的木雕和琉璃，并因而称之为祆神楼，令人感觉颇为疑惑。虽然我并没有机会登上楼去仔细观察这些证据，但民国之前这里只是玄神楼，是清初大火之后彻底重建的，与明代改祀刘关张也已过去一百余年，早已不是文彦博建的那座"祆神之庙"，仅仅因为碑文里记录了庙宇最初的创建原因，就非要将现存的一座清代戏楼和过街楼、几个构件同祆教扯上关系，实在牵强，又置庙内的刘关张兄弟于何地？在晋中地区乃至全晋都未曾再听说过和祆教有关的发现，其所谓祆教的证据也就成了孤例，让人不敢信服。

祆神楼曾经耸立在东门内的小街上空，在成片民房的簇拥下，楼阁声势更显出众，成为点缀古城气息的浓重一笔，现在楼下民房被拆除干净，修建了大广场，楼阁孤零零地处在广场边缘，在宽敞空旷的广场对比下，显得像个为点缀广场而建的附属建筑，气势就明显不足了。古建筑最初设计修建时要考虑到与环境的关系，使之能够和周边景物有机地融合在一起，比如祆神楼东边大约 30 米，原来还有东城楼，两楼之间相互呼应并凸显于相对低矮的街巷之中，有效地营造了楼阁相望、巍峨华丽的视觉效果。如今的广场将祆神楼的生存环境完全改变了，那种街市高楼的意境也就没有了，周围空荡荡的样子让我不禁想起了方山大武楼。

介休后土庙

后土庙位于介休老城的西北角，是一大片恢宏壮丽的道教宫观建筑群，也是介休现存等级最高的一组古建筑群，大体有前部的三清观和后边的后土庙两个组成部分。庙宇坐北朝南，占地甚广，最前端是照壁，并以东西两座掖门与山门相连接。山门为面阔三间、进深两间出前廊的清代硬山顶大瓦房，兼做天王殿之用，里边有明代遗留的四大天王塑像，也就是《封神演义》中的魔家四将，这和佛教寺院的天王殿大体一致。之后又有一座过殿名曰护法殿，结构与山门类似，内部供奉着守护灵霄宝殿的四大元帅，即王魔、杨森、高友乾、李兴霸，他们也都是《封神演义》中的人物。穿过护法殿是一处南北向狭长的院落，东西两厢为长长的廊房，里边都设有阶梯状神台，摆放着数百尊几十厘米高、造型各异的神像，代表罗天众神。中轴线上由一条高出地面的甬道连通起院子正中的砖石平台，上边建有阔三间深两间的清代卷棚顶献殿。这种献殿最恼人之处就是距离后边的殿堂太近，将其大部分遮挡起来，使之根本难以得见全貌，在很多地方都有这种情况，叫人颇为无奈。这座献殿后边所遮挡的，正是后土庙建筑群里最为高大华丽的楼阁建筑——三清楼。三清者，即道教中至尊的太上老君、元始天尊和灵宝天尊，所以供奉他们的这座建筑因此而得名。

这是一座和祆神楼结构类似的大体量组合式楼阁，前部平面呈正方形的三重檐十字歇山顶两层木楼，同后边面阔五间进深三间的三重檐歇山顶两层戏楼，共同组成一个平面"凸"字形的格局，但二层没有平坐和回廊，各面也未出抱厦。

这组楼阁背面是倒座戏楼，也分为两层，下层低矮，仅能容纳一人的高度，把空间全部留给了上面演出之用。戏台正面分割为三开间，明间向前又出歇山顶抱厦一座，台前左右设有悬山顶两层楼式八字照壁，这也与祆神楼内侧的情况较类似。戏台东西两侧分别建有钟鼓楼，都是下部为砖拱平台，上建十字歇山顶四柱小亭。三清楼、倒座戏楼以及钟鼓楼的组合式建筑群，是全庙内最复杂也最具观赏性的部分，顶上覆盖着黄绿蓝三色琉璃瓦，多组鸱吻和脊刹高低错落，彼此呼应，周身上下各种木雕砖雕也都极尽精雕细琢之能事，使得这组楼阁从头至脚处处都可见花卉绽放、游龙翻腾，其堂皇华贵的气质一时难以尽述，唯最美好的正面被献殿挡住，仅能站在门前仰观，却难囊括全貌，徒呼奈何。

倒座戏台对面是宽敞的近乎方形的院落，所有殿堂建在一层近半米高的砖石平台上，主体有最北边中央的后土大殿和两侧的真武殿及三官祠，东配殿是九曜星君殿，西配殿为三曹殿。这些殿宇下部另起一层台基，营造一种云宫层叠的神圣气息。后土大殿面阔五间，进深

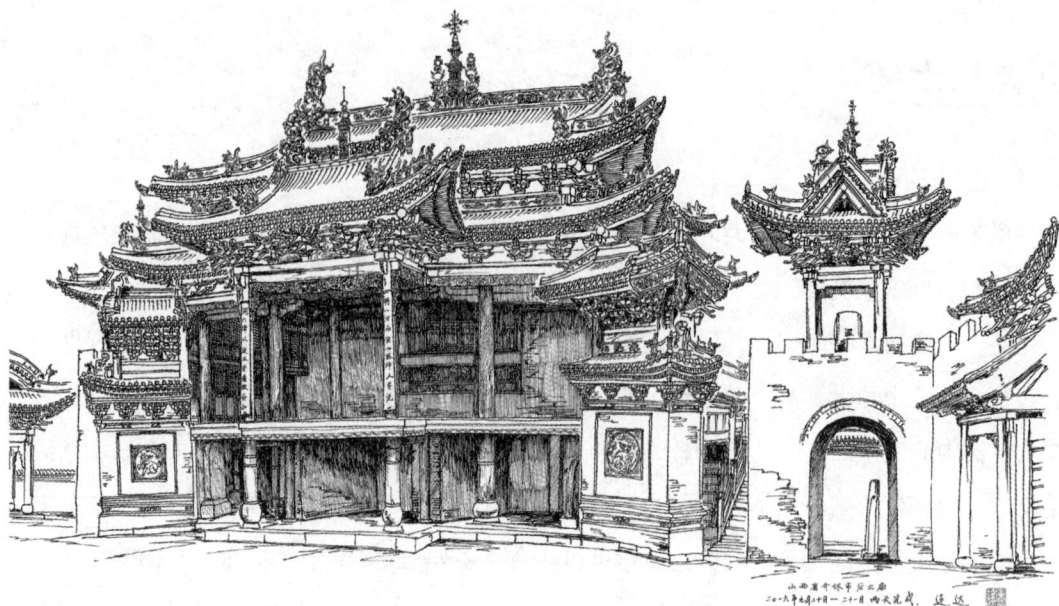

介休市后土庙戏楼

三间，重檐歇山顶，前檐下出廊，顶层檐下设三下昂六铺作斗栱，下层为双下昂五铺作，各间均置隔扇门窗。殿里在内槽柱与梁之间设有同样密集复杂的斗栱层，并于内槽斗栱当央处悬有红色竖长神牌一块，上有墨书"先天原圣后，后土皇地祇"，是为后土圣母之所在。遍观整个后土庙建筑群，各殿内墙竟然都是青砖裸露，不刷墙面，不绘壁画，或者直接绘在砖墙底上，真是不可思议。大殿两侧的真武殿和三官祠均为三开间出前廊的悬山顶建筑，与主殿紧密地串联在一起，形成一种十一间大殿的气势。后土大殿顶上有凤凰戏牡丹的琉璃正脊，脊刹字牌上题"太宁宫"字样，这是后土神祇在道教中的一种称谓。三座殿堂都覆盖着金黄色的琉璃瓦，通常民间庙宇只有和皇家相关才可以覆盖此瓦，这也足以说明后土娘娘地位之尊崇。东西两配殿为单面坡出前廊的造型，在堂皇威严的圣母殿两厢对侍，宛若朝堂仪轨。真武即玄武大帝、玄天上帝也，三官是天官、地官、水官，亦称三官大帝或三元大帝。九曜星君是日、月、水、火、木、金、土、罗睺、计都，三曹是指年、月、日三位功曹。

　　我在后土大殿廊下看到多通古代碑刻，其中一块"大明正德十四年（1519）岁次己卯中秋"所立的《创建献楼之记》是三清楼及倒座戏楼的修建时间，另一块时间为"嘉靖十三年（1534）岁次甲午仲春"的《重建后土庙记》残碑上说："后土氏行宫创建无可考焉，宋孝武帝大明元年（457）、梁武帝大同二年（547）皆重修之……宋仁宗皇祐元年（1049）敕修……地震废坏，延祐戊午（1318）本庙提点李道荣复建，是则屡代修缮，奉祀不衰……正德辛巳（1521）则三庙（后土大殿、真武殿和三官祠）筑基广阔，焕然一新，重檐转角，金碧辉煌。"

介休市后土庙后土大殿

两通碑将后土庙现存主要建筑的修建年代说得清清楚楚。

后土庙东侧并列还建有娘娘庙、吕祖庙和关帝庙等庙宇，虽规模不大，但与后土庙声势相接，形成一大片古建筑群，在日益现代化的城市中共同守住了一隅传统根脉。

介休五岳庙

清嘉庆版《介休县志》载，五岳庙在城东南隅草市巷，明景泰七年（1456）建，乾隆十五年（1750）毁，二十八年（1763）重建。

我一路打听，从东大街关帝庙对面的段家巷一直向南，很快就看到了左边的草市巷口。巷子里现在有一座草市巷小学，当狭窄的巷道里拥满了学生和家长的时候，一下子热闹极了。五岳庙就在小学的东边，甚至曾经成了小学的一部分，现在又被重新分割出来了。

我背靠校门对面的民房，仰望五岳庙内高耸的琉璃脊刹，这是一种饱经沧桑而未加藻饰的原真质朴气息，好像埋藏在沙土中的玛瑙，清风拂过时会展现出让人一瞥惊艳的气质。

五岳庙，顾名思义，就是将道教的五岳大帝一同奉祀的庙宇，以东岳天齐大帝为尊，县志也说得很清楚了，现存的庙宇是清中期所建。此庙坐北朝南，最前端是照壁，左右设有掖门，即庙门。

介休市草市巷五岳庙山门

　　庙内迎面有一座单檐歇山顶的两层倒座戏楼，此楼主体面阔三间，一层下部砖砌一字排开的五个拱券门洞供通行，楼前左右两侧分置镶嵌异体"福""寿"石雕的八字照壁。二层为木结构，安设隔扇窗，左右各连建卷棚顶耳楼，形成一列宽大的正面。此楼北侧二层为面阔五间的演出台口，明间前凸卷棚歇山顶抱厦，左右稍间的十字歇山顶护持于两旁，形成楼阁争耸、飞檐比翼的效果。明间檐下平身科和两角科为三昂七踩斗栱，密集紧凑如三朵怒放之花，分外绚烂。悬挂的匾额题"海蜃楼"，大约是告诉人们戏中所演宛若虚无幻象吧。

　　院子东西两厢原是长长的廊房，后来被改造成教室，正面都砌起了拱形的门窗，略显狭长的院子北边，与戏楼相呼应的是献殿和正殿建筑群。正殿面阔五间，硬山顶，典型的清代建筑，檐下设重昂五踩斗栱，也完全被前边宽大的献殿给挡了个严严实实，不过好在这座献殿造型不俗，颇为可观，其华丽超过了正殿，以至于在院中盘桓者常常把正殿忽略了。

　　献殿修建在一座"凸"字形砖石台基上，面阔三间，进深两间，卷棚歇山顶，正面明间前伸出一座单檐歇山顶的小亭子，以一间宽的短廊与献殿连接在一起，既像一座仪门，又类似一个单独的献亭。檐下的两角科和中间的平身科采用更让人眼花缭乱的四昂九踩斗栱，这种视觉上的冲击又比戏楼的斗栱更胜一筹，仿佛达到了殿堂斗栱装饰的极限一般。从前这样的情形多见于木制牌坊上，用于殿堂的还真不多见，整个五岳庙的华贵尊崇感得到极大提升，令人叹为观止。献殿曾被用作教室，加装了门窗，现在则久已废弃，空荡荡地无人问津，玻

山西省介休市草市巷五岳庙
二〇一六年五月十九日上午八时——馀晚十八时十分

连达

介休市草市巷五岳庙献殿

山西省介休市草市巷五岳庙
二〇一六年五月十九日上午八时——馀晚十八时十分

连达

璃也碎了许多。我恍然之间觉得它好像是一个头戴陈旧而名贵冠帽的落魄贵族一样。献殿东西两侧还有向内一面坡的配殿，竟然被遮挡得严严实实，基本可以忽略了。

　　五岳庙内除了让人目不暇接的斗栱装饰外，木雕和琉璃装饰也技艺高超且基本保持了原貌，其水准亦不逊色于后土庙，更可贵的是未经改换，依旧是带着历史烟尘洗礼的沧桑模样，真实胜于一切。

介休文庙

　　同五岳庙所在的草市巷小学咫尺之遥的段家巷路西，还有一座更大的学校——介休市实验二小学，校门为木牌坊式棂星门，门前东西向的小街名曰学巷，这里就是昔日介休文庙及其附属建筑群所在地。

　　清代嘉庆版《介休县志》记载，文庙建筑群规模很大，中路由照壁、棂星门、泮池、大成门、名宦祠、乡贤祠、大成殿、东西廊庑、明伦堂、尊经阁等殿堂组成，尤其尊经阁还是一座三重檐的大型楼阁。东路有绵山书院、教谕署、崇圣祠，东南角建有文昌祠和五奎楼，其中五奎楼是一座漂亮的过街楼。西路有节孝祠和训导署。现在的学巷小街上原来还有东西相对而立的"金声玉振""太和元气"两座牌坊。县志卷三云："文庙在东南隅，旧在县治东，唐咸亨三年（672）建，元初毁于兵燹，到至元元年（1264）知县阎梅始易东南隅民居为奉祀所，八年（1271）知县梁天翔始建大成殿，于前东庑西庑各七楹……（万历）四十二年（1614），知县孙瓒于大成殿左右各竖一楼，东曰腾蛟，西曰起凤，建神库两间于东庑北，神厨两间于西庑北……"余者冗长，不多赘述。现在实验二小学里所剩的文庙建筑只有棂星门、大成殿

介休市文庙大成殿

及殿前东西廊庑、神库、神厨、腾蛟、起凤二楼，即所摘录县志之内容。

棂星门是一座四柱三楼的歇山顶木牌坊，前后有四对戗柱和抱鼓石支撑，檐下设四昂九踩和三昂七踩斗栱装点，是清代的建筑风格，近些年经过整修，油饰一新，颇有花团锦簇之感。其大体位置应该未变，今天仍作为校门使用。一场小雨袭来，我只得躲在路对面一家小店短促的屋檐下，举着伞画棂星门，在雨水的冲刷下，这牌坊显现出浓艳娇媚的色彩。

校园内空空荡荡，迎面映入眼帘的就是大成殿和两侧的廊庑，主教学楼则在大成殿后边远远地耸立着，好像现代水泥版的尊经阁。大成殿修建在一米余高的砖石台基上，前方又有面积相近的月台。殿宇面阔和进深皆为五间，平面接近正方形，重檐歇山顶，四周出回廊，正面设隔扇门。顶层檐下置重昂五踩斗栱，当心补出斜栱，下层单昂三踩，除主要木构件外，殿顶瓦作琉璃均为近些年所换，看起来较新。大成殿两侧的廊庑和昔日的神库、神厨以及所谓的腾蛟、起凤楼亦都整饰如新，在大成殿的对比下，存在感显得极弱。

但相较于城隍等庙修缮一新后大门紧闭，难以得见者，能够画得这种藏于校园的古建筑已感知足了。

介休市文庙棂星门

石屯环翠楼

　　在介休市东南部的狐岐山脚下有一个洪山镇，此地原有古泉名曰洪山泉，亦名鸑鷟泉。《山海经》载："狐岐之山无草木，多青碧，胜水出焉。"因此在泉水源头处建有源神庙，以祀水神，可惜今天因乱采乱挖煤矿，泉水早已断流，只剩下干涩的河床在太阳下发着惨白的光。昔日这里的泉水向下流淌，灌溉过大片的良田，也成就了黄土高坡上的一道葱郁风景。

　　在洪山镇西北不远处有一座石屯村，古名石洞、石桐，村中部现存一座桥楼，便是跨在洪山泉水之上而建的，虽然现在流水早已绝迹，河床里也成了垃圾场，但这座北方罕见的桥

介休市洪山镇石屯村环翠楼

楼却保存下来了，也算是昔日碧波流转中的一个见证。这是一座东北一西南走向的三孔石桥，中央两个桥墩迎着水流的方向修建成船头形，桥面两侧石栏板基本保存完整。因建此桥时周围林木环绕，翠色盎然，遂名为环翠桥，上边的楼阁亦名环翠楼。此楼顺桥身而建，造型颇为独特，是面阔五间、进深三间的两层歇山顶楼阁，在楼顶中部又突起一座十字歇山顶，好像给楼阁加戴了一顶帽子，使环翠楼有了不拘一格的三重檐效果，可谓奇思妙想，匠心独运。

楼内由四对粗硕的大柱撑起整体构架，尤其中央四根，更是直接承载最顶上沉重的十字歇山顶，外檐廊柱则相对纤细得多了。在一层西南角上设有梯道可以登楼，二层比一层低矮，长边开九眼窗，短边开五眼窗，因楼内供奉玉皇大帝，也称为玉皇阁。站在桥头绘之晬之，脑海中勾勒着当年的河水碧波荡漾，岸边绿树掩映，灰白色的三孔石桥卧波而过，高耸如殿阁一般美轮美奂的桥楼点缀其间，这不就是一幅完美的中国古代山水画吗？

碑刻载，此楼创建于明嘉靖十九年（1540），能够保存至今实属不易。虽然楼阁尚在，但周边却早已环翠杳然，河床淤积，三个桥洞也被埋住大半，垃圾腐臭气息不时飘来。在晋省之内此等桥楼或桥亭存世极少，亦无一座能堪与环翠楼相比，但却几乎别无二致地被垃圾淤埋，真是明珠蒙尘，暴殄天物。

环翠楼西边不远处还有一座破烂的源神庙，仅存戏台和正殿两座建筑，现在是房倒屋塌，尤其大殿已垮塌了一多半。我画完环翠楼正饥肠辘辘，但觉得这庙不能错过，便打算一鼓作气把源神庙画完再出去找吃的，不想却被附近村民当作来盗取庙里文物的可疑分子围攻，不由分说上来就是几记老拳，我却不敢反抗，否则势必演变为群殴，也就越发说不清楚了。他们自以为逮住了贼人，赶紧打电话叫村支书，趁此机会我也立即向前不久新认识的介休小董兄弟电话求助，偏巧小董正好认识本村支书，于是支书来后向村民解释了误会，便把我放了。在外寻古多年，还是头一次遇上这样倒霉的事情。支书说前不久庙里的建筑构件刚刚被偷，乡亲们正在气头上，因我是外地口音，又带着巨大的背包，被认错了。

太和岩琉璃牌坊

北辛武村靠近介休市辖区的北界，村庄面积很大，在村中部偏东一点的一处旧工厂院子里隐藏着一座琉璃牌坊，从看到它的那一瞬间起，我就被彻底折服了。

这座牌坊面南而建，下部垫有条石台基，通高 8.5 米，宽度近 10 米，由四根粗壮的方形立柱撑起了"品"字形排列的三座歇山顶，身形魁梧，体态健硕，除了四个石雕须弥座柱

介休市义安镇北辛武村太和岩琉璃牌坊

础外，周身上下所有构件均以琉璃烧造，在阳光下闪耀着璀璨斑斓的光泽，是一座罕见的巨大琉璃艺术品。此坊建于清光绪二十三年（1897），至今已有120多年的历史，原本是村中真武庙前的牌坊，因正面明间檐下悬挂的蟠龙斗匾书"太和岩"而得名。太和岩即指武当山，是真武大帝修炼和飞升之地，意指来到本村真武庙宛若亲临武当山一般。牌坊正面明间额枋下悬横匾"紫极腾辉"，左右柱上楹联为"北极极也，本无极为太极；玄天天也，乃先天而后天"。两次间檐下小匾分别是"无上道""众妙门"，次间两柱上也有一对楹联"汾川宝地，殿庭观壮，玉虚正玉，衡调玉烛，玉者犹玉；玄岳佐玄，宴躔玄武，玄之又玄，净乐前星，针杵功成"。背面当心间横匾是"天枢真宰"，楹联配"道事半百年，飞真自天上帝适；名留一千古，游王避地下宇寒"。两次间小匾是"契真源""除俗障"，楹联题"净乐钟灵三三诞降；太和得道九九飞升"。

　　太和岩琉璃牌坊虽然造型厚重却不显沉闷，在屋顶、斗栱、额枋、雀替、匾额、楹联其至柱础等处都极力加以雕琢装饰，众多的道教故事、吉祥纹饰与花卉图案都成为信手拈来的题材，雕刻手法灵活多变，塑造形象生动逼真，充分体现了清代晚期追求极致装饰效果的特点。但这些装饰被牌坊本身所用的黄、绿、蓝三种釉色很恰当地统一在协调的格调之中，显得既富丽堂皇，又艳而不俗。檐下到雀替之间，纹饰雍容贵气，在阳光照耀里显得晶莹光洁，给人一种名贵丝绸锦缎般的错觉。

　　介休作为琉璃之乡虽然名声在外，但是随着几十年来的破坏和建设，大量古建筑或是被盗被拆，或是失修坍塌，经过修缮者也多是焕然簇新，真正的明清时期遗留下来的代表曾经琉璃之乡高超艺术成就的原构件和文物越来越少。想来，昔日介休境内应该不会只有太和岩这一座琉璃牌坊，但现在却真的成了孤例，以其巨大体量和集各种精华于一身的高超水准能够得以完整保留，对于本地历史、建筑和琉璃艺术研究与欣赏来说简直是无价至宝。

　　从牌坊的华丽程度来推测，当年后边的真武庙也应该会是一处极其奢华的建筑群，可惜早已灰飞烟灭，没能多留下一点信息，只有牌坊孤零零地耸立在原地，却已和如今的村落面貌显得格格不入了。

第三章

市井墙垣今犹在——城郭内外识平遥

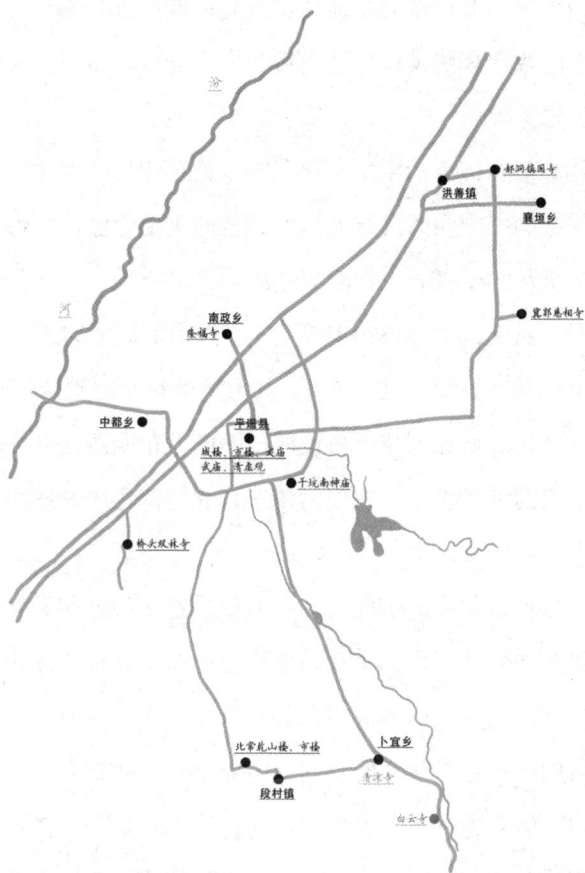

　　平遥县南邻介休市、沁源县，东南连沁县、武乡县，北靠祁县、文水县，西接汾阳市，是一座驰名中外的千年古县。早在西周时期这里就已经筑城，西汉在这里设置过中都县，北魏太武帝拓跋焘迁平陶县于此，为了避讳，正式更名为平遥县，之后也曾设立过苇池、清世等县治，但平遥的名字最终沿用至今。

　　平遥古城及城北的镇国寺、城南的双林寺之所以成为世界文化遗产，也有很大的偶然因素。晋中地区的几个县城昔日都拥有壮观的城墙和城楼，可惜在战争时期到中华人民共和国成立后甚至 20 世纪 80 年代，皆纷纷毁于战火或人为拆除，这其中平遥的城池并非最为宏丽的，但却侥幸免遭厄运。不久之后再环顾周边乃至全国，如平遥城这样城垣连贯、街市完整的县级古城竟然再也找不到了。于是，平遥古城作为中国古代县城的范例成为了世界文化遗产。

平遥城楼

20 世纪 80 年代的晋中大地上，别的古城基本已经拆光了城墙，正在拓宽街道，将许多今天看来颇具价值的传统古民居作为旧房拆掉，这些在当时都被视为经济发展的绊脚石或者陈旧落后的象征，取而代之的是更多的水泥楼房和宽阔的柏油马路——也许这就是所谓新城市的样子吧。周围邻居的改造和建设让平遥也曾想大干一场，多亏这一计划被及时制止而没能实施，至今想起来仍觉惊险。

对于"什么是文物和值得传承的中国文化"的争论至今仍在继续，但再也没有人能够否认平遥城墙作为硕果仅存的中国明清县级城池的范例的重要价值了，每年如潮的游人更给这座古城注入了别处望尘莫及的生机活力和滚滚财源。

现存的平遥城墙是明洪武三年（1370）所建，平面为不规则的正方形，周长约 6.4 公里，主体为夯土筑就，外侧包砖，共设有马面 72 座，其上均筑有双层望楼，城墙四角还建有角楼，东南角楼旁另建有魁星楼。北墙和南墙上各设城门一座，东西两面均开城门两座，因此民间传说平遥城形如一只面南而卧的神龟，南门为龟首，北门似龟尾，东西四门是龟的四肢，意在稳定吉祥和金汤永固。

各座城门外都筑有瓮城以加强防御能力。瓮城就是在城门外侧又加上的一个两端连接在主城墙上的小城，或半圆形，或方形，也有因地形影响而不规则的形状。瓮城的门很少与主城门相对，大多开在侧面，与主城门形成夹角，一旦被攻破，使敌军不至于迅速形成对主城门的冲击，而冲进瓮城的敌军在这狭窄的空间之内更是难以回旋施展，容易被主城门上的守军集中打击，聚而歼之，俗称为"瓮中捉鳖"，这也是"瓮城"名字的来历。

在二十年前的盛夏季节我第一次来到平遥城，那时候的城池街市更加古朴真实，没有那么多的人流，也没有那么多的仿古建筑——我借了旅馆的一辆自行车在大街小巷任意游逛，不消半日便已经对城内格局了如指掌了。那时的城墙上北门楼已经建成，西门城楼正在施工中，而其余各城门上是没有城楼的。2016 年我再次来到平遥时，这里已经发生了翻天覆地的巨变，几条主要街道都被仿古铺面重新塑造，原本觉得并不出众的如"日昇昌"等几家老字号在那些仿古店面的簇拥下已是鹤立鸡群。除了小资情调的各种不中不西也不土不洋的商铺和酒吧，许多商品也是在全国各地都能买到的批发货，古城的古意越来越淡，越来越更像一个影视城和仿古游乐场，充斥于其中的游人似乎并不在意哪一幢是真的古迹，哪里又是新建的，照样会在新修的风雨楼和县衙前美滋滋地拍照留念、发朋友圈。

山西省平遥县南门城楼
二○一六年九月二十四日 上午十时三份——下午四时四十分
连达 [印]

平遥县南门城楼

南门城楼仿照北门一样新建起来了，是一座面阔五间、进深四间的三重檐歇山顶两层木楼阁，二层出平坐勾栏，的确给看起来灰暗光秃的城门上点缀出了一丝鲜活古意。南门瓮城堪称平遥各门瓮城里颇具代表性的，不但是少有的瓮城门与主城门相对的布局，道路两旁又都建有房屋，尤其东侧是一座四合院式庙宇，把瓮城里基本填满了。坐在城墙上仰视高耸的城楼，俯瞰瓮城里的小庙，虽然身边不时有喧闹嘈杂的游人走过，但画起来仍然觉得周围似乎安静了。这种高低错落的城门景观还是比较能够体现传统城池的特点，相比起城墙上整齐单调且重复的马面望楼和垛口，更能够吸引人。

平遥市楼

明清时期的许多大小城镇通常都有东西门相对和南北门贯穿的十字大街撑起城内交通网的骨架，并在十字街心设钟楼或鼓楼，但平遥则并非如此，南北两门并不相对，南大街和北大街错开了好远，最后分别交汇在东西大街上，而且城内也不设钟鼓楼，倒是在南大街北部建有一座市楼。

平遥市楼跨建在南大街上空，为三重檐歇山顶两层木楼阁，平面呈正方形，通高 18.5 米，一层面阔和进深均为三间，明间的东西隔墙上开拱门洞，做出十字大街的效果，楼身造型纤秀典雅，远追宋明风韵。二层设平坐勾栏，平坐宽大，下托重翘五踩斗栱，为楼阁整体做出优美的束腰效果，深广为五小间，出回廊，每组栏板之间另设辅助支撑出檐的立柱，设置隔扇门窗，内部供奉关帝和观音。顶层檐下设华丽的单翘重昂七踩斗栱，顶上覆黄蓝交错的琉璃瓦，南面楼顶拼成"囍"字，北边为"寿"字，鸱吻上还插有如金步摇一般的神鸟宝树铁刹。

市楼始建年代已无可稽考，现存者为清康熙二十七年（1688）重建，之后又多次重修，相传一楼的路面下还覆盖着一眼金井，因而市楼也俗称金井楼，现在楼南侧一层檐下就悬挂着"金井古迹"的匾额。市楼是平遥古城内的最高建筑，耸立于连片的平房之上，显得格外挺拔高峻，远远地和南北两座城楼等几个制高点相呼应，勾勒出了古城的天际线。

明清时期平遥商业繁荣发达，是晋商的大本营之一，也是南北货物的流通集散之地，那种贸易繁荣商贾云集的时代，绝非今日以观光为目的的满街游客可比，以诚信仁义起家并最终汇通天下的晋商票号，更是成为中国银行机构的先驱，为山西商界创出了上百年的好名声。这一幕幕与时代变迁紧密联系在一起的历史场景就在市楼下上演和谢幕，人们当初在街市上筑楼以监护市井，而几百年来市楼也成为傲立于时代洪流中不熄的灯塔，见证了人事的更迭

平遥县市楼

和国家的兴衰，成了联系古今的纽带、古城的象征。可惜今天有的商家只会肤浅地追逐表面利益，为此甚至使出种种蛮横和欺诈手段，虽然还打着"晋商"的幌子，却把最本质的诚信仁义丢到了脑后，不但不能给晋商传统增光，反而自毁招牌，前后对照，令人唏嘘。我多年来几次画过市楼，其中一幅作品就被当地某油茶商家盗用做了产品包装，还申请了包装设计专利，并且堂而皇之地将广告打得到处都是。我偶然在公交站的广告牌上看到，从此走上了漫长而艰难的维权之路。我不但要和奸商周旋，而且也感受到了地方保护主义那张沉重大网令人窒息的力量，每思及此，内心就深感纠结，常叹息于晋商传统的没落乃至于此，让我这个拿全部热情来热爱山西的外乡人情何以堪？我精心绘制的平遥市楼最终被平遥商人侵权，这是一种多么辛辣的嘲讽啊！

平遥文庙

平遥城里大街小巷几乎都能看到如织的游人，按理说这种地方我是不愿意来凑热闹的，我的写生是以记录乡野和濒危的古建筑为主，但谁来山西又真的能无视平遥的存在呢？即使这里已经显得商业气息太浓或者修缮过度，但还是有许多真正有价值的古建筑，比如平遥文庙。

文庙位于平遥城内东南部，是一所坐北朝南、占地广大、格局完整的古建筑群，棂星门、泮池、大成门、大成殿、明伦堂、敬一亭、尊经阁等标配建筑在中轴线上依次排开，但最核心也最具价值的建筑还是大成殿。仅在十几年前这里还是平遥县中学的一部分，那时候拆除了庙中的许多殿堂，建起教学楼，而今则是拆除了教学楼，将已毁的殿堂重建起来，值得庆幸的是，大成殿这座巨构始终安然无恙。

大成殿面阔和进深均为五间，平面呈正方形，单檐歇山顶，下部修建在 1 米高的砖石台基上，前面连建有方形月台，四周以石栏板环绕，殿宇宽阔庞大的逼人气势只有亲临其下才能真实感受到。檐下斗栱结构简洁，托举深远，具有宋、辽时期大木构的风采，双杪双下昂七铺作斗栱展现着阳刚的力与美，转角铺作结构最为精妙美观，堪称檐下的点睛之笔。大成殿仅在正面设置隔扇门窗，背面无门窗，墙上题有一个贯通上下的巨大楷书"魁"字，相传是集文天祥之手笔。殿内梁下有"维金大定三年（1163）岁次癸未口月一日辛酉重建"，说明这座殿宇早已有之，若是宋建金修是完全合乎情理的，殿内的构架风格也可说明这一点，甚至还有一种说法认为此殿是国内现存最大的一座大成殿。

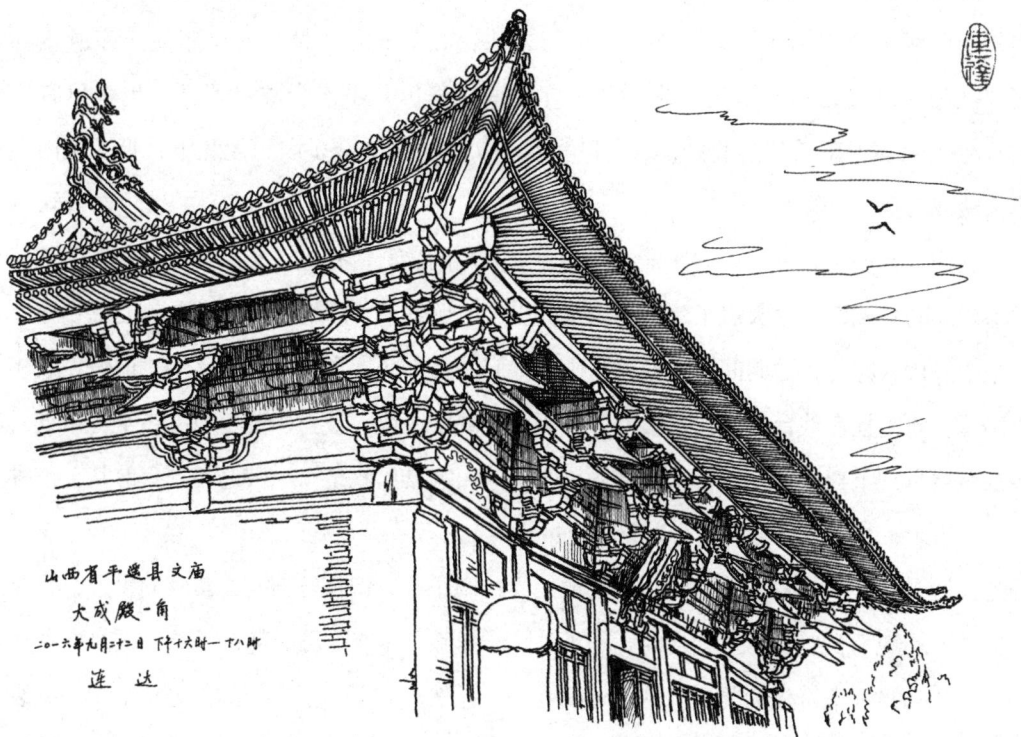

山西省平遥县文庙
大成殿一角
二〇一六年九月二十二日 下午十六时一十八时
连达

平遥县文庙大成殿

　　我来文庙时，恰逢平遥国际摄影展期间，庙中作为一个展陈场所，内外都排列着挂满摄影作品的展架，众多的游人更使这里显得嘈杂喧闹，我最终选择在配殿的墙角下画了一幅大成殿的屋檐和铺作，将这一部分的结构和气势加以突出表现。

平遥武庙

　　武庙就是关帝庙，关羽被历代加封，到明万历四十二年（1614）时，神宗朱翊钧封他为"三界伏魔大帝神威远镇天尊关圣帝君"，步入了帝王行列，所以天下关庙皆可称关帝庙。关帝作为封建王朝所认定的神勇忠义的武圣人，与文圣人孔子比肩而立，他的庙宇亦可称作武庙。与平遥文庙现在庞大的规模和恢宏的气势相比，平遥武庙就寒酸得多了，甚至可以说是可怜至极。

　　平遥武庙位于古城南部书院街西段，教场巷和沙巷之间，坐北朝南而建，虽然院子南北较长，可是现存建筑只有戏台和一座正殿。因曾经被小学、幼儿园和工厂先后占用，庙宇经历过几次大拆大建，原有的山门、钟鼓楼、献殿、后殿等建筑全部都毁掉了。庙院的外观已经完全失去了旧貌，那破烂的老木头门让人感觉好像是几十年前车库所用的大门，从门前走过，多半以为这是一片废弃的旧厂房，几乎不会驻足留意。也就只有残破的戏台还勉强保留着从前的模样，所以我第一次找过来完全是因为无意中看见了墙内微微露头的戏台房顶。

武庙戏台坐南朝北、面向正殿，修建在一人高的砖石台基上，实际上是一座面阔三间、进深两间的卷棚歇山顶大房子，两山墙正面出八字照壁，背后墙上开有两个扇面形花窗，是典型的清代式样。正面明间前出卷棚歇山顶抱厦，使整个戏台呈"凸"字形，前边左右相对设踏跺。原来挂在戏台内的"水镜台"横匾现在缺了一块，被当作废木板钉在了台口处后来所加装的窗户上部，高高的台基上堆满了废弃的旧家具，就是一个破仓库。台前甚至被种上了许多玉米，把戏台正面都遮挡起来了。

正殿是五开间的悬山顶建筑，被改成一大排筒子房，门窗全部砌成整齐的拱形，也仅能从屋顶上的琉璃瓦感受庙宇昔日的辉煌了。院子里除了玉米，还有散乱丢弃的破烂机器和零件，以及几幢后来修建的类似教室一样的瓦房，显然废弃很久了，到处都是荒草，一副衰败之状。当初我来到这里时，正巧大门敞开，有人爬上戏台房顶去除草，我才得以进入，转眼

平遥县武庙戏台

已是七年前的事情了。而两年前我再次来到平遥，想去看看武庙的状况，被门前看似闲坐的一群人警惕地拒绝了，从此再也没有机会走进这扇大门。

2019年5月30日下午传来消息，正在修缮的武庙正殿忽然发生火灾，从视频看，正殿最后完全烧塌了，我只能无奈地发出一声长叹！

平遥清虚观

在平遥古城东大街临近东门内的路北侧，有一座规模宏大的道教建筑群——清虚观，山门前单开间歇山顶的木牌坊精巧别致，在路旁特别醒目。此庙创建于唐显庆二年（657），原名为太平观，宋代更名为清虚观，元朝赐名为"太平兴国观"，清代仍改称清虚观。这组道观保存基本完整，由最前端的牌坊和山门、龙虎殿、献殿、正殿、玉皇阁以及两侧的配殿等建筑组成，布局严谨，对称有序。

现在的山门是一座清代增建的五开间悬山顶大瓦房，之后的龙虎殿才是元代的旧山门，

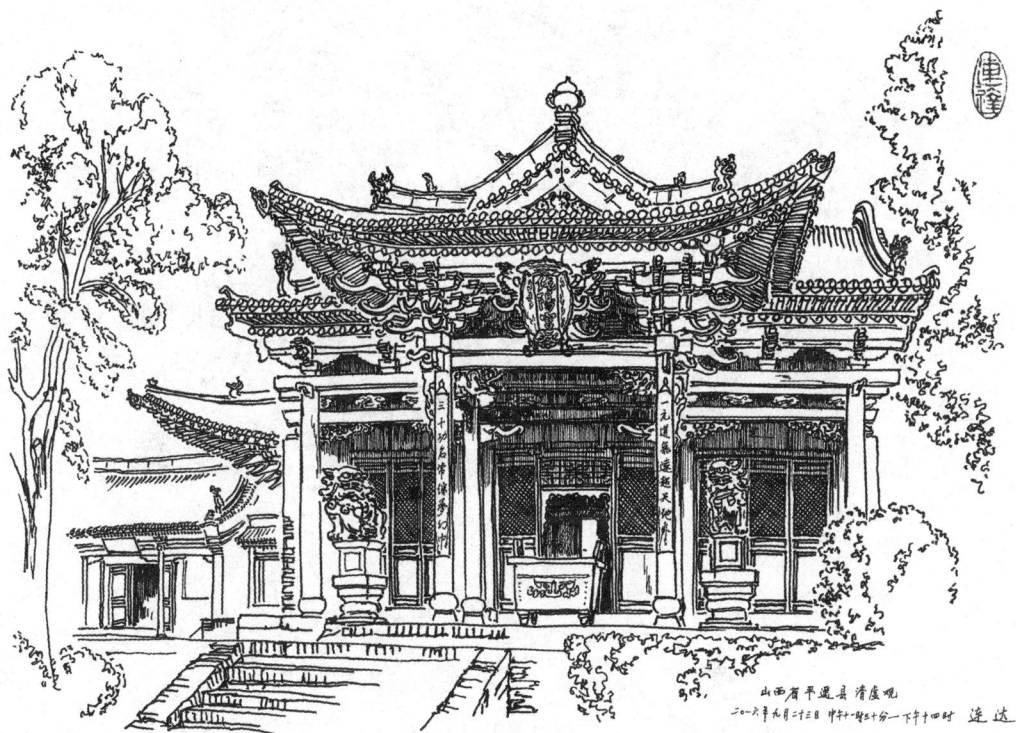

山西省平遥县清虚观
二〇一六年九月二十三日 甲午十一时三十分一下午十四时 连达

平遥县清虚观

山西省平遥县清虚观
白虎神像

二○一六年九月二十七日
下午十七时五分——十八时二十分 连达

平遥县清虚观龙虎殿白虎星君像

山西省平遥县清虚观
青龙神像 二0一六年九月二十三日 下午五时一九图 连达

平遥县清虚观龙虎殿青龙星君像

面阔五间，进深六椽，单檐歇山顶，前后出廊，在正脊下方位置设一排内柱，把空间分隔成内外两部分，明间为进出的通道，两次间、稍间筑以厚重的墙壁。这座建筑体量庞大，梁架洗练，飞檐高挑，观之颇有芮城永乐宫龙虎殿之风韵，也正是因为在前廊下左右分别塑有青龙神和白虎神的坐像，因而得名龙虎殿。

这两尊塑像通高都近5米，是明代作品。两位尊神相对而视，环眼圆睁，气势威猛，头戴束发冠，全身披挂华丽的铠甲锦袍，青龙神执画戟，白虎神持利剑，身后批帛飘舞之中其化身的青龙和白虎也相对舞动，相互呼应，形象逼真，生动传神，有这两位全副武装的神将守门，心中有鬼之人到了龙虎殿前估计也会双腿发软。

穿过龙虎殿，眼前是宽敞的庭院，院子北端为献殿和正殿。正殿即三清殿，面阔五间，进深四间，是元构明修，体量不小，但仍然大部分被前面的献殿挡住。

献殿是面阔三间、进深五椽的卷棚悬山顶小殿，前檐下出廊，正面明间凸出山面向前的歇山顶抱厦，檐下设重昂五踩斗栱，当央悬斗匾"纯阳宫"。为什么献殿还挂着纯阳宫的牌匾呢？据说这还是有来历的。相传在清康熙初年，八仙之一的纯阳子吕洞宾显圣来到清虚观，并在后边的玉皇阁廊柱上题下了"一心二仁人"几个字，后来观中便在献殿内加筑阁楼，其上设神龛以供奉吕洞宾，于是就有了这纯阳宫，并依此传说把山门前牌坊的匾额也改成了"清虚仙踪"，甚至还记载进了《平遥县志》里。

后院的最后一排建筑就是玉皇阁，原本为两层结构，下层是三眼并列而建的砖砌窑洞，上部曾有木楼阁，后来毁于火灾，那传说中神乎其神的吕洞宾"显圣手墨"自然也就无可稽考了。这两进院的两厢分别设有配殿和廊庑，其中除了收藏展示有各种木雕、石雕神像和历代碑刻外，有一种清代晚期制作的纱阁戏人颇为有趣，也十分珍贵。每一个方形戏台般的木龛内以秸秆、泥塑和纸塑的手法做出不同的戏曲场景，惟妙惟肖，生动可爱，散发着浓浓的传统文化韵味。

干坑南神庙

在平遥城南三里有个干坑村，村中坐北朝南有一座佛教寺庙名为"源相寺"，但因其位于县城之南，所以被俗称为南神庙。这处建筑群规模并不大，建筑等级也不高，由最前端的三开间硬山顶山门、三开间硬山顶天王殿、悬山顶光明菩萨殿、窑洞式石佛殿以及一些配殿和碑亭类附属建筑组成。

山西省平遥县干坑村南神庙
二〇一六年九月二十八日 下午十四时三十分—十六时三十分
连达

平遥县干坑村南神庙

这些建筑现在经过整修和粉刷，古意所剩不多，只有作为正殿的光明菩萨殿还多少有一点味道。此殿面阔三间，进深四椽，悬山顶，前檐出廊，设单昂四铺作斗栱，为一门两窗格局，并无很与众不同的结构，加以关注皆因此庙所供奉之人非比寻常，十分罕见。

此庙旧时还曾有耶输夫人庙、耶输神祠之名，据庙中明正德五年（1510）的重修碑刻记载"始自周"，并依据当时的一座石塔和塔上象头的风格认为可"上推到隋唐间，初名石佛寺，建有石佛殿"。佛教进入中国是在东汉时期，所以建佛寺不可能早于汉朝，若不是当年那撰文之人弄错，就只能是指距离隋唐最近的北周了。据现在庙中建筑来看，也就是明清风格，早期痕迹恐怕只有墙角里的一座石经幢了。

庙中的主尊的确是位女性，是佛祖释迦牟尼出家前的妻子，罗睺罗汉之母，名叫耶输陀罗，所以俗称为耶输夫人。相传她随佛祖出家，受封为"具足千光明菩萨"。这座光明菩萨殿内供奉的就是耶输陀罗，不过这样的名字显得与本土有些隔阂，所以乡亲们俗称其为南神娘娘。殿内保存有清代的一组彩塑，耶输陀罗满头金饰，一身华丽的汉服，怀抱婴儿端坐神台之上，两侧侍立着众多女官和侍女打扮的人手捧印信、图册、食盒、茶碗等物伺候着。这般模样，怎么看也不像佛寺，活脱脱一个乡间的送子娘娘。到了清代，外来的佛教早已彻底本土化，完全融入了中国人的日常生活中，神佛一如常人，让人觉得不再惧怕，易于接近，更便于放心大胆地祷告祈求，这也是光明菩萨变身送子娘娘的一个原因吧。

不过现存的专门供奉耶输陀罗菩萨的庙宇极少，我也是第一次遇到，碑刻中记载这位菩萨曾经在此地"显化弘法"，所以后人建庙供奉。在这种乡村小庙供奉着意想不到的罕见神主，也是山西历史悠久、信仰传承复杂、文化多元的一个鲜活反映，是如同活化石般的例证。

郝洞镇国寺

在平遥县北部的襄垣乡郝洞村北，有一座年代久远的古寺，这就是五代十国后期割据山西中北部的北汉政权所建造的镇国寺。此寺现存有坐北朝南的两进大院，南北向狭长，左右对称。最前端是山门兼天工殿，修建在砖石台基上，为面阔三间、进深四椽的悬山顶建筑，檐下设有五铺作双下昂的硕大斗栱，当心间出斜栱，铺作层的总高度几乎占了殿身高度的一半。明间前后通透，两次间仅在额枋下设低矮的直棂窗，内部供奉着四大天王。此殿为元代遗构，但天王像经清代修改和重装，头身比例已不协调，手足显得有些短小，只有天王的面部表情还依稀有威严之气。从头冠到铠甲的许多应有细节被粗糙涂刷得模糊不清，可见后世

山西省平遥县郝洞村
镇国寺
二○一七年九月二十三日农历八月中旬完成 连达

平遥县洪善镇郝洞村镇国寺

匠人手艺和修养已经严重退化了。天王殿左右两侧有砖拱掖门，门侧又分别建有简易的悬山顶钟鼓楼。

穿过山门，对面就是正殿，这是一处幽静的庭院，院中古树参天，几乎把山门和正殿之间的天空都遮蔽起来，也把正殿的正面挡得几近风雨不透。正殿名曰万佛殿，是寺中的主体建筑，也是一处国宝级木结构古建筑。此殿面阔三间，进深八椽，单檐歇山顶，殿顶极为巨大，出檐也格外深远，而殿身与之相比则显得过于低矮，檐下的双杪双下昂七铺作斗栱更是比例夸张，用材极其粗犷，这一部分的高度也足足占了檐下总高度的二分之一，伶俐的批竹昂如刀砍斧劈般一气呵成。整个殿宇呈现出近乎夸张的头身比例和视觉冲击力，好像张开了宽广双翼的巨鸟一般，一种烈烈的阳刚之气扑面而来。万佛殿的前后明间都设隔扇门，仅在正面两次间开隔扇窗，殿中无内柱，八椽栿贯通前后，粗壮严整，在脊槫下清晰地保存着"维大汉天会七年（963）岁次癸亥叁月"的墨书题记，这也是万佛殿的准确创建时间。其下又有"大金天德三年（1151）岁次辛未七月""大明嘉靖十九年（1540）岁次庚子二月补修""大清嘉庆二十年（1815）岁次乙亥三月重修"等年代明确的题记，历代修缮，传承有序。此外另有一些捐资人祈福的题记也保存完整清晰。

殿内有面积巨大的佛坛，正中央端坐佛祖释迦牟尼，身旁站立着阿难和迦叶，两侧分别列坐有文殊和普贤，再外各有一尊胁侍菩萨立于身旁，最外端靠近佛坛边缘处是两尊威猛的天王立像；这些人物呈环绕之势排列在主尊两边，佛坛前部还有两尊参拜童子跪在莲台上。这一堂彩塑是与殿宇同时代之物，也已经有一千多年的历史了，满满的唐代遗风，尤其胁侍菩萨的婀娜体态和天王的雄健之姿与敦煌唐代彩塑一脉相承，让人赞叹不已。相比之下，殿

平遥县洪善镇郝洞村镇国寺

内墙上网格状密布的所谓万佛壁画粗糙呆板，千篇一律，一看就是清代所绘，艺术水准实在是相差太大了。

镇国寺万佛殿常常被称作国内现存著名的四座五代时期木构之一，不过我个人觉得应该称为十国建筑更准确，因为修建此殿的时候，五代的最后一个朝代后周已经被赵匡胤建立的北宋取代三年了，所以五代实际上已经结束了，而割据在太原周边的北汉政权只能算作十国之一。现存的五代建筑本来就极少，万佛殿又是其中最有特点也最完整的，其雄壮的结构、张扬的气势、满堂的彩塑都是其余几处所望尘莫及的。

据碑刻记载，镇国寺最初建立的时候名叫"京城寺"，应与北汉皇族有关。因寺中现存有半截残碑是北汉主刘崇之孙刘继钦的墓志，清代嘉庆年间大修时，在附近捡回这块残碑欲用作石料，但看碑上残存的书法甚佳，不忍毁坏才保留下来。因而有人推测原在附近也许会有北汉皇族墓葬，镇国寺有可能是陵园的香火庙，类似夏县司马光墓旁边修建的余庆禅院。

一千多年前的木结构建筑和满堂同时期的彩塑已经足够震撼和珍贵，能够较完整地保存至今就更是难得了，睹之不但可一窥五代十国那英雄辈出壮怀激烈时代的点滴气度，更可因而追思相去不远的大唐雄风，立于檐下，心中真是感慨万千。

万佛殿的后院比前边更宽敞，院子最北端是两层的三佛殿，下层为窑洞式结构，二层盖一座悬山顶三间殿，晋中地区许多清代村庙的最后一进建筑多是如此，地方特色明显。东西两路都对称地建有观音殿和地藏殿，里边也完整地保存着大量的明清塑像和壁画。

我为了把万佛殿和天王殿都画下来，连续两天在这里埋头苦战，为了不耽误时间，只是啃干粮喝凉水充饥。这样一座珍稀的千年古刹能够在晋中人口稠密的乡村地区完整传承下来，真是奇迹，与之相对，感受历史，品味沧桑，一两日又岂能尽兴啊！

桥头双林寺

在平遥城西南方约 6 公里的桥头村，现存一座完整的古刹双林寺，是一处坐北朝南的长方形建筑群，在外围还筑有 6 米高的包砖城墙，上设垛口，看起来更像一个晋中风格的村堡。

双林寺所在的桥头村就是西汉中都县故城所在地，但双林寺的创建年代却是扑朔迷离，一说重修于北齐武平二年（571），那初创时间就很可能上溯到北魏了，最初名叫中都寺，直到北宋年间取佛祖于沙罗双树下涅槃之意，更名为双林寺。

现存的堡门就是双林寺正门，走进寺内，迎面便是面阔五间、进深六椽的悬山顶天王殿，檐下出廊，设重昂五踩斗栱，明间开木板门，两次间和稍间为直棂窗，前廊下塑造有四尊遒劲刚猛、怒目凝眉的金刚力士，殿内当中供奉弥勒佛，两旁是八大菩萨，对面南墙下倒座是四大天王。这一堂塑像体量庞大，满目沧桑，塑造得或雍容华贵，或孔武有力，给初来寺中之人以先声夺人的惊艳。

天王殿后面是释迦殿，结构与天王殿类似，里面当中供奉着佛祖释迦牟尼，两旁侍立着秀美的文殊和普贤菩萨，周遭以壁龛和悬塑的形式做出了佛传故事，好像一幕幕滚动上演的舞台剧目。释迦殿两侧分别建有钟、鼓楼，东西两厢为罗汉殿、关帝殿和阎罗殿、土地殿，也都保存有基本完整的彩塑，那些罗汉和阎君塑造得更为世俗化，也更接近常人，充满了明清时代质朴的市井气息。这些殿堂和天王殿共同组成了严整的第一进院落。

第二进院子更为宽敞，最北端为面阔五间、进深六椽的歇山顶大雄宝殿，殿前凸出月台，前檐出廊，设单翘单昂五踩斗栱，明间和两次间开隔扇门，两稍间为隔扇窗。殿内正中供奉着三身佛坐像，两侧有文殊、普贤坐像，这里的塑像大约在清代后期重新彩绘过，色彩神韵比之前院颇有逊色，但这一院的精华却都在东西配殿之内。

东配殿名曰千佛殿，面阔七间，进深四椽，悬山顶，前檐下出廊，明间设木板门，两次间和两稍间均为直棂窗，两尽间无窗，廊下外墙上还保存着许多明代天王、菩萨壁画。走进殿内顿时有大吃一惊、目不暇接之感，这里当央的神台上塑有一尊抱膝侧身闲坐的观音像，

平遥县双林寺大雄宝殿

身前站一尊威武的韦驮像，两侧墙壁上满是密集小巧的菩萨像，她们或站或坐陈列在四层塑为云端、山峦或大海式样的阶梯状神坛上，每一尊的造型、神态和衣着打扮都不相同，但整体上身姿前倾，衣袂飘舞，好似在俯察世间疾苦一般。这些小菩萨足有 500 余尊，均为秀美婉约的女性形象，从五官相貌到服装衣饰和各种法器用品，无一不塑造得惟妙惟肖，其庞大的数量给人以强烈的视觉冲击，既给人眼花缭乱的兴奋感，也给人想逐一看清的强大吸引力。

千佛殿中最著名的塑像就是观音身前的韦驮立像，这尊韦驮身高在 1.6 米左右，面容饱满，双目炯炯，头戴虎头盔，身着山文甲，身体呈由左向右转动之状，右臂向后抬起，前臂下垂握拳，左前臂向上做托举状，可惜手已缺失，似乎应是托着降魔杵。右腿已经随头部转过来，而左腿还在原地未动，身躯动势十足，匠人将这种动态的瞬间定格下来，好似给原本冰冷僵硬的塑像注入了鲜活的灵魂。而韦驮的神态更是威严中带有一丝儒雅，冷峻里透露出沉稳与智慧，生动至极，被誉为"天下第一韦驮"，也是双林寺两千多尊各式彩塑中最负盛名者，堪称双林寺的象征。

西配殿叫作菩萨殿，结构与东配殿一样，中心供奉着一尊华美贵气的千手观音坐像，四壁上也悬塑着数百尊小菩萨像，真有一种九重天界仙女环绕的美好意境。

千手观音一派雍容气质，宛若甜美的贵妇，全身共生有 26 只手臂，除了最前的双臂呈

平遥县双林寺菩萨殿千手观音像

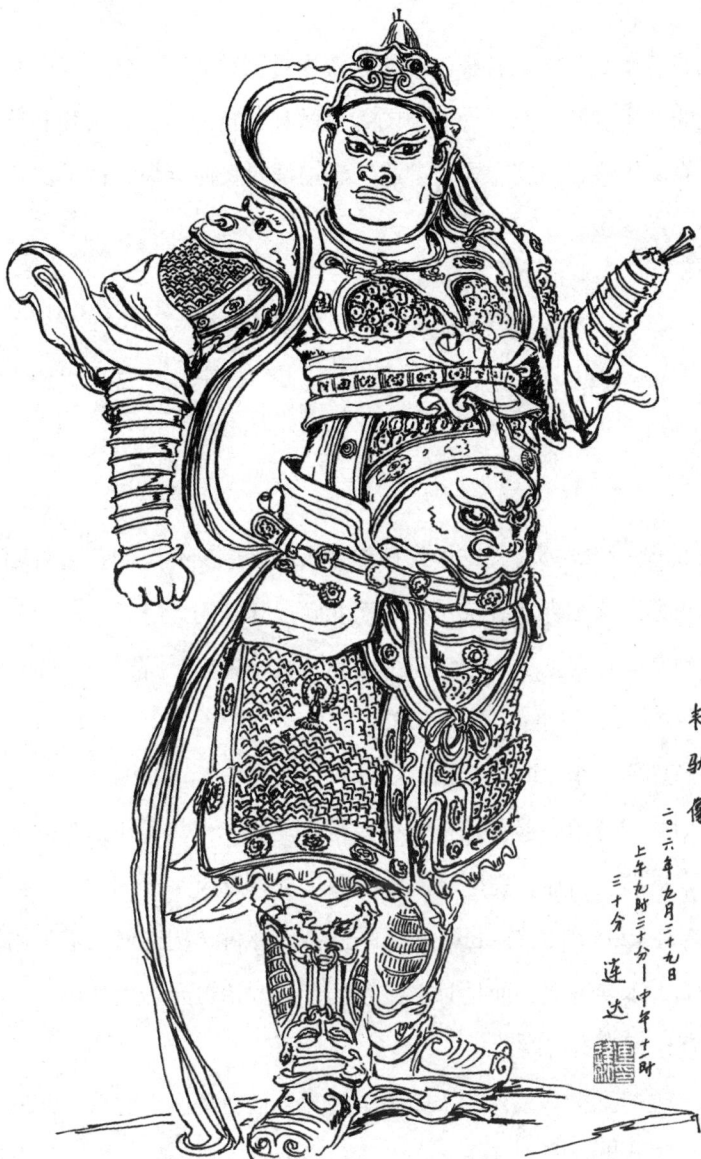

山西省平遥县双林寺千佛殿
韦驮像
二〇一六年九月二十七日
上午九时三十分——中午十一时
三十分　连达

平遥县双林寺千佛殿韦驮像

说法印姿态，其余手臂各持法器，近乎对称般在身后张开，展现出世间万物尽在掌握的从容淡定之气。这尊像也是寺内彩塑的代表作之一。

最后一进院中还有娘娘殿，也是五间悬山顶，内部供奉送子娘娘塑像。寺院东北角上还有个小小的贞义祠，供奉着传有孝行的姑婆，但都是清末民国之作，粗糙简陋与前两院中明代作品无法相比。

双林寺最大的看点就是彩塑，各殿内的明代塑像可以比肩国内任何寺院和博物馆中的珍品，堪称一座伟大的艺术宝库。双林寺和镇国寺也以其独特的历史、文物和艺术价值同平遥古城一起成为了世界文化遗产，若想看全参透，恐怕是要长住下来才行了。

冀郭慈相寺

在平遥城的东面有一个冀郭村，这里处在麓台山和平原交界处的黄土台塬上，村东北角现存一座千年古刹，名曰慈相寺。寺院是一处南北向很狭长的大院子，山门紧靠在狭窄的小街上，走进去则感到空间特别宽敞和空旷，主要建筑就是聚集于院子中部的一组四合院和其后的一座古塔。

慈相寺创建于唐朝肃宗李亨时期，据寺内金代"明昌五年（1194）春"的《汾州平遥县慈相寺修造记》碑刻载"汾州平遥县慈相寺者，乃古圣俱寺也，寺在县东太平乡之冀郭里。始，有大士繇西极来，曰无名师，宴坐于麓台山四十载。唐肃宗召诣京师，待若惇友"。另一块金代"泰和元年（1201）四月六日"的《平遥县冀郭村慈相寺僧众塔记铭》曰"自有唐肃宗以来，其设寺额，本名圣俱。而是时主持教口者，即始祖无名大师也"。两相印证，说明早在唐朝时这里便已经建有寺院。

据清朝光绪版《平遥县志》载，"宋庆历年间，寺僧在圣俱寺建造麓台塔，收藏无名祖师骨灰于其下"。修筑此塔时所立巨碑至今仍然顽强地屹立在寺院之内，其上说到圣俱寺有"徒千人"，真一方巨刹也。在北宋皇祐三年（1051），寺院始更名为慈相寺，到北宋末年时，在乱军之中，连同宝塔在内的古刹毁于一旦。金代之后，慈相寺重兴土木，再造浮屠，同时留下了上述两通明昌、泰和的碑刻。经过一千多年的屡建屡毁，今天寺院的规模早已经严重萎缩，再也不能和唐宋时期相提并论了。

现存这所四合院式庙宇最南端是一座三开间硬山顶的前殿，里面供奉着关帝，左右配有悬山顶钟鼓楼，东西两厢是出前廊的窑洞式配殿。最北端为正殿，是金代重修时所建，面阔五间，进深七椽，悬山顶，体量特别大，殿顶举折舒缓，出檐深广，檐下设单杪单下昂五铺作斗栱，出前廊，中部三间为隔扇门，两稍间是巨大的直棂窗。殿内构架简练，空间宽敞，佛台上的三尊佛像面容饱满，仪态端庄，很可能是金代原塑，墙壁上还保存有部分金代壁画，虽然斑驳依稀，但气韵绝非凡品。

殿后院中又是宽大空旷，一尊宝塔孤立于其中，这就是金代重建的麓台塔，即寺院始祖无名大师的墓塔。此塔创建于金天会年间（1123—1135），通高约 48 米，为八角九级楼阁式砖塔，塔下还有一米余高的砖石台基，清代在一层外加筑了 16 眼砖砌窑洞式回廊。塔身由下至上逐渐收分，各层叠涩出檐，檐下以砖雕仿木结构斗栱装饰，二层之上皆出平坐。塔身四面开拱形窗，真窗和假窗相交错。最上面两层已向东南侧倾斜塌陷，顶上有莲瓣环绕的宝葫芦式塔刹。麓台塔与太谷县无边寺白塔，无论从造型还是装饰来看都有许多相似之处，耸立在黄土高坡的村野之间，清秀挺拔之中还透露出一种积淀近千年的厚重感。

院墙边有一通 5 米高的石碑，走近观瞧，正是《大宋西河郡麓台山圣俱寺碑铭并序》，时间是北宋庆历六年（1046）春，距范仲淹写出《岳阳楼记》仅有几个月，让人忽然有种莫名的感动，千年故宋竟然好似触手可及般就在眼前了。但这碑显然经历了难以名状的浩劫，

平遥县洪善镇冀郭村慈相寺大雄宝殿

山西省平遥县洪善镇冀郭村
慈相寺麓台塔
二〇一六年四月二十六日下午
五五时——十八时三十分
蓬达

平遥县洪善镇冀郭村慈相寺麓台塔

全身已成数十个碎块，全靠水泥粘接才重新站立起来，许多缺失部分只能以水泥填充了。但这并不能掩盖碑上书法的大气精妙以及文字所记载的慈相寺久远的过去，哪怕粉身碎骨，那缥缈的往事仍然顽强地从千年之前传到了今朝。

在夕阳下，空旷的大院里，金代的宝塔和大殿与宋代的残碑显现出一种孤寂苍凉的意境，仿佛时间在这里已经凝固停滞了。远方忽然飞驰而过的高铁划破了这感怀岁月的沉默，千年时光以这样的方式在我面前呈现出了一种和谐自然的交汇场面。

北常乾山楼

在平遥县南部的段村镇西侧有一南一北两座常村，都是自明代初年就从陕西省迁来的常姓后裔，其中北常村的老村呈长方形，保存较为完整，走在街头巷尾，不时有古宅老庙跃入眼帘，村西北角上有一座瘦高的瞭望楼，称作乾山楼。

我来到北常村时，在很远之外就能望见这座瘦骨伶仃好像烟囱一般的塔楼，那模样和山西南部一些明清时代的瞭望楼有点像，但却要显得窄小许多，又与羌族的碉楼有几分神似，总归是清代的建筑风格。此楼高度约在14米左右，大致分三层，是个平面正方形的砖筒子，边长大约5米，从下向上逐渐收分，仅在南墙上可见两个拱形窗，最上部围有一圈整齐的垛

山西省平遥县段村镇北常村
乾山楼
二〇一六年九月二十八日
上午九时十八分——十时
莲达

平遥县段村镇北常村乾山楼

口。楼顶另建面阔三间、进深四椽的悬山顶房屋一座，好像给这砖楼子戴了顶大帽子。有人说这是为了弥补本村西北因地势低洼造成的风水不足所建的风水楼，因处在八卦之中的乾位，比喻修筑了一座有镇压作用的山，于是叫作乾山楼。

我实地看时，觉得似乎不仅仅是为了风水之故。因为乾山楼下还建有一座南北向长方形的夯土城堡，长边在 30 米左右，墙高也至少有五六米，东墙南端有砖砌的堡门洞，可惜门额上的石匾已经风化得看不清字迹了。夯土堡墙内部排列着又高又深的十几孔砖窑洞，使我不禁想起了南京中华门瓮城内部排列整齐的藏兵洞。有望楼，有堡墙，有藏兵洞，这难道不就是一座用以抵御流寇和土匪侵袭的避难所吗？我想和晋南那些古堡最初的修建目的应该是相似的，而且这个小堡内就是躲进哪怕 200 人也挤得下，若是如此，这弹丸小堡的背后一定会有一段关系到生死存亡的故事。而乾山楼下窑洞的门楣上砖砌的五角星和广积粮标语则是另一个时代的烙印了。

我在幽静的小堡里画了好一阵，有人陆续走进来，后来人越聚越多，并在地上铺了一条尼龙丝袋子，摆上香烛供品，然后鸣鞭放炮的折腾出好大动静，原来是要开工修缮这小堡和乾山楼，先行祭神。看来我是有幸见证了乾山楼最后的沧桑旧貌。

北常市楼

在北常村中部现存一座过街楼，老乡说这就是本村的市楼。此楼平面呈正方形，下部是一座高大的砖石平台，从东侧看，仅开辟一个东西向的砖拱门洞，供车马行人通过，西侧则在门洞两边各开一孔窑洞，将空间充分地利用起来。顶上另建有两层楼，一层仍为方形砖砌平台，开辟东西相通的门，现在都已经用碎砖堵死。二层为深广各五间的重檐十字歇山顶木亭阁，檐下有回廊，屋顶上早已是破烂不堪，野草好像头发一样又直又密。屋檐上的瓦大部脱落，一排排烂头的椽子好像倾倒的木栅栏伸向空中，又好似被吃完的鱼尾鳍一般只剩下根根硬刺。楼顶的各条屋脊和脊兽也掉了个精光，看起来更像是一座衰败的荒丘。

相传村子最初是按照一条龙来布局的，市楼为龙头，乾山楼是龙尾，曲折迂回的村路就是龙身。昔日村中街巷交错密布，曾号称"九社十八巷"，但这么多的街巷最后却全都通到市楼下和东西两个村门处才能走出来，古人这么设计大约也是从村庄防御的角度着想，结果弄得外村来的迎亲队伍常常转迷了路，就有了"娶媳妇怕走北常村"的笑话。一座村庄建有集市上才有的市楼，也正说明了北常村昔日是商业发达的地区之一，曾有"金常村，银段村"

山西省平遥县段村镇北常村
市楼 二〇一六年九月二十八日
上午十时三十分—中午十二时
莲达

平遥县段村镇北常村市楼

的说法。可惜到了今天，古村风貌已经所剩不多了，紧靠市楼北侧的院子里还剩下一座修缮崭新的三开间小殿，叫作普音寺，都说是元代遗构，但修得宛若新建，没了特点。与市楼下晒太阳的老乡聊天得知，市楼最初是普音寺的门楼，下边开有十字过街门洞，只是后来南北向的门洞被堵死了。

南政隆福寺

南政乡所在地南政村位于平遥城正北，是一片繁华的大乡镇，村子最北端背靠田野、坐北朝南有一座大庙，叫作隆福寺，占地甚广，堂皇华丽，气质不俗。相传此庙创建于元大德二年（1298），现存者则基本为清代重建。

最前端的山门是一组错落精致的建筑群，修建在至少 1.5 米高的宽大砖石平台上。山门面阔五间，进深两间，悬山顶，前出廊，墙壁上保存着大面积斑驳的清代壁画，廊下塑有身高顶棚的哼哈二将坐像。左右连建有耳房，内侧又分别建有歇山顶钟鼓楼。平台前端有琉璃照壁，东西两侧各有单檐悬山顶木牌坊掖门一座，与照壁以花墙相连，两掖门之外另有略矮一层的平台，也以花墙环绕。山门前这些建筑实际上合围成了一个布局紧凑的套院，结构华丽，琉璃璀璨，给未入庙门者颇多期待。

山门内庭院宽敞，南北向狭长，在院子正中央的位置建有一座单开间悬山顶的小殿，名曰"护法殿"，面南塑关帝，面北奉韦驮。据说这孤零零的小殿是为了化解煞气而建，但倒像照壁一般让人不能直视后面的弥陀殿了，算是改善了一些院中略显空旷的布局问题。东西两厢分别是五间悬山顶的弥勒殿和无畏殿。北面的弥陀殿面阔五间，进深五椽，悬山顶，气势宏伟，雕琢华丽，但细看之下，觉得并非古物，应该是一座完全新建的仿古殿堂。

寺中最后一进院相对紧凑，两厢是五开间悬山顶的罗汉殿和地藏殿。最北端的大雄宝殿面阔五间、进深六椽，单檐歇山顶，前出廊，设重昂五踩斗栱，额枋下悬垂花遮罩，明间两柱和雀替处是木雕的二龙戏珠。当央三间全设隔扇门，两稍间为直棂窗，殿内梁架简单舒朗，为典型的清代做法，梁下有"大清嘉庆五年（1800）闰四月初八日"的题记。这座大殿除了正面木雕华丽近乎繁缛外，殿顶的琉璃也颇有趣味，以黄色琉璃瓦在屋面上拼出了"隆福寺"三个超级巨大的字，这在别处也不多见。整座殿堂给人的感觉是花哨得有些琐碎，但又不失清代大型殿堂那种雍容富丽的特色。可惜各殿内的塑像都已是新品，没有可看性了。

我在寺中写生时只见到两个僧人，年纪大的也就三十多岁的样子，另一个二十五六岁的

平遥县南政乡隆福寺

年纪，俩人一直跟在我身旁。年轻的僧人一支接一支地吸烟，呛得我几乎无法呼吸，年纪大的僧人再三催促我捐功德，我说画完了再去前殿放进功德箱吧，他却一个劲儿催我干脆直接交给他得了，我顿时有种唐僧来到观音院的不祥预感。后来他们看我没完没了地画了几个小时，这才各自散去，庙中一下子静得出奇，连风声鸟鸣都听不到，气氛竟然显得有一丝诡异。直到我画完离开，都再也没有见到寺中出现任何一个人。离开寺院来到村中，我仿佛回到了人间一般，有种长出一口气的释然之感。

第四章

晋商故里银祁县——富可敌国金太谷

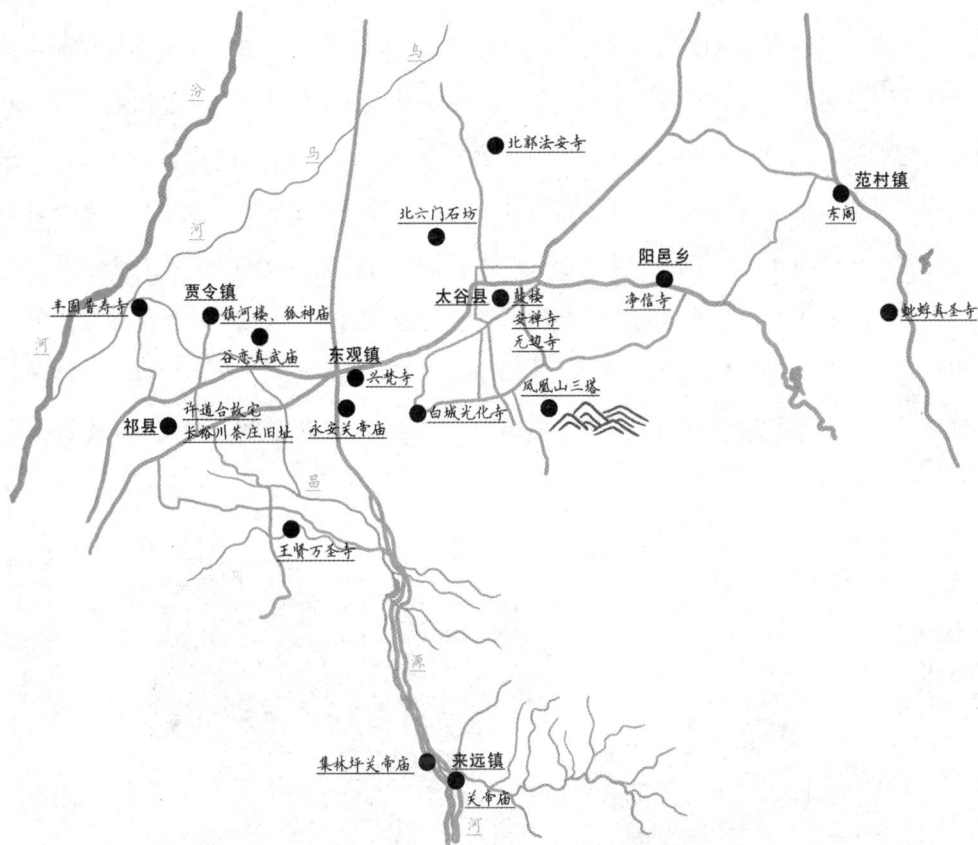

　　祁县近乎一个西北—东南走向斜置的矩形，西南邻平遥，西北接文水，正北为清徐县，东北是太谷县，东南同榆社、武乡两县相连。传说这里是远古时期一片名曰"大昭"的泽薮，意为大湖泽，早在新石器时代就有人类文明的火种。尧帝曾经到过这里，因其姓祁，即广大的意思，所以这片土地便得名祁泽薮。后来汾河泛滥吞噬了这里，经大禹治理，洪水退去，留下了沃野良田，于是又有了"昭馀"的名字，意为光明富庶之地，本地人习惯称祁县为昭馀古城。西汉时期在这里正式设立祁县，北魏孝文帝太和年间（477—499），迁祁县于今址，北齐年间县废，隋开皇十年（590）重置祁县，并一直沿用至今。东汉末年计除董卓的司徒王允，唐代大诗人王勃、王维，明代小说家罗贯中等都是祁县人。祁县在明清时期更是山西商界的翘楚，号称富甲天下的八大晋商之中，乔家和渠家就在祁县，乔致庸和渠本翘当年曾经名满天下，近些年随着乔家大院成为旅游热点，他们的名字也再度为人们所关注。

许道台故宅

这些年因为平遥古城名声大噪，给世人以"山西古建筑最多最好之地非平遥莫属"的错觉，大家在平遥看到了"日昇昌"票号旧址，进而会觉得昔日汇通天下的晋商就是指平遥商人，但这话搁在祁县人这里，则会发出一声不屑的"哼"。比如我的老友祁县老李就曾对我说过："你肯定知道乔家大院和乔致庸借钱给慈禧太后的故事吧？最后大清的税收都要从乔家票号转手，这种富可敌国的大财主和他的乔家大院可是在我们祁县！"然后老李又点上一支呛死人的烟吸上两口，用那浓重的晋中方言继续说："老话说，金太谷，银祁县，平遥都是小买卖，可惜这俩地方的城墙和庙宇都拆掉了，要不哪里还能显出平遥来！"老李是个奇人，五十岁年纪，个子不算高——他走在人群里就是个再普通不过的人，在一个山区角落里的小信用社工作，平时也几乎是与世隔绝隐居一般，他周围的人大概都没把他放在心上。但这副模样的外表下却有一颗不堕世俗的心。他博览群书，奔走山乡，把古建筑结构和理论研究得烂熟于心，每当我遇到不知所云的生僻结构，问他就一定能够解决。我们也是近十年的

祁县北街许道台故宅

朋友了，最初是网友，后来我画到晋中，他多次专程带路相陪。

城墙是一座城池的铠甲，祁县拆掉了城墙，那连片的街巷就这样直白地裸露在了旷野之中，城里庙宇楼阁也都毁掉了，只有西南角中学里还剩下一座明代的文庙大成殿。在南边平遥古城和北边乔家大院两盏明灯的光辉下，祁县老城就好像一件灯影下浑身泥土的古董，基本引不起谁的注意。但这样的古城最大的价值就是真实，没有过度开发后的严重粉饰，一切都是自然的，是具有烟火气息的，是让人从内心感到可亲近的。

老李介绍了老城西北正廉巷一个叫许道台故宅的老院子给我，其实这就是一个看起来再普通不过的临街旧宅，和这条窄街一样其貌不扬。但走进大门，庭院中一座漂亮的木牌坊立即令我两眼放光。这是一座两进院的老宅子，左右对称的布局，除了最前端的南房和最北端的正房，东西两侧都是相对而建的厢房，木牌坊就立在前后院之间，是内宅的门。牌坊为单开间悬山顶式，檐下置华丽的三昂七踩斗栱，门额正面为四个金字"福寿康宁"，背面是"行仁义事"，前后设戗柱，两旁连接照壁式短墙，在有些狭窄的空间、单调的房屋和灰暗的色彩中嵌入了恰到好处的一抹亮色，使得院子顿时充满了典雅富贵之气。其实这种牌坊门的设置也属于晋中民居的一种特色，但这一座则是保存最好的。在别处见过类似者，不是修缮过度，就是相对简陋，并且因为主人家对陌生人较为抵触，也常常被强行赶出来。这座许道台旧宅前院里住着老两口，大妈特别热情和善，让我随意画，倒是她家的狗对我狂吠不止，大妈也拦不住它激动的情绪。

据说道台府原本是东西向并列的五座院子，最东边的两座院子虽然破败，但依然存在，中间两座院子则被拆掉，盖起了幼儿园。我所画的这一座是最西侧的第五院，也是唯一幸存的两进院落。这位许道台严格意义上说是一位商人，他家在清代中期发迹，成为祁县数得着的大户，于乾隆年间花万两白银捐得道台的官职，所以这道台府说到底还是一座晋商大院。

古民居街巷

祁县的城垣虽然无存，但主要街道的旧有格局尚在，也许是近些年文保理念提升的缘故，并未出现大规模拆除老城建楼房的局面。所以给人的感觉是苍老的祁县虽然脱掉了铠甲，但身躯还是得以保全。老城以十字大街为骨架，8条小街、28条巷和72垮道为筋脉，依然在延续着明清时代的余韵。这里的民居大多是两进或三进的幽深大院，周围是高达6米的院墙，两层或三层的砖木楼阁式正房更是常见，气势宛若一座座小堡垒。临街的院门多是单开间悬山顶的砖雕门楼，也有木结构的悬山或歇山顶抱厦式门楼。不必专程去那些人声嘈杂的晋商大院里拥挤，在祁县的街头巷尾，几乎随处可见这样的老院，也多是已经被遗忘的昔日富商巨贾的旧宅。

银祁县那是名不虚传的，乔致庸家的"大德通"、渠本翘家的"三晋源"票号当年分号遍布全国各地，真正是汇通天下了，而实力最强的要数本县人张杰、史大学和太谷人王相卿开办的"大盛魁"，完全覆盖了内外蒙、新疆直到当时俄国莫斯科的商道，最盛时有员工万余人，仅商队的骆驼就达两万余峰，常常驱赶着上百万头牛羊往返在蒙古与边塞之间，据说他家的银子足够从蒙古库伦排到北京城。这些巨商实在是太过于耀眼，他们的豪宅幸存至今的也都是千般整饰，万种翻新，早已成了冰冷的标本，没有烟火生气。

我于街头巷尾闲转，沿街随处可见古老的宅院，有一些老宅子门口会有当地文保部门设置的标牌，简要说明这是处什么建筑，或者是某个清代铺面，或者是某位富商名人的故居。

老城十字街两边清代店铺遗留最多，深巷里也常常有一些老店残存，比如画中这座歇山顶抱厦式的老宅门就标注为"贾家钱庄旧址"，我想应该是贾家的住宅更合理。这样的木结构歇山顶宅门也是晋中古民居的一种特色，祁县、太谷等地保存得最多。这种两进或三进的深宅大院，目前常常是被好几户人家分割居住，所以各家自取所需，拆改搭建，胡乱堆放，把一些原本堂皇气派的古宅子弄成一片狼藉的大杂院，不过却也比那些光鲜整洁的晋商大院景区更有生活气息，给我一种历史在延续的感触。

这些歇山顶抱厦的檐角极力地向上高挑扬起，真的有"如鸟斯革，如翚斯飞"的韵味，展现出非常大气的美感，门面虽小，却满是雍容气度。似乎又有江南建筑挑角飞檐的影子，我甚至觉得，也许正是当年走南闯北、生意遍布天下的晋商，将美妙的徽派建筑嫁接回了老家的宅子上。这也不算是异想天开，毕竟我在晋南的稷山一带还曾见过南方风格的马头墙，哪怕在相对闭塞的古代，建筑文化的跨地域影响有时候真是要比我们想象的更复杂和深远。

这些老巷子大多狭窄幽深，两边的院墙相距仅有几米宽，每一座堡垒般神秘的大院子里都深藏着数百年的故事。傍晚时我走在已经昏暗的城北马家巷里，一切逐渐归于沉寂。那些突出于墙外的宅门，好像镇守在小巷两边的卫士般一左一右地盯着我。左边的歇山顶抱厦式宅门是清代祁县大财主何家的老宅子。这只是其一，在南城还有一片更大的何家院，因为门面都比别家高大气派，当地俗称"何大门"，是曾与乔家和渠家不相上下的豪门富户，当然现在也早已沦为支离破碎的大杂院，只有最后一进院里长长的靠山楼，依旧巍峨地高耸于老城区上空，昭示着昔日的辉煌。

倒是我眼前这座何家院现在只有一户人家居住，因此打理得干净整洁，又充满着生活气息，让人颇感亲切。傍晚时分，我在巷子里画到几乎暗得看不见了才收笔，四周寂静得出奇，

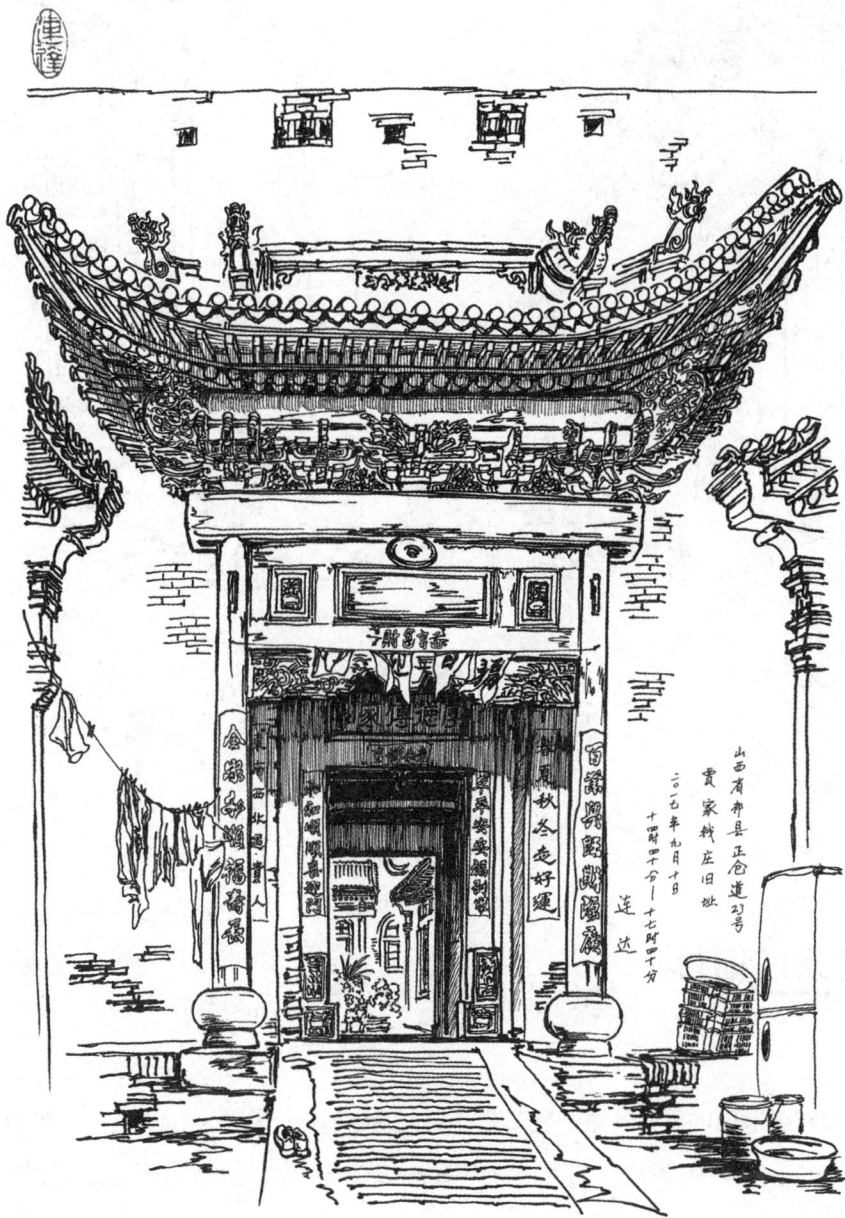

祁县正仓道 23 号贾家钱庄旧址

山西省祁县古街巷
二〇一七年九月〇日十八时——十九时十分
莲达

祁县古街巷

只有远处偶尔传来几声犬吠，仿佛就是百年前的某个黄昏一般，荏苒的时光并没有给这里带来多少变迁。

长裕川茶庄旧址

在何家院斜对面的段家巷里，有渠家长裕川茶庄旧址，这是一组由四个大院和两个偏院组成的建筑群，狭窄幽深的巷道里隐藏着一座雕琢极其精美的石雕门面，即茶庄西南院的大门。此门是通体以青石雕造的中西合璧的牌楼式建筑，高 15 米，宽度也在 10 米左右，当中为大门，两旁则是门房的窗户，主体以四根浮雕圆柱分割为三间，柱子下部砌莲台花瓶造型的柱础，顶上有仿科林斯式柱头，以横梁串联在一起。在横梁之上又设有"凸"字形的第二重和第三重柱头与横梁，使这座门面挺拔高耸，显现出浓郁的西洋风格。但这座门除了造型上模仿欧式，周身上下所有浮雕和装饰全都是浓郁的中国本土题材与特色，从门额窗框到柱

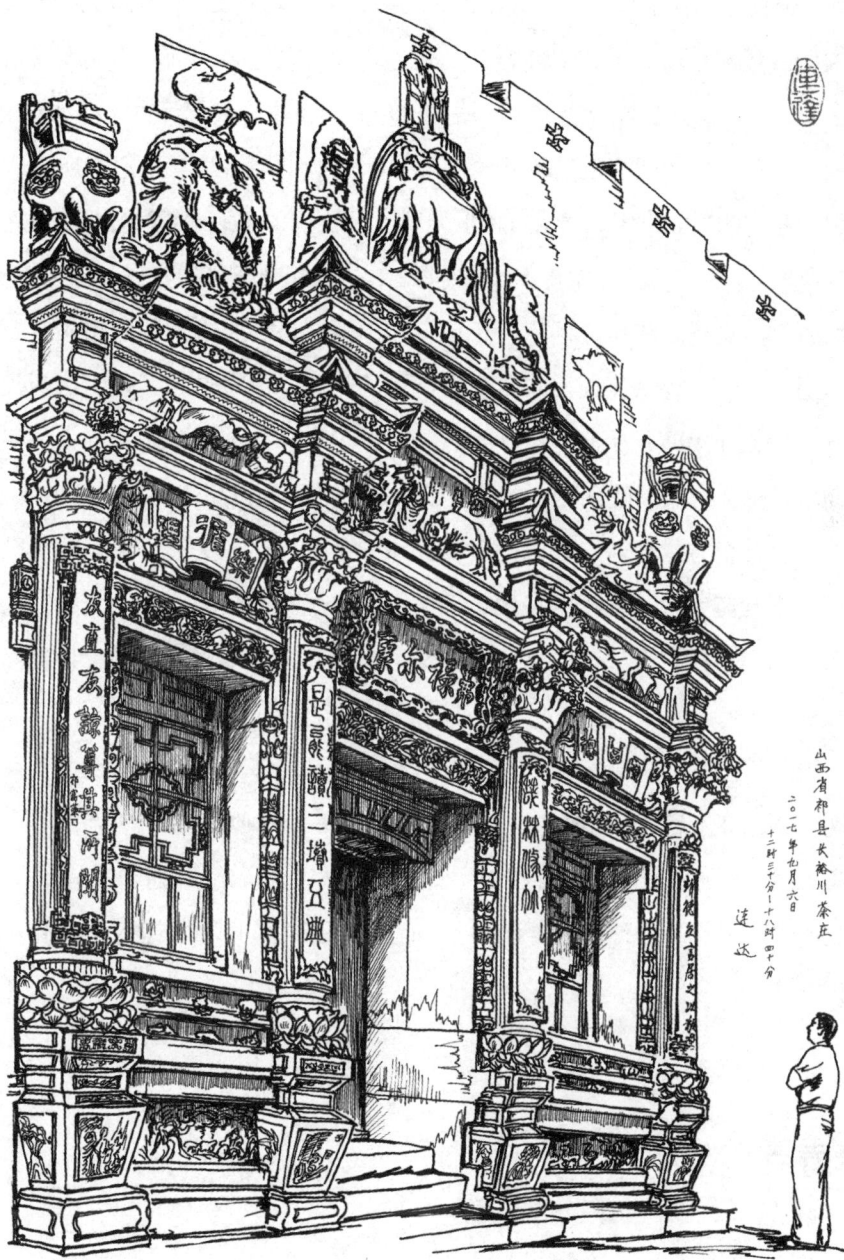

山西省祁县长裕川茶庄
二〇一七年五月六日
十二时三十分—十八时四十分
连达

祁县长裕川茶庄

础墙根，到处都是传统的吉祥图案和有美好寓意的神话故事，圆雕、浮雕、高浮雕和镂雕信手拈来，纯熟运用。门面最顶上现存三座宝鼎，但是鼎间的神仙人物已经被砸碎，残缺不全，无从辨认。其下许多大一些的浮雕人物也多被砸碎，或至少砸掉了头部，都是"文革"时期遭受的劫难，但仅从幸存部分仍可见人物仪态端庄，走兽动势如生，器物几可乱真。幸运的是门窗周围的匾额和楹联竟然依旧完好，门上方花团锦秀之中簇拥着引用于《诗经》的匾额"茀禄尔康"，明间两立柱上有篆书楹联"此地有崇山峻岭茂林修竹""是能读三坟五典八索九丘"，典故出自《兰亭集序》和《左传》，是清中期书法家张思睿所书。两个窗户上匾额分别为篆书的"恒其德"和隶书的"乐循理"，两次间的楹联是"立德立言居之以敬""友直友谅尊其所闻"，分别出自《左传》和《论语》，是清朝寿阳县的三代帝师祁寯藻的手笔。因山西本地所产多是质地疏松的砂岩，相传这座中西混搭的石雕大门所用的青石料都是从外省千里迢迢运来，这也从侧面反映了渠家财力的雄厚。渠家是祁县在明清两代享誉天下的巨富，从清代乾隆年间开始经营茶叶生意，创办了长顺川茶庄，后更名为长裕川，生意最红火时，串联起了南起福建武夷山、北至俄罗斯恰克图的万里茶路，从茶叶采购、加工、包装到长途运输，全方位经营，是名副其实的跨国企业。后来又涉足盐业和金融业，仅曾经的住宅就达十几座大院，上千间房屋，面积几乎占了半个县城，因而人称"渠半城"。辉煌了数百年的渠家在抗日战争的影响下逐渐走向没落，最终成了那些幸存至今的大院里一段陈年往事。

这座石雕大门创建于民国初年，是渠家辉煌往昔的见证，也是晋商曾经博大胸怀和包容气度的体现。我蜷缩在大门下的窄巷里，举伞抵挡着那一缕灼热刺目的阳光，画了 6 个小时，力图将这座冠绝三晋的石雕杰作留存在纸上。仰观石雕大门上诸多的残破与损毁，忽然觉得它好像幻化成了圆明园不屈而立的残垣断壁，而这劫后余生的残躯不也正是一部中国近代史的缩影吗！

丰固普寿寺

在祁县正北方昌源河的大拐弯里环抱着一座叫丰固的古村，村子面积甚大，历史上曾经叫作丰谷，意在得大河滋养，五谷丰登，后来又取磐基永固之意，改为丰固。现在村北背靠河畔尚存一座破败的古寺，名曰普寿寺。说是古寺，真正的古建筑仅存一座正殿而已。全寺面积原本不小，现在除了正殿和南边及西南少量院墙外，其余建筑全都垮塌毁灭，仅西配殿

山西省祁县丰固村—普寿寺

寺原本面积巨大，累年摧毁，惜只余此正殿一座，时天晴暴晒，汗流如浆，执伞破忍烈而成。

二〇一三年五月八日下午庚申—十六点

连达

祁县丰固村普寿寺

和廊庑尚有残迹。我来此时，看到正殿西侧垛殿刚刚坍塌不久，遍地的瓦砾砖石还露着崭新的断茬。东垛殿位置是一排粗糙的"文革"时代厂房，也早已废弃，破烂不堪。

普寿寺现在已经找不到任何碑刻遗存，因此仅能从正殿外观结构上来推断其修建时代。正殿面阔三间，进深六椽，悬山顶，前檐下出廊，檐下设重昂五踩斗栱，当央补一攒斜栱，其下的两根明柱顶上置一根粗大额枋，两次间则仍然中规中矩地架设普拍枋和阑额等构件，感觉风格很混搭，依稀有点晋南元代建筑的遗风。大殿的三间全都开隔扇门，明间的门破坏最为严重，但也仅在这里的门板上还残留有一些雕花装饰。我探头向黑漆漆的殿内张望，平直的三重梁栿、呆板的矩形驼峰和承托平梁的蜀柱，都说明这最多也就是一座明代遗构。前廊下两山墙上的白墙皮斑驳脱落，能依稀看见下边被覆盖的天王画像，也是清代造型和画风，因此普寿寺大致可以判断为一座明清累代修缮后的遗存。

殿前原有月台，但四外的砖石已经被拆掉，现在仅剩下一块长方形的夯土台基，周围堆满了瓦砾和垃圾。我就在这月台旁顶着烫人的阳光坚持了两个小时画下正殿，感觉似乎要被灼烤得皮焦肉烂一般，手臂都是疼痛的。空荡荡的大院子里仅有我一个人陪伴着破败的正殿，即使在炎炎烈日下，仍然充满了孤寂凄凉的气息。

贾令镇河楼

贾令镇是祁县北边的一个大镇，因纪念春秋时期晋国的大夫贾辛在祁县一带的善政而得名。这里也是一个落寞的古镇，昔日的官道曾经从镇中穿过，造就了贾令镇数百年的繁荣，但随着近代公路改线，这里一蹶不振地再也不复生机活力。哪怕距离县城并不远，依然显得静悄悄的。

在老镇子南口，坐北朝南耸立着一座巍峨的砖木楼阁，名叫镇河楼。贾令镇南边有一条叫昌源河的大河，北边有一条略窄的乌马河，两河又向西汇入不远处的汾河，真是水网密布，恐怕亦曾水患频仍，建楼镇压也是无奈之举。县志记载此楼创建于明洪武年间，正德时被毁，天顺年间重建，现存的主体结构是源自嘉靖戊午年（1558）冬农历十月的大修，不过看此楼现存状况，清代应该也多次修过。

此楼通高约17米，下部有半米余的砖石台基，外观为四重檐歇山顶的两层楼阁，面阔五间，进深四间，平面略呈长方形，二层出平座设腰檐，两层皆有回廊，内部由四根金柱贯通上下。原本应该是纯木结构的楼阁，后来在一层中央又加建了南北向的砖拱门洞。门洞内左右两侧设有神台，曾塑有象征着风调雨顺的四大天王，现在早已被毁，仅有一块民国年间的石碑弃置其上。在一层的台基四周以木栅栏围绕，东北角回廊内设有木梯。在一二层之间的平坐内部还藏有一个暗层，设有单独的回廊，相当于一个小越层，起到承接和加固上下层结构的作用，所以整座楼实际上共有三层。

二层内部实际上相当于一座面阔三间、进深两间的小殿，南北向皆开隔扇门窗，内部曾经供奉有神像，现在已是空空如也。顶棚无天花，彻上露明，显得空间很高敞，构架仍有很显著的明代特征。

镇河楼体量宏伟，华丽端庄，飞檐迭起，耸立于连片的平房上空，更显美轮美奂，为平凡的镇子增添了一抹浓重的古意，昔日曾被誉为"昭馀胜景"。相传庚子年（1900）时，慈禧太后和光绪皇帝仓皇逃往西安的途中就曾从镇河楼下穿过，他们对这壮丽的古楼也是赞叹不已。经过几百年的沧桑和"文革"时期的破坏，镇河楼已经损毁严重，在20世纪80年代，当地曾经进行过抢救性修缮和粉刷，只是限于水准，不免有艳俗之感。

平时楼下大门紧锁，难以攀登，恰巧那天我正在画着，看见一群人打开楼下的栅栏鱼贯而入，我赶紧扔下画板飞一般跑过去。原来这些人是来看场地的，据说又一场大修就要开始了。

山西省祁县贾令镇　镇河楼
二〇一七年九月七日 八时—十三时四十分　莲达

祁县贾令镇镇河楼

贾令狐神庙

在贾令镇西部的中学东侧，还残存一座四合院式小庙，叫作狐神庙，也叫作狐侯庙、狐爷庙。此庙坐北朝南，由最南端的倒座戏楼、东西两厢的配殿、最北端的正殿和两旁连建的垛殿组成，院门开在戏楼的东侧。

正殿面阔三间悬山顶，是庙内最大最气派的建筑，我来此时恰逢正在大修，正殿被大棚和防尘网包住，好多工人在院子里叮叮当当地忙活着。负责人对我这个贸然闯入者十分警惕，一个劲儿赶我离开，更别说拍照或写生。我情急之下想起老李曾说以前来过这里，和守庙人聊得相熟，必定会给人留下深刻印象，因此赶紧解释说，自己是老李的朋友，听了他的推荐慕名而来的，要给古建筑画像。然后又着重描述了老李那独特的身材，听得负责人将信将疑，一头雾水，我又赶紧补充到"就是信用社的李胖子"。估计负责人有点晕，我见他暂时没有继续赶我，迅速拿出刚刚画的镇河楼给他看，表示自己的确是专程来画古建筑的。他们这才不情不愿地警告我，不准乱拍乱看，画一幅就赶紧走。我满脸赔笑地答应着，把目标对准了倒座戏楼，毕竟正殿已经没法画了，戏楼却还没有动工，外形也更有特点。

祁县贾令镇狐神庙戏台

这座戏楼是面阔三间的双层结构，正上方为卷棚硬山顶，前边加出了歇山式裙檐，两檐角也如鹏鸟羽翼般高高张扬出挑，把整座建筑的气势一下子烘托起来了。戏楼一层低矮，二层高大，虽为三开间，明间却比两次间宽阔许多，应是为了演出之便。两根明柱上也承托一根粗大的额枋，与丰固村普寿寺相近，应该是当地清代建筑的一种特色，而斗栱不与柱头相对，又分明是晋南元代遗风。山西古建筑的学问太深，各时代各地区特点又各有不同，绝无一概而论的可能。戏楼从前曾被加装门窗改作教室，现在这些褴褛的门窗仍然残存着，斑驳的墙皮下遗存有许多昔日的墨书题记，其中就有"光绪廿五年（1899）五月"的字样，应是唱戏的戏班子随手涂鸦。

我坐在戏楼前饿着肚子加紧绘画，工人们这边吵嚷着吃完午饭就没了动静。我画完后悄悄走近大殿观瞧，只见殿内外地上横七竖八地躺着几条大汉，已经是鼾声如雷了，我赶紧抽出相机拍了两张殿内梁架存做资料，然后默默离去。

当地人都认为这里既然叫狐神庙，必定是供奉狐狸精这类狐仙的，其实这里却可称为忠烈之祠，全名应该叫作狐突庙，同样的庙最著名者应该是清徐县的宋代狐突庙，可惜那一座极难进门。狐突又是何人呢？他就是大名鼎鼎的晋文公重耳的外公。当年重耳流亡于列国间，狐突的两个儿子狐偃和狐毛鞍前马后誓死追随，晋惠公逼迫狐突招还两子。狐突说："我怎能让儿子不忠呢？"遂被杀害。晋文公后来归国即位，大修狐突庙纪念外公，并神奇地传承到了今天。狐突庙是山西小范围内的一种信仰，现在主要分布在晋中一带，大多已经是明清遗留了，随着日久年深时代变换，难免有迷失本源的情况，后来常常被误以为是狐仙庙也就不足为奇了。

谷恋真武庙

谷恋村位于贾令镇以东，原名圐圙（kūlüè）村，是个很大的古村落。圐圙这个名字大约来自蒙元时代，现在的内蒙古方言里还有这个词，意思是围起来的草场和土地。明清两代有许多晋商巨贾就源出于此，昔日曾一度繁华阔绰，山西常常喜欢用金银来比喻某地方的富裕，谷恋村和旁边的塔寺村也曾经有"金塔寺，银谷恋"的美誉。当初村庄布局十分工整，设有东、南、西三座堡门，现在仅有西门犹存。老村格局虽已经被打破，但仍有不少老宅子幸存下来了，其完好和精致程度堪与祁县城内相媲美。

现在村北部有一座南北向狭长的两进大院，就是真武庙了。此庙门前为一块宽敞的空地，即村民举办大型活动的广场，空地南边与庙宇相对的位置有一座巨大的水泥舞台，浓浓的"文革"风，是在拆除了清代戏台的基础上建起来的。

庙宇山门为面阔三间的硬山顶，前边加歇山式裙檐，四根纤细的立柱托起一根粗大的额枋，看来确是晋中地区清代庙宇较为普遍的风格。山门明间宽大，两次间窄小，前后出门廊，两旁连建有如塔楼般高耸的钟鼓楼，都是在砖砌楼顶上又建四柱式攒尖顶亭阁。这两座楼和山门一字排开，显得庄严肃穆，颇有威仪，又都挑举着飘逸的檐角，在风化为土黄色的厚重墙垣上点缀出一抹江南般的俊秀气质。庙西侧还连建有一座跨院，旧时为村公所，可惜里边的建筑现已毁灭无遗，空空如也。

庙内建筑倒相对简单了，就是两进四合院，三面殿宇都是典型的清代三开间硬山大瓦房，前殿在明间加了一座卷棚歇山顶抱厦，给有些单调的房屋增加了些变化，其主要工夫都花在对墀头、斗栱和雀替之类细节的雕琢上了。此庙虽为真武庙，其实前院供奉着关帝老爷，所以前殿也称为崇宁殿，后院才是真武大帝的行宫，两殿结构近似，后殿只是没有抱厦而已。新中国成立后庙宇被当成村委会使用，门窗改换，神祇尽毁。

近些年庙宇重新空出来，近乎荒废状态，我和老李来时，碰见里面住着一位来自苏州的老僧人。他说准备承包这座庙，目前正在四处化缘筹款，若成了既能修缮庙宇，以后也能日

山西省祁县谷恋村真武庙山门
二〇一二年五月九日 中午十二点四十分一下午十四点三十分
连达

祁县谷恋村真武庙山门

常维护。最后聊到，他想把真武庙改为"金刚菩提禅寺"。我和老李相视一笑，我觉得道教的阵地又丢了一处，老李倒认为，至少比就这么扔着任其破败下去好些。再后来我听老李反馈，化缘未成，老僧已经离开了。

东观兴梵寺

祁县东部的东观镇是交通枢纽之地，108 和 208 两条国道在镇子西端交汇，从太原和太谷去晋南和晋东南的滚滚车流都要从这里经过。东观镇凭借现代公路交通的垂青，取代了贾令镇昔日的地位。但这里同时也面临许多实际问题，载重大货车的轰鸣声几乎片刻不息，脚下的大地都为之震颤，扬起的尘土常常呛得人无法呼吸，首尾相连的滚滚车流呼啸而来，叫人甚至没有勇气过马路。沿街多是简单的瓷砖水泥房屋和铺面，与内地寻常村镇并无不同。但这里是山西，以往的经验告诉我，平凡的地方往往也会有重大的发现，这就是山西独特的魅力。

老李告诉我在东观镇的东北部有一所中学，校园的后院里隐藏着一座叫兴梵寺的宋代古

祁县谷恋村真武庙正殿

庙。虽然意想不到，但我却已经不感到惊奇了，因为在山西这种惊奇已是常态。我一路找过去，发现中学已经迁走，校园现在近乎废弃状态，在主教学楼后面一片空旷的广场北端，三株瘦高柏树的护持下，果然建有一座敦厚端庄的单檐歇山顶大殿，这便是昔日兴梵寺仅存的大雄宝殿了。

兴梵寺最早创建于北宋天圣三年（1025），原址位于祁县的西管村，因受到洪水威胁，清康熙二十六年（1687）被整体迁建于东观村北，原有山门及钟鼓楼、前殿、中殿和最后一进的大雄宝殿，两厢有配殿和廊房，内塑铁、木神佛法像近百尊，堪称一方名刹。可惜在新中国成立后至"文革"时期，塑像全部被捣毁，房屋也逐渐拆除，仅存的大雄宝殿因被中学使用，才侥幸留存到现在。

此殿修建在高大的双重台基之上，面阔五间，进深六椽，檐下设单杪四铺作斗栱，但普拍枋粗大厚重，架设在檐柱顶端，这种形式的宋代建筑我还没遇到过。大殿正面安装了现代的玻璃窗，后墙上被开出三个拱形窗。殿顶上的瓦作琉璃，也不知是经历过多少次修缮后的产物，油光闪亮，完全就是新的，外观从上到下已经看不出更多的时代特征了。我趴在窗前向内张望，天花板把顶部梁架遮挡得风雨不透，除了可见里面的内槽柱，再看不到更多信息了。巨大的房子里堆满了书架和课桌等杂物，落有厚厚的积尘。窗前陈列着许多古今中外的

祁县东观镇中学兴梵寺大殿

著名人物塑像，从居里夫人、爱迪生、达尔文、雷锋到陶行知、鲁迅、司马迁、孔子，坐了一大排，看起来这座大殿曾经充作中学里的图书室之类用途。

我绕着被涂刷得通体皆红的大殿四周看了看，这座建筑除了整体造型外，也就檐下的斗栱能够一观，但我想它之所以被称作宋代建筑，其独特之处必定是现在不可得见的内部梁架了，传说正脊下还有宋代创建和清代迁建的题记残存，否则怎么可能荣膺全国重点文物保护单位呢？那块宽大的国保碑就立在大殿的前边。

永安关帝庙

从东观镇西边的大十字街一路向南，走不多远就到了永安村，村子里还有一些老建筑，如古民居或者"文革"时代特征明显的门面等。最具特色的是东西向长街，西端路口有一座菩萨庙，村东头建一所关帝庙，两庙以一条细长的小街相串联，中部跨建有双面过街戏台一座，三组古建筑撑起了村庄的脊梁。

山西省祁县东观镇永安村关帝庙
二〇一七年五月九日 九时二十分一十二时分　连达

祁县东观镇永安村关帝庙

我穿过长长的小街，来到路东头的关帝庙前。此庙规模实在不算大，是晋中风格的长方形四合院，坐东朝西，院子外观也还完整。最前端中部为拱形门洞，外罩单开间歇山顶抱厦，两根细弱的立柱与略粗的额枋拼出个"门"字形，扛起了上边已经褴褛破败如烂草帽一般的檐顶，这便是庙门了，简直与民居的大门别无二致。庙门左右并峙四柱悬山顶钟鼓楼，也均是杂草丛生、衰败倾颓之状。门旁围墙外立面的包砖已经垮塌了一大片，露出内部充填的泥坯砖，感觉随时会全面崩塌。庙前除了这满地碎砖还堆有许多旧门窗木料以及生活垃圾，被遗弃的大碾盘上，两三个村人嬉笑着议论我，对于这个背着大包来看破烂房子的外地人满是嘲笑。

我趴在门缝向院内张望，却见里边也是荒草丛生，瓦砾充塞，除了两厢有部分残破的配殿尚存，正殿已经完全垮塌毁灭了，也就是说这座从外面看起来还算完整的关帝庙也就仅剩下这行将覆灭的外观了。此般惨状的庙宇大约只有走向最终消亡了，已经没有高大的殿堂和绚丽的装饰，仅余一派耄耋之态，却正因此才更需要加以关注和记录，于是我坐下来给关帝庙画了很可能是它的最后一幅画像。

王贤万圣寺

这天上午，我本是直奔祁县东南部梁村洪福寺而来的，在村南部找到了这座有土垣环绕、宛若小堡垒般的古刹，可惜大门紧锁，于是到村中四处打听，寻找管钥匙的人，几乎把村子翻了个遍，仍然未能进入，眼看着墙内高耸的殿脊只能徒呼奈何。在向一位路过的老乡打听时，他得知我要看古庙，就热心地告诉我，西边的王贤村也有一座古庙，这里进不去，可以到那边看看。我最终只能离开梁村，沿着土路向王贤村徒步而行。

走不多远，有一辆农用三轮车停在我身旁，一对老两口要下田干活，看我背着小山般的巨大背包吭哧吭哧往黄土坎上爬，就热心地带我一程，后来道路已经变为平整的水泥路，两位老人才调转车头离开。

相传王贤村是唐代大诗人王维出生的地方，并因之而得名。《旧唐书·王维传》载，王维是太原祁人，后来跟随父亲迁居到了河东，现在距王贤村不远的古县镇还有王维的衣冠冢。

在阳光明媚的上午，村中特别安静，几乎看不见人，我一路摸索着转到了村北口，正好撞上这座万圣寺。寺院是坐北朝南，修筑在高台上的两进院落，创建于清同治四年（1865），在"文革"中被捣毁，直到20世纪末才复建起来，结果弄得色调恶俗，描彩贴金，一派娇艳妩媚之态，仅剩下造型比较传统罢了，丧失了古刹风韵，犹如新建的仿古寺庙一般，令我大失所望。

倒是山门对面的戏台未加粉饰，仍袒露着原木本色，还颇有些味道。这是一座面北而建、平面呈"凸"字形的戏台，下部为高厚的砖石台基，正中央是三开间悬山顶的大瓦房，前出歇山式裙檐，一如既往飘逸地扬起檐角，划出两道优美的弧线。檐下也是横置一排粗大的额枋，明间格外宽阔，两次间则较为窄小。檐下当中悬挂一块横匾曰"昭格楼"，意为通过戏剧教化世人恪守规矩，切勿做出格之事。主体戏台两旁各连建有一间的硬山顶耳房，簇拥和衬托出主台的高大与造型的优雅。

于是我画了一幅戏台，这也是祁县一带具有代表性的戏台造型，权作留念，终不致一上午的辛劳奔波毫无收获。

出村向北，又是一段看得见尽头却似乎永远也走不完的漫长村路，我近乎机械地向地平线上的公路跋涉着，两旁整齐而单调的护道树乏味得让人麻木，使我几乎感觉不到自己是否真的在前进。这时候一辆电动三轮车追了上来，驾车大哥要拉我一程，于是那遥不可及的公路好像须臾之间就到了。那大哥本是去地里干活，远远看我背着个大包慢吞吞向公路挪动，就赶来助我一臂之力，把我感动得真是有点语无伦次，这片土地上真是好人多啊！

祁县古县镇王贤村万圣寺戏台

集林坪关帝庙

祁县最东南的来远镇西北有一个叫集林坪的小山村，这里已进入太岳山余脉，周围群峰环绕，小村如镶嵌般点缀在苍茫的山峦之中。村东头路北高坡上有一所面南而建的关帝庙。

这座庙宇特别简单，仅是个小四合院，南墙上设有一座单开间悬山顶如普通民居般的门，门楣上镌刻着"武圣庙"三个字，并且这座门不居于正中，而是偏西修筑，紧靠在西配殿的屋檐前。院子里东西相对的是两座三开间硬山顶的配殿，西配殿已经大部分垮塌，最北端就是正殿了。

正殿也称崇宁殿，修建在半米余高的条石台基上，面阔三间，进深五椽，硬山顶，前出廊，檐下设七攒硕大又纤弱的单翘单昂五踩斗栱，夸张的象鼻昂真的就好像大象的鼻子一般垂下来，其余的斗栱都生硬僵直，宛若那些照壁上仿木结构的砖雕斗栱一般了无生气。虽然这些斗栱的体量比寻常的清代斗栱要大许多，但这种呆板的结构仍然是清代特征明显。廊下开有简单的木板门和直棂窗，我从窗子望进去，殿内早已空空如也，除了后檐部分渗水，主

祁县来远镇集林坪村关帝庙

体构架还完整结实。正殿东侧建有小垛殿一座，西边与配殿之间还夹建有耳房一间。

廊下有两通石碑，字迹清晰，其中西侧的清乾隆六十年（1795）岁次乙卯《重修关帝庙碑记》上说："吾郡东南，地号集林，势居僻壤……云霞缭绕于千岩……泉水奔流于万壑，而风景出自天然……旧于村口之东址，界山腰，后倚危峰，前临巨河处，修帝座，但庙基狭小，山向亦非。"后来在村民捐钱捐地的努力下，终于在今址重修了现在这座庙宇，值得一提的是，碑刻上的村民全都姓渠，到底和祁县城里的渠家是否有关系，很耐人寻味。另一块是清光绪十七年（1891）的重修碑，内容并无新意，综合起来就是后代继承先辈之志，修缮庙宇，祭祀神明。此庙虽然地处偏远，多有倾颓，但总算主体尚存，年代记载与传承清晰明确，尤其与众不同的象鼻长昂堪称一大特色。

院中有两株参天古槐，宽阔的树冠已经交错在一起，形成了遮蔽小院的葱郁巨伞，我安坐于树下，在微风清凉，树影摇曳的上午，独自沉浸在深山古庙的乐趣之中，仿佛已经超然于世，身心何其愉悦！

来远关帝庙

来远镇是祁县最东南角上的一个山区小镇，这里地处太岳山脉深处，说是个镇子，实际上只有一条西北—东南走向的主街，所有房屋几乎都沿街排布，拥挤在狭窄漫长的山沟里。水势充足的昌源河傍依镇子南缘曲折流淌，使来远镇称得上是山清水秀的好去处。从祁县去往晋东南武乡县和沁县的车就从这里经过，所以来远镇还是晋中和晋东南之间的一道门户。

在镇子东南的山脚下现存一组破败的古建筑群，这就是来远关帝庙。此庙坐东朝西，背靠山坡，山门早已毁掉，现在仅以一道简单的砖墙和一座如民房般的小门封闭。

庙内的主要建筑就是正殿和左右的配殿了。两座配殿结构一致，都是面阔三间，进深四椽，悬山顶，檐下设单昂三踩斗栱。正殿体量最大，下部筑有条石台基，殿宇本身虽也是面阔三间，进深四椽，悬山顶，但体量比两配殿大了不少。檐下设有四根青石抹角方柱，支撑起一排七攒重昂五踩斗栱，当央出斜栱。看结构，正殿原本应设有前廊，后来被在檐柱间直接砌墙，改成现在这般模样。殿内梁架保存基本完好，甚至梁上的描金游龙彩画也仍然色彩明艳，梁下写满了捐资修庙人祖孙几代的姓名，简直快要把家谱都抄上去了，却没有一字一句的修建时间记载。看梁架和斗栱的结构，似乎能追溯到明代，而彩画风格则肯定是清代后期修缮时所绘。现在殿内南墙上还残存有黑板，说明这里曾经做过学校。目前后檐已经透水

祁县来远镇关帝庙

开始朽烂坍塌，从漏洞处流淌下来的泥浆和腐烂断折的椽子就堆在地上。正殿南侧还建有一个窑洞式垛殿，全院之内仅此而已。

现在三座殿宇的屋顶上和院子里都生满了浓密的野草，那葱郁的长势几乎和庙后的山坡要连成一片了，房子里则到处都散发着潮湿霉烂的气味。我坐在配殿屋檐下给这座日趋凋零的关帝庙画像，感觉仿佛身处在与世隔绝的另一个时空之内，实际上身后一墙之隔就是穿镇而过的国道，但一道单薄的砖墙，不但分割了内外，也真的隔绝了古今，给我以截然不同的感受。

太谷鼓楼

太谷县西南邻祁县，东南接榆社县，北靠榆次区、清徐县，是山西省中部一座历史悠久的千年古县。相传此地曾是春秋时晋国大夫阳处父的食邑，因而得名阳邑，西汉时即设立了阳邑县，隋开皇十八年（598）更名为太谷县，并沿用至今。根据《太谷县志》记载，太谷意为大山谷，指至今仍是连通晋东南咽喉要道的子洪口，来远镇就在这条山谷之内，不过现在均已划归祁县境内了。《水经注》云："侯甲水又西北历宜岁郊，经太谷，谓之太谷水。"这里的侯甲水也称胡甲水，即今天的昌源河。唐代诗人白居易的祖籍历来众说纷纭，有传说白氏高祖就是太谷人。但令太谷名动天下的，还是明清以来的富庶和民国时期的大财阀、蒋介石与宋美龄的姐夫孔祥熙。那时候太谷是晋省的商业和金融中心，有"小北京""旱码头"之称，许多晋籍巨商就诞生于此，三多堂曹家便是其中佼佼者，连慈禧太后都曾向曹家借款应急。今天看来有些狭窄的太谷城内老街，昔日曾被誉为"中国的华尔街"，"金太谷"绝对是名不虚传。然而这一切繁华喧闹随着近代以来时局的动荡和战乱的影响最终烟消云散，当太谷坚厚的城垣被拆掉，曾经的繁华老街近乎于裸露地呈现在人们眼前。在半个多世纪以来不断的蚕食和改建下，太谷的旧有街道格局竟然还能大体完整，许多大院和标志性古建筑也安然尚在，算得上是让人略感欣慰的事吧。

在太谷老城十字街心，坐北朝南耸立着一座鼓楼，与西南方的白塔双高并峙，是老城的标志。鼓楼通高20余米，下部建有8米高的宽大正方形城台，开辟十字穿心门洞可供通行，随着日久年深，地面逐渐增高，门洞呈现出一种又矮又宽的比例。上部修建的木结构楼阁为三重檐两层歇山顶，一层面阔进深都是五间，开南北相对的两扇门，檐下有回廊环绕。二层深广各三间，出平坐腰檐，四面设置隔扇门窗。此楼创建于明万历四十三年（1615），清朝的康熙和乾隆两代都进行过大修，并取名曰"大观楼"，二层上曾供奉有文昌帝君，因而也俗称文昌楼。

此楼饱经沧桑，古今曾多次大修，现在除了主体的一些木构架外，其余部分大多是新的，登上二楼仰观梁架斗栱，在艳丽的彩画覆盖下，没有一丝一毫的岁月遗痕留存下来，感觉整个歇山顶的原真性都甚为可疑。不过在楼上俯瞰太谷老城，几条主要街道两侧有许多清代两层楼出前廊式铺面都保存下来了，看起来的确是既古朴又气派，也比平遥那些或仿古或修缮过度的近乎全新的老街商铺更具韵味，更接近历史的面貌。

昔日的老街在今人眼中来看，的确是显得过于紧凑狭窄了，再涌进来几辆汽车和摩托车，有时候甚至都难以错车而过，所以现在鼓楼下的老街上总是显得很拥挤，无论我坐在哪里画画，都会变得碍事，甚至影响别人通行，只有北街相对人少一些。于是在火辣辣的酷暑里，我在北街边坐定，头戴伞帽，左手还撑着雨伞开始画鼓楼，在滚烫的骄阳下很快就挥汗如浆，宛若置身于桑拿房中。

2018年9月16日深夜，太谷鼓楼下部城台的东墙轰然崩塌，所幸未波及顶上的木楼阁，有人说这是明朝的豆腐渣工程，真是令人啼笑皆非——哪家的豆腐渣工程能挺立400多年呢？

太谷县鼓楼

太谷安禅寺

在太谷老城西部现在的太谷师范学校附属小学院内，隐藏着一座鲜为人知的千年古刹，这就是安禅寺。说鲜为人知，是指在本县里也已经有很多人不知道这座寺庙的存在了，如果你跟人打听安禅寺，十有八九没听说过，但要是问他们学校里的寺庙其实也不准确，因为在太谷中学里还有文庙，甚至太谷的房地产公司里还有座城隍庙，所以还真得说准了是师范附小才行。不过我寻找安禅寺的过程倒也没有想象中那么曲折，是在街巷里边走边浏览那些古宅大院的过程中偶然碰见的。当我看到了一所校园内闪现出的斗栱飞檐，一下子意识到安禅寺到了。

《太谷县志》上说，安禅寺创建于唐大中十一年（857），宋咸平四年（1001）重建，元延祐三年（1316）、明嘉靖五年（1526）、清道光十二年（1832）重修。现在的安禅寺坐北朝南，实际上只剩下两座建筑，即中殿和后殿。中殿也称过殿，标准的名字叫作藏经殿，是宋代遗构，安禅寺之所以荣膺全国重点文物保护单位，全在于这座建筑了。此殿面阔和进深均为三间，单檐歇山顶，檐下设单杪四铺作斗栱，因各面明间都宽于两次间，在每一面的

山西省太谷县安禅寺正殿
二〇一七年七月九日十时四拾一十六时坊   连达

太谷县安禅寺正殿

正中央还有补间一朵。这座殿宇体量不大，檐柱低矮，造型敦厚，看整体比例与晋东南平顺县实会村的大云院五代时期弥陀殿还有几分神似，只是结构更为简单。因为寺院被学校占用，早已将门窗改造得不复旧观，南北两面都是两窗夹一门的面貌，朝向校内的西山墙上挂满了各种规章制度，南门上方还悬挂着"书画厅"的牌匾。由于殿内设有现代的吊顶，无法得见梁架结构，不过看其无内柱的情形可知此殿进深应为四椽。这座殿宇举折平缓，出檐宽大，铺作层雄健壮硕，应用普拍枋，阑额不出头，柱头卷杀明显，的确是早期木构的特征，据说在梁下还有大宋的题记，可惜无缘得见。

后殿面阔三间，进深六椽，悬山顶，为明代遗构。

两座殿因为做了教室才被保留下来，但佛祖自然是被清退了，不过如今两殿之间倒是塑起了一尊孔子像，儒释更替，让人颇为感慨。但最不可思议的却不是在校园里隐藏着寺庙，而是在晋中太谷这种曾经流金淌银的繁华去处，那些富可敌国的大商人们竟然没有出点钱把这座不起眼的小寺院给翻修一新，弄得更人更花更气派，这真是个异数。要知道这些老财花钱修庙那是人生消费的一部分，也是彰显乐善好施和祈求富贵长久的一种重要方式，所以遍观曾经富甲天下的祁太平三县，能够保留原貌的早期木构已经是屈指可数了，不知安禅寺的藏经殿是怎样在太谷城里躲过了大修的，这才留给我们一座难得的宋代木结构殿堂，真是万幸！

无边寺塔

在太谷县老城西南方的南寺街10号有一座无边寺，寺内巍巍然耸立着一尊白色的宝塔，因寺而得名无边寺塔，但又因此塔通体洁白，所以俗称为"白塔"。

相传无边寺创建于西晋泰始八年（272），当时寺内就建有白塔一座，因此寺院所在之地就被称为白塔村。史载北周建德六年（577），阳邑县城西迁20里至白塔村，原址即今阳邑乡所在地。此后1 400多年来太谷县城的位置再也没有变动过，所以当地流传着"先有白塔村，后有太谷城"的说法。

不过现在无边寺的格局奠定于清光绪三十二年（1906）完成的最后一次大修，因为同治年间的一场大火，把白塔下面的殿宇僧房基本烧光了，寺院因此废弃了几十年。重建后的殿堂虽说基本遵照了原有布局，但风格已经是一派晚清景象，只有白塔还保留着旧日的面貌。

白塔创建虽早，可惜屡遭损毁，现存者为北宋元祐五年（1090）遗构，通高约43米，

山西省太谷县无边寺塔
二元年九月十三日十五时十分一十七竖十方
连达

太谷县无边寺塔

为八角七级楼阁式砖塔。塔身一层最高，面南开门，其上各层渐次收分，每层均有叠涩出檐和平坐，其下设砖雕仿木结构斗栱装饰。塔身各层均向南开拱形门窗，二层四周设有砖雕的假门窗装饰，三至六层则四面开拱形窗，第四层的东南墙上还开了一个特别大的拱形窗，各层门窗设置显得有些随意，没有一定规律可循。塔内一层为方形，置砖梯，其上为套筒形，各层皆以木楼板分隔，并架设木梯。墙壁厚重，窗洞幽深，越往上爬，塔内空间越显压抑，有钻入地道的窘迫感。从细细的窗洞向外望去，好像在通过瞭望孔观察地堡外面的世界，东北方的鼓楼挺拔俊秀，正与白塔遥相呼应。两个制高点间的旧城区仍颇有些古老风貌，但远方的楼群也正封锁了天际线，并日趋蚕食过来。

　　无边寺作为一座晚清风格的古建筑群，似乎一切殿堂都成了白塔的附庸，抑或从有了白塔那天起，这座寺院就是围绕白塔而存在的。毕竟早期佛寺常常就是以塔前殿后来布局的，现存这样的寺院也有不少，山西省内最著名的莫过于应县木塔和洪洞县广胜寺飞虹塔了。现在寺院最南端有倒座戏台，两旁为进出庙宇的门。走进寺中便是满眼苍翠，树荫环抱的白塔前建有三开间歇山顶献殿一座，两旁各建有单开间悬山顶掖门连通内外。这座献殿覆盖着与众不同的黄琉璃瓦，与全寺灰瓦的风格迥然相异，相传因为当年慈禧和光绪西逃时路过太谷城，銮舆就暂放在献殿的位置，后来重建寺院时，僧人便遵照礼制将献殿改覆为黄瓦。献殿前陈列着两尊做工精致、造型顽皮的琉璃狮子，来自于已被拆除的太谷县关帝庙，仅从这对遗物上就不难想象昔日关帝庙的美好奢华景象。

　　塔后还有天王殿和大雄宝殿，两厢有东西配殿，环境优雅，少有游人，是闹市中难得的净土。但殿堂都是晚清所建，装饰繁缛，现在重新塑像后更是花团锦簇近乎艳俗，可看性已经不强了。

山西省太谷县无边寺 琉璃雌狮

二〇一二年五月六日 傍晚 十七时五十分——十八时四十七分

连达

太谷县无边寺琉璃雌狮

北六门石坊

在太谷县西北方有个北六门村，相传当年介子推背着母亲赶路，曾在此地歇脚，因而得名"落母"，在《水经注》中则记载此地叫作"洛莫"，再后来又叫成了六（音"陆"）门，两千多年的村名演化似乎都和那浓重的方言紧密联系在一起。后来乌马河泛滥，把六门村一分为二，就变成了南北两个村庄。

北六门村东北的农田里耸立着一座雕琢华丽的石牌坊。这是清代太谷巨富刘家家族墓地的遗物，也是这片墓地仅存的一座地面建筑了。牌坊高约6米，宽也有5米左右，为四柱三楼歇山顶结构，造型沉稳厚重，华贵端庄，一大两小三座歇山顶都雕凿得与真正的砖瓦建筑无异，从鸱吻、脊兽到套兽、瓦当和斗栱，事无巨细，虽然是石料刻制，却丝毫不逊色于砖瓦木料的效果。尤其两次间的歇山顶，还与众不同地将内侧垂脊和群檐也制作完整，这样的表现形式也是不多见的。至于牌坊本身的额枋、立柱、雀替乃至最下面的四对夹柱石，更是极尽华美精雕之能，高浮雕和透雕运用娴熟，搭配巧妙，令人叹为观止。但雕刻精湛的牌坊

太谷县北六门村石牌坊

在山西也曾见过许多，这座牌坊虽美，却也没有达到无可匹敌的地步，但看其匾额楹联，则又不禁感到惊诧。

牌坊南面明间镶嵌横匾"刘氏佳城"，指明了这是刘家的墓地，左右次间分别为"凤山东崎""马水西明"，意指凤凰山和乌马河的山水胜景为刘家墓地所依托。北面明间是"承先启后"，两次间为"绵世泽""诵清芬"，这是对子孙的期望。原来两侧明间的檐下还悬挂有极其精致的盘龙斗匾，南侧为"皇慈渥洽"，北边是"帝奖优隆"，可惜现在已经被盗，北侧出檐还被盗贼打坏。两块斗匾上的内容证明刘家的主人至少是位朝廷大臣。再看南侧明间的楹联，"世德重鲁庭礼训""诒谋溯晋国先贤"，落款竟然是清代历仕四朝的三代帝师祁寯藻，便更说明了主人家不凡的身份和地位。

要说起刘氏佳城的主人还真是位官员，此公名为刘耀，是监生出身，曾做过嘉庆和道光年间的户部郎官、候选知府，与祁寯藻同朝为官，能够得到祁大人题写楹联也就不足为奇了。刘耀的曾祖父以下都是太谷著名的大商人，生意北至张家口，南到汉口，聚集了雄厚的财力，其父刘继统更是曾排进太谷巨富的前三甲之内，只是年代久远，已经被今人所遗忘。

现在刘氏墓地早已被深埋在绿油油的庄稼之下，一同逝去的还有富甲一方的传说，只有石牌坊孤零零地在玉米丛的包围中露出头来，仿佛在为刘家做最后的诉说："这个世界我来过！"

北郭法安寺

我在太谷写生的过程中结识了当地贾家堡的孟大哥，他也是一位忠厚学人，常自称不能有辱祖先孟子，还曾经给自己的村子撰写了村志，并多次推荐和带领我下乡寻访古建筑。他和老李都说北郭村的法安寺要去一趟，于是我们三个人在一个热死人的盛夏午后出发了。

北郭村位于太谷县正北、跨过榆祁高速的不远处，一进村我就傻眼了，这里正在进行全村大拆迁，听说要做一个大的项目，到处都是残垣断壁和瓦砾堆，全村房屋已经拆毁了十之七八，我甚至以为来到了战场上。我们急三火四地往村北赶，发现村中的古刹法安寺和西侧不远的龙王庙还在，这才松了一口气。那龙王庙是年代很晚的一个四合院式庙宇，正脊下的扶梁签上写着"民国八年（1919）岁纪己未阖村经理人等募化重修"，还有一块碑简略地记述了村名的由来，说此地原名"五寨"，清顺治二年（1645）与白村合并，更名"郭村"。后来村庄壮大，便分成了南郭和北郭。

太谷县北郭村法安寺

法安寺是一所坐北朝南的两进院落，相传始建于元至大二年（1309），重建于明成化六年（1470），原有山门已毁，现在是两根水泥柱子式的大门。门两侧尚存钟鼓楼，都是在一层房高的砖石平台上建的四柱单檐歇山顶式亭子，飞檐高翘，与祁县那边庙宇的形式类似，钟楼内的铁钟还是成化六年（1470）重建时的遗物，门前尚可见两只无碑的赑屃，院内外几株古槐古柏也颇有意境。

两进院子都很宽敞，前院的核心就是正殿，其左右耳殿和西配殿都已经为现在的砖房所取代，东配殿则直接被拆掉了。正殿面阔三间，进深六椽，单檐歇山顶，是寺中的精华建筑，民国年间曾经大修，前后都是两窗夹一门，与太谷城内的无边寺天王殿颇为类似。檐下柱头科斗栱为双翘五踩，平身科为重昂五踩，明间的昂已经被锯掉了。殿内是个仓库，堆满了各种杂物，甚至还有几口棺材。抬头看梁架，保存得还很完好，斗栱虽然是明清风格，但梁栿构造甚至可能是元代遗存，这也是法安寺最具价值的部分。正脊下也有"民国八年（1919）岁纪己未阖村经理人等募化重修"的题记，很显然是与龙王庙同一时间大修的。

后院里的后殿和两侧配殿则是更明显的清末民国风格，砖雕木雕琐碎繁缛，甚至两个垛殿直接修成了那个时代的仿欧式砖雕门头。

在酷暑里，我顶着太阳火辣辣的灼晒硬撑着画下了这幅画，开始时老李还和两个本村老人都把毛巾包在头上，一边擦汗一边坐在我旁边观战，过了一阵子都热得受不了，不知道躲到哪里去了。孟大哥也已经赤裸上身躲在西配殿屋檐下，见我好像要玩命一般只顾坐在太阳底下画个没完，仿佛对那滚滚热浪全然没有反应，实在看不下去了，抄起一扇破旧的门板坐到我身旁，为我遮挡毒辣的阳光，简直就像是在舍身掩护战友。

村东北的民房已经拆光了，只剩下一座孤零零的三间悬山顶三义庙，门前两株高高的柏树更装点了浓重的古意。我和老李担心地问管钥匙的老乡："这庙不会也给拆了吧？"老乡当时怒目圆睁，几乎是吼道："我不信这庙他们也敢给拆了？！"

白城光化寺

白城村位于太谷县城西南方约 7 公里的地方，村庄面积甚大，在村中部偏南的位置现存一座叫光化寺的古刹，相传创建于唐朝初年，宋真宗曾驻跸于此，更名为"光化圣寺"，元泰定三年（1326）曾经重建，所以这也是一座千年古刹了。

孟大哥带我来到寺前，立即闻到一股极其刺鼻的臭味，几乎无法呼吸，令人几欲作呕，原来是院子斜对面养鸡场传来的鸡粪味儿，让我对鸡粪的威力有了刻骨铭心的认识。寺院原来的山门早已不在，倒是早些年改造成的工厂大铁门尚存，趴在铁栅栏上往里看，院子正中一座宽大端庄的殿宇立即映入眼帘，这就是我们要找的光化寺正殿。

正殿下有半米高的砖石台基，面阔五间，进深八椽，单檐歇山顶。檐下设单杪单下昂五铺作斗栱，不设补间，普拍枋出头相交，但阑额却不出头，柱头卷杀，甚至还有侧脚和升起。明间最为宽大，两次间略窄，两稍间更窄一些。前出廊，明间开木板门，两次间是巨大的直棂窗，整体外观沉稳中透露着一种俊逸之气，让人感到了浓郁的宋金殿堂遗风。殿内采用减柱造，当中两组四椽栿与后劄牵直接架设在后槽两根金柱上，左右两组四椽栿则通过蜀柱架设在贯通金柱和山墙柱头铺作的超长丁栿上，使殿内空间得到了极大的释放。正中央的脊槫下扶梁签题记为"岜大元泰定三年（1326）岁次丙寅己亥月……重建"。这座正殿虽是元代重建，却保留了大量宋金时期建筑的特点，是一个木结构传承流变期重要的实例，因此得以荣膺全国重点文物保护单位，并得到了高水准的修缮。

当地自行找人在正殿里重塑佛像，主尊已经初成，但反观院子里其他建筑的状况则堪忧，东西两厢的配殿早已经是房倒屋塌，只剩下少许残垣断壁了。后院还有一座后殿，三开间卷棚顶，也开始倾斜，看起来时日无多了。

山西省太谷县北洸乡白城村光化寺
二〇一七年九月十三日 十九时十分—十九时

太谷县北洸乡白城村光化寺

　　我坐在院中画了一幅正殿，看见这早期殿堂的兴奋和写生的专注，竟然使我忘记了空气中弥散的恶臭，可每当回想起这种摧毁身心的气味，都觉不堪回首。

凤凰山三塔

　　一日清晨，在太谷县城向东南望去，只见天边连绵的群山簇拥着一座三角形的高峰，在峰顶隐隐约约可见三座高度差不多的小塔并列而立，这就是凤凰山三塔。

　　俗话说"望山跑死马"，当我坐车加徒步好一番折腾，从南坡来到凤凰山顶上，早已经是浑身汗透，疲惫不堪，气都喘不匀了。

　　登临绝顶，简直高可接天，极目远眺，岂止是整个太谷县境，仿佛已经能够望到西天大雷音寺一般，将世界的尽头都纳入眼底，周遭所有的山川景物、城镇和乡村似乎都变成了小沙盘。正东方的山巅上，天宁寺的琉璃塔在太阳下反射出湛蓝的光，与这边凤凰山顶上的三塔遥相呼应，为群山增色不少。这一片山中还有酎泉寺、龙泉宫等古刹点缀其中，可惜大多在近些年被维修得宛若新建一般，缺少了古意。

山西省太谷县 凤凰山三塔
二〇一七年七月十三日光影四阶一十四时二十分
连达

太谷县凤凰山三塔

正因为凤凰山顶拥有一览众山小的绝对高度，晋绥军曾在塔前建有两座碉堡用来拱卫太谷城。就在我爬上来时，碉堡刚刚被拆除，挖掘机正在奋力施工，要把塔下并不宽敞的地面铲平，建成一个公园。

高台上三座砖塔近乎东西向并列展开，都是八角五级楼阁式砖塔，造型基本一致，高度在 17 米左右。塔身叠涩出檐，二层以上出平坐，檐下以砖雕仿木结构斗栱装饰，最上部为攒尖顶，以左边的塔最为精致。各塔也有细节差异，左塔一到四层面南开拱门，内部中空，但各层却不相通，无法入内。右塔只有二层和四层中空，其余部分实心，自然也无法攀登，塔身上还设有一些砖雕门窗以及涉及塔主的铭文碑刻，可惜这些重要的文字资料均已无存了。

三塔是一座叫福缘寺的古刹遗留。相传福缘寺创建于唐代，重建于明弘治年间，此三塔是寺中三位高僧的墓塔，号称"风云雨塔"，远观如雁阵翱翔，因而俗称"雁行三塔"，也有人认为是山顶上所燃的三炷香，真是美景如故，各人的解读不同罢了。不过因为山顶设有晋绥军的据点，抗战期间遭到日军猛烈炮击，福缘寺的殿堂和中间的砖塔被炸毁，直到2007 年，才又依照两侧砖塔的样子把中塔复建起来。

围着塔转了几圈，把气喘匀，我顶着滚烫的阳光开始画起来。太阳真是发狠地灼烤，我感觉几乎要被晒干了，但山顶光秃秃，避无可避，也只能咬牙挺住了，好在不时还有微风掠过，才没有把我蒸熟烤焦。待我从北坡下山时才发现，这一侧更是高峻异常，如插云天，漫长的石阶绵绵无尽，一路走下去都叫人双腿发软，若是我背着大包从这边爬上来，那不消再画，恐怕就要倒毙在塔下了。

阳邑净信寺

阳邑乡阳邑村位于太谷县城以东约 20 里的地方，是西汉至北朝时期的阳邑县旧址，北周建德六年（577），县治从这里西迁到白塔村今址，这里便改为阳邑村，直到今天。现在阳邑村北保存着一座占地广阔、殿堂林立的明代古刹——净信寺。寺院坐北朝南修建在一块台地上，背靠太谷至榆社的省道，南北纵深近百米，东西向也有 40 余米，真是一方巨刹。

相传净信寺创建于唐开元元年（713），重建于金大定年间，至今也已经有一千多年的历史，不过现存的殿堂均为明清所建。整个寺院外有高大的围墙环绕，自南向北随地势有所爬升。院子南墙外建有照壁，最前端是三开间悬山顶倒座戏台，两侧设对称的硬山顶庙门。

戏台内侧建有 1.5 米高的"凸"字形砖石台基，前出卷棚歇山式抱厦，两旁设八字照壁，

太谷县阳邑村净信寺戏台

这便是演戏的前台了。在抱厦檐下悬挂匾额"神听和平"，引自《诗经·小雅》"神之听之，终和且平"，劝导人遵礼守道以获得平静祥和。匾的落款处写着"大清道光四年（1824）桂月穀旦，多伦诺尔合顺成造"，看起来是在蒙古经商的山西商号捐赠。这座戏台从斗栱到雀替再到匾额，处处都有精湛的木雕装饰，甚至抱厦檐下的龙头昂身上都遍布着浮雕花纹，两侧照壁的四昂九踩斗栱，更是繁复华丽得令人目不暇接，赞叹折服。

净信寺分为前后两进院落，第一进南北跨度相当长，近乎一个小广场，东西两路都并肩排列有两两相对的长长的附属殿堂，东路有厢房、白衣殿、钟楼、东天王殿和东便门，西路是厢房、灰泉殿、鼓楼与西天王殿、西便门。值得一提的是，寺里的钟鼓楼不是从属于庙门两旁，而是穿插在了配殿之间，也堪称独特。钟鼓楼都是四角攒尖顶的两层木楼，一层外部还加设了前廊，小巧而精致，成了平直排列的长长的配殿建筑群里的点睛之笔，给纵深几十米、显得有些空荡的前院增色不少。

东路的白衣殿内供奉着白衣大士和风症娘娘，西路的灰泉殿里祭祀的是春秋时晋国大夫谷德将军韩厥夫妇，因他引灰泉之水惠民，被尊为水神，这位地方性神明在别处几乎从未见过。东西相对的两座天王殿内各端坐三尊神像，东殿里是东方持国天王和南方增长天王，两人头戴宝冠，身着铠甲。南侧另有一尊赤膊的力士像，怒目凝眉，孔武有力，是哼哈二将里

山西省太谷县阳邑村净信寺三佛殿
二〇一七年九月廿五日八时一—十一时二十分　莲达

太谷县阳邑村净信寺三佛殿

的哼。这座殿内潮湿阴暗，塑像除了法器遗失，手臂折损外，下垂的战袍和双脚都已经严重渣化，变成一堆堆碎土掉落下来，泥里面所掺的稻草便像刺猬般外翻，如同乡村民房的泥坯墙。在哼将军的肚子上不可思议地生有一个马蜂窝，也许初创未久，窝尚不大，但一群恐怖的马蜂勤劳地从隔扇门的破洞处进进出出，修筑着自己的巢穴。我打开殿门进来后，马蜂更是成群结队直接从门口进出，在我面颊旁近距离掠过。为了画下几尊塑像，我也豁出去了，干脆把外套蒙在头上，脸也遮挡起来，又扣了一顶大帽子，做随时抵抗马蜂突袭的准备，然后坐在殿门内画起来。画了一半，已经热得我全身汗透如同水洗，只得跑到外面去透透气。正在庙里的一位本村老哥听我说起马蜂的事，径直冲进殿内，从塑像身上掰下马蜂窝跑出去扔掉了，惊得我目瞪口呆。

　　西天王殿里供奉着西方广目天王和北方多闻天王，虽然也有残肢断臂的破损，但整体状况比东殿内要好一些。最南端赤裸上身的壮汉便是哼哈二将里的哈，所持降魔杵尚在，这也是六位尊神里仅存的一件法器了。神台下还堆放着许多破损的石雕、木雕或是泥塑之像，哈将背后弃置一块横匾，上书"娱神"，竟然还是康熙年间的遗物，让人联想到昔日寺庙内献戏娱神的热闹场面，不禁顿生无限慨叹，小小殿堂，既是一个库房，也尘封了无数的往事。

　　前院的最北端是三佛殿，面阔三间，进深四椽，悬山顶，檐下设重昂五踩柱头科和重翘五踩平身科，三间全置隔扇门。殿内供奉释迦牟尼佛、药师佛和弥勒佛，但已经残缺不全，

太谷县阳邑村净信寺东天王殿彩塑

太谷县阳邑村净信寺西天王殿彩塑

连须弥座也仅以碎砖垒砌。佛前残存的迦叶和两尊天王都已经被推倒，瘸腿断臂的身躯斜靠在佛坛旁边，墙壁上还保存有大面积的佛传故事壁画，看这些塑像壁画都是明清风格，可知两朝以来经历了很多次修缮。三佛殿两边各建挎门一座，连通前后院落。东西院墙上还各开一座月洞门式的便门，说明从前净信寺东西两路还有跨院，如今仅西院略有遗存。

后院南端设有东西相对的碑廊，收藏着三十余通历代碑刻，其中最著名的就是两通已经残缺的唐碑，是净信寺千年历史的重要佐证。其余皆是明清碑记，从一通明天启二年（1622）的《补修阳邑镇净信寺碑记》上可知，正德年间，"以正殿做南殿，后补大殿东西廊各五间"，自万历丙辰年（1616）三月二十日至己未年（1619）三月十五日止曾进行过一次大修，把寺院格局向前大为扩展，灰泉殿、白衣殿和戏台等建筑便是那时修建，也就是说净信寺今天的格局即奠定于明朝，因不断扩建才有钟鼓楼不与山门在一起的情况。

清道光六年（1826）的《重修净信寺碑记》记载了又一次大修的状况，诸如"中殿因旧

山西省太谷县阳邑村
净信寺大雄之殿
二O一七年九月十六日九时—十二时
连达

太谷县阳邑村净信寺大雄之殿

基重修，前加卷棚三楹……殿后修社房十四间、马棚五间"等，可惜这次进行的增建到今天几乎损毁殆尽了。

后院里东西相对设有配殿，都是面阔五间、进深四椽、出前廊的悬山顶殿宇，皆分隔为三部分，东配殿内供普贤菩萨、观音菩萨以及狐神老爷狐突，西配殿分祀文殊菩萨、地藏王菩萨和土地神。

院子最北端是全庙的最后一座殿堂，也是净信寺中最庞大和尊贵的殿宇——大雄之殿。面阔五间，进深六椽，悬山顶，前出廊，檐下设十一攒斗栱，柱头科重昂五踩，平身科重翘五踩，最中心补一攒斜栱，明间和两次间皆设隔扇门，两稍间为直棂窗，明间之上悬斗匾"大雄之殿"。

殿内佛坛上供奉着西方三圣，背光花团锦簇，金身熠熠生辉，佛祖端坐于当中须弥座的莲台上，座前侍立着迦叶、阿难和两尊胁侍菩萨，两侧并排而立的大势至和观世音菩萨据传是石胎泥塑，显得头颅偏大，佛坛两端还站着黑白分明的两尊护法天王。这一堂彩塑是全寺内最完整也最华丽的，配合大雄之殿的气势形成了净信寺建筑群的最高潮部分，也是极其珍贵的明代晋中风格彩塑作品。大雄之殿东垛殿为关帝殿，西侧是承善祠，其中关帝塑像竟然是文官打扮，与寻常全身铠甲的武将形象迥异，是罕见的文关公。

寺中除了建筑和彩塑，各殿顶上的琉璃构件也堪称一绝，大多数游龙走兽仍是明清原物，塑造得生动传神，色彩璀璨艳丽，在数百年风雨洗礼下仍熠熠生辉。

净信寺在古建众多的晋中地区也足称一方名刹，从建筑规模到塑像保存的数量都甚为可观，在太谷县更是首屈一指。我在寺中连续画了两天，仍感觉只是蜻蜓点水，远远未能详尽其精妙之处。

范村东阁

范村镇是太谷县境内东北角上的大镇，镇子南部是老街区，东西向的老街东部耸立着一座巍峨而残破的古楼阁，这就是玄明阁，因位于东街口上，当地人俗称其为东阁。

当年我听老李的推荐来到范村，窄街的尽头，高高的城台上，一座形如耄耋老者的木结构楼阁立即吸引了我所有的注意力——它的沧桑气质堪称直击灵魂，想不到在这里竟然隐藏着如此佳品，之前竟然从无耳闻。

东阁通高约 20 米，修筑在形如城门般高大坚厚的城台之上，下部辟东西向拱门洞，因位于坡道尽头，门洞外侧看起来比内侧更加雄伟高峻，拱门上嵌横匾"东来"。顶上为四重檐歇山顶的两层木楼阁，一层深广各三间，出回廊，朝西开木板门，两侧为直棂窗。二层出平坐腰檐，深广各五间，内部以四根金柱贯通上下，最上则为重檐歇山顶，各层出檐均已糟朽变形，呈现衰颓褴褛之态。在城台的西南角连建一座简单的两层砖楼，大门紧锁，看起来应是原来登楼的入口，不过城台北侧围墙已经坍塌，我径直从那里爬了进去。

也不知这里荒废了多少年，许多附近居民竟然将此处当成了垃圾场，大量的秽物从这个豁口处倾倒进来，令人作呕。楼内一层空空如也，仅在东南角上设有一架木梯。我在墙上看到了"关帝庙"的字样。而玄明阁者，供奉的应该是北方玄武大帝，想必原本一层内尊奉的便是关帝吧。爬上狭窄摇晃的木梯来到二层，发现这里四根金柱之间原也安设有门窗，与外檐柱间形成回廊，只是门窗已经全部被破坏了，还有一扇木门扔在角落里。中央神台已经变成一堆碎砖，满地瓦砾之间还散落着大量的泥塑碎块，应当是"文革"时代将神像捣毁后便一直弃置于此，惨烈之状几十年未变，仿佛施暴的场景就在刚才一般。神台上曾经的御座靠背仅剩下门字形的木架兀自站立，顶端还有少量泥塑山石残存，昔日高悬于上的一块匾额也被凿去字迹丢弃在地上。一些大的碎块上还可见玄武大帝及侍从的袍服金带或山纹铠甲，一切就这样从神坛上跌落于地，残肢断臂睹之凄然。我小心翼翼地走在裂开多道大缝、岌岌可

山西省太谷县范村镇—东阁
二○一二年五月六日上午九点二十分—中午十一点三十分
天暴热难耐执伞而成
连达

太谷县范村镇东阁

危的木楼板上，生怕踩到破碎的神像，扰动了这历史的一瞬，心中真是澎湃难平：这就是我们曾经对待传统文化的态度啊，何以至此！仰观楼顶，上部结构竟然还显得较为完整坚固，正脊扶梁签下写着"维大明嘉靖贰拾年（1541）肆月拾壹日起建"。

透过二层的檐柱可以俯瞰整个范村镇的全貌，东南方群山环抱，山下沃野良田一片葱郁，这点缀于山乡间的楼阁曾经是多么美好的一番景象啊，思之睹之，愤懑充塞。

东阁东侧几十米外还有另一个门洞，顶上建有硬山顶小庙一座，名为三教阁，已经坍塌了一半，看起来应是村门之类建筑，门匾为"长生"，时间是"康熙戊辰（1688）莲月吉旦"。昔日在东阁西侧近在咫尺还有一座东岳楼，老李说20世纪末还存在，与东阁和三教阁形成三楼并峙的壮观场景，三楼相距总共也不超过百米，这等楼宇林立的古街在山西乃至全国也极其罕见，可直至东岳楼逐渐坍塌毁灭，也没有得到一点挽救。

村中还有一座明代古刹叫作圆智寺，里面核心建筑名为千佛殿，我画完东阁便前往寺中寻访。正值午时，想是打扰了僧人的清修，任我如何敲门，就是不开，我只得离去。三个月后传来消息，千佛殿失火化为废墟，我永远也没有机会见到它了。

而我画完东阁后不久，在网上看到另一则消息，东阁被脚手架和围挡包裹起来，却挂着一个"东阁拆除工程"的牌子，让路人绕行。这样一座楼阁竟然要拆除，立即在网络上引起了广泛关注，后来再有人专程赶去查看情况，发现"拆除"二字被盖住，上边改写为"修缮"。一年前我随孟大哥再次寻访东阁，发现它已经修缮一新，屋瓦檐柱，光可鉴人，从上到下看不到一点岁月的痕迹，就跟新建的一样，真不知该喜还是该悲，却只能发出一声无奈的长叹！

蚍蜉真圣寺

在范村镇东南的山里有一个小村名曰"蚍蜉"，就是蚂蚁的意思，不知道是不是说山村小如蚂蚁，但这个蚍蜉村的名字让我一下子想起了"蚍蜉撼树"的成语，名字虽然不雅，却是过目不忘。能这样取名的地方，历史都不会太短，蚍蜉村也不例外，在村北有一座叫真圣寺的金代古刹，昭示了年代的久远，是我要寻访的目标。

来到村头无须打听，即可看见真圣寺正殿高高的屋脊。此庙规模很小，现有正殿和东西垛殿，左右有配殿，正前方是一排平房夹建的单间悬山式大门，但除了正殿，均为近年修缮时复建。

正殿创建于金朝正隆二年（1157），下部有条石台基，面阔三间，进深五椽，悬山顶，

太谷县范村镇蚍蜉村真圣寺

前出廊。出檐宽大，下边一排七朵单杪单下昂五铺作斗栱雄健威猛，达到了檐柱高度的一半，充满了浓重的早期建筑风格。明间开木板门，两次间为直棂窗，廊下还陈列着几通清代碑刻，但多是捐修人名和清代修缮记载，并没发现太有价值的内容，有的碑曾被用于安置机器设备，还打了好多大小孔洞，损毁严重。

殿内梁架粗硕规整，简洁疏朗，主体虽为金构，也有许多后世修改的痕迹，几乎每一根梁栿下部都写满了捐修者阖家老小的姓名，侧面的清代云纹彩画也清晰完好，除此之外殿内空空荡荡，什么都没有了。全殿结构仍是前檐斗栱最为精彩也最完整地保存了金代面貌。

我和孟大哥来到院外，却见大门紧锁，便与村民联系，偏巧管理钥匙的人不在。通过电话后，他说参观没问题，可是他还要很久才能回来，庙旁老乡便把家里的梯子借给我们，于是得以翻墙入内。

第五章

谁到并州不断肠——太清榆阳寻旧迹

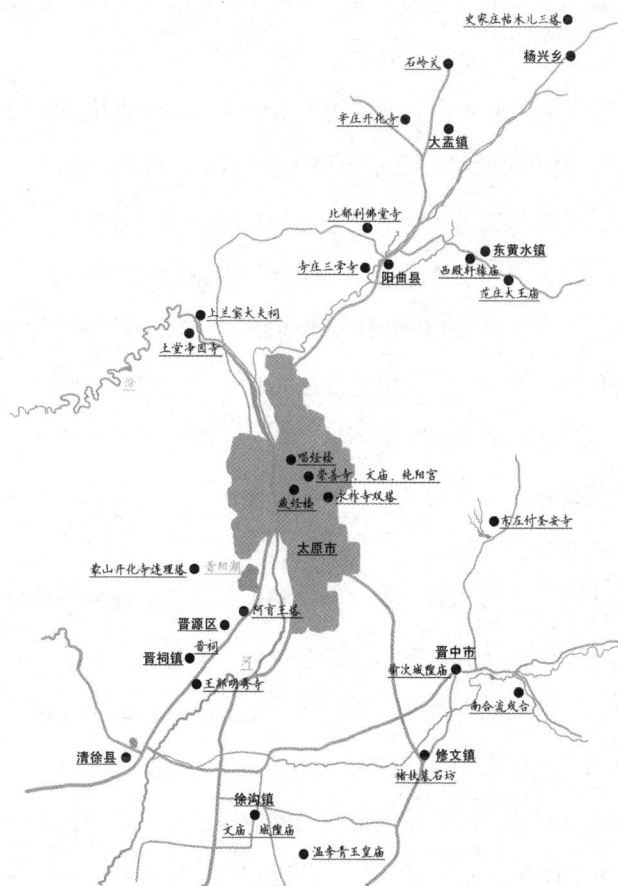

　　太原古称晋阳、并州，是山西省省会所在地，也是中华文明的发源地之一，早在旧石器时代就已经有人类在汾河冲积平原上繁衍生息。太原的意思是指地势高峻的平原，也有说是指水源充足的大平原，本是泛指今天山西中部的汾河冲积平原。公元前497年，晋国卿士赵鞅始于汾河之滨筑晋阳城，这就是太原在历史上出现的第一座城池。后来晋国的权臣智伯瑶挟韩、魏两家围攻赵家，水淹晋阳，却不想韩、魏临阵倒戈，联手赵家消灭智伯瑶，然后三家分晋，晋阳成了赵国早期的都城。秦朝统一天下，设太原郡，治所就在晋阳，西汉设并州，治所也在晋阳，自此太原始称并。南北朝时期，太原是东魏和北齐的霸府，至隋朝初年，仍称太原郡。隋末，李渊父子从太原起兵夺取天下，建立唐朝，以此为北都，大力营建晋阳城。五代时的后唐、后晋、后汉和北汉均起家于此，这里成了王朝的孵化器，皇帝的摇篮。

唱经楼

北宋太平兴国四年（979），宋太宗赵光义终于消灭了定都晋阳城的北汉政权，为了泄愤，也为了彻底捣毁这块孕育王朝的沃土，先是将晋阳焚毁，之后又引汾河、晋水倒灌城址，将这座累世营建的恢宏都市从大地上彻底抹去。曾经的霸府，大唐的北都，五代的宫阙随同烈焰和洪水永远地湮灭在了历史的烟尘深处。

三年后，才在晋阳城址北面40里的唐明镇重新修筑了一座极其简陋的新城，另置太原府。自此直到明代初年，明太祖朱元璋封三子朱棡（gāng）为晋王，镇守于太原，这才又一次大规模扩建太原城池，基本形成了今天太原老城的格局。明清更迭，象征着明代统治和汉族政权的晋王府被付之一炬，曾经参加过抗清斗争的诗人屈大均在多年后重游晋王府残存的花园时写下悲怆的"悲风处处吹松柏，谁到并州不断肠"。有着两千多年悠久历史的太原古城，在时代巨变中的数度沉浮，又令多少人为之断肠啊！今天的太原老城格局基本上还是在明代重修的太原城基础上变迁而来的，虽然城垣早已拆去，楼群也鳞次栉比，但老城内外一些如地标般的古建筑或建筑群还是有所遗存的，为古城保留下一丝文明的根脉和韵味，唱经楼就是其中一处重要的历史建筑。

唱经楼位于现在太原市老城的鼓楼街，曾经高耸入云的鼓楼早在解放战争中就被炮火打残，新中国成立后不久即行拆除，这条街道现在也早已被各色楼宇所占据，倒是这并不高大的唱经楼得以幸存至今。所谓唱经是指科举时代秋闱发榜后，曾在此楼上当中唱名，公布荣登五经魁首的学子名单。五经者指《诗经》《尚书》《礼记》《易经》《春秋》，只要通过一科的考试就可以称为五经博士，若获得最高级别的殿试头名，则为五经魁首。这座唱经楼始建年代应该在明朝早期，有记载的重修是万历三十七年（1609），由布政使刘鲁进行的。现存建筑分东西两个院子，主体的唱经楼在西侧，临街面南而建，平面呈正方形，为双层檐的十字歇山顶两层砖木楼阁，下筑砖石台基，门前设踏跺。一层面阔和进深都是三开间，正面出卷棚抱厦，明间开隔扇门，两次间为隔扇窗。二层设平坐，主体为单间四柱的十字歇山顶亭阁，四面设置隔扇门窗。

唱经楼后面以一条长廊和正殿相连接，正殿为面阔三间、进深两间的歇山顶殿堂，东院里另建有一座悬山顶的两层砖楼春秋阁。这组建筑群不但见证了科举的兴衰和朝代的更替，也伴随了古城的兴亡，现在被一大片呈弧形排列的楼群环抱在中间，几乎成了城市广场上的景观点缀，更是这一带仅存的古建筑，既可以说是众星捧月，也堪称劫后余生。

太原市唱经楼

当古老的太原日渐被现代化的步伐从大地上抹去时，唱经楼终于还是神奇而幸运地被保存下来了。

藏经楼

明朝太原城南面开有一座迎泽门，城外原有一片湖泽，遂称作迎泽湖，后来城墙被拆，在原址上修建了宽阔的迎泽大街，并且环绕湖滨修建了迎泽公园。在公园中部迎泽湖的东侧有一座造型敦厚端庄的古楼阁，名曰藏经楼。

此楼坐北朝南，修建在近 2 米的高大砖石平台上，通高约 18 米，外观为四重檐歇山顶的两层木楼阁。一层面阔五间，进深四间，出回廊，南北明间相对设隔扇门，其余各间为隔扇窗。二层有平坐腰檐，也出回廊，四面均施隔扇门窗。全楼显然经过多年精心修缮维护，显得堂皇富贵，但造型又比周遭那些新建的仿古建筑更有神韵，堪称迎泽湖滨的神来之笔。

太原市藏经楼

此楼其实本为太谷县老城内资福寺的藏经楼，原名风华楼，最早创建于金朝，历代传承，现存者为清康熙十三年（1674）遗构。梁思成先生曾经在《中国建筑史》中有这样的描述："山西太谷县城内资福寺，创于金皇统间，其大殿前之藏经楼……楼左右夹以钟鼓楼，成三楼并列之势，楼本身两层，每层各重檐，成为两层四檐，外观至为俊秀。其平座铺作之上施椽作檐，尤为罕见。"

新中国成立后，太原市规划建设迎泽公园，觉得水边缺少亭台楼阁类建筑点缀，于是自1958年起，开始拆卸太谷资福寺藏经楼迁运太原，直到1960年才完成重建施工，就是我们今天所见到的样子。而梁先生书中所说与藏经楼并立的钟鼓楼乃至整座金代古刹资福寺则早已灰飞烟灭，至今无迹可寻。想来当初被迁走的藏经楼却因祸得福，成了原寺仅存的建筑。不免又想，若是当年的规划者直接从太原城墙上把城楼迁建一座来，岂不是更好？何至于令这座北方重镇的城池建筑彻底消亡啊，如今却又斥巨资重建一座北边的拱极门城楼。

崇善寺

崇善寺位于太原老城东南部的狄梁公街，在文庙的后院。相传此庙最早创建于唐代，初名白马寺，后来又曾改为延寿寺、宗善寺，但规模都不甚大。直到明洪武十四年（1381），朱元璋的第三子晋王朱棡为了纪念母亲马皇后，将寺院升格为皇家所有，大为扩建，仅中轴线上就曾有金刚殿、天王殿、大雄宝殿、毗卢殿、大悲殿、金灵殿等巨构，其东西两路另建有大片的附属建筑和院落，曾经达到占地二百四十余亩，殿堂近千间，连脊接云，三晋之内，规模之胜，数百年来恐无出其右者。

可惜清同治三年（1864），一场火灾把这座巨刹摧毁，累世营造尽成焦土，宏丽木构，百不存一，寺中最初所建殿宇唯有大悲殿尚在。大明王朝早已作古，仅凭寺院自己已经无力恢复重建，只能任凭残垣断壁继续随风雨凋零。到了光绪八年（1882），时任山西巡抚的张之洞把崇善寺前部大片废墟改建为文庙，仅存的大悲殿前也重建了简单的山门，左右配以钟鼓楼和配殿，形成了一座基本完整的四合院，仍旧叫作崇善寺，这便是今天可见的庙貌，仅剩下全盛时期面积的 1/40。

大悲殿面阔七间，进深五间，重檐歇山顶，通高近 20 米之巨，是明初原构，这样的体量和皇家寺院的身份，在山西也只有辽金西京大同的华严寺、善化寺可比。正面明间和两次间开隔扇门，其余各间为隔扇窗。背面仅有明间开门。一层檐下施五踩重昂斗栱，二层檐下

太原市崇善寺山门

太原市崇善寺大悲殿

设单翘重昂七踩斗栱，正中央悬挂巨匾，竖写金字"大悲殿"。

殿内设平闇，不能得见梁架，但仍然空间高敞，不愧巨构。里面供奉着三尊顶天立地的巨像，高度都在 8 米以上，正中为千手千眼十一面观音立像，左边是千臂千钵千释迦文殊师利菩萨立像，右边为普贤菩萨立像，三尊菩萨面容饱满，肃穆端庄，塑造得既有大气磅礴之势，处处细节又堪称精致入微，历经 600 余年仍然保存完整，金壁流辉，堪称国之至宝。

我每次来山西寻古写生时常常要经过太原转车，因此多次利用其间的空暇顺便到崇善寺走访，也曾提笔画过大悲殿，奈何现在殿前绿植浓郁，枝繁叶茂，把殿堂遮挡多半，致使许多细节根本无法看到，最后只得选择描绘侧面，粗略记录一下而已。

文庙

太原府文庙创建于金代，原址位于太原城府西街。清光绪七年（1881），汾河洪水泛滥灌进城内，文庙被冲毁。第二年巡抚张之洞便在崇善寺前部的废墟上开始重建府文庙，从庙东到庙前的小巷也改称文庙街了。

文庙现在是山西省民俗博物馆所在地，建筑格局基本完整，自南向北有棂星门、大成门、大成殿和崇圣祠等殿堂，两厢有配殿廊庑，是太原老城里现存面积最大的一座古建筑群了。庙内收集堆放了大量的各种石雕、木雕和砖雕建筑构件，仅铁钟就排成了长队，还有门礅石、柱础石、下马石、铁石狮子、屋角的螭头以及整体迁建的木结构牌坊等，形形色色，林林总总，真是迷花双眼，倒比庙内那些修缮崭新、整齐华丽的古建筑更吸引人，也更有看头。

看罢了满地堆放的这些建筑构件，我最终却被文庙西墙外的牌坊吸引过去，这里现在是民俗博物馆西跨院的前门，也是面南而建，为四柱三楼歇山顶式木牌坊，前后有戗柱支撑。牌坊造型雍容华贵，尤其以密集的斗栱最为精彩，明间檐下设单翘五昂十三踩斗栱，两次间为单翘四昂十一踩，其美观之处尽显于此。

但想画这座牌坊还真没有那么容易，此处街道狭窄却车辆众多，路两边又总是停满汽车，好容易盼到有个靠近牌坊的车位空出来，刚刚凑过去还没画上几笔，便又有汽车停过来。最后我只得挤在汽车和文庙围墙铁栅栏间的夹空里，在初冬的寒风中哆哆嗦嗦地画了三个小时，才完成了文庙的牌坊。

太原市文庙牌坊

纯阳宫

　　太原老城内的古建筑倒也相对集中，在文庙西南方五一广场的路西，还有一处规模不小的道教建筑群——纯阳宫，顾名思义，是供奉纯阳子吕洞宾的地方，因此也称吕祖庙。此庙创建于道教全真派受宠幸的元代初年，但现存建筑都是明清两朝遗留。

　　这组建筑群有 20 世纪 50 年代所建的新庙门、牌坊、清代旧有山门、重门、吕祖殿、回廊亭、灵宝洞、玉皇阁等建筑，两边还有配殿相称，廊庑环绕，尤其第一道山门和牌坊的东侧还修建了假山，点缀角楼于其上，周围绿树掩映，假山流泉，叮咚悦耳。整个庙中也是处处幽静雅致，殿堂规模虽不甚大，但亭台阁榭与林丛花木交相辉映，真堪称闹市之中的隐居修心之地。听着潺潺水声，便隐去了外面车水马龙的城市喧嚣，简直想象不出来墙外就是巨大的城市广场和滚滚车流。

　　回廊内陈列着从省内各地征集来的众多历代碑刻和造像，尤以北朝的造像和造像碑最为珍稀。这些石刻在廊庑里排出了长长的队伍，其后面墙上又镶嵌着更多的碑刻，多到无力仔

太原市纯阳宫牌坊

细欣赏和辨认，不由得让人感叹山西的文物资源实在是太丰富了，简直让人审美疲劳。现在这里已经变成了山西省艺术博物馆，各殿内还展出有众多石雕、铜铸的历代神像，值得多花时间仔细盘桓欣赏。

囊括了唐、宋、金、元这样早期古建筑资源的山西省，明清古建筑真的不常引起人们的关注，文庙和纯阳宫的情况也有些类似，其布局完整，殿堂华丽，但却缺少早期古建筑宏大的气势，显得有些拘谨，有些艳丽。我则再一次被纯阳宫的牌坊所吸引，被那密集的斗栱和沧古的造型所打动，这大概也是明清木结构建筑里，最能吸引我的部分了吧。

纯阳宫牌坊原本修建在山门之前，为四柱三楼歇山顶式木牌坊，前后设八棱石戗柱，牌坊明间正面匾额为"吕天仙祠"，背后是"蓬莱仙境"，与文庙牌坊一样，都有着厚重的屋顶和宽阔的出檐，明间檐下设五昂十一踩斗栱，两次间为四昂九踩，尤其以角科最为炫目，宛若怒放的团花，又似绽开的焰火，完美地保留了中国木结构建筑的精妙之美，也成为我很喜欢表现的一种题材。

永祚寺双塔

在太原老城东南方，跨过铁路有个郝庄村，村南山坡上耸立着两座直插云天的砖塔，这就是永祚寺双塔，民间也俗称双塔寺。

永祚寺创建于明万历二十七年（1599），最初名为永明寺，寺院分东西两部分，西院是殿阁佛堂区，主体为面阔五间歇山顶的两层楼阁式大雄宝殿，因其全部以砖拱券砌筑，因而也被称为无梁殿，两旁建有配殿。

太原永祚寺双塔
二〇一四年九月四日 下午十四时—十六时三十分
连达

太原市永祚寺双塔

东院里两座宝塔呈西北—东南的方向排布，高度都在 54 米左右，东侧一座名曰文峰塔，与寺院同时期修建，为八角十三级楼阁式砖塔，各层叠涩出檐，檐下都以密集的砖雕仿木结构斗栱装饰。一层最高，向西开门，其上各层高度逐渐收矮，但宽度收分并不明显，各面均开拱形门窗，最顶上为盔式塔顶，安置葫芦宝珠式塔刹。

西塔的结构与东塔相近，一层东西向相对开门，二至四层出平坐，从下至上收分特别明显，整体近似锥形，于明万历三十六年（1608）由五台山的妙峰禅师奉旨建造，并称为宣文塔，寺院也更名为永祚寺。妙峰禅师法名福登，是山西临汾人，寺中的无梁殿也是妙峰禅师主持修建的，他还在晋南的蒲州（今永济市）中条山万固寺也修建过同样的无梁殿和宝塔，万固寺塔至今仍是蒲州古城的标志性建筑。五台山显通寺金殿、宁化的万佛洞石窟、崞县的滹沱河桥、陕西三原县的渭河桥等也都出自妙峰禅师的手笔，他于明万历四十年（1612）在五台山圆寂，终年 73 岁，真堪称佛家弟子中的建筑师了，有"佛门鲁班"之美誉。

永祚寺宝塔并峙，古人誉之为"双塔凌霄"，既是古太原一大胜景，也是今天太原的标志性建筑。每当我在公路上远远看到东南方高耸的双塔，就有一种历史并未远去的感慨，这也是触摸和感受这座古城已经为数不多的几处重要遗迹之一。

晋祠

记得学生时代有一篇课文叫作《难老泉》，是吴伯箫先生所作，为身居东北偏僻一隅的我描绘出了一幅充满人文气息的风景园林画卷，使我知道了世界上还有一个叫作晋祠的地方，好像一粒种子深埋在心底，等待终有一日的萌发。虽然我并不能确定我对古建筑的深爱是否一定源于此处，但当我来到晋祠的时候，的确是如同被唤醒了灵魂深处的记忆一般，大有林黛玉的"何等眼熟到如此"之感。

晋祠位于太原市西南方晋源区的晋祠镇北侧，是祭祀晋国始祖唐叔虞的地方。西周时期，周成王剪桐封弟，把弟弟叔虞册封在了大周北部的唐国，因此称为唐叔虞。他的儿子燮父改唐为晋，于是雄霸一方的晋国登上了历史的舞台。这座晋祠最早建于何时众说纷纭，但初期叫作唐叔虞祠，后因其是晋国始祖，遂改为晋王祠，简称晋祠。

在史书上出现有关晋祠的记载已经是东汉了，至南北朝时，北齐文宣帝高洋曾大力扩建晋祠。从"五胡乱华"到南北朝的数百年间，一直战乱频仍，民不聊生，百姓寄希望于如唐叔虞般雄霸一方的救世主，还天下以太平，于是这座古老的祠庙所承载的性命攸关的美好祈愿一直延续下来。相传唐高祖李渊父子起兵前就曾祭祀唐叔虞，祈求他的保佑。值得说明的是，晋祠的位置就在那时候的晋阳城外西南不远处，到西南城角的距离与今天的太原火车站到迎泽公园的距离差不多。晋阳古城遗址的西南角处至今仍有一个叫"南城角"的小村，所以晋祠曾经就在晋阳城的近郊，是一种相依相伴的局面。

唐朝定鼎后，以太原为北都，五代十国的后唐、后晋、后汉和北汉皆起于晋阳，唐叔虞被誉为开创之主、尚武之源来尊祭，在这种精神的鼓舞下，太原俨然就是一个孵化王朝的温床。所以当宋太宗赵光义终于扑灭了北汉政权的抵抗之后，为了阻止这个不屈的地方再次产生足以威胁赵宋皇权的力量，他一声令下，火烧水灌，把千年繁华的晋阳彻底毁灭，并在后来唐明镇重建的狭小新城里，只设丁字街，意为钉死晋阳的龙脉。

对于晋祠这个反抗力量的精神源泉，宋朝统治者还采取了另一番策略。他们修建了一座比唐叔虞祠主殿更宏大的圣母殿，供奉起了唐叔虞的母亲邑姜，她也是周成王的母亲，更是周武王的皇后和姜子牙的女儿，以其尊贵的身份，她的殿堂自然也就成了晋祠的正殿，唐叔虞只能黯然沦为陪衬。但一位温婉的女神自然无法再成为称霸的象征，很难想象英雄豪杰和血性汉子们会被一位母亲般慈爱的女神激励着要去殊死搏杀、削平天下，于是太原的王气黯然而收，从此后的一千年里，这一方水土再也没有孕育出一位帝王。

现在的晋祠即宋代改建后的格局，并经过各朝代的修补增建，是太原市现存古建筑群中年代最久、规模最大的一处，堪称晋阳古韵之象征，到太原游晋祠就如同去北京必定要逛颐和园一般。

晋祠既是一座祠庙，也是一座风景秀美的园林，建筑群面朝东方，坐落在绵绵西山之下，

太原市晋祠对越牌坊

远借浩荡汾河之势，近有苍翠的林木环抱掩映在四周，亭台殿阁点缀于湖光山色之中，古朴典雅的意境美不胜收。

走进山门，庭院宽敞，迎面是歇山顶带卷棚抱厦的倒座戏台，悬匾曰水镜台。台前有一条水渠，相传这就是智伯瑶为了水淹晋阳而挖掘的智伯渠，其水正是发端于西边的晋水之源难老泉。

从会仙桥上跨过智伯渠，来到一座平台，当央置精巧琉璃小阁一座，是焚香之处，平台四角置铁人四尊，有宋代旧物，也有民国增补，都早已被人们抚摩得油光发亮了，叫作金人台。

台后是一座三开间歇山顶的木牌坊，飞檐高挑，斗栱密集，造型与文庙牌坊相仿，明间檐下有匾额书"对越"，一派雍容华贵的气度。两侧各有重檐十字歇山顶钟鼓楼，均是明万历四年（1576）增建。牌坊背后为一座面阔三间，进深四椽的单檐歇山顶献殿，是金大定八年（1168）建，造型简洁，结构严谨，举折平缓，檐柱敦实，出檐宽大，批竹昂和下卷昂交替使用，直追故宋风雅气韵。对越牌坊背靠献殿，左右挽钟鼓楼，形成了一组飞檐叠起、气势恢宏的建筑群，是晋祠中最先吸引我的地方。为了画下这一组建筑，我也是在钟楼前足足熬了一整天，为了不耽误时间，少去厕所，连水也不喝，终于赶在公园下班时完成了这幅作品。

献殿后面就是晋祠的主殿圣母殿了，两者之间设有一座方形池沼，锦鳞畅游于碧波之中，其上建有十字形石桥一座，以34根八棱石柱衬托柏木斗栱架起桥面，连通献殿和圣母殿的中轴线平直，左右两侧为坡道，周遭设石勾栏，势若池沼上展翅的大鸟，遂得名"鱼沼飞梁"。

圣母殿创建于宋仁宗天圣年间，重修于宋徽宗崇宁年间，雄踞在高台之上，通高约19米，面阔七间，进深六间，重檐歇山顶，副阶周匝，侧脚和升起明显，前廊进深达到了两间，其余三面回廊各一间，宽敞大气。殿顶出檐深远，气象磅礴，宛若双翼之张，从造型到做法都彰显了宋代典雅而独到的审美情趣，堪称《营造法式》的实物注解，是现存宋代殿堂的代表作。一层檐下柱头设双下昂五铺作斗栱，采用宋金以后绝迹了的下卷昂，补间采用批竹琴面昂，为单杪单下昂五铺作，耍头作昂形，形成双下昂效果，两种昂交错而出，相映成趣。各间额枋前后和梁栿左右都悬挂历代信众敬献的匾额，为殿堂增加了浓郁的人文气息。正面八根檐柱上盘绕着元祐二年（1087）制作的八条木雕蟠龙，分为两组俱向明间张牙舞爪，怒目龇牙，活灵活现，为大殿增添无穷的生气，肢体虽有破损，但近千年来仍然威猛不减，灵动如昔。明间和两次间设木板门，两稍间为直棂窗，明间门上方悬挂巨大的匾额"显灵昭济圣母"。二层檐下斗栱的使用为之一变，柱头为双杪单下昂六铺作，出昂形耍头，均用批竹昂，而补间为单杪双下昂，皆是下卷昂，当央悬挂金龙盘绕的竖幅斗匾"圣母殿"。

太原市晋祠圣母殿

殿内以六椽栿贯通前廊与后檐柱，使空间分外敞朗，无遮无拦。圣母塑像面目祥和、服色华贵地端坐在正中央的神龛宝座上，两旁有成对的女官和侍女侍奉。在东西两厢沿墙另设有回廊式神龛，里面共排列有三十余尊侍女塑像，都近乎真人尺寸，衣冠服饰俱是宋代妇女的真实写照，真有仙袂飘飘、仪态万方之感。

这座圣母殿和满堂彩塑及殿前的鱼沼飞梁俱为宋代原物，加上前边的金代献殿，皆是国宝。两旁古柏相伴，泉水叮咚，千载岁月活生生地在眼前延续传承。我又择一日专程来画圣母殿，又是一场八个多小时的苦战才完成，其时炎热，有围观者还主动帮我打伞遮阳，热情真挚，令我感动。

晋祠除了献殿和圣母殿为主的核心建筑群外，北面还有唐叔虞祠、关帝庙、三清殿，南面有难老泉、傅山祠、晋溪书院、奉圣禅寺等古建筑群，呈众星捧月般簇拥在圣母殿周围，规模庞大，占地广袤，堪称一方胜境，值得仔细探访深入研究。

王郭明秀寺

从晋祠镇沿省道向南走不远，就到了王郭村，村子面积不小，历史也相当悠久，据本村真武庙的碑刻记载，此地原为北齐咸阳郡王斛律金的封地，因王爷的城郭而得名王郭。村北现存一座明秀寺，坐西朝东，有两进院落。寺院声名不显，远没有诸如附近的晋祠和城内的崇善寺、双塔寺一般妇孺皆知，但却内藏锦绣，有着低调的奢华。

相传明秀寺最早创建于汉代，历代多有修缮维护，但据寺内"大明嘉靖叁拾捌年（1559）

太原市晋源区王郭村明秀寺

岁次己未贰月丁卯贰拾肆日"的《重修明秀寺记》碑刻所载"嘉靖壬寅（1542），边将失守，北狄入寇，经兵火而寺为煨烬矣"，所以现在的明秀寺都是在此之后重建起来的。

寺院最前端为山门，院子两角上分别建有十字歇山顶的钟鼓楼，前院里为天王殿，面阔五间，进深六椽，悬山顶，前出廊，明间开隔扇门，两次间设直棂窗。殿内已不见天王，正中央的弥勒佛及两童子塑像尚存，但其塑粗糙简陋，两童子也造型臃肿，面若讪笑的闲汉，还挺着肥硕的肚子，应是清代作品。后檐下还设有单间一面坡的小小韦驮殿。

后院里两株古柏和一株银杏枝繁叶茂，直插青天，把正殿的威严也遮蔽了。正殿面阔五间，进深三间，单檐歇山顶，檐下设单翘单昂五踩斗栱，明间和两次间开隔扇门，其余皆为墙壁。明间檐下悬横匾"便是西天"。殿内塑有燃灯佛、释迦牟尼佛和弥勒佛，两旁侍立阿难、迦叶和两尊胁侍菩萨，佛坛下东西相对有黑、白面皮的两尊天王，倒与太谷净信寺大雄宝殿的天王有些相似。这一堂彩塑造型倒也中规中矩，最为绚丽夺目的是三尊主佛身后的背光，四周有烈焰飞腾，金龙缠绕，中心又是花团锦簇，富贵雍容。墙壁上还有大面积的佛像壁画，借着幽暗的光线来看，也是上乘之作。

经仔细观察，可见殿内多尊塑像的头颅都是后补之作，粗糙难掩，听守庙大婶说，俱是前些年被盗割过，后补的实在不尽如人意。不过在村庄一隅保存着如此完整的寺院和众多彩塑，已经殊为不易了。听说"文革"时期晋祠一带曾有乡亲和学校组织队伍轮流值守和保护，坚决不让人破坏庙宇塑像，才使得这一带的史迹存留下来，真是功德无量。

我的古建筑寻访写生之行来到太原后，有朋友表示一定陪我遍访太原的古迹，尽地主之谊，于是便从明秀寺开始。我一坐下来就如同参禅入定般再不言笑，专注于画面，动辄三四个小时不挪地方，朋友只好在前殿的台基上时坐时卧，后来竟然睡着了。一天下来，沉闷乏味到几乎发疯，于是仅此一次，便再也不来了。

晋源阿育王塔

在晋源区北边的古城营村第二中学操场中央，神奇地耸立着一座宝瓶形的佛塔，在绿茵场的衬托中，在椭圆形的跑道环绕下，显得既不可思议又有几分滑稽，虽然其貌不扬，但却是一座有着一千余年传承的佛教阿育王塔。

阿育王是古印度孔雀王朝第二代国王，皈依佛教后发愿要在世界上建八万四千座舍利塔，凡供佛之所都要建塔，俗称阿育王塔。佛教传入中国后，一共建造了19座佛祖真身舍利塔。

晋源区的阿育王塔则是源于隋仁寿二年（602）创建的惠明寺舍利塔，那时候惠明寺位于晋阳古城西城的中部，是古城一景，有"古塔凌苍"之誉。

可惜在北宋初年，惠明寺和阿育王塔随着晋阳古城一起被彻底摧毁了。到了宋真宗的时代，据传在塔址处有灵光乍现，于是敕命重建寺院，再筑浮屠，一座90米高的木塔重新拔地而起。可惜不到两年，宝塔和寺院即毁于地震和大火。咸平六年（1003）再次重建寺院和舍利塔，改为高52米的砖塔，至元末再次毁于战火。

明洪武十八年（1385），一位叫德阁的僧人募集资金重修惠明寺，再造阿育王塔。此塔为砖筑，高25米，

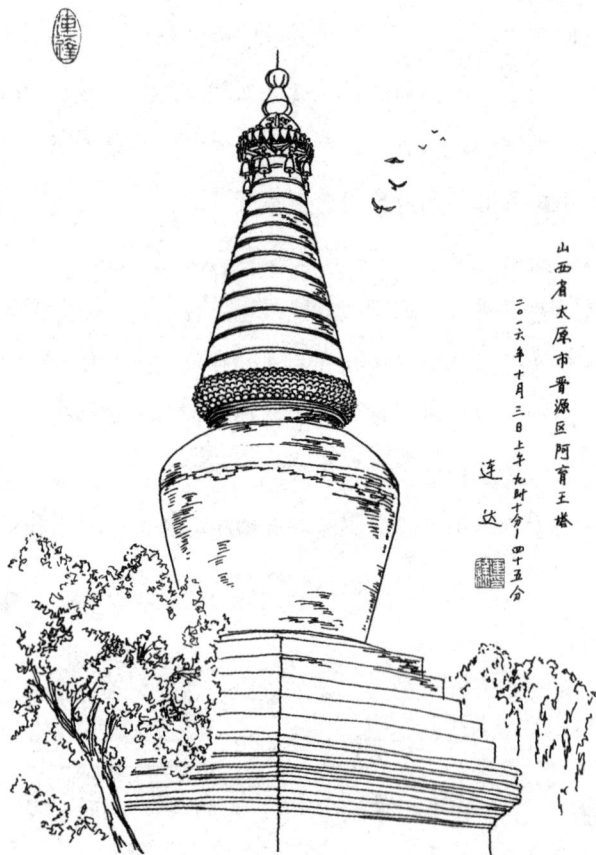

山西省太原市晋源区阿育王塔
二〇一六年十月三日上午九时市一四十五分
连达

太原市晋源区阿育王塔

下部设双层塔基，上起须弥座，外观形如宝瓶，圆滚滚的覆钵塔身上又有锥形的十三级相轮，最顶部设垂铃宝盖，上承葫芦宝珠式塔刹，是典型的藏传佛教喇嘛塔。到了近代，惠明寺再次没落消亡，终至毁损无存，这座阿育王塔却得以传承至今，仍然被保留在校园的中央。不但坚守住古刹最后一隅，而且好像在为千余年前毁灭的晋阳古城做着不屈的倾诉。

我来到古城营二中时，正是国庆假期，校园里并无学生，门卫也就不予阻拦，我直奔高高的阿育王塔而去。近观才知道，因为近代以来的破坏和后来的维修，须弥座以下部分已经基本变成了平直的几何形体，没有什么装饰细节了。只有塔身和塔刹等部分依然保留了昔日的模样，青砖在岁月的洗礼下已经通体发黄，朝阳之下泛着金灿灿的光芒。一群中老年人聚在塔下拍照留念，欢喜地说他们都是从小在此读书的老同学，感慨如今塔还是没有变，人却都老了。

我也大为感触，自己耗尽青春追逐寻访那些濒危沧桑的古建筑，试图记录和挽留它们即将消逝的身影，恐怕它们还在顽强地撑着，我却已经韶华不再，鬓染白霜了，思之感之，不胜唏嘘！

蒙山开化寺连理塔

太原城东西两面有连绵的群山相对峙，尤其靠近晋阳城遗址的西山一带，在漫长的历史上留下了众多璀璨的人文遗迹。除了其中的佼佼者晋祠外，还有始自于北齐的天龙山石窟、龙山童子寺、元代的龙山石窟等，宛若散落在晋阳城周边的颗颗明珠。在晋源区寺底村西北的蒙山之中，曾有一座北齐天保二年（551）由文宣帝高洋敕赐的开化寺，也是一座皇家寺院。其最奇绝之处在于寺后有一尊依山势而雕凿成的巨大佛像，此佛呈面南结跏趺坐之姿，头部以天然的突兀山石雕成，身躯直接浮雕在崖壁上，虽由人开，宛若天成，头高入云，似佛祖法身降临人间，俯瞰晋阳大地。隋代时曾在大佛之外加筑楼阁以遮蔽风雨，唐高祖李渊和唐高宗李治等也曾亲临礼佛。可惜在唐武宗李炎的会昌灭佛中，佛阁被毁，开化寺也被夷为平地。五代时期的晋王李克用和后汉高祖刘知远先后出资重修，但到元末战乱时，开化寺和大佛再次遭到了毁灭性的破坏，尤其大佛的头部缺失不存，佛身也开裂坍塌，逐渐湮灭于山野荆棘丛中。直到20世纪80年代，多半淤埋在土石堆中的大佛残躯才被重新发现并确认。2008年，新雕的佛头被安装上去，浴火千年的大佛得以涅槃重生，因最为重要的佛头是今人增补，身躯也仅存依稀轮廓，所以其象征性意义更大于文物价值。如今蒙山大佛成了太原的一处重要风景区，山谷幽深，林木葱郁，溪水潺潺，游人如织。但熙熙攘攘的游客却很少驻足留意蒙山开化寺遗址旁那两座砖塔。在我眼中，这两座塔才真正具有历史和文物价值，并且造型独特而美好，称得上是蒙山最值得一观的建筑。

开化寺距今已有一千四百多年的历史了，可惜屡建屡毁，原构早已灰飞烟灭。今人在旧址上重建的佛殿僵硬局促，并不能配得上千年古刹的身份。倒是在佛殿东南方并肩而立的两座砖塔亦穿越千年，古朴典雅，堪称佳品，这就是北宋淳化元年（990）所建的两座"佛舍利塔"。两塔结构相似，高度约在11米，均为平面方形的单层塔，因双塔并立在同一座长方形的条石台基上，被俗称为"连理塔"。双塔间隔不足两米，非常接近，均坐西朝东而建，南侧为"化身佛舍利塔"，北侧是"定光佛舍利塔"。塔下设须弥座，塔身均朝东开拱门，门上火焰开脱券面，彩绘卷草花卉图案依稀尚存。南塔另三面皆仿东门式样开虚掩状砖砌假门，北塔则在南北两墙上设砖雕直棂窗。塔顶叠涩出檐，清秀俊逸，上部设勾栏，托起层叠绽放且渐次收分的莲瓣状塔刹，顶部设有八角攒尖刹顶和仰莲宝珠。这两座塔上承北朝以来的古韵遗风，又展现出宋代审美精致高贵的雅意，并且难得地兼具了宋辽时期华塔的装饰特色，堪称承上启下的过渡时期中，罕见的实例，也是太原乃至全山西宋代古塔中的珍品。

我背着沉重的大包一路爬上山来，早已是挥汗如雨，先去观瞻了焕然一新的蒙山大佛，

太原市蒙山开化寺连理塔

又在山光水色中略作盘桓，便直奔连理塔而来。当两座砖塔的身影在林丛里显现出来时，我不由得赞叹道："这一趟没有白跑！"立即顶着西斜刺目的阳光开始画起来。

若说这蒙山里的千年遗存中堪称壮美者自然非大佛莫属，但其原真价值毕竟有所欠缺。而点缀山中古韵灵秀之气的则只能是连理塔了，与之相伴，便如身回故宋时代，心中颇有沉醉之感。奋笔而绘时，向右一瞥，正见大佛崭新的头部从远远的山林间显露出来，宛若正在向我张望。

土堂净因寺

在太原城西北，崛围山与汾河间的走廊地带，有一座依山傍河而建南北向狭长的小村庄，名叫土堂，村子西南角的黄土崖下坐北朝南建有一座净因寺。

寺院分为两进，最前端为倒座的客堂，东侧有配殿，西侧为大佛阁，前后院之间以两个月洞门簇拥着一座单开间的倒座韦驮殿。后院里是大雄宝殿和观音殿、地藏殿，全寺建筑都是明清遗构，加之近些年不断修缮，除了大雄宝殿有些古意外，似乎并不出众，但最为精华之处却深深地隐藏在前院其貌不扬的大佛阁之内。

大佛阁坐西朝东，背靠黄土山崖而建，是两层檐歇山顶的木楼阁，下部面阔三间，檐上出平坐勾栏，上层为一间，全部设隔扇门窗。楼体被旁边的绿树掩映遮蔽，宛若隐士般并不引人注目。其实这座楼阁仅是一个抱厦的功能，走进楼内才发现里面别有洞

山西省太原市净因寺大佛
二〇一八年五月九日下午十五时三分一十时三分
莲达

太原市净因寺大佛

天。眼前出现了一座高巨而幽深的窑洞，券高 12 米，宽 7 米，纵深也在 25 米余，简直就是一个大山洞。前半部紧连在木楼阁身后，却是砖砌拱券，后半部则直接开凿在黄土山体上，两者结合巧妙，天衣无缝。窑洞尽头的山崖上雕凿了一尊近 10 米高的巨大阿弥陀佛坐像，佛祖结跏趺坐于莲台上，身披袈裟，坦露胸怀，双手于腹前结禅定印，面容安详地注视前方，仿佛已经洞悉了世间万事万物。这尊佛像乃是直接对黄土山崖上凸出的部分加以雕凿修饰而成，非石雕亦非泥塑，是一尊货真价实的纯正土佛，古人以"净土因缘"之意，取名净因寺。佛前左右相对侍立着高度与真人近似的大势至和观世音两菩萨，是为"西方三圣"。

相传早在汉代，这里就因山体崩塌形成了一个山洞，洞内土崖凸起形如佛像，后人遂在此建寺供奉，初名曰土堂寺。明代《太原府志》载："土堂寺在城西北四十里刘村，金泰和五年（1205）建，旧名'净因寺'。内有土洞殊高敞，名土堂，有大佛像。"按府志所说，土佛应是开凿于金朝，但观现有造型与装饰，应为明清两代修缮重装之后的结果，佛像的金代特征已经不明显，倒是两尊菩萨还有些许金塑风韵。

来到土佛面前，震撼于其体量之巨，宛若擎天，深感自身渺小如尘，想来这也是古人开凿巨佛时所想要达到的一种效果吧。坐在幽深昏暗的大佛阁内，仰望着如在半空的土佛，虽然此时外面艳阳高照，此处却凉意习习，让人不禁凛然肃穆起来。

其实除了净因寺土佛之外，我还在晋南的稷山县大佛寺见过另一尊开凿于金朝皇统二年（1142）、近 20 米高的巨大土佛，这种巨型洞窟的开凿似乎是北朝以来的遗风，金代之后则逐渐绝迹了。

上兰窦大夫祠

在土堂村东北有一个面积很大的上兰村，因为中北大学坐落在村北，傍依着校园发展起来的村庄已经有了集镇的规模。紧邻大学的西侧，背倚烈石山，面朝汾河坐落着一片古建筑群，名叫窦大夫祠。

窦大夫名曰窦犨，字鸣犊，是春秋时期晋国的大夫。他的封地曾经在今天的太原西北至阳曲县一带，因曾凿渠引水灌溉于民，深受百姓爱戴。他被晋国权臣赵简子杀害后，当地人便建祠祭祀，尊其为水神。祠庙位于烈石山之阳，因而又名"烈石神祠"。但庙宇确切的创建年代已经无从考证，从晚唐诗人李频所写"游访曾经驻马看，窦氏遗像在林峦"可知，最迟在唐代已经建有窦大夫祠了。不过到了北宋元丰八年（1085）六月，汾河泛滥，祠庙尽毁，只得向北迁移到今址进行重建。不想后来乡民祈祷，屡屡灵验，因此宋徽宗赵佶便加封窦犨为英济侯，于是窦大夫祠也称英济祠。

现存的窦大夫祠则已经是元代再次重建之后的遗物，规模不大，仅是一所坐北朝南的四合院格局。最前端为山门，两侧有钟鼓楼护持，东西两厢是配殿，最北端为献殿和正殿，两侧连建有垛殿。但这样一座小院子里，竟然有山门、献殿和正殿三座元代遗构，在山西中部地区也是很了不起的早期木结构古建筑群了。

山门的外观为五开间硬山顶，前出廊，内侧却是三开间，粗硕的额枋扛着密布的斗栱和四组沉重的梁栿，把檐柱拉开了巨大的跨度，刚猛的元风令人赞叹。

但全庙最美观和出彩的还要数凸出于院子中央体态巨大、造型霸气的献殿。说是殿，实际上是一座四柱歇山顶式的巨型亭子，从额枋到四根立柱都用材粗大，充满着阳刚的力量，也正因如此，使得献殿能够拥有非同寻常的跨度和高度。与此相比，檐下的双下昂五铺作斗栱反倒显得有些细弱了，正中悬挂的"灵济汾源"匾额说明了窦犨是汾河源头的水神。两柱上悬挂有一副对联"太行峰巅孔圣为谁留辙迹，烈石山下晋贤遗泽及苍生"，说的是当年孔子本来到晋国投奔赵简子，刚刚来到太行山，却传来了窦犨被杀的消息，孔子因此决定返回鲁国，具体地点相传在泽州晋庙铺，那里至今还有"孔子回车处"。献殿内以小巧精致的亭

山西省太原市窦大夫祠
二○一八年五月九日 中午十一时一十二时五十分 延故

太原市窦大夫祠

阁围廊和密集炫目的斗栱拼组成层叠上升的八卦藻井，高悬于空，宛若连通天界，内额上悬匾"鲁阳比烈"，应有窦犫之贤可与孔子相比的意思吧。

一直在赞叹献殿的巨大和藻井的精妙，站在里面才注意到，献殿竟然是和正殿连接在一起的，两者共用一对檐柱，即献殿的后檐柱就是正殿的明间前檐柱。正殿从正面看是面阔三间，悬山顶，出前廊，因明间与献殿连接，所以比两次间更宽阔，但内部实为五间，这与山门的结构很相似。廊下陈列着明清以来的众多修缮碑刻，其中还有几通不同时代的《祈雨感应碑》，说明窦大夫作为水神是很灵验的。殿中神台上有小木作神龛，窦犫衣冠严整地端坐其间，一派俊逸风采。

院中古柏参天，葱郁茂盛，背后烈石山高峻苍翠，风声掠过，林海泛起阵阵涛声，其间殿堂巍巍，如翚斯飞，真乃仙家府第景象。这里向西南可与净因寺和崛围山顶的多福寺相呼应，东侧又与明代的保宁寺和近代的赵戴文公馆两所院落为伴，堪称城市山林一般的佳境。

徐沟文庙城隍庙

清徐县位于太原市西南方，西北连古交市，西南接交城、文水两县，南邻祁县和太谷，东面是榆次区。这里早在春秋时期便为梗阳故地，隋开皇十六年（596），以城西北有清源水而设清源县。金初在清源县东侧设立徐川镇，大定二十九年（1189）改为徐沟县，两县于八百多年间屡次升降，互为统辖，直至新中国成立后将清源县和徐沟县合并为清徐县。

清徐县徐沟镇文庙、城隍庙建筑群正门

当年的徐沟县所在地就降格为徐沟镇了，这与晋南的临猗县、万荣县、洪洞县和襄汾县的情况如出一辙。

经过半个多世纪的沧桑巨变，历史悠久的徐沟县城已经沦为了泯然众人的庞大而普通的内陆城镇，走在街面上，丝毫找不出历史的积淀。但2012年春天，当我转到老城西北角时，一片苍老得叫人心疼的古建筑群一下子跃入眼帘，这就是徐沟的文庙和城隍庙。

两组庙宇坐北朝南，几乎是并肩而建，南北的纵深也基本相当，文庙在西，城隍庙在东，虽然两庙外围都建有高大的围墙，但两者之间已无墙垣阻挡，只是间隔一段马路宽的距离，宛若同一组建筑。这里也是徐沟县城仅存的古建筑群，因为20世纪50年代被征用作为粮库，才免遭拆毁的厄运。此地位于徐沟老城西北角的洼地上，西侧现有一大片宽阔的水面，看起来好像是湖泊一般，水光倒映着庙宇，颇有意境，实则老城镇里的污水坑，雨水、脏水不知蓄积了多少年，竟然形成了比两座庙宇面积还要大得多的臭水塘，周围垃圾成堆，臭不可闻。

徐沟文庙创建于金朝大定年间，明洪武三年（1370）重建，今者为清乾隆二十年（1755）重修之遗存。文庙前门也就是通常的棂星门，并非牌坊，而是一座三开间悬山顶的殿堂式建筑，除了屋顶，外墙完全被砌成那个年代的仿西式门面，院子里宽阔而空荡，遍地浓密的野草和淤积的水洼，偶有裸露的地面都泛着白森森的碱花，泮池早已被填平，院中两株高高的柳树也已枯死。北侧有一组殿堂一字排开，正中央是大成门，面阔三间，进深四椽，悬山顶，

院中两株柳树已经
枯死.画中为其一

山西省清徐县徐沟镇文庙
此庙遗址位于一片盐碱地上
地面和墙根到处一龙白色碱渣
对于建筑损害十分严重,砖墙之下
基本无完好处.
二〇一二年五月五日下午十三点二十六分—十五点十一分
建达

清徐县徐沟镇文庙大成门

清徐县徐沟镇文庙大成殿

两侧还连建了一间宽的掖门，外观也都被改建成库房模样，现在梁架扭曲，濒临垮塌。其东西两侧各有一座三间硬山顶殿堂，查县志上的《学宫图》得知，东为名宦祠，西为乡贤祠。乡贤祠南侧一座塌顶的房子是官厅，更西侧一座格外高大的硬山瓦房为节孝祠。这些殿堂全部破烂不堪，严重损毁。

后院里情况差不多，最北端是大成殿，面阔五间，进深六椽，设重昂五踩斗栱，前出有宽阔的月台。殿宇的正面墙壁全部被封堵起来，只留了一个拱门，顶部开有四个通风口，东稍间的墙壁已经垮塌，露出了黑森森的窟窿。走进殿内，地上积满了不知多少年的灰尘，幽暗的空间里充满诡异的气息，几组光柱从墙壁顶端的通风口投射在地上，让我感觉好像置身于一个地窖之内。大成殿东西两厢还有长长的配殿和廊庑，也都是废旧的仓库模样，再向后则只有一片荒芜的空地，原本的明伦堂、尊经阁等建筑全部灰飞烟灭。据清康熙版《徐沟县志》载，尊经阁曾是徐沟八景之一的"泮宫台阁"，这座楼阁修建在高台之上，为重檐歇山顶的两层楼阁，仅在绣像描绘中秀美非常，可惜竟至片瓦无存了。

文庙和城隍庙之间的夹道南端有一座两层楼阁，下部为南北向的砖拱门洞，顶上建重檐十字歇山顶的三开间方形亭阁一座，县志载，这就是三元祠的正门，顶上的亭阁为奎光楼。门洞上原本镶嵌三元祠匾额的位置后来用水泥塑起了一颗五角星，现在也脱落得所剩无几了。两庙之间的夹道上原来还有与西边节孝祠相对称的启圣祠，现已踪迹无存，空空如也。

山西省清徐县徐沟镇
城隍庙戏楼
因曾被用为粮库库才得以
幸存至今，但也已极为
破败。

二〇一二年五月五日
上午八至五十分—十一点　连达

清徐县徐沟镇城隍庙戏楼

　　奎光楼东侧就是城隍庙，此庙与文庙同时创建，后世也累经重修。正门为栖霞楼，大致重建于明成化十一年（1475），是山门兼戏楼。此楼主体面阔三间，进深两间，重檐歇山顶，前后皆出卷棚歇山式抱厦，外侧抱厦低矮，在楼的一层檐之下，与主体形成三重檐楼阁的效果，两侧配建二层十字歇山顶的钟鼓楼，楼下皆设前廊，辟掖门。奎光、栖霞和钟鼓二楼形成了一列极其雄壮的楼阁式古建筑群，巍巍宏大地耸立在窄街一侧，飞檐比翼，错落有致。虽然屋顶都生有宛若长发般浓密的野草，外观也衰颓破败不堪，但仍然掩饰不住那尊崇的气象和古雅的韵味，让我心中浮现出如同追寻到汉唐废都般的复杂情感，又好像在闹市街头偶遇一位褴褛的流浪老者，竟然是某位归隐的仙长般不可思议。

　　栖霞楼内侧抱厦较高，从前演戏时在下部安插台板，搭建临时戏台，平时则可通行无阻，两侧设有八字照壁。现在栖霞楼内侧被砌墙封堵起来，仅留了一个小门，不过粗糙的砖墙已经开始坍塌。走进楼内，一股浓重的霉烂气息扑面而来，地面潮湿泥泞，一些地方还有积水。因庙址低洼，每逢大雨时节，这里便大量存水，诸多殿宇地面以上约1米的高度内都有严重浸泡的水痕，许多砖墙因此松散开裂和塌方。栖霞楼内的柱子下部因长期潮湿和浸泡，根部已经朽烂成锥状，岌岌可危。抬头一看，纵横交错的复杂梁架顶上投进了明媚的阳光，原来正脊下的屋顶完全塌漏，楼内侧抱厦顶部也塌出了等宽的窟窿，就这样平时采光，阴雨天接水，美轮美奂的楼阁梁架近乎直接裸露在风雨中，任其糟朽腐烂。

与栖霞楼相对的城隍庙正殿面阔五间，悬山顶，前出三间卷棚抱厦，体量与文庙大成殿类似，虽被改装封闭成仓库，却也是墙垣开裂多处坍塌。后院是三开间的寝宫，状况也大体相似，这些建筑很显然也都是乾隆年间那次大修后的产物。虽然无法看到内部梁架，但檐下被雕琢成龙头和象头的梁头及大龙吐小龙的出昂也堪称别具匠心，独具特色了。

徐沟文庙和城隍庙建筑群就像在等待最后时刻到来一样，相互依靠和搀扶着，顽强地挺立在荒原般的盐碱地上，有不屈的倔强硬撑，也有无可奈何的垂死挣扎，这一切我只能用自己尚不成熟的画笔默默地绘记于纸上，心中充满了沉重凄凉之感。

温李青玉皇庙

集义乡温李青村位于清徐县徐沟镇东南方，与太谷县北郭村已是一步之遥。相传春秋时期晋国大夫阳处父路过此处，见桃李青葱，便命名为李青，后来成了几大姓的聚居地，分成杨李青、代李青和温李青三个村。温李青村中的南北向主街两端各有一座庙宇，最南端为观

清徐县集义乡温李青村玉皇庙

音庙，北端是玉皇庙，街心有一座双面戏台，可以同时为两座庙献戏。在孟大哥的带领下，我们一同来到村中，但观音庙和过街戏台都已经修缮粉刷一新，于是我们直奔村北的玉皇庙。

这里看起来成了一个工地，庙宇不大，只是普通四合院格局，山门为类似民居式的单开间悬山顶门楼，两侧有二层悬山顶钟鼓楼对峙。院内有正殿和东西配殿，当时正殿正在进行大修，基本就是将旧有建筑全部拆除后重建的，红色的砖墙顶上架设着白森森的新椽子，整座正殿已经没有什么文物价值了。院内院外堆满了施工材料，只有山门和钟鼓楼这一组建筑仍然安静地保持着旧貌。我们见此情形，决定先去更远的蚍蜉村画真圣寺，中午返回来再画这座山门。

但中午我们返回时，吃惊地发现玉皇庙山门上的瓦已经被揭掉了许多，东侧钟楼顶上被揭得露出了椽子，还有梯子和木杆斜靠在屋檐上。没想到连一上午都没熬过去，他们就对山门动手了，此时施工队去吃午饭了，我赶紧坐在山门下迅速地画起来。可刚刚动笔没多久，干活的老少爷们儿都返回现场，他们爬上梯子开始用铁锹铲，用手揭，稀里哗啦地把屋顶上的筒瓦、板瓦往下扔，铁锹扬起的沙土和瓦片掉下来激起的灰尘使庙门前霎时烟尘弥漫，呛得我几乎无法呼吸，头上身上也落了一层沙土。但我根本顾不了这些了，不断地吹去纸上的沙尘，不停地奋笔急挥，和工人们抢速度，在山门和钟鼓楼被拆掉前将它们的旧貌画下来。这是一种火线拼命的感觉，我喘不过气来，不断地咳嗽，甚至都快睁不开眼了，终于还是把山门最后的样子留在了纸上。

施工队的人还是挺和善的，他们欢迎我在修好之后再来参观，可是对于古建筑修缮理念的巨大差异，使我们的行为在彼此的眼中都是那么不可思议。这一次我眼睁睁看着一处古建筑就这么被拆掉了，不久之后，一座仍冠以玉皇庙之名的全新红砖水泥庙将取而代之，或许还会有人认为这是重视和保护文物古迹的典范。

榆次城隍庙

榆次东边与寿阳、和顺两县毗邻，西靠清徐县，南连太谷县，西北与太原市区相接。春秋时期此地叫作魏榆，战国时便称为榆次，之后两千多年沿用至今，现在这里是晋中市政府的所在地榆次区。

今天的榆次老城已经沦为日新月异的庞大晋中市区南端的一个小豆腐块，城垣早已拆去，残存的十字街被开发改建成了仿古风情街，而真正成片的老街区则被全面拆除，许多真真假假的东西也掺杂进来，虽叫"老街"，真正很老很纯正的东西却已经所剩不多了。这其中，在老城东门内路北的榆次城隍庙可以说是难得的完整与宝贵了。

城隍就是城市万民的保护神，榆次城隍庙创建于元至正二十二年（1362），位于榆次北门之内，规模不大。明宣德六年（1431）迁建于今址。成化十二年（1476），进行大规模扩建，弘治七年（1494）再次增建，此时正殿、配殿和后寝殿皆已完备。弘治十年（1497）在正殿南面增建楼阁，取"深奥微妙，可以为鉴"之意，名曰"玄鉴楼"，正德四年（1509），在玄鉴楼前再造山门，嘉靖二年（1523）在玄鉴楼北侧附建乐楼和戏台，至此，城隍庙现存格局基本形成了。

全庙坐北朝南而建，山门面阔五间，歇山顶，前后出廊，两侧带掖门，院内东西各有两层歇山顶钟鼓楼对峙。院子很狭窄，迎面就是巍峨高峻的玄鉴楼。此楼通高近20米，面阔七间，进深五间，为三重檐歇山顶的两层木楼阁，二层出回廊，雄赳赳地站在山门后面，与两边的钟鼓楼共同组成了殿脊嵯峨、飞檐如仙袂般飘举的美好壮丽景象，使我走在路边即被深深地震撼。

我穿过玄鉴楼转身一看，再次大呼惊艳。嘉靖年间在玄鉴楼北侧附建的乐楼紧紧地和主楼连接在一起，也是面阔七间，高两层，二层设回廊，屋顶与玄鉴楼的第二层檐结合在一起，形成了"超级抱厦"的效果，两楼之间因屋檐的宽度形成了不足1米的缝隙，正好在明间的左右各设一架木梯可登楼。后来又在一层正中位置向外加建卷棚歇山顶戏台一座，下部建在

晋中市榆次区城隍庙玄鉴楼、戏台

左右两组砖石台基上，平时可通行，如有庙会即可搭板，为正殿里的城隍爷献戏。戏台前檐仅以两根檐柱支撑，后檐与乐楼接合处则采用了四根立柱，两侧又施以窄琉璃照壁和留出窗口的附墙，以保证乐楼一层的采光。附墙的尽头向外伸出单檐歇山顶八字照壁，檐下设有如同牌坊般密集的斗栱出昂，墙面上镶嵌琉璃麒麟壁心。这一组楼阁高低错落，层次分明，飞檐比翼，雕琢与彩绘穷尽精致繁复，堪称极限之作，给人以富丽堂皇、无与伦比的美妙感观，又因岁月的积淀散发出一重沉稳优雅的气质。于是这一眼的惊艳让我用了整整一天的时间来进行描绘，犹感未能尽兴。

玄鉴楼对面还有正殿和两厢长长的配殿，后部又设有城隍寝宫，殿阁森严，犹如禁宫内院一般恢宏气派，真堪长久驻足。榆次城隍庙也是这已经变味了的老城里最货真价实和有古意的去处了。

修文褚鈇墓石坊

修文镇是榆次区南边的一个镇子，镇西侧靠近 108 国道的农田里耸立着一座老态龙钟的石牌坊，这就是明代中后期户部尚书褚鈇的墓道坊。

褚鈇（1533—1600），字民威，出生在修文镇南边的东白村。他历经嘉靖、隆庆和万历三朝，从河间县令一路做到大理寺卿、工部侍郎、户部尚书，为官 36 年，秉公执法，不谄媚权贵，大力支持戚继光抗倭和张居正改革。他一生著述颇丰，有《从政录》《从政续录》《八行图奏》《劝惩类纂》《芸窗纪愚》等，还曾任《榆次县志》的总纂。

褚鈇墓石坊高度在 6 米左右，宽度也有 7 米，面阔三间，歇山顶，构件全部模块化处理，檐下的仿木结构斗栱也是整体浮雕在几大块石料表面的。由于本地所产的砂岩质地不够坚硬，经过四百余年的风霜雨雪，风化十分严重，夹柱的狮子已经变得仅存轮廓，坊板上的许多浮雕图案也面目依稀，当中檐下镶嵌的斗匾上勉强可见"敕修"二字。只有明间额枋下的横匾为坚硬的青石，上面线刻的"宫保尚书茔"尚且字迹清晰，其下另镶嵌一条字牌"资政大夫太子少保户部尚书恤赠太子太保褚鈇"。牌坊顶上的两个鸱吻已经不知去向，坊上的装饰图案多是程式化的有吉祥寓意的人物故事和游龙花卉、旭日东升之类题材，即便仍清晰可见的浮雕也都显得有些粗糙，周身上下难说有多么精美之处。但经过多年风霜侵蚀，岁月加持，这座泛着土黄色的牌坊更有了一种颇为动人的凝重气质。牌坊周围至今仍然是一片墓地，齐腰深的荒草里新旧坟冢星罗棋布，簇拥着位于核心处的石牌坊，但牌坊后边褚鈇自己的封土

晋中市榆次区修文镇褚鈇墓石牌坊

却早已无影无踪，只有平坦的农田伸向天际，两根石望柱分立左右，是除了牌坊外墓前仅存的一点遗迹了。

我栖身于荒草丛生的坟地里，在蚊蝇的肆虐之中努力让自己平静下来，把褚鈇墓石牌坊留诸笔端，祈望它最终不要被时间所湮没。

南合流戏台

榆次城区东十余里处，在潇河与涂河汇合的地方南北各有一座合流村，其中南合流村建在涂河宽阔的谷底边缘，西侧就是绵延的黄土台塬，房屋沿着山势呈南北向狭长分布。村庄中部残存着一座破烂不堪的戏台，乡亲们每天从旁边走过，完全熟视无睹了，如果不是我坐在这里画起来，大家甚至懒得到这个堆满了垃圾的破戏台跟前来。

说是一座戏台，实际上仅剩下半座而已，此台坐南朝北修建，原本应该是一座三开间硬山顶的大瓦房做后台，前面正中央突出一个卷棚歇山顶的抱厦作为台口，可现在后台的房屋全部垮塌，只剩下前面的抱厦还在倔强地挣扎挺立。于是就出现了砖台基上孤零零地矗立着破烂的四柱戏台这般凄凉的景象。残存的屋檐褴褛不堪，野草和朽烂的椽子交织在一起，好

山西省晋中市榆次区长凝镇南合流村 老爷庙戏台

二〇一六年五月十五日 下午七时四十八分—十时四十分

连达

晋中市榆次区长凝镇南合流村老爷庙戏台

像一顶乞丐的草帽扣在头上，只有角梁还孤傲地依旧向天空高昂着头，看檐下的单昂三踩斗栱，很显然是清代的建筑。现在除了原本的后台满地是残砖碎瓦外，塌落下来的梁架木料也堆得到处都是，戏台内外已经成为野草的家园，看起来坍塌好久了。

听围观的老人讲，这原本是一座关帝庙的戏台，庙宇很早之前就被拆了，原址位于戏台对面那户老乡家院里，因为还有革命演出的需要，戏台才得以保留下来。这些年再也用不着戏台演出了，也就没人维护，最终成了危房，一次下大雨时就垮了。

我坐下来画这座破戏台时内心很清楚，这是它最后的一幅画像了，彻底覆灭只是时间问题。围观的老乡们后来逐渐散去，倒是牧归的羊群仿佛在陪伴我感受山乡风情一般，默默地聚到了我的身旁。

东左付圣安寺

在榆次区东北方、乌金山脚下有一座东左付村，村子西南角的台地上凄惨地矗立着一处叫圣安寺的古刹。

晋中市榆次区东左付村圣安寺

　　寺院坐北朝南，好像孤岛般独处于村庄的尽头，南北向跨度近 40 米，是一组庞大而破败的古建筑群。最前端的山门早已毁掉，被几十年前搭建的平顶砖房取代，现在已经垮塌，两侧也不见钟鼓楼的身影，只有残垣断壁相伴。山门内还有一块方形台基，这应该是前殿的遗址，基座上砌满了被砸碎的众多石碑，两侧是对称而建的窑洞式厢房，再向北是东西配殿，均为面阔三间、出前廊的硬山顶大瓦房，这些房屋都是破烂不堪，多处垮塌，完全处在自生自灭的悲惨境地。

　　院子最北端是正殿，面阔三间，进深五椽，前出廊，悬山顶，开隔扇门窗，檐下设单昂三踩斗栱，是全寺中保存最好的一座殿堂，廊下陈列的"岢大明嘉靖癸未（1523）闰四月"维修碑上说"今有徐川邑北，罕峰山南，龙门乡左付一图古迹，圣安寺一所"，可见该寺古已有之，很有可能是明代以前便存在了，但从现存结构看，也就正殿梁架还有些许明代遗风，其余殿堂都是清代所建了，而且正殿旁边的东垛殿也是房倒屋塌，甚为惨烈。宽阔的大院子里除了断折倒地的石碑和残砖碎瓦之类建筑构件，便是满眼浓密葱郁的野草藤蔓，好像一个野趣十足的植物园。也正因弃置于村边无人问津，寺中原有的一对石狮子已经被盗，正殿内的壁画也被人切割揭走，若不是看起来的确沦落到了偷无可偷的境地，圣安寺还会继续被肆意破坏，不过以目前如此疏于维护的惨状，寺院恐怕还是会归于最终的毁灭。

我坐在草丛里画正殿的时候，有一个人从外面走进来东张西望，一转头看见这里还坐着我这个大活人，吓得差点跳起来，赶紧说自己过来随便看看，问我是干啥的。我摸不准他来意，也很警惕，毕竟在这荒芜的古庙里，人是最可怕的。于是我说自己是上面派来测绘制图的，要整修圣安寺了，那人听了转身就走，也没有像他说的那样随便看看，这更引起了我的疑虑，也更为寺院的未来感到担忧了。

阳曲不二寺

阳曲县位于太原市区北部，东南靠寿阳县，东临盂县，东北接定襄县，西连静乐县和古交市，正北同忻州市接壤，是太原市北面的门户之地。阳曲县的历史与太原市是紧密地联系在一起的，两千多年来可以说是相互依存，本为一家。这里春秋时属晋，战国时为狼孟县，一直为太原郡所辖，汉末改置阳曲县，隋朝先后改为阳直、汾阳，唐时又曾分其地设抚城、洛阴等县。宋初毁平晋阳城，在唐明镇重建新城后，迁阳曲县附郭。金朝置太原府，阳曲县治所迁入府城内，也就是说昔日的太原城既是太原府城，同时也是阳曲县城，这种状况一直延续到民国时期。新中国成立前，阳曲县政府迁到了黄寨，即今天的阳曲县城所在地。

现在阳曲县城区大致呈东北至西南走向的长方形分布，在县城南部的 208 国道路东建有一座叫不二寺的古刹。此寺取佛教"入不二法门"之意而得名，原建于县城西北的小直峪村，旧有殿堂基本毁灭殆尽，只剩下一座三圣殿独存，也是濒临垮塌，独矗于荒野之中。为了不使这座古刹彻底毁灭，当地于 1987 年将三圣殿整体搬迁到了现在的位置，并进行了配套殿堂的修建，使之重新成为一座基本完整的建筑群。新寺院面积不小，核心是一座面阔七间的仿古大雄宝殿，足有四层居民楼一般高。三圣殿被建在大雄宝殿的后院里，背靠后墙，两侧有耳殿，东西有配殿，前面还竖立着与三圣殿一同迁建来的两尊金代石经幢。

据传殿内保存有金代的彩塑和明代的壁画，但并不对外开放，曾有多位朋友在此碰壁，皆云不二寺是块硬骨头。我怀着忐忑的心情决定去碰碰运气，毕竟千里迢迢来到阳曲，怎能不战而退呢？

来到不二寺，我发现大门是虚掩着的，于是便不客气地径直入内。院子可真宽敞，宏伟的大雄宝殿散发着浓浓的土豪气息，这种现代仿古殿堂通常比例失调，艳俗不堪，瞥了一眼，我便直奔后院而去。这里显得很安静，有僧人走过但并不理会我，于是我把到了嘴边的自我介绍又咽了回去。

后院的核心建筑就是三圣殿，下部设有半米高的砖石台基，面阔三间，进深六椽，悬山顶，前檐下出廊，设七朵单杪单下昂五铺作斗栱，柱头卷杀明显。明间开木板门，两次间为直棂窗，看起来造型工整精巧，颇有俊逸之风。此殿创建于北汉乾祐九年（956），重建于金明昌六年（1195），现存者就是金代遗构。殿前树立着两座石经幢，分别是金天会十四年（1136）和明昌六年（1195）所刻，虽然风化严重，但部分字迹和线刻佛像依然清晰，尤其造型上的灵动是明清作品望尘莫及的。

我坐下开始画起来，来往的僧人还报以善意的微笑，不多时，一位老僧人打开了紧闭的殿门，我赶紧撂下画板跑过去，他并不阻拦，于是我得以见到了里边的样子。殿内彻上露明，梁架简洁工整，空间高敞，每根平梁上神奇地安装着两组叉手。上午的阳光从门口射进来，给里面的一切都披上了一层金灿灿的暖色，有了一种神圣庄严的气氛。佛祖的金身端坐在佛坛正中央的须弥座上，手执与愿印，他身后雕琢繁复的火焰背光几乎直冲到了殿顶，其上有众多佛、菩萨和神将环绕护持。佛祖身旁侍立着老迈的迦叶和俊秀的阿难，阿难身边还残存一尊胁侍菩萨，但迦叶一侧的胁侍菩萨看来已经毁掉了。佛祖左边有乘象的普贤菩萨，右边是坐狮子的文殊菩萨，旁边还有狮奴撩蛮，与明清时期的文殊菩萨居于左侧正好相反，是早期华严三圣布局的一种遗存。整堂彩塑最外侧是左右相对的两尊天王像，全身铠甲，怒目凝眉，颇具气势。东西两山墙上保存有完整的壁画，东侧是以药师佛为核心的东方三圣，脚下是十二神像和舞狮图，西侧为以阿弥陀佛为尊的西方三圣，下有十六罗汉和供养人，画风清新，设色素雅，一派浓郁的明代风格。

山西省阳曲县不二寺
二〇一八年四月十八日 上午十时三怡一下午十三时二十分
连达

阳曲县不二寺

曾经神秘的不二寺三圣殿以这样不经意的方式呈现在了我的面前,其完整与精妙的确是不同凡响。我和老僧人聊了几句才明白,今天会有领导来参观,我是碰巧赶上了。果然不久有一群人进来匆匆一观后,殿门就再次被紧锁起来了。我画到了午时,有僧人来邀请我去吃点斋饭,说我为佛祖描绘殿堂,也是深有佛缘的功德之事,今天连佛祖都为我开启了方便之门。

北郁利佛堂寺

阳曲县城的西北方有一个不大的北郁利村,村南有一座佛堂寺紧靠路边,远远即可望见。

我来的时候这里正在进行一场看起来已经停滞的大修,夯土院墙残缺不全,所剩无几,最前端的倒座戏台、中间的前殿和最北端的正殿以及东西垛殿无遮无拦地直接呈现在眼前。

戏台是硬山瓦房出歇山抱厦,前殿为三开间前后出廊的悬山顶,清代风格,结构非常简单。现在这些殿堂门窗檐柱都刷成饱满艳丽的红色,好像新建的一样,只有正殿檐下的斗栱仍保留着古朴的原貌。正殿下部是高大宽厚的石台基,前面留有较宽的面积充作月台,台前设左右两组踏跺,这种不在中线上修石阶的做法也是早期建筑的一种遗风。正殿面阔三间,进深四椽,悬山顶,仅在正面设隔扇门,其余皆为墙壁。三个开间的跨度特别大,所以显得殿堂体量不小且颇具气势。柱头有卷杀,檐下设十朵壮硕的双下昂五铺作斗栱,每间补两朵,补间铺作第二跳用真昂,后尾挑至下平槫之下,也是很古老的做法。殿内构架则十分简单,也就是明清风格,梁下有清晰的墨书题记"维大明万历二十四年(1596)重修"。一位匠人师傅正在重新塑造佛像,泥胎已经初具形态。他热情地指给我看两山墙上大面积的水陆壁画,我这才吃惊地注意到,在斑驳的白灰墙上,有数以百计的人物,以六至八人为一组,都身在云雾之中,缓缓向着殿中佛坛的方向行进。仅从白灰下露出的部分就已经是浩荡之众、蔚为壮观了,好像大型运动会的入场式。壁画采用写实手法,大致包含了神仙、佛祖、菩萨、人和鬼等各种组合,如西壁上有地藏菩萨和各殿阎君,其下是各道轮回的芸芸众生;东壁上有引路菩萨、诸天星宿,下面也是三教九流的男男女女。值得一提的是,关于这些普通民众的描绘涵盖了不同年龄、身份和职业,其服装用具简直就是一部明代各行各业的百科全书,有衣冠华丽的贵族,也有推独轮车的贩夫走卒,有饱学儒者、盲人算命先生,还有贵妇烈女,等等,虽说画技难称最佳,但对当时社会面貌记录的资料价值却是无与伦比的。在墙角处还有清乾隆十年(1745)重绘壁画的捐资人题名,所以这堂壁画应该是在明代旧画上重描或者依照明代粉本而绘的。另在西垛殿里还残存有许多三国故事壁画,可知里面原来供奉

阳曲县黄寨镇北郁利村佛堂寺

的必定是关老爷了。

　　佛堂寺原来还有东西配殿，可惜在维修前就都已经垮塌了，旧木料杂乱堆放在西配殿原址上，老乡说配殿里原本也有壁画，玉石俱焚了。院中曾有十几株古树，都被伐做木材，现在仅剩下正殿前那株已经形如一截朽木般的老槐树还顽强地挺立着，甚至孕育出了几株新枝。

寺庄三学寺

　　在阳曲县城西南方跨过二广高速后有一个寺庄，看名字就知道过去一定是围绕着寺院发展起来的。现在村子中部还有一座三学寺，取佛教"戒定慧"三学而得名。相传寺院最早创建于五代时期，历代传承修缮，到清朝时仍是一方名刹。原来寺院共有两进院落，山门前方有戏台，两侧有钟鼓楼，前殿供奉文殊菩萨、关帝和吕祖，东有龙王殿，西配圣母堂。后院正中为大雄宝殿，东有罗汉堂和碑廊，西有地藏殿，在院子西北角还建有往生砖塔，可惜这一切在近代逐渐毁坏殆尽，只有大雄宝殿独存。

阳曲县黄寨镇寺庄村三学寺

　　我来到村头向老乡一打听，找到了管理三学寺钥匙的大妈，经我一再解释和保证，她才带我来到一个大铁门前。打开门，里面是一个大而空旷的南北狭长的院子，在院子的西北角有一座面阔三间、进深六椽的悬山顶大瓦房，这就是我要找的三学寺，确切地说，是寺院仅存的大雄宝殿。此殿只在正面设隔扇门，看目前状况，屋顶是重新铺设的，外墙用红砖砌筑，三组隔扇门也都是粗糙的新活，整个外观只有前后檐的斗栱还是质朴的原貌。后檐为简单的单昂三踩斗栱，前檐下却着实有点雄健古拙的气息，一排七攒单翘单昂五踩的斗栱粗壮有力，平身科用真昂。独特的是耍头和厢栱之上又加了一层厢栱，把前檐进一步向上托起，这种做法在别处前所未见，不知是否为地方性特色，看其用材尺寸，应该至少是明代或清早期的遗作。

　　殿内佛像已是前几年的新塑，但两山墙上保存着大面积完整的清代壁画，每面墙的最上边是并排而列的二十四诸天中的十二位，中部南侧为十殿阎王中的五位。他们脚下是挣扎在地狱里的人和鬼，墙北侧画有十八罗汉中的九尊，两面墙上的内容以对称形式分布，为前来拜佛的信众展示了天界地府的景象，以便劝导人们向善。在一处不太显眼的角落里我还看到了一处绘画题记，虽不甚清晰，但大体辨认出了"乾隆四十九年（1784）十二月、嘉庆十五年（1810）七月"的字样，想来应该是两次重装和补绘的记录。现在这些壁画的上部仍然色彩艳丽，保存较好，下部则严重褪色发白，东墙上还出现几道大裂缝，墙皮有随时脱落的可能。大妈说以前这房子就很危险，屋顶塌漏，山墙要倒，他们组织了修缮，在外面筑了一层红砖墙加固，又重新铺了屋顶。这些年壁画开裂又严重了，真不知如何是好。

西殿轩辕庙

西殿村原名西店，位于阳曲县东部的东黄水镇西侧，在村庄北部有一座破庙，名曰轩辕庙，是祭祀轩辕黄帝的地方。庙宇坐北朝南居于一块台地上，山门外观看起来像是一个小堡垒，下部设拱门洞，上建门楼。院内宽敞而荒凉，门楼实则为一座卷棚歇山顶倒座戏台，孤悬在建筑群外围，左右院墙坍塌倾倒，满院枯萎稀疏的杂草、裸露的黄土地和空旷的感觉让我嗅到了一丝晋北的气息。

戏台正对的是面阔三间、进深四椽的悬山顶前殿，也是门窗破烂、废弃已久的样子，里面空空荡荡，后门被泥坯砖堵死。殿西侧原有的耳房和掖门也已经坍塌无存，仅剩一堆丘墟，东侧的掖门和耳房尚好，可通后院。

后院是个更大、更古朴也更苍凉的地方，正殿巍然耸立在院子北端，东西两厢有配殿，和前殿组成了一个很严整的四合院。正殿面阔三间，进深六椽，悬山顶，出前廊，体量魁梧，气质苍古，柱头设双下昂五铺作斗栱，每间补出一朵大斜栱，两边柱甚至还有明显的侧脚。在漫长的岁月里，这些斗栱梁柱已经洗尽铅华，重新露出了原木本色。廊下陈列有数通古碑，记载着已经被今人遗忘的陈年往事。殿前凸出宽大的方形月台，三面设踏跺，前边堆砌着许多古拙的石雕构件。正殿明间开木板门，两次间为直棂窗，殿内采用减柱造，梁架简洁粗硕，两根承重金柱托起普拍枋和额枋，上边又布置有七朵双杪五铺作斗栱转承梁架，这种布局显然继承了早期的一些特征。殿内神像尽毁，但东西两山墙上各存有六位汉服人物的坐像壁画，尺寸与真人相仿，都是儒士或官员样貌，袍服以红、绿、白三色为主，皆面朝殿中神台方向而视，宛若在聆听黄帝教诲，其画笔法老到，设色淡雅，线条流畅，是典型的明代风格。画中人是古代的十二位名医，商朝伊尹、周朝扁鹊、汉朝华佗和张仲景、北魏皇甫谧、晋朝王叔和、唐朝孙思邈、宋朝刘守真、金朝张洁古、元朝李东垣、明朝李时珍和张景岳。原本塑于正中的轩辕黄帝想必是以医神的身份出现的，毕竟他创作的《黄帝内经》是最早的一部医书。看梁架上斑驳的白墙皮可知这里曾经做过粮库之类用途，没有把壁画都涂抹掉，真是万幸。角落里还丢弃着一些断折的残碑，其中有块半截的"大明龙集弘治拾壹年（1498）"碑，依稀可辨记载着黄帝战蚩尤就发生在红桃山，在阪泉山上建有黄帝庙，后来因路途遥远，祭祀不便，于是在西殿村建下庙一座，大致创于唐宋时期，明朝正统年间开始修缮。殿前廊下另一通"旹大明嘉靖十六年（1537）岁次丁酉八月初一日"的《重修轩辕圣祖之记》则清晰地记载自嘉靖十年（1531）起进行了一场修缮，"正殿内塑轩辕圣祖一尊，封侯左右十二药王，将军立侍。东廊内塑文殊菩萨、五方行雨龙王、龙神圣母、风伯、雨师、雷公、电母，西廊内塑桃园三结义，侍立女官绘画十人……南殿内塑将军，两侍、二马跟随"。这一布局和现存建筑基本契合，但可见正殿两旁原来还有垛殿，现在已经全部倒塌，只剩下少许残迹。

东西两配殿是面阔三间的悬山顶建筑，都已经垮塌漏顶，西配殿尤为严重，不但屋顶多处损坏，里面的内柱也已经有折断的了，全面垮塌已不遥远。我战战兢兢来到里面，发现斑驳的白灰墙皮下还有许多清代风格的壁画，满墙的三国故事。东配殿壁画状况也很糟糕，还有大面积被盗割的，幸存者主要是云雾之中驭龙而行的诸神队伍，两殿都已满地瓦砾，墙裂柱斜，梁架扭曲，从屋顶窟窿处淌下来的泥浆在壁画上留下道道浊痕，惨不忍睹。

院中有两株张牙舞爪、姿态狂放的老槐树貌似已经枯萎，光秃的残躯更加强了轩辕庙的苍凉没落之感。我坐在前殿东侧的掖门内画了很久。雾霾浓重的季节里，黄昏好像很早就来临了，天边混沌之中狂风裹挟着沙尘卷地袭来，院内尘土飞扬，沙砾打得我睁不开眼，画纸几乎被撕碎。越发昏暗的光线下，两扇松垮的木门或咯吱吱或咣当当地响个不停，风从两配殿已经被毁的窗户窟窿中蹿出，其声如号似哭，气氛更加恐怖。不过这样的场面我也是见得多了，转身搬块石头掩住那吵人的老木头门，依旧泰然自若地继续画着，若是此时有人来到这里，也许会惊于我也好似这鬼魅场景中的一部分了吧！

阳曲县东黄水镇西殿村轩辕庙正殿

范庄大王庙

　　范庄村距离阳曲县城大约15公里，位于西殿村的东南方，两村相距不远，都靠在314省道的西侧。在范庄村西的高地上，坐北朝南耸立着一座孤零零的大殿，这就是大（代）王庙的正殿。大王者，指的是春秋时期晋国的权臣赵武，也就是那位劫后余生的赵氏孤儿，在两千多年的岁月里，晋中一带的人民赋予了他更多的传说和无上的法力，尊奉其为该地区的雨神，其发源地在临近的盂县境内，阳曲一带应该属于大王信仰的辐射区域。

　　范庄大王庙创建于明成化三年（1467），现在别的建筑全部毁灭，仅存一座正殿，殿前空空荡荡好像一个小广场。此殿修建在宽阔的条石台基上，中部设踏跺，面阔三间，平面呈正方形，单檐歇山顶，檐下设单翘单昂五踩斗栱，每间补一攒，明间开隔扇门，两次间是古风浓郁的巨大直棂窗，其余三面皆为厚重的墙壁，正面墙基处饰以砖雕须弥座。内部无柱，以横向的前后内额和纵向的四橼栿组成井口梁，再配合襻间枋和下平槫搭设两层抹角梁，层层向上托举起殿顶构架，使内部空间得到了全面释放，因为没有贯通殿内的横梁，也被称作无梁殿。殿内现在空空如也，墙壁上依稀可见绘制精美的大王出巡和回宫壁画，队伍浩荡，仪仗雍容，衣冠服色均为明代特征。

山西省阳曲县东黄水镇范庄村
大王庙大殿
二〇一八年四月十九日 上午八时十分一十时五十分 连达

阳曲县东黄水镇范庄村大王庙大殿

大王庙正脊高耸，出檐宽大，檐角高挑，造型直追宋金，古意十足，虽孤处于小村深处，却有一种典雅华贵的不凡气度，好像从天而降一般，与粗陋的村庄显得极不协调。听说庙里其他殿宇都毁于"文革"，只有正殿因为空间宽大，被生产队留作库房而得以幸存，躲在这被人遗忘的角落里，孤独而安静地俯瞰着山乡的沧桑巨变。

我身披温暖的阳光坐在荒草丛中画着大殿，西侧不远处一户院中噼里啪啦地放起了鞭炮，原来是正在给新房子上梁，那泛着浅黄光泽的新屋梁上已经披挂起了红彤彤的绸带，充满着喜庆的气息和乡亲们对新居的渴望。它与五百多岁的大王庙正殿东西相望，诠释着文化在黄土地上生生不息的传承和生命绵绵不绝的力量，而大王庙则早已见惯了一代代的房屋的营造与毁灭，充满了泰然处之的超脱，时光在她眼中又算得了什么呢！

辛庄开化寺

在阳曲县北部、大盂镇西北方的卧虎山脚下，有个面积很大的辛庄村，在村子东南部建有一座开化寺，主体是一所四合院，在其前后又分别扩建出两进长长的院落，最前端是仿古的红砖水泥寺门，最后面是钢混结构的仿古大殿，但核心区仍在中间的老四合院里。院子南边是三开间歇山顶的天王殿，东西两路有配殿，北边是原来的大雄宝殿。这些建筑都经过村人自己的修缮，外观改动很多，有的门窗已经换成了玻璃的，墙面和梁架上的彩画都是现代油漆所绘制，艳丽又粗糙。

大雄宝殿面阔三间，进深六椽，悬山顶，出前廊，檐下设置五踩重昂斗栱，每间补出两攒，明间开隔扇门，两次间全是玻璃窗，其余三面无门窗，廊下陈列着明代嘉靖、崇祯到清代乾隆年间的众多维修碑刻，看起来仅是一座普通的明清风格殿堂。根据碑刻记载可知，寺院取花开见佛之意原名开花寺，又名法济禅院，始建年代已经无可稽考，但金代皇统年间曾经进行过重建。

在古建筑寻访者中，辛庄开化寺被认为是神秘的地方，主要指的就是寺门难进，正殿难开，里面的一堂明代彩塑极难得见，所以也就传得神乎其神。我有幸得以进殿瞻仰，原来里面供奉的是三世佛，三尊佛像都端坐在须弥座上，双目微合，各执法印，慈祥地注视着我们这些尘寰俗客，身后背光上镶嵌着绚烂的团花，有金龙飞舞，卷云升腾，显得庄严神圣。佛前侍立着阿难和迦叶以及几尊胁侍菩萨，东西山墙下雄赳赳地挺立着比真人还高大的两尊全身铠甲的天王。这套标准配置并不罕见，塑像保持着古朴的明代风貌，很显然未曾被扰动过，

山西省阳曲县
高村乡辛庄开化寺大雄宝殿
二〇一八年四月二十三日下午十六时——十八时二十分　连达

阳曲县高村乡辛庄开化寺大雄宝殿

大殿内昏暗的光线使塑像显得愈发神秘，可也实在伤眼，我只好放弃了画一幅的打算。

我问僧人，为什么殿宇外面都新绘了彩画，殿内梁架上却连旧的彩画都没有呢？师父叹息说，这寺当初破烂不堪，他们接管后，费了大力气筹集资金，清理内外，给各殿安装门窗，重新彩绘。那时候人手又不够，他们自己搭架子爬上高处，一点点把旧彩画铲掉，仅这座大雄宝殿他们就干了一个月，可上边来了通知，叫他们停工不准再画了。我也不知该怎么接话，这就是好心办了坏事，可是僧人们如果不在，殿堂说不定也就完了，那就连塑像也难保了。师父说上头要求他们负责看护寺庙和塑像，却只有很少的经费，这些监控设备乃至每次来人巡视的招待费用都是他出的，如果塑像出了问题，他也脱不了干系，属于倒贴钱担责任，干脆日常锁闭大殿，谁也别看，把风险降到最低。但寺院不让拜佛也不是个事，就又化缘在后院盖了新的大殿以礼佛。现在可倒好，总有想来看塑像的人，他不给开就要挨骂，可塑像要是有差池，他也难辞其咎，弄得两头不讨好。听他一番话，我也颇为感叹：没有什么事情是容易的，一切也很难做到对错分明，都充满了无奈，还好，毕竟塑像安全地保留下来了，比起我见过的那些垮塌的村庙和被斩首的塑像，应该知足了。

帖木儿三塔

从阳曲县向东北方进入山区，大约 30 公里后到达了群山环抱之中的杨兴乡，再从这里向西北一头扎下去，远山越来越清晰，从山顶上绵延下来的太阳能电池板阵列声势浩大，宛若给大地穿上了亮闪闪的铠甲。又行进了六七公里，路的尽头是一处好像被世界遗忘了的小山村——史家庄。狭窄的土路、残破的泥坯墙、遍地的羊粪和牛粪、毛石砌筑的摇摇欲坠的村堡门洞，这一切都宛如几十年来从未改变，如果不是一些房子上铺设了湛蓝的彩钢板屋顶，几乎看不到什么当今时代的烙印。

在村东南的黄土台地上耸立着大小三座塔，这就是我不辞劳苦长途奔波所要寻找的目标——帖木儿三塔。

这三座塔是元朝时期武德将军也先帖木儿家族的墓塔，呈三角形排布，最北端是一座灰白色的石塔，其东西两边为相对高大些的砖塔。石塔其实也像一个寺院的经幢，高度在 3 米左右，下部为八棱形石基衬托仰莲座，塔身亦分八面，最上覆有檐顶和宝瓶莲瓣式塔刹。石塔正南面上部线刻一尊菩萨像，下部以端正的楷书刻有"史公仲显之暮（墓）铭"，他就是也先帖木儿的父亲。塔身其余各面遍布铭文，粗读之后发现，这不仅是史仲显老先生自己的墓塔，还几乎写满了一部家族史。虽然许多字迹风化破损或被水痕漫漶，但大致可知这个史家是从定襄县乌苏村迁来，已经五代了，也先帖木儿的祖父叫作史智，祖母刘氏，其父史仲显正妻宋氏，另有三妾田氏、杨氏、王氏，并生子史彦昌和三个妹妹，史彦昌妻郝氏，生两个女儿满儿和锦兰。也先帖木儿自己的名字写在最右侧，所以显然是大哥，上面官职为"宣□忠翊校尉前邠州达鲁花赤监管本州诸军奥鲁劝农事"，他有两个夫人，汉人韩氏和蒙古人忙几真，生有两子史和卿、史和甫，一女锦技。铭文里还提到了他的三位伯父家族，史仲元、史仲宽、史仲资以及一大批堂兄弟，可以肯定的是，这个史家庄就是由他们定居流传下来的。铭文记载的修造时间是"维大元国大德玖年（1305）五月二十日"，下面落的人名是"孝男也先帖木儿、史彦昌"，综上记载可以肯定史仲显只有这两个儿子。一并记录的还有"大德柒年（1303）八月初七日戌时地震，平阳、太原损□民□拾余万，地内涌出泉眼，山涯□□"，这是关于晋南平阳大地震的准确时间记载。

东侧的砖塔高约 7 米，为八角三级结构，下部不见塔基，各层叠涩出檐，檐下设砖雕仿木结构斗栱，二、三两层饰以砖雕勾栏，最上层为攒尖塔顶，莲花托宝瓶式塔刹。二层正南镶嵌青石塔铭一块，正中刻有"宣授武德将军云南腾冲路达鲁花赤也先帖木儿墓铭"，上款和下款合为"至正拾年（1350）五月初一日建砖塔壹座，男和卿、和甫、君卿"。这里至少说明一个问题，也先帖木儿在为父亲史仲显建塔之后的这四十多年间，迁任云南，又生了一个叫史君卿的儿子。

西侧塔与东边的形式大体相同，只是在装饰细节上有所差异，塔刹已经掉了。塔铭中部有"敬奉喃荅失大王令旨管领东三州打捕鹰房都禁山官拜延帖木儿墓铭"，上下款合为"至正十三年（1353）五月二十日刱建砖塌（塔）壹座，男脱因不花、潭卿、祥卿、唐卿"。

三塔并非高大华丽，近七百年的岁月洗礼让它们更显沧桑质朴，甚至已经开始倾斜，它们耸立在平坦宽阔的黄土台塬之上，以稀疏的草甸为床，以如黛的远山为靠，沐浴着灼热的骄阳，抵挡着凛冽的朔风，就这样神奇地挺立到了今天。三塔虽是元代遗留，但最宝贵之处还在于完整而翔实的年代记录，也成为了同类风格砖塔的断代依据。

我一直在思索，为什么一个史姓的汉人家族里出现了当大官的蒙古人呢？是蒙古人认汉人为父母，还是汉人做了蒙古官职改成蒙古名字呢？尤其很显然的是，史仲显的另一个儿了史彦昌就是西塔上的拜延帖木儿，从他们儿子的名字里很明显看出仍然是汉人，且死后也归葬于汉人家族墓地，如果是纯正的蒙古人，不会如此。带着这样的疑问我仔细搜寻查证得知，

阳曲县杨兴乡史家庄帖木儿三塔

原来元代的路、府、州、县之类地方统治机构中执掌实权的达鲁花赤，必须由蒙古人或色目人担任，但元朝统治者通过赐名或者汉人改蒙古名字等一系列方式拉拢汉人归附，进而推进蒙古化，《元史》中也有大量的契丹、女真和汉人被赐名和改名而成为"国族"的记载，因此可推知这位也先帖木儿必定是一位纯正的史姓汉人，改为蒙古姓名后才得以为官，甚至还娶了一个蒙古妻子。他的弟弟史彦昌也是如此，史彦昌在改名拜延帖木儿后，还给自己的长子取了个脱因不花的蒙古名字，这也是元朝推进蒙古化的一种具体形式，只是史彦昌还曾在石塔上留下了自己真实的名字，可他哥哥的真实名字却永远被也先帖木儿取代了。

石岭关

太原处在汾河谷地北端，三面环山，只有南面与晋中盆地相连，所以虽是全山西的核心所在，却并不如南边的榆次及祁、太、平各县地方宽敞，时至今日更感觉空间受到限制，只能南向榆次、北向阳曲寻求再发展。但在冷兵器时代正因为地处南北要冲且群山相护，才成就了易守难攻的龙城晋阳。除了绵亘对峙的东西山，太原市北部的门户一共有三个，都是卡在群山天然孔道上的险关要隘，俗称"太原三关"。一是位于城西北方东关口村的天门关，此处扼守在凌井口最前端，是古时候太原通往静乐和宁武两县的要道，两山高峙，形若天门，要靠栈道往来。可惜至今关口建筑早已毁灭无存，仅余两山顶上辅助防御的简单土堡。二是位于阳曲县北部河庄村的赤塘关，三是赤塘关东边的石岭关，这两关均属阳曲县管辖，之间由一座叫官帽山的大山分隔，东西相距30余里，呈犄角之势，相互依托支援，若敌军从晋北杀来，便是拱卫太原的最后一道防线。北宋开宝二年（969），宋太祖赵匡胤攻打北汉的都城晋阳受阻，又担心北面的契丹出兵来援，便转而强攻石岭关。可惜亦不能克，只好又分兵先打下了西边的赤塘关，这才最终拿下石岭关，彻底关闭了晋阳的北大门。

1932年修建的同蒲铁路把赤塘关的遗迹彻底荡尽，所以太原三关到了今天只剩石岭关尚有遗存。此关始建年代已不可考，清代《阳曲县志》载，"明筑土城戍守，万历年间改筑石城"，其位置卡建在西临官帽山，东接系舟山的两山最窄孔道上。

我来到石岭关村寻访，但见贯通南北的208国道劈山而过，早已将昔日壁垒森严的关隘撕得支离破碎。位于村子北部的石岭关城只剩下夹筑毛石的夯土残垣颓然兀立。我实地踏勘发现，此城规模不算太大，平面基本近似于正方形，看起来原有南北两座相对的城门，现在仅有南门保存下来了，而北门则几乎一点痕迹都没有了。国道正是斜着撕开南北城墙，从北

阳曲县大孟镇石岭关

门旁边的位置呼啸而去，据说早在 1920 年时就已经修建了这条公路，因而北门的消亡也应该有一个世纪了。

南门城台规模不算大，残高在 8 米左右，门洞处以砖拱砌筑，上面镶嵌一块字迹清晰的石匾"耀德"，时间落"万历二十四年（1596）岁次丙申秋八月"。城台顶上早已无城楼建筑，荒草枯枝里却隐藏着半个用毛石水泥修筑的机枪碉堡，堪称历史的叠压。门洞里已被磨拭得圆滑发亮的毛石路面上留有两条深深的车辙，观之恍若往昔木轮马车过关的场景重现在眼前，那咯吱吱的声音也好像又在耳畔响起。

除了砖拱门洞之外，城台和两侧残存的城墙都是以灰白色的条石包砌，虽然所剩面积不多，但可以因此推知昔日的石岭关城墙应该都是这种坚厚的石墙，这与县志里记载的"万历年间改筑石城"也可以相互印证。只不过今天的条石绝大部分被拆走，才露出了里面的夯土残垣。

由于石岭关城西侧已爬上了山坡，所以西城墙地势高于其他三面，也是现在相对保存最连贯的段落，余者便是南门西侧和北墙西段的一些夯土墙了。城内近乎废弃，不少老房子已经没人居住，房倒屋塌、断壁残垣间被荒草和飘舞的塑料袋所充斥。北门外路西尚存一处坐西朝东以毛石砌筑的窑洞式四合院，看风格应是清末民初的，又被严重改建过，里面有今人安放的粗劣佛像，充作寺庙，现在似乎也废弃了。再向北不远，路便被采石场挖断了，眼前出现了巨大的深坑，我赶紧收住了脚步。西侧山坡上还有一座仅存夯土的墩台遗迹，应是为了增强北门附近防御能力而建的。东边不远处的 208 国道和二广高速好似两把长刀劈开了紧锁的关山，使得昔日的重关禁地变成了南北通衢。首尾相接的大货车轰鸣着奔向北方广袤的滹沱河谷地，我从脚下的大地上都能感受到那种隆隆的震颤与撼动。

站在石岭关前，望着已被挖掘得千疮百孔并斩成几段的山体和关隘，却没有了对历史的追思和感怀，仿佛一瞬间看到了现代文明对传统文化遗迹的无情抛弃与碾压，撕开的是高峻的山体和坚厚的城垣，被压碎的是厚重的历史和文明根脉，心中生出了说不清的惆怅情怀。

第六章
散落村郊无人识——寿盂阳平觅古风

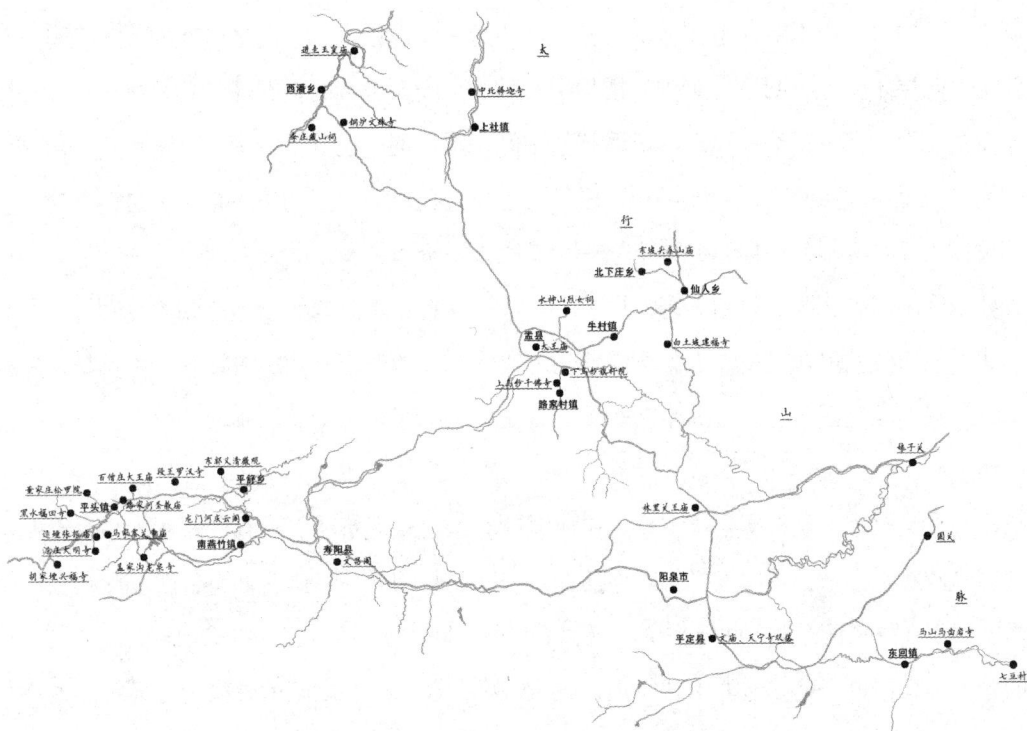

寿阳县是山西中部的山区县，处在太行山西麓的黄土高原之中，西北接阳曲县和太原市，东北连盂县，东邻阳泉市、平定县和昔阳县，东南靠和顺县，西南为晋中市榆次区。早在春秋时期这里就设置了寿阳县，隶属乐平郡，西晋时改为受阳，唐贞观十一年（637）再改回寿阳，现在这里是晋中市下辖的一个县，清朝后期著名的三代帝师祁寯藻就是寿阳人。

寿阳文昌阁

历史流转到了今天，寿阳县老城街巷早已所剩无几，县城内尚在的县衙、文庙和广度寺等几处不太完整的古建筑群也不是被修缮得艳俗不堪，就是宛若新建，倒是老城东关的文昌阁还保留着一丝古朴的人文气息，成为县城内最值得流连的地方。

清光绪版《寿阳县志》载："文昌阁在县东南二里凤凰山上，一在东郭内，其在东郭内者，国朝嘉庆初元，诏天下州县普祀文昌时，寿邑无专祠，即于东关义学构殿三楹而祀焉。道光间，复扩而新之，建四明楼，上祀奎星，下祀文昌，两廊各三间，下院如之，东题名，西记工，庙门左右为钟鼓楼，楼左为文昌三代祠，又购地四十亩为住持香火之资。知县钟汪杰、邑人祁寯藻竝有记。"我今日得见者，正是东郭的这一座文昌阁。

现在文昌阁所在地是寿阳东关的朝阳阁广场，一片很大的城市广场。朝阳阁本来是明代正德丁丑（1517）由本县人陈完修筑，看老照片是一座建在1米余高平台上的五间见方三重檐歇山顶两层木楼阁，两旁还有钟鼓楼相配，是一组庞大巍峨的楼阁建筑群，可惜在新中国成立后被拆毁。现在原址复建出的所谓新朝阳阁，则是钢筋混凝土的超级大工程，下部城门式样的平台足有三层楼高，内部中空，已经成了声色场所，上部的仿古楼阁更是造型生硬，比例欠佳，却是寿阳县的标志性建筑之一。我跟人打听东关文昌阁，竟然没有人知道，都以为我要找朝阳阁，我决定先到了东关再说。当我远远看见那高耸而粗陋的朝阳阁时，不禁皱起眉头。但忽然发现在朝阳阁大广场西北角上有一座造型严谨的两层古楼阁，不正是我要找的文昌阁吗，真是喜出望外。这个文昌阁简直是一位隐者，哪怕身居闹市，也已经被人们完全忽略了。

现存的文昌阁只剩楼阁本身，县志中所载的其余附属建筑尽皆无存。楼阁朝东修筑在两米余高的砖石平台上，四周设栏板，除西侧临公路而封闭外，其余三面有台阶。此楼面阔、进深五间，平面呈正方形，两层檐歇山顶，上下皆有回廊，一层只向东开门窗，二层设平坐，四面皆有隔扇门窗。整体造型中规中矩，比例匀称，在背后朝阳阁的映衬下更显赏心悦目。一楼回廊墙上镶满了清代的碑刻，如《重建文昌宫记》《创修遗爱堂碑记》、原县令钟汪杰撰文的《重建东关文昌庙并义学记》等，《寿阳县文昌庙记》则记载了文昌阁的确切落成时间是清道光二十年（1840），撰文者为"经筵讲官、户部尚书、军机大臣、南书房翰林、邑人祁寯藻"。还有捐资人员名录、寿阳县明代贡生和清代文武举人、进士名录，在进士一栏中可见"祁寯藻，韵士子，嘉庆甲戌（1814）进士，翰林院编修，现任户部左侍郎，江苏学

寿阳县文昌阁

政"，他的右边隔两人是他的父亲"祁韵士，乾隆戊戌（1778）进士，翰林院编修，历官至宝泉局监督"，左边隔两人有他的六弟"祁宿藻，韵士子，道光戊戌（1838）进士，翰林院检讨"。再看其余名录，祁家叔侄上榜者甚众，真不愧书香门第，令人肃然起敬。

寿阳有一位经营五金店的赵老弟，清瘦干练，写得一手好书法，有空就深入山乡遍访古庙遗址，因听说我来寿阳写生，就把我接到家里去住。我俩虽然头回见面，却丝毫没有陌生感，是共同的兴趣爱好使我们宛若故旧。到家后立即在沙发上展开地图，翻阅资料，探讨下一步的寻古目标，虽然赵老弟生意缠身，不能亲自带我下乡，但给我推荐了一大批寿阳的乡野古庙，说起乡下那些濒危的古建筑，痛惜之情溢于言表。

胡家堙戏台

平头镇位于寿阳县西部，这里是有名的武术之乡，民风彪悍，临出发前赵老弟不住叮嘱我，在那边千万不敢惹到人。平头镇辖境西端有一座胡家堙村，这里群山环绕，翻过西边的大山就是太原市地界。上午的小山村格外安静，只有几位老人坐在狭窄的巷子里聊天，对于背着大包东张西望的我，他们嬉笑了一会儿便不再理睬。

进村就能看见古刹兴福寺高高的殿脊，也不用打听，径直奔到寺前。这是一座很普通的清代寺庙，有两进院落，前后殿堂都是五开间的典型清代硬山顶大瓦房，看起来曾经做过村委会，被改造严重，现在紧紧锁闭，不可入内。寺庙最前端的建筑由正中央的歇山顶戏台、两侧的悬山顶钟鼓楼和东西庙门共同组成，布局严整对称，颇具气势，因院墙已经倒塌，所以这一排建筑看起来孤悬在外。戏台下部有一人高的坚厚条石台基，上边为敞朗的三开间歇山顶木结构，内部以隔扇门分割出后台空间，临街面砌有砖墙。檐下设有一根粗硕的额枋，依稀有早期建筑的遗风，可惜额枋已经糟朽断裂，开始塌陷，屋顶也衣衫褴褛破败不堪，状况甚是凄惨。

其实村中如此破败的老房子很多，戏台也不过就是其中之一罢了。我坐在小巷旁边默默地开始给戏台画像，看起来这戏台走向毁灭只是时间问题了。一个小伙子过来看我画画，我们闲聊了起来，想不到他是个有思想有理想的人，在北京工作，清明假期回乡小住，立志于赚下钱回来建设家乡的小山村，让老乡们能够普遍受益，真是令人刮目相看。凭我这么多年奔走于广大农村的经历，很罕有年轻人还愿意重返乡村的。寿阳这个地方的确不同，我也没有感受到平头镇彪悍的民风，这种对家乡深深的眷恋之情令我颇为感动。后来这位老弟还热情地带我回家吃午饭，并开车送我去下一个村。

山西省寿阳县平头镇胡家堙村
兴福寺戏台
二〇一八年四月二十九日 上午十时一中午十二时二十分 连达

寿阳县平头镇胡家堙村兴福寺戏台

泥庄大明寺

在平头镇西南的黄土塬深处有一座叫泥庄的小村，因地形限制，房屋在山沟中大致呈十字形分布，村中心偏北的坡地上高高地耸立着一片古建筑群，这就是大明寺。在村外很远即可望见几株参天的松树点缀其间，使寺院沧桑古雅的气质先声夺人。待到寺前则发现山门外还有两株古槐，身形扭曲，呈东倒西歪之态，宛若两位在庙前晒太阳的耄耋老者。而庙前真的就坐了一群闲聊的老人，他们热心地告诉我，寺中有僧人居住，可以找他开门参观。

这座大明寺坐北朝南，修建在高地顶上，分为南、北、西三个部分，南边坡下是一个小广场和倒座戏台，广场北边的坡上是寺庙主要建筑群，包括山门兼天王殿、钟鼓楼、东西两路的配殿以及最北端的正殿和西垛殿。院中央有一株钻天接云般高巨的古松，可惜遭受虫害已经枯死，皮叶尽落，但遒劲古拙的枝干和如向天狂舞的姿态依然如故，以其树冠之大，在繁茂的当年或许能把全寺都遮蔽于下。在寺院西侧另有一座跨院，也是四合院布局，设垂花门楼，正房为两层楼，下部建窑洞，上面设硬山殿堂，两侧还有窑洞式厢房。院中两株油松枝繁叶茂，参天挺拔，但其势仍逊于主寺内的枯松。跨院前清理出广场，干净整洁，又新建了些附属房屋。我在跨院中找到了这里唯一的僧人耀宽小师父，他很热情地给我打开了主寺大门。当我看见已经被当地修缮涂抹一新的殿宇时，大失所望，梁架斗栱上拙劣得毫无审美可言的油漆涂刷把一切旧有彩画和题记存在的可能全部抹去，配殿的墙壁上是新画的现代人臆想的罗天诸神，其中竟然还有一幅卡通的美少女战士，真是令人哭笑不得。

正殿面阔三间，进深四椽，硬山顶，前檐下斗栱尺度不小，柱头为双下昂五铺作，每间各补出一朵大斜栱，颇有气度，是明代风格。明间开隔扇门，两次间为花格和隔扇窗，殿内以两根极粗大的四椽栿贯通前后，东西山墙上还有保存不佳的明代佛传故事壁画，绘工略显粗糙。其余只有窗前立的几通残缺碑碣，再无更古之物了。

一通碎裂严重的《重修大明寺记》上有"偶被兵燹作乱，台阁泯绝而矣，基址掩没，塔树尚存，乃贞元二年（786 或 1154）所□□□洪惟我国朝阴翊，皇度于宣德年间……于南北建堂门，于东西四壁完全已成具矣，又于正统年间……"，最后落款是"大明弘治□□岁庚申□月仲夏吉旦立"，因唐代和金代都有过贞元年号，说明这座大明寺至少是金代之前就存在了，明代重建和维修，这与正殿木结构的特征也正好吻合，若看院中枯松的巨大，便是唐时遗物也完全有可能。另一块"大明崇祯八祀（1635）岁次乙亥"的《重修大明寺碑记》上说"寿阳至西七十里，村名羊庄，有大明寺"，说明泥庄原名羊庄。

山西省寿阳县平头镇泥庄村
大明寺 二〇一八年四月二十九日
下午五时三刻二十六
时二十分 连达

寿阳县平头镇泥庄村大明寺

画到傍晚，我向耀宽师父借宿，他十分爽快地答应了，帮我找来被褥，安排我住在跨院西厢房里，并给我煮了一大碗面。房间和被子浓重的潮气让我只能和衣而卧，晚上半梦半醒间，听见跨院正房的佛堂中，耀宽正在敲着木鱼低声诵经。我走出跨院，寂静的夜晚里似乎连飞鸟也停止了鸣唱，琥珀色的月光披洒在山顶寺院之上，参天的古松变成了神秘的剪影。此时此刻，山乡古刹伴着绵绵不绝的诵经之声，让我仿佛触摸到了一代代岁月的更迭与累积，也看到了这位孤独出家人虔诚坚定的信仰之心，霎时间感慨万千。

逯堙张振庙

天刚放亮，我又听见佛堂里传来的诵经之声，早饭前耀宽也是双手合十默诵一段经文才端起碗筷。临别他送我来到村口，相互进行了真诚的祝福告别。我敬佩他一个人的修行和坚守，他对我也存惺惺相惜之心，称我这是另一种修行，目送我扛起小山一样的背包大步向远方走去。

这片山中有一个叫逯堙的小村，房舍也是沿山沟散乱分部的，村北高处尚残存一座破庙，倾颓的山门伴随着高高耸立形容枯槁的松树和柏树，老远就吸引了我的注意，赶紧穿过曲折盘桓的村路来到庙前，跟老乡打听得知，这是一座张振庙，但张振是谁他们就不知道了。

小庙原本有正殿和两旁的垛殿，东西两侧有配殿，院子南端是三开间卷棚顶倒座戏台和两侧左右对称的两座庙门。现在正殿已经完全垮塌，化为台基上的一片散乱木料和瓦砾堆，配殿也都已经半塌，只有戏台勉强还算完整，其实屋顶已经多处塌漏，村民早年把台口砌墙封闭，当作库房使用，现在几架已经废弃的老风车还扔在里面。满院子都成了野草的乐园，在初春的时节里它们无所顾忌地占据了院内外各处角落。院中两株古松一株已经枯死，看起来也是死于虫害，有只啄木鸟一直落在最高处咚咚咚地辛勤工作着。

我也查不到这位张振是何许人也，但看残存的建筑可知这是一座清代庙宇，惨烈的坍塌让我感到无限惋惜，又一座古庙毁掉了，又一段历史湮灭了。我坐在戏台檐下把这触目惊心的惨状画了下来，希望为这座逝去的小庙留下一点纪念。正全神贯注之时，村中不知谁家的一只大狗从院墙坍塌的豁口处钻入，狂吠着朝我扑过来，惊得我瞬间从座位上弹起来，情急之下抄起瓦砾堆上的半截椽子冲上去，才赶跑了这畜生，心狂跳了好一阵子才平静下来。

山
西
省
寿
阳
县
平
头
镇
逯
埂
村
张
振
庙

二
〇
一
八
年
四
月
三
十
日
早
七
时
二
十
分
—

上
午
九
时
十
分
连
达

寿阳县平头镇逯埂村张振庙

马家寨关帝庙

从逯堙村向东徒步，穿行在田间地头，满眼一片枯黄，好像村庄和田野都在忍受着干渴的挣扎。走到了马家寨时，景色变得壮阔起来，村庄修筑在高高的土崖顶上，在远近山丘的环抱下有一种遗世独立的气魄，两山间的深沟里是平坦宽阔的田野，映衬得村庄地势更显高峻。

在村庄西南角上有一组突出的建筑群，紧靠土崖边缘临渊而建，就好像海滨山崖上的望海别墅一般，位置和视野绝佳，风景与气势兼得。我隔着深沟望见这座庙宇，顿觉豪气升腾，精神为之一振，赶紧大步流星地奔了过去。

这是一座分为东西两部分的破庙，虽然面南而建，但两院的正房之间夹建着朝北开的拱形小门作为庙门。进门后向东便来到了东院正房的二楼，往下一望，东院目前只剩下朝南而建的正房和朝东而建的厢房这两座二层楼式建筑，都是开拱形门窗的砖木小楼，其余两面围有院墙，南向开门，想进入院中要从楼内走楼梯下去。正房出前廊，二层正门上镶嵌匾额"学士楼"，看来曾经被改造成了学校。我见楼板是木制的，已经严重开裂，从缝隙中都能够看见下面的情况，不敢贸然踩踏，转身退出来。

西院是庙宇的主体，一座四合院布局，最北边一米多高的条石台基上原来的正殿已经不在，取而代之的是一座粗糙得连灰缝都没抹的砖房子，看门窗形式应该是曾经的教室，现在屋顶完全垮塌，成了敞口朝天的方盒子，里面一株杨树枝繁叶茂地长得足有房子的两倍多高。西配殿是三间硬山顶的瓦房，东配殿则是东院厢房的二层，山西许多庙宇都可见这种巧妙利用地形的单面楼阁设计，里面的墙上还有黑板，不知何年孩子涂鸦的孙悟空和荷花还完好地保存在上面。

最南边是戏台，修建在一米多高的条石平台上，面阔三间，硬山顶，檐下贯通一根粗大的通檐额枋，设单昂三踩斗栱。梁架工整规矩，保存完好，上边黄色的仿木纹理彩画颜色如新。前后台以隔扇门相分割，现在也仅剩下门框和上部隔板了。在隔板上残存的一些彩画充满了时代气息，有传统的古典故事，《草船借箭》的图案辨识度最高，也有西洋的风景，欧式的桥梁和楼房、城堡，旁边点缀几个大鼻子拿洋枪戴尖顶帽的西域胡人形象，这应是出自乡民们对未知的西洋的一种想象，很显然是晚清或民国时期的时代烙印。在这些画中有一幅描绘物品陈设的，一叠书上写着"春秋"，一盏灯笼上写着"关帝庙"三个字。

院中有株松树枝干扭曲，树冠如张开的遮阳伞，把不大的院子遮蔽近半，使得这里有一

寿阳县平头镇马家寨村关帝庙

种阴森森的气息，脚下是不知道淤积了多久的松软如毯般的松针。整个院子里最具观赏性和承载更多信息的反倒是我平时不怎么注意的戏台了，因为不见任何碑刻，我只能从现存的建筑形式和戏台彩画中判断，马家寨这座庙宇是清末民初风格的关帝庙。

黑水福田寺

在平头镇的西北方向有一个黑水村，村庄呈东西向狭长形散布在台塬之上，西北角上现存一座叫福田寺的古刹，听闻是元代遗构，引得我专程前往寻访。

寺院坐北朝南修建在高地上，分为东西两组院落，东院是主体，西院为陪衬，三开间悬山顶的山门兼天王殿雄踞在两米余高的条石台基上，在两侧钟鼓楼的护持之下显得庄严肃穆。庙前是一大块空地，我来到此处，正遇村中一户人家在此搭棚摆宴娶媳妇，真是喧闹热烈，那种火爆的气氛把村庄和庙宇似乎都感染了，每个人相见都是一脸笑意，一团和气。我也因此很顺利地找到了管钥匙的大叔，得以进入寺院之中。

山西省寿阳县平头镇黑水村
福田寺
二〇一八年五月一日 中午十二时十分一下午十四时十分 小雨中执笔绘成 连达

寿阳县平头镇黑水村福田寺

　　山门之内就是另一个世界，那些嘈杂和喧闹的声音似乎都变得若有若无般不再真实，倒是质朴的古建筑迅速吸引了我的注意力。东院由山门和钟鼓楼、东西两侧的配殿以及最北端的正殿组成，是一所严整的四合院。正殿建于近1米高的坚厚条石台基上，面阔三间，进深七椽，悬山顶，前檐下出廊，明间用两根瓜棱石柱支撑，两次间为抹角方石柱，上边的双下昂五铺作斗栱密集而整齐，呈现出一种雄健的韵律之美。殿宇三间皆设隔扇门，内部两根粗大弯曲的六椽栿贯通前后，上边的平梁也好似随意找了根木头即行架设，粗犷豪放，实则通过弯梁向上的弧度减少了一条四椽栿的使用，更好地节省了用料，释放了空间，是匠心的体现。在东次间廊下有残碑一通，不知经历了怎样的劫难，曾被砸得碎成数块，现在又重新黏合起来。

　　碑文是"大元至顺四年（1333）岁次癸酉"的《刀村福田院刱建正殿碑记》，有"里中本院名曰福田，乃在府妙觉之下院也，曾不知何代而草刱，遭贞祐兵火殄绝，只有中殿僧房数间而已"的记载，可知现存者应是元代至顺重建后遗留，至于刀村到黑水村的转变则不可知也。东西配殿是四开间硬山顶瓦房，偶数的开间还真是不多见。

　　西院分前后两部分，前院就是大杂院，大量的清代碑刻平置于地，且被砸毁断裂者颇多。后院原是寺中的禅堂和僧舍，为明代遗构，现在同东院一样都是空空荡荡的。

我正在东院里画着，一阵狂风卷着沙尘和泥雨倾泻而下，来得猝不及防，把我逼到了配殿廊下的角落里，用来保护画纸的小伞几乎被粗暴的大风揉碎了，也好像要把我身上的体温一并吹尽一般，令我开始哆嗦起来。我左手死死攥住雨伞，抵挡杂乱泼洒下来的泥浆般的雨点，右手仍然奋笔疾绘，甚至还极力加速。待我画完之时，竟然又雨过天晴，艳阳高照了——这里的天气真是让人捉摸不定。

走出福田寺，但见四野山川明艳，村落里已经恢复了宁静，婚宴热闹的场景如同不曾存在过一样消失得无影无踪，让我有种不真实的幻梦感。想想也是，即使没有这场雨的袭扰，我也已经在里面画了两个多小时了。

董家庄松罗院

在平头镇的西北方有一个董家庄村，村东南的黄土山头儿顶上，坐北朝南建有一座叫松罗院的寺庙，进村后很远就能看见巍峨的一处庙院泰然地耸立于制高点上，几株年久变形的老树张扬而扭曲地把守在庙前的坡地上，给庙宇周遭增添了无穷的魅力。

松罗院主体是一所四合院布局，由最南端的倒座戏台，东西配殿和最北面的正殿及东垛殿组成。戏台左右各开一个拱形掖门，但久已封闭，只能走院子西北角的便门出入。戏台是清代硬山大瓦房，前出卷棚歇山顶抱，檐角高高张扬，好像鸿雁张开的羽翼，台口三面开敞，正面跨度特别宽，风格与祁县一带的戏台颇为近似。东西配殿也是面阔四间的硬山顶大瓦房，出前廊，檐柱或为木柱，或为八棱石柱，可见是历代修缮所累积。在廊下扔着许多已成碎块的残碑，一望可知当年的破坏有多么疯狂惨烈。

正殿修建在半米高的毛石台基上，面阔三间，进深五椽，悬山顶，前檐下出廊，檐柱粗硕，有侧脚。斗栱的设置颇为不合常理，柱头均设单下昂四铺作，每间补出一朵斜栱，可是在两个次间靠近明间一侧又莫名其妙地补出一朵和柱头铺作一样的斗栱，却并没有多少实际的作用。殿内构架更为怪诞，不但用材极其不规范，甚至不设平梁和叉手，仅以几根长短蜀柱支撑在三椽栿上托住脊槫和平槫，诸如坐斗、压跳和斗栱后尾等许多地方都塞垫有木块，看起来好像是材料不够尺寸而救急的办法，这种情况真是前所未见。

正殿廊下陈列着几通清代碑刻，其中一通"（清）康熙四十五年（1706）冬"的《重修碑记》里依稀有"今夫松罗院之创建此土也邈矣，兼所殁矣，纪事者每以女僧碑塔推，必始于（北宋）皇祐之前"的记载，可见寺院历史之悠久，不过看现存结构，应该是元代遗构又

山西省寿阳县平头镇董家庄村松罗院
二〇一八年五月一日 下午十五时三份——十七时十四分 延达

寿阳县平头镇董家庄村松罗院

在清代被狠狠地整修过，所以风格十分杂糅。至于碑中提到的塔，老乡说早年间还有，现在早都没了，到底什么格局的，他也说不清楚，似乎是个墓塔。

　　我坐在配殿的廊下画画，管庙大叔拿起扫帚开始清扫满院的落叶和积尘，我很好奇地问他，这才刚开春，怎么落了这么多枯叶？大叔说如果不是我来看庙，他也很久没开门进来了，这些是去年秋天的落叶。我更好奇了，难道逢年过节的时候，村里没人进庙烧香或者办个庙会什么的？大叔叹道，这庙里的佛像早已经砸掉了，现在村里多是老人，总共也剩不下多少人口，根本没人来庙上了。看起来失去了信仰基础和宗教作用的寺庙已经被人们遗忘了，除了像标本一样寂寞地矗立在角落里，似乎看不到未来。

路家河圣教庙

　　路家河村紧邻平头镇东侧，村西南的田野里耸立着一片规模不小的古建筑群，在公路上即可看见，我连日来奔波于平头镇周边，早就注意到了。这日清晨我来到村中，向老人一打听，他们说这是早年间的圣教庙，但自打他记事起这里就是个学校。我想也许是孔庙，在中国可称圣并立教者唯儒教的孔子了，许多孔庙后来还被改建为学堂，也合乎情理。

此庙坐北朝南，孤零而残破地独处于农田边缘，因殿堂不少，远观还颇有气势。庙宇四周院墙全部倒塌，呈现出完全开敞的状态。因为田里野草分外茂盛，庙宇倒好似在草丛中生长出来一般，呈现和大自然融为一体的和谐气氛，院子里青葱的绿草和成片的黄色野菊花充满了蓬勃的生机。

现存正殿面阔五间，进深四椽，悬山顶，有前廊。檐下当中以四根暗红色的瓜棱石柱支撑，两根边柱和内槽柱皆是抹角方石柱，斗栱设单昂三踩，补间出斜栱，比例细小纤弱，仅起点缀作用，一派晚清气质。殿内空间并不算大，以砖墙分割成一个大间和两个小间，到处都已毁坏不堪，屋顶漏了几个透明的窟窿，而且梁架上不可思议地搭挂着许多破烂的衣物，褴褛地在风中飘荡，让人有点头皮发麻的感觉。

两厢的配殿都是三间硬山顶大瓦房，西配殿还算尚好，但它南边连建的厢房却塌到只余西墙和南墙的惨烈地步。东配殿不但屋顶多处坍塌，连砖墙内外皮也瘫倒了一大片，它的东侧向南另建有一座三开间的殿堂，亦是坍塌一半，门窗全无，破烂不堪。整座庙宇的最南端原有卷棚顶戏台，目前只余下东西两片孤立的山墙还站在那里，戏台东侧粗糙的旧学校三角顶砖砌大门也颓然仍在，门楣上的水泥五角星昭示着那个并不久远的年代。

令人既吃惊又遗憾的是，院子里竟然横躺竖卧着近十通石碑，有的碑足有门板大小，但

山西省寿阳县平头镇路家河村
圣教庙
二〇一八年五月一日　早七时四悟一上午十时
连达

寿阳县平头镇路家河村圣教庙

多数都已风化惨重，或断折成几节，与杂草瓦砾为伴。生命力顽强的春草从石碑断裂的缝隙中长出来，好像大地为重新接纳碑刻和庙宇而张开的手臂。我努力想看清碑上的文字，可惜大多数碑面已经漫漶模糊了，一些字迹尚可辨认的碑上则多是捐修者的名单。但一通断成两节的"中华民国七年（1918）"《迁修三教庙碑记》引起了我的注意，其中依稀有"村西南旧有三教古庙，基址临河，久遭水患，春冬悬缩，基础动摇……丁巳岁，阖村公议，北迁高原，斜工修缮……历经二载，焕然一新"，说明这庙是民国初期迁建的。又仔细辨识另一通断成三节的"中华民国七年（1918）"《万善同归》碑，表面破损实在严重，但认出有"昔年三教一理之辩""万善同归于一，三教之分有何异矣"等字样。我想这些证据足可说明此处原是一座儒释道的三教庙，想必是当地方言浓重，三教庙又被毁太久了，以至于误传为圣教庙。

我坐在东配殿几近垮塌的檐下画着正殿，并警惕地随时关注着天空中黑沉沉的云层和身后摇摇欲坠的房子，做好了雨来就撤进屋里，房子塌了就赶紧奔逃的准备。最后还是雨水占了上风，我更加提心吊胆地把身子完全缩进了配殿里才终于完成了作品。

在穿过田野离开时，我不时地停下脚步回头凝望，想来这座大庙最终的结局必定只能是归于尘土，重回大地了。

百僧庄大王庙

平头镇东北方不远处有一个叫百僧庄的村子，村庄面积不小，我一再打听才找到了位于村北高地上坐北朝南的大王庙。这令我有点困惑，因为大王庙是一座道教建筑，供奉的赵氏孤儿赵武也跟佛教没有关系，为什么村子却叫百僧庄呢？有百僧之数，当初村中必定曾有一座规模庞大的寺院才合乎逻辑，但我打听了好几位村中老者，都说一直就叫百僧庄，却不知来历，也不太清楚大王庙同和尚庙到底有什么区别，我只得作罢。

大王庙现在有前后两进院落，最前边建有一排筒子房，看起来曾经是学校教室，前院被老乡圈起来饲养鸡鸭鹅，鸣叫之声此起彼伏，前后院之间的位置应当是昔日的庙门，当初的抱鼓石还半埋在原地，门却已经没了。后院里有正殿和东西配殿，因庙宇建在坡地上，凭借地势的高峻，建筑群也显得挺拔肃穆。正殿修建在半米高的条石台基上，面阔三间，进深四椽，悬山顶，前檐下出廊，以四根花岗岩瓜棱柱支撑，中间两根石柱的腰部还浮雕有盘龙云朵，风格一如我在晋南新绛、万荣和芮城一带所见过的石柱。檐下重昂五踩斗栱工整严谨，用材不大，是明代风格，殿内梁架亦是如此。四壁被刷以白灰，山墙上的黑板依旧如故，说明这里的确曾被改成过学校，倒是跟大王庙相关的痕迹无处可寻了。两厢的配殿也是教室模样，并且久已失修，屋顶出现了不同程度的坍塌。

我坐下来给正殿画像，看守庙宇的大叔大妈与我相谈甚欢，有感于我身背重负千里来访，既钦佩又怜惜。他们指着正殿光秃秃的屋檐和裸露的飞椽告诉我，现在有人专门收瓦当滴水，忽然一天夜里，这些东西就全部被卸掉偷走了，他们去报告，也没人理睬。我不由得慨叹，那些做收藏的"风雅之士"们在把玩时不知可曾想过古建筑被毁后的惨状，只为一己之私，给文物盗窃推波助澜，追根溯源，是庞大的市场需求不断刺激着疯狂的盗贼们，长此以往，乡野文物的下场将何其悲惨！

待我画完，已与两位老人家聊得甚为相熟，大妈更是送我走出很远，挥手告别，已是依依不舍。山村巷口的挥别，不禁让我动情，更想起了家乡思盼着我的母亲。

信步出村，路过村委会大院时，发现院子里竟然残存一座已经倾斜的五开间大殿，赶紧进去细看。这不过是一座悬山顶的清代风格殿堂，似乎也并不出众，倒是台基上作为垫脚石的一通石碑引起了我的注意。这是明嘉靖丙申年（1536）的碑刻《白生庄三官庙》，我有恍然大悟之感，看来此地明代曾叫白生，后来也许是口音之故，讹传成了百僧，其实和僧人及佛教并无关系。

山西省寿阳县平头镇百僧庄村

大王庙

二○○八年四月三日下午

古阿三时一三十七阵

连达

寿阳县平头镇百僧庄村大王庙

段王罗汉寺

在平头镇和平舒乡交界的附近有个段王村，距离县城 25 公里，坐落于 307 国道北面的台塬上，实际上已经和旁边的西崖村连成一片了，在段王村西南角有一处巍峨的大庙，叫作罗汉寺。

寺院坐北朝南，修建在近 5 米高的大平台上，台基外面包砌有坚厚的毛石挡土墙，仰观之如同堡垒般宏伟雄壮。现存建筑有中线上的山门和前殿、后殿，山门左边还残存着一座钟楼，前院里建有对称的东西配殿，后院里仅剩下东配殿。山门是面阔三间的硬山大瓦房，前殿面阔三间，进深六椽，悬山顶，前出廊，是寺内体量最大的殿堂，看内部梁架依稀有元代遗风，但檐下斗栱纤细琐碎，已是清代改造后的面貌。

我来到罗汉寺时，一场全面大修正在火热地进行着，穿过林立的脚手架，跨过满地的木料和砖石，我吃惊地看到后殿还安然端坐于条石高台上，似乎没有受到扰动，而且这座古朴苍凉到让人心疼的殿堂传递出摄人心魄的古拙之美，让我大感没有错过真是侥幸。

后殿面阔三间，进深四椽，悬山顶，明间开木板门，两次间设直棂窗，前檐下设双下昂

山西省寿阳县平舒乡段王村
罗汉寺
二〇一八年五月二日上午九时一十一时　连达

寿阳县平舒乡段王村罗汉寺

五铺作斗栱，两次间补间与柱头斗栱一致，明间补出一朵大斜栱，既健硕阳刚，又富于变化。殿内梁架工整简练，两根四椽栿贯通前后，以驼峰垫起平梁，早期遗风更浓。殿内现在也堆满了砖石材料，是临时库房，北墙上绘制的佛祖火焰形背光还依稀残存些许轮廓，东山墙已经倒掉，明艳的阳光照射进来，好像穿透了时空的一个通道。门两边的外墙上几十年前涂刷的"毛主席""共产党"的标语字迹依然清晰，历史在这里的积淀是真实而连续的，不知道修缮之后这些岁月的印迹还能剩下多少。

东窗前立有一通清雍正十一年（1733）的《重修罗汉寺碑记》，云"予乡旧有罗汉寺，其基址颇高，西北与岐山相映，东南与文阙相维，远而望之者，咸称美……阅稽石刻，自创建以来固已阅数百余年矣……兴工于雍正八年（1730）之初夏，告竣于雍正十一年（1733）之仲冬"，这也是所能在寺中见到的唯一的碑刻记载了。

我坐在一大堆已经破好的木料堆里，背靠搅拌石灰的大坑开始画这座罗汉寺后殿，往来的工人兄弟都报以好奇而善意的围观与微笑，甚至为了不打扰我，都不再抽取我身旁的木料了。

东郭义清微观

寿阳县平舒乡距离 307 国道还有一大段距离，当我在路口处下了班车，就只能背着大包向平舒乡徒步前进了。这条乡道上有洗煤厂，有无数首尾相衔的大煤车，却没有好的道路，所以我又一次捂住鼻子，赴死般毅然走进了煤尘扬起的黑色烟幕之中，好像穿行在无尽无休的迷雾里，最后实在憋得受不了，也就只能在这地狱般的空气中大口喘息了。当我满头大汗地走进了平舒乡，抹一把额头黏腻的汗水，手上都是黑的。可惜我拼死而来，乡小学旁边的崇福寺却在进行大修，前后殿宇都被脚手架和防尘网包围，无法写生，于是我决定前往西北方的东郭义村寻找清微观。

这也是一段根本没有公交车的乡间土路，有四五里之遥，但当我向街边的车打听价钱时，他们开出了天价，于是我再次背起大包，依靠最可信赖的双腿，继续开始徒步。漫长而沉闷的负重跋涉，鞋垫被踩皱了，很是磨脚，干脆抽出来扔掉。午后火辣辣的太阳下，黄土高坡上不见一个人，只有我自己的影子和沉重的脚步声为伴。

东郭义村坐落在一处高地上，房屋随意地散布在各个角落，不用打听就一眼看到一片与民房风格迥异的青砖硬山顶大瓦房，衰颓地屈居在村东一角，经向一位老者确认，这果然就是我要找的清微观。

这是一座前后两进院、占地甚大的建筑群，说大是因为前院的面积特别宽敞，加之周围院墙早已全部坍塌，使这里显得更加空旷，好像一个篮球场。整座道观修筑在一块台地上，台基外立面以毛石包砌，前后两院都是四合院布局，后院改建严重，房倒屋塌，许多墙壁是靠木棍戗柱才勉强支撑到现在，倒是前院虽破，看起来还算过得去。

　　这些殿堂全都是三开间硬山顶大瓦房，典型的晚清特征，前檐出廊，明间开门，两次间为直棂窗，但前檐的两根边柱却都与山墙分离，其余结构大同小异。最前边的山门是倒座出廊，左右连建有两个砖拱门洞，应该就是道观的钟鼓楼兼掖门，只是门洞顶上的楼阁部分已经坍塌无存而已。正殿和东西配殿也多处漏顶垮塌，满地瓦砾和草料，看起来曾经被用作牲口棚。正殿檐下不设斗栱，坐斗上直接出挑尖梁头，东山墙倒掉，敞口露天，但内部木构架尚且完整，上边涂刷的暗红颜色依然饱满，昔日被用作猪圈时所砌的多道短墙也依旧尚存，诉说着三清蒙尘的不堪往事。

　　现在院中野草丛生，上面满是垃圾杂物，一阵风吹过，塑料袋纷纷飞扬盘旋，几个雕凿粗糙的赑屃被胡乱丢弃在草丛里，碑刻早已不知所踪，当终于在泥土里发现半截石碑后，却已太过残缺，难以辨认了。我就坐在垃圾堆中给这几乎没救了的清微观画了一幅，虽说这里年代较晚，建筑等级不高，艺术性也不强，但毕竟是一个时代的见证，并且即将逝去了。

山西省寿阳县平舒乡
东郭义村
清微观
二〇一八年三月二日下午十五时三十分一
十七时三十分　连达

寿阳县平舒乡东郭义村清微观

在清微观西南方路边还有一座清代中后期风格的戏台，高高的条石台基上建有卷棚顶瓦房，石刻很是精致细腻，也正因为如此，柱础已经被盗，仅以碎砖勉强支撑不使垮塌，可悲！

龙门河庆云阁

在平舒乡东南方的 307 国道南侧有一个叫龙门河的地方，村门紧临路边，是一座巍峨高耸如城门楼般的建筑。几日来我奔波在县城到平头镇和平舒乡一带，每每路过这里都要瞥上一眼，这日傍晚我回县城前，终于专程赶往龙门河一探究竟。

据村中碑刻载"龙门为寿西保障，三面距河，当东西南北要冲"，点出了本村的重要地位。龙门河村还是一座古老的村庄，现在沿街随便走走就能看到许多老宅门。因为村子修在坡地上，村门的巨大平台实际上是外高内矮的，门洞幽深厚重，其上建有重檐歇山顶的两层木楼一座，这就是庆云阁。楼阁构造简练，造型粗犷，体量高大，一层面阔和进深均为三间，二层为一间，前后又各连建出三开间卷棚顶的抱厦，东侧另连建有三间卷棚顶的垛殿，使得

山西省寿阳县平舒乡龙门河村
庆云阁
二〇一八年五月二日 傍晚十八时十分一十九时二十分 连达

寿阳县平舒乡龙门河村庆云阁

庆云阁呈现出一种众星捧月与鹤立鸡群般的尊贵之态，楼阁主体也因而更显巍峨。村中现存一通"大清乾隆五十三年（1788）岁次戊申"的《重修庆云阁并绘水陆轴碑记》有云"余村震位，地势空阔，旧建庆云阁，鸟革翚飞，高耸云汉……阁上祀文昌帝君、魁星，孚佑人文，阁前祀三官大帝，泽润生民，后建乐楼……三圣祠置其旁焉"，把昔日庆云阁内外布局之用记述得甚为详尽。

由于门洞内外的高度差异，从外侧走进来时，有一种走进城门般的感觉，可在内侧看，人却好像从低矮的地下室钻出来一般。

在夕阳已经西下的时候，我只好选在门洞内侧的路边，借着晚霞的余晖飞速地给庆云阁画上一幅，真是追赶阳光的速度，运笔如飞，不敢稍有停顿地同时间赛跑，终于在天完全黑下来之前把庆云阁的速写完成。开始时还有几位坐在巷口拉家常的老人过来围观，他们告诉我这里当地人也叫庆阳阁，楼下层内侧的卷棚过去是一座开敞的戏台，在上面唱戏，老百姓坐在街头巷口就能看了，后来才砌上门窗改成仓库的。随着晚霞燃尽，四野已经变得灰暗，老人们也各自回家了，只有我还在近乎固执地拼命画着。

在黑夜的公路边，终于拦着了一辆返回县城的过路车，问我到哪里，我想了想，只知道县城的朝阳阁最有名，只好先到那里再说吧。当我终于回到朝阳阁广场时，赵老弟已经骑着小摩托赶来接我了。我忽然特别感动，身在异乡的孤寂感一扫而空了。

孟家沟龙泉寺

南燕竹镇孟家沟村位于寿阳县城以西30公里，中间是连绵的群山和无边的台塬。村子实际上分散在黄土丘陵之间，分前、里、外三个部分，在前孟家沟南侧有一片林木葱郁的矮山，名曰五峰山，顶上坐西朝东、依山就势建有一座龙泉寺。山不甚高，在公路上即可望见穿透林丛露出头来的寺内最高建筑——晶月亭和东边的凌泾塔。

走进苍翠的山林中，清爽湿润之气顿时沁入心脾，多日来总是满眼干巴巴的黄土高原风貌，一朝来到这茂林之内，真是神清气爽，格外受用。龙泉寺的始建年代已不可考，有记载重建于明天启四年（1624），不过现存的建筑多是清代和民国所修。寺院坐落在山怀之内一处形如靠椅的坡地上，山门前有一块广场，南端建卷棚顶倒座戏台，春日的牡丹已经在台边怒放，空山寂静，再无人迹，倒使我想起了"涧户寂无人，纷纷开且落"的诗句。山门为三开间出前廊的悬山顶建筑，其内第一进院落是松柏掩映间的四合院，由前殿和东西配殿组成，

山西省寿阳县
南燕竹镇
盂家沟村

龙泉寺

二〇一八年五月三日 上午九时
一十时五分
莲达

寿阳县南燕竹镇盂家沟村龙泉寺

前殿面阔三间，进深六椽，悬山顶，东西两侧为钟鼓楼。第二进院落不大，但背依山峦，修建起一座长长的两层窑洞式靠山楼，其下有近两米高的条石台基，一层九眼窑洞一字排开，正中心窑口前出卷棚歇山抱厦。二层向内收缩，共开十一眼窑洞，正中央出三开间歇山式抱厦，两侧前廊各五间，这组靠山楼被称作檐窑殿。在这两层窑楼的顶上中部又建有一座二层小楼，下面是三孔窑洞，顶上为面阔五间、进深四间的歇山顶木结构亭阁，这就是晶月亭了。整座龙泉寺布局大体如此，建筑群高低错落，层叠攀升，我站在戏台上就能够一目了然，可因寺中无人，无法入内。

围着寺墙略一盘桓，发现在南墙下的角门处正可穿透林荫阻挡，从侧面领略高耸的晶月亭雄姿，其下的多重殿阁与墙垣乃至墙角的碾盘组成了一幅远近虚实明显、纵深感极强的画面，于是就坐在山路上画了下来。

寺北边几十米外有一座造型怪异的砖塔，即凌泾塔，此塔为八角十三级楼阁式砖塔，通高约 25 米，一层仅在南侧开塔门，上部除顶层外各面均交错设置拱形真假窗，层间只伸出很短的叠涩檐，好像在筒状的塔身上加了一道道花边。一层和顶层最高，其余各层等高，且均不及一层和顶层的一半。顶层仅在四个斜向设拱门，并在东南方的拱门上设砖雕门檐，塔顶为攒尖顶。整座塔僵直呆板，参差怪诞，应该是清代作品。

我离开龙泉寺后又奔波 20 多公里前往白道村普光寺，结果白跑一趟，再次遭遇闭门羹，甚为遗憾。

盂县大王庙

盂县位于寿阳县东北方，已经属阳泉市管辖了，这里处在太行山脉中段的西部，北靠五台、定襄两县，西为阳曲县，东南接阳泉市区和平定县，东面屏太行山与河北省的平山和井陉两县为邻，是一个山区大县。盂的名字最早出现在春秋时期，晋国当时设立的盂实际上在今天阳曲县的大盂镇一带，秦汉因之，而今天盂县县境大部地区是春秋时期的仇犹国故地，隋开皇十六年（596）在今天的盂县县城位置设立原仇县，大业三年（607）正式改原仇县为盂县，至今未变。

盂县县城的旧有格局基本难觅踪迹了，现在只有县政府后院里的三圣寺大殿和西关香河北岸的大王庙两处古迹尚存，可惜我去县政府参观，被轰了出来，只好到西关寻找大王庙了。

大王庙主要分布于寿阳、盂县和阳曲县一带，大字读"代"音，是纪念《赵氏孤儿》中主角文子赵武的庙宇。故事里的赵武尚在襁褓之中，全族便被屠灭，所赖其父故友公孙杵臼和程婴仗义相救，程婴以自己的儿子替换赵武而死，这才为赵氏留下了一脉骨血。相传赵武当时被藏在盂县的深山之中，后人为纪念他，便将此山称为"藏山"，山里纪念赵武的庙宇称为"藏山祠"，其余各地祭祀赵武的祠庙一律为藏山祠下院，多曰"大王庙"，盂县城西关这座大王庙在县志里记为"文子行祠"。这是一个流传千古的悲壮故事，我也曾热泪盈眶地感动于公孙杵臼和程婴的高义与生死诀别一刻的撕心裂肺，总是觉得赵武是受益者，倒是更应该纪念程婴和公孙杵臼。赵武长大后重整赵氏基业，再次成为权倾晋国的几大家族之一，乃至赵家后人赵襄子和韩、魏两家终于分晋自立，成为战国七雄之一，所以他是赵国的始祖。

历史上的赵氏也的确被屠灭过，是晋侯为削夺权臣而下的杀手，但赵武因为是晋侯外甥又年幼无知，是以得免，成年后仍然继承了爵位，所以程婴救孤的故事只是虚构的。但悲剧的魅力是无穷的，到元代杂剧盛行之际，《赵氏孤儿》剧目流传天下，如同《窦娥冤》一般已是深入人心了。后来我在仔细翻阅盂县、阳曲的志书时还真发现了关于公孙杵臼和程婴祠庙的记载，可惜早已消亡在历史之中了。

盂县大王庙坐北朝南，隐藏在杂乱的小巷里，香河就像一条深深的排水沟横亘在庙门前，所以出入这里只能走西院盂县文管所的大铁门。大王庙主体现存照壁、山门和倒座戏台、前殿、后殿及东侧的廊庑，西边已无相对称的建筑了。

山西省盂县大王庙后殿
二〇一八年四月二十二日 下午十六时三十分—十八时四十分 连达

盂县大王庙后殿

前殿面阔五间，进深三间，单檐歇山顶，前出廊，看檐下重昂五踩斗栱细小纤弱，似清代风格。殿顶高耸，收山过窄，与低矮的殿身和宽大的出檐之间比例让人很不舒服。庙中的精华是后殿，亦称为大王寝宫，是一座面阔三间、进深四椽的悬山顶建筑，前檐下一排五铺作斗栱粗壮而又雅致，当中补间出一朵大斜栱，尤其保留使用了出现于唐宋时期的下卷昂，更是弥足珍贵。后殿是金代遗构，创建于承安五年（1200），这也证明了此种昂一直传承到了金代，但金以后则再未见过。建筑的古老年代同时也说明了人们对赵武的崇拜和祭祀历史之悠久，使一位诸侯国的权臣变成了一个香火流传两千年的神圣人物，这到底是什么力量呢，值得深思。

东侧廊庑下陈列着庙内以及从盂县各处收集来的碑刻文物，其中不乏北朝造像碑和唐碑这样的珍品，庙中的历代维修碑则从元至清，传承有序，其中有言道"自汉唐宋元以来，邑人皆以祀藏山之神为事"，更说明了庙宇之悠久，这些历史记忆在黄昏暗淡的光线下，显示出一种神秘幽远的气息。

在我默默如凝固了一般的绘画过程中，西院里原本狂怒的犬吠声也沉寂下来。看着色彩陈旧而凝重的大殿，更加有了一种历史扑朔迷离的感受。赵武的故事究竟如何已经不重要了，两千年来他被树立成神已是不可改变的事实，为他而建起的座座大王庙才是我能看得见摸得着的历史。

进圭玉皇庙

西潘乡坐落在盂县西北部的深山里，从县城到这里要在曲折的盘山路上走很久，山高谷深，崖壁陡峭，仅容一车的狭窄搓板路就好像嵌在山崖上的一条波浪线。开车带我前往的阳泉李老弟大呼上当，他在煤矿工作，与我一样有着对古建筑的挚爱，所以哪怕我们之前从未见过面，凑到一起还是有如老相识。他每周都在矿上，只有周末才能和家人团聚。但听闻我画到了盂县地界，就主动放弃回家的时间，让我选个目的地，他要开车带我出去"疯"。正好偏远的西潘乡让我感到头疼，于是当即决定去这里。李老弟还是有点为难的，不知道是不是在后悔话说得太大，可真正上了山岭我顿时就明白了，这不是在赶路，也可以说是在探险甚至于是在玩命。没心没肺的我还是默默地扣紧了安全带，明白了李老弟这是在舍命陪君子。

从对山川壮美的赞叹再到麻木，甚至最后有点审美疲劳，我们终于驶过西潘乡，来到了其东北方向的进圭村。在村南头山脚下的高地上有一座小学，恰逢周末，院内外安静极了，门卫大叔正在和俩下乡支教的女大学生吃午饭。我们找到学校，表示要看后院的玉皇庙，把他们吓了一跳，大叔是惊讶于我们怎么找到这儿的，女大学生则不敢相信学校里竟然会有座庙。

确切地说，进圭村玉皇庙是坐北朝南，修建在村子南边高地上的，原有前后两进院子，由最前端的山门兼倒座戏台、正殿、后殿以及两侧的配殿组成，山门两侧还建有钟鼓楼。后来这里被改成小学，一些殿堂被拆改成红砖瓦房，再后来小学在庙前的位置新建了教学楼，庙宇就被彻底废弃，无人搭理之后更是日渐倾颓坍塌。现在原庙宇建筑仅存正殿和西配殿了，两者都毁坏严重，尤其西配殿的后墙、南墙及屋顶大部已经垮塌，眼见是没救了。其他殿堂虽早已被红砖大瓦房所取代，但当初的毛石台基还保存完整，使得原有布局仍然清晰可辨。

正殿面阔三间，进深六椽，悬山顶，因被改造过，前后门窗墙面早已面目全非，前檐已经朽烂不堪，多处塌落，瓦作凌乱，椽子残缺，野草倒是长得丰茂浓密。檐下的双下昂五铺作斗栱结构仍然完好结实，看起来是明代遗构，只是昂嘴都被锯掉了。东山墙外侧多处开裂塌落，岌岌可危，后墙也一片狼藉。殿前陈列着许多碑刻，都是历次修缮的记事碑和乡民的捐修碑，康熙、乾隆、道光、咸丰、光绪各代均有维修增建，其中一通"大清乾隆岁次乙亥（1755）仲夏中旬榖旦"的《补修正殿西廊钟鼓楼新建山门记》中说到了"始创于至元间，

山西省盂县西潘乡进圭村
玉皇庙
二〇一八年五月五日 神十一时一十二时
连达

盂县西潘乡进圭村玉皇庙

历有明以及国朝殆四百余年于斯矣"，可知此庙是始自元朝，并说曾经的东配殿奉关帝，后殿奉苍岩圣母，也就是赵襄子的妹妹、代国国君的夫人。前后两院有两株擎天柱般的油松长得挺拔苍翠，看其魁伟粗壮之姿，应该是元代建庙时旧植。

我坐在杂草丛中开始给这破败的玉皇庙画像，李老弟早有准备，知道这是个漫长的等待，竟然泡起茶来。俩支教女大学生看着这破烂的房子，根本不敢相信竟然是一座庙，当看到碑上有乾隆年号，还疑惑地问，这是啥时候的东西啊，令我们愕然。

李庄藏山祠

西潘乡所在地是山间的一条河谷，以这里为核心，周边许多村中都有古建筑遗存，比如侯村就有好大一座普济寺，可惜我们来到时，寺庙已经开始大修，内外乱糟糟，到处都是脚手架，于是我们直奔下一站李庄。

沿着山沟一路南下，来到了寂静的李庄，乌云从村两侧绝壁之上合拢过来，四野立即变得阴沉灰暗，好像随时会有暴雨袭来。在村口就能看到一座悬山顶建筑的背影，那古朴的气质一看就年代久远，所以不需打听便已经找到了目标，这就是藏山祠。

此庙坐北朝南，是一座很大且空旷的院子，现在仅存正殿和戏台以及戏台西侧的鼓楼等三座建筑，且都已经残破至极，摇摇欲坠。戏台和鼓楼都是清代建筑，简单僵直，乏善可陈。正殿面阔三间，进深四椽，悬山顶，殿顶的所有屋脊和构件全都不在了，只剩下浓密如发的杂草。檐下设单昂四铺作斗栱，昂嘴均已锯掉，补间出单杪斜栱，正面的门窗早已失去，几根檐柱已经开始倾斜，似乎要支撑不住梁架的重压。内部为三椽栿接前乳栿，用三柱，以土坯墙分割为大小两个部分，现在里面空空荡荡，地上一片狼藉，垃圾瓦砾充塞期间，屋顶和墙体多处脱皮坍塌，甚至塌落出巨大的窟窿。墙上的黑板说明这里曾经做过教室，地上的草料则说明还曾沦落为牲口棚，更有殿内外扔着多通或完整或残缺的碑刻和碑座，完全处在自生自灭的境地。我看正殿梁架、斗栱的做法年代应该很早，依稀有金元之遗风。后来在墙边看见一通字迹纤细、已无碑首的灰暗石碑，此碑正面朝墙，但背面众多的捐修人名单令我一瞥之下，兴趣大增，里边竟然出现了"达鲁花赤"的字样，这是元代官职名称，这其貌不扬的石碑自然也就是元代遗留了。我赶紧钻进了石碑和墙壁间的空隙，原来这是一通"大元至正十六年（1356）岁次丙申"的《藏山祠记》，第二列第一句就是"创基新庙一所，其神乃晋朝（国）赵孤、程婴、公孙杵臼也"，其下基本复述了一遍"赵氏孤儿"的故事，这也证

山西省盂县西潘乡李庄藏山祠
二〇一八年五月五日下午十四时四十分——十六时四十分 连达

盂县西潘乡李庄藏山祠

明了我的判断，正殿果然是一座元代遗构。

一直盘桓在山顶上的乌云似乎为了照顾我，最终并没有下起雨来，让我得以给这座可怜的元代大殿留下一幅画像，不知道它还能撑多久，这遗存在太行山深处的珍宝难道终究只能默默地消逝吗？

铜炉文殊寺

铜炉村位于西潘乡东南的一条山沟里，是个建在山间台地上的小村。文殊寺，顾名思义，是供奉文殊师力菩萨的寺院，想来盂县北临五台县，五台山即是文殊菩萨的道场，台内台外有众多的文殊院、文殊寺或文殊殿，这里有一座也就不足为奇了。这座文殊寺坐北朝南，是一座挺大的院落，都是明代风格的建筑，就坐落在铜炉村西头的高地上，远借群山为靠，俯瞰坦荡的河川，气势极佳。

寺院前端是一座高大的毛石平台，西侧连建过街楼，仅在东侧设一道石阶可上。山门面阔三间，进深四椽，悬山顶，檐下设双下昂五铺作斗栱，正面明间开木板门，两次间为直棂窗，背后仅明间开门。内部东西墙壁上还有三层悬塑云台，但原本应点缀于云端上的神佛人物则荡然无存，前后屋顶和东山墙已经多处垮塌，全面崩溃就在眼前。山门两侧配有两层悬山顶的钟鼓楼，下部开掖门。

正殿建在一米多高的石台基上，面阔三间，进深四椽，悬山顶，设单昂四铺作斗栱，补间出斜栱，门窗都已无存，后墙和东墙已经坍塌一半，瓦砾和木料堆得叫人无法靠近，西山墙上还残存着清代风格的壁画，依稀是几位神君出巡的场景。其西侧还有垛殿，两侧有配殿，但西垛殿也是多处塌漏，西配殿全部垮塌只剩瓦砾堆，东配殿也只剩两面墙和一小段屋顶而已，总之寺内这些建筑几乎没有不坍塌的，状况好的，屋顶上也要漏几个透明的窟窿，只剩下些瘦骨嶙峋的椽子还徒劳地支撑着凌乱的瓦片。院内院外和房上房下到处都是野草的乐园，小松鼠根本不怕人，就在墙边跑来窜去。

寺院前的石阶日久年深表面已经被磨得发亮，塌陷开裂的石缝中则野草充盈。一条村路从过街楼下穿过连接起山村内外，门洞上建有单间歇山顶小阁一座，与文殊寺的钟鼓楼相呼应，有一种楼阁林里的视觉效果，再配合山门前两株参天的古柏，在远山之间营造出一派世外仙境的氛围，依山就势，殿堂层叠，古树苍苍，楼阁巍巍，可惜这一番景象正在日甚一日

盂县西潘乡铜炉村文殊寺

地走向毁灭。本该在这里好好地多画一些，怎奈来到此处已是傍晚，只能匆匆忙忙给颇具气势的山门和过街楼建筑群画一幅而已。

我坐在寺前的草料堆旁，忍受着蚊蝇的叮咬，飞速地画着，有晚归的农妇扛着锄头在我身旁围观，最后都被咬得受不了，匆匆离去了。

回县城的路比来时那条更加凶险，虽然不再是打滑的砂石路面，但路窄得仅容一车通过，这条路就悬挂在太行山无尽的绝壁之上，天色已经开始暗下来了，崖壁下变得黑如墨染、深不见底，一派不测之渊的恐怖气息。这里山高林密，如果没有公路穿过，完全就是与世隔绝的蛮荒模样。黑暗中山崖越发嶙峋狰狞，窄窄的盘山路也变态般拐出数不清的急弯，有的转弯甚至近乎180度的折返，李老弟眼睛瞪得牛大，屏住呼吸不住地猛打方向盘，汽车几乎擦着崖壁忽上忽下地在山间做着搏命般的前行，哪怕只要有一点恍惚，一定会冲出弯道直接投入怒涛般的山涧林海之中。我是既觉得紧张，又倍感刺激，四下张望，借着从山巅云层里射下的最后一抹余晖贪婪地欣赏着这摄人心魄的绝岭风光。李老弟对我这种不知死活的心态也是彻底无奈了，好在最终一切有惊无险地开出了山区，我们这才长出了一口气。

中北释迦寺

从盂县向北有一条大川，原是龙华河的水道，现在去往五台县方向的214省道就从这里通过，沿线分布着众多大大小小的村镇。距离县城大约30公里外，在路西侧有一片南北向狭长的大村叫作中社，其北半部即俗称为中北。村东头建有一片寺庙，从省道拐进村即可望见，这就是释迦寺了。

寺院的布局很奇特，是一片近似于方形的院落，大致可划分为东西两片区域，但其实两部分之间并无院墙相隔。西部是寺院的主体，现存最北端的正殿和东西两侧的配殿，南边还有一座西厢房，相对称的东厢房已经无存，前殿也仅剩台基。东部在与前殿基本并列的位置并肩建有两座小殿，其东北方不远处又建有一座，方向都是面南。在院子的东南角另有一排朝西而建的碑廊，这些房屋都聚集在前院，而整个后半部基本上是空地，仅在最靠后墙的位置又孤零零建有一座小殿。感觉西部的建筑是对称合理的，东部则很是随意，毫无章法，似乎是在不同时期逐渐增修而来的，因此缺乏统一的整体规划，导致了这种杂乱的状况。

释迦寺正殿下建有半米余高的砖石台基，主体结构面阔三间，进深六椽，悬山顶，柱头设双下昂五铺作斗栱，补间三朵双杪五铺作，第二跳出斜栱，明间开木板门，两次间为直棂窗。殿内梁栿上以墨书写满了捐资人全家老小的名字，粗大的四椽栿下写着元代最常见的"上祝皇帝万岁"之类的恭维话，脊槫下一条已经被水浸发黑的扶梁签下有"峕大元国延祐二季（1315）岁次乙卯庚辰月己酉朔壬申日丁未时修造"的字样，这也是释迦寺正殿的准确断代依据。

殿前东西相对建有单开间悬山顶的配殿，这么窄小袖珍的配殿以前在晋东南沁县的南涅水洪教院见过，而洪教院也是金元时期的建筑，两者似乎有风格上的联系。

前边的西厢房里堆放着大量从正殿墙壁上剥离下来的壁画，据说是当初修缮正殿时，被直接粗暴地切割下来，结果修完后再也不曾安装回去，已经扔在这里好几年了，受潮破损，严重毁坏，许多露在外边的部分已经化为齑粉。

院子东部的几座殿堂都是明清所建或近年复建，也是空荡荡并无甚遗存。碑廊下陈列的石碑多是捐修人的名单，只有一通"中华民国十六年（1927）岁次丁卯菊月"的《中社村重修南北诸庙记》里面有点有价值的记载，其中提到"造像塔系由中社府君庙移来者，其座书有大齐皇建二年（561）岁次辛巳等字，然则释迦寺之创建当在是时矣"。这是一个旁证，说明了民国年间把放在本村府君庙里的一座北齐造像塔搬到了释迦寺，觉得佛教的东西应该是寺院之物，并依据塔座的题记判断释迦寺很可能是一座北朝时期创建的古刹。碑上另提到了村中"二里而南者为府君庙，建始于明天顺年间"，从移交造像塔到具体指出府君庙的位置和创建时间，都说明其与释迦寺是两处不同的古建筑。可是现在释迦寺升

山西省盂县上社镇中社北村释迦寺正殿
二〇一八年五月六日 上午十时三十分一中午十二时十四分 连达

盂县上社镇中社北村释迦寺正殿

级为国保，门前的"全国重点文物保护单位"石碑上却刻着府君庙，是在具体申报工作时弄出的差错，却不肯修正，当地无奈，只好在府君庙三个大字右边又刻上小小的"释迦寺"三个字，甚为滑稽。

水神山烈女祠

在盂县城北面 8 里的水神山怀抱中有一座古庙名叫烈女祠，原来也算是地处偏远，现在高铁穿越太行山在盂县设有一座"阳泉北站"，从车站向北走不远便到达了山口。站北侧新修了一片占地广袤金碧辉煌的仿古寺院，水神山的山口则被挤压到了这个寺院的东北角墙外。

走进水神山中，好像立即换了个世界，满眼都是苍翠的林丛，远近山峦层叠展开，宛若双臂环抱着半山腰上的一片青灰色古建筑群，这就是烈女祠了。

烈女祠相传是为纪念周世宗柴荣的女儿所建。当初柴荣本来已经成长为五代后期打遍天下无敌手的一颗新星，堪称最有希望结束唐末割据乱世，重新一统天下的一代霸主，可惜天不假年，北伐辽国收复幽云十六州的大业未成便英年早逝。柴荣手下的大将赵匡胤旋即陈桥兵变、黄袍加身，废柴荣之子柴宗训而自立，改周为宋，这就是宋太祖。当地有传说，柴荣之女柴花不肯接受赵宋篡位之现实，避入盂县这座水神山里谋求复国，三年后见赵宋王朝已经日渐稳固，明白复国无望，便自尽于山中，后人感其节烈，便在这里修建了烈女祠祭祀。

当然这仅仅是传说而已，略一推敲则漏洞百出。史书明确记载五代后汉乾祐三年（950），柴荣随姑父郭威领兵在邺城驻守，后汉隐帝刘承祐将郭柴两家斩尽杀绝，郭威带兵杀回汴梁之时，他和柴荣已经是彼此唯一的亲人了，也导致郭威建立后周之后，只能把皇位传给柴荣。后周从建立到灭亡仅仅十年，而从柴荣全家被杀到其去世，也只有九年，柴荣的儿子恭帝柴宗训自然是在这期间出生，即位时也只有 6 岁。假设这个所谓的柴花公主真实存在，当时最多 8 岁，一个 8 岁的女孩能不能有复国抗争的思想暂且不论，从今天河南开封到山西盂县水神山，在那个时代绝对是远隔千山万水，很难想象她如何会跑到这里，如此种种，实在难以让人相信。不过民间修建这样的庙宇，很可能源于对周世宗柴荣壮志未酬英年早逝的惋惜和怀念，柴荣没能完成收复十六州的大业，使得十六州之地直到近四百年后的明朝才重新回到华夏版图之内，确实太令人唏嘘。

烈女祠坐北朝南修建在半山腰上，高低错落的分为东西两部分，西部为抱泉楼等建筑，

山西省盂县水神山 烈女祠牌坊
二〇一八年五月七日 上午九时十分 — 中午十三时

连达

盂县水神山烈女祠牌坊

相传即柴公主自尽之处。东部为主体建筑群，因地形所限，山门向西开，门上悬挂竖匾"蕊珠宫"，门内是一座供奉灵官的小殿，然后有拐向北的高高登山石阶，阶两旁建有厢房和碑廊，我粗读廊中林立的石碑，发现从明至清，烈女祠历代修缮维护不绝，但碑中多称为"水神山祠""圣母庙"，有称公主为柴花者，亦有称作柴华者，莫衷一是。

石阶中部辟一块小平台，上立有单开间木牌坊一座，为两柱歇山顶式，出檐宽大张扬，檐下三昂七踩斗栱密集华丽，精巧雍容。与宽阔的飞檐相比，牌坊两柱则显得秀气许多，与顶部呈现出一种夸张的对比与和谐的统一。柱子下部以粗砺的毛石夹护，前后以戗柱加固，正面檐下悬挂一块竖匾"后周圣母祠"，落的时间为"大清乾隆癸未（1763）"。整座牌坊堪称山中最古雅的建筑作品，也是烈女祠建筑群的点睛之笔。旁边还有一株古拙粗壮的油松，如伞盖般护持于侧，充满了仙家府第的意境。

穿过牌坊走到漫长的石阶顶端，就是四合院式的烈女祠主体建筑，由山门和两侧的钟鼓楼、东西配殿及最北边的正殿组成。这些房屋都是清代的悬山或硬山式建筑，但大多还保存着壁画和彩塑，也都是清朝遗留，尤其正殿两山墙的壁画是圣母出巡图，把柴公主幻化成了如同后土圣母、碧霞元君般的女神形象。可贵之处在于这些建筑、壁画和彩塑竟然完整保存至今，实在不易。站在山门前向南眺望，盂县城的景象尽收眼底，高铁给这座内陆的山区县城带来了勃勃的生机，如林的楼宇正在傍依着高铁站拔地而起。

烈女祠按理该是道家府第，但大约是道教衰落，无人照管，现在由一老一中年两个僧人维护，他们就住在烈女祠山门西侧的跨院里，也就是柴公主殉国的那座抱泉楼旁。我来到烈女祠后，正巧两个僧人也登上来绕着各殿诵经巡视，大约是对我背着大包充满了警惕，担心我会危害祠内彩塑安全，老僧以严厉的目光对我上下打量，然后警告我看完赶紧离开。我也就只好退出山门，仅给牌坊画了一幅。

上乌纱千佛寺

在盂县当地朋友小陈的强烈推荐下，我找到了位于县城东南方不远处的路家村镇上乌纱村。这里实际上有两座乌纱村，西南边的是上乌纱，东北方的叫下乌纱，两地以通往路家村镇的大路为界，呈对角分布。

在上乌纱村中部有一座极其破烂的千佛寺，其惨状堪称惊人。这座寺院原本是坐北朝南的四合院结构，最前端为倒座前殿，东西配建钟鼓楼，院内有正殿和两旁的垛殿，东西两厢

孟县路家村镇上乌纱村千佛寺

建有配殿。可现在除了前殿和钟鼓楼这一排建筑还在勉强撑着，就只有东垛殿尚存，是一座简单的清代风格三间硬山大瓦房，内墙上还涂刷着"文革"时代的标语。其余所有建筑都已经化为地上高低不平的瓦砾堆，昭示着寺院最终的归宿。

前殿面阔三间，进深四椽，硬山顶，前后檐下的重昂五踩斗栱倒也中规中矩，因为是倒座，所以在北墙中央开门，两侧为直棂窗，看风格至少是一座明代的殿堂，硬山墙应为清代所改建。

此殿长满野草的屋顶多处塌漏，墙壁也多有毁坏，南墙看起来曾经全面坍塌过，现在仅以废砖垒起一道粗糙简易的墙来封堵。北墙西次间直棂窗因窗台垮塌而倾斜下沉，东次间则已经变成了存放三轮车的车库。我进殿张望，也只有梁架还算规整挺拔，其余一切都破败到不忍卒睹的地步，完全是等待毁灭的状态。寺院的围墙早就全倒了，前殿成了西侧一户人家的仓库，旁边栅栏里的鸡鸭鹅不知疲倦地朝我鸣叫，算是这破败老寺里仅有的一丝生气了。

我来到东配殿的瓦砾堆上，坐在一截仅存的土坯墙边给前殿画像，有老乡来围观，他确定地告诉我这里就是千佛寺，但别的就什么也不知道了。

下乌纱旗杆院

在公路东侧的下乌纱村里尚存一处古民居，有了小陈的指点，我穿过错综纷乱的村舍街巷很快就找到了它。同时还发现了一个有趣的情况，公路边的指示牌明明清晰地写着"下乌纱村"，问老乡们，也都说是下乌纱村无疑，但村委会大门口的牌匾上却写着"中乌纱村"，这可把我弄糊涂了。又问一个老大爷这是何故，大爷神秘地一笑，指了指脑袋上说"谁也不想自己的乌纱下来嘛"。

这处老宅子原来规模不小，虽然坍塌得瓦砾遍地，但旧有格局还是清晰可辨，共有东西两组院落，每组院落又分前后两进，可惜现在两组前院的建筑大多倾圮了，残垣断壁、衰草荆棘的掩蔽之下，已经渐成丘墟。老房子门上有匾额曰"百忍居"，应该是借唐朝时山东张公艺为唐高宗献百忍图的典故，寄希望于家宅兴旺，九世同堂。窗上镶嵌的乾隆乙卯年（1795）木雕匾额"忠厚轩"落"魏榆朱夏书"。这两块匾额虽然仍在原处，但二百多年的风吹雨淋早已是漆皮掉尽，朽坏不堪，开裂成了许多块大小不等的碎木板，随时要散架了。后部的老房子虽然仍大体尚存，但也都荒败衰颓，被弃置很久了。本院主人是一位个子不高的老爷子，住在前院靠近路边的一排屋子里，见我到来，分外警惕，不想让我进院参观。当时已近黄昏，天色本就阴沉，可以用于绘画的时间显然不多了，我就发扬了厚脸皮精神，硬着头皮进了院子，跟老爷子赔笑不已，然后选择了西院后部的木楼阁迅速画了起来。

这是一座面阔三间的两层木楼，结构和晋东南的清代民居楼阁十分相似，想想盂县本来就位于太行山区，民居建筑出现晋东南的风格也不意外。楼体因为潮湿和糟朽，周身都呈现出一种黑乎乎的颜色，散发着巨大的霉烂气息。在和两侧塌顶的厢房组成的小院里，淤满了砖头瓦砾和难以下脚的杂草荆棘、生活垃圾，老爷子不许我进入后院，其实在房倒屋塌的前院里这一切也看得真真切切了。我就坐在砖头堆旁边飞速地开始画这狼狈不堪的老楼阁，它的檐下是设有前廊的，里面堆放着不知被遗弃了多少年的生活用具，好像还停留在20世纪的某一时间。二层的楼板已经断裂塌陷，显然是危楼，看起来也难免最终的消亡。

想不到我竟然坐下开始画画，这令老爷子既警惕又反感，在看到我短时间内不打算离开之后，老爷子转身出去叫来了许多乡亲，大叔大婶一群人把我围住，就如同查户口一般地各种盘问。我嘴里回答，手上不敢稍停，奋力追赶着越来越暗的光线。牛眼圆睁地努力想看清木楼的细节，余光里感觉到有人用手机偷偷拍我，很显然是要把这个可疑分子的模样先存下来，以备万一。几个还算强壮的大叔则一直不离我左右，看起来准备随时出手擒拿。虽然

山西省孟县路家村镇
下乌纱村一旗杆院.
二〇一八年五月六日 傍晚十七时三分一十九时冷
莲达

孟县路家村镇下乌纱村旗杆院

我并没有能够让他们理解和信服的理由，就是为什么要急三火四地来画一个破烂的老房子，以及一个外地人怎么找到这里的。但好在纸上的老楼越发清晰地显现出来，大家的敌对情绪也就放松下来。最后他们还掏出手机拍我的这幅成品，可惜天即将完全黑下来了，怎么也拍不清楚。随着气氛的缓和，老乡们也开始跟我聊天了，从他们口中我得知此院原来的主人姓张，所以俗称"张家大院"，院门口曾有一对石旗杆，因而也被称作旗杆院。

白土坡建福寺

听说孟县正东的牛村镇白土坡村有一座建福寺，于是我先在县城里找到了去牛村镇的公交车，走了好久才到镇上。我再四处打听出租车，有人介绍我去街边一家小小的烤饼店问问。店老板正在干活，听说我要去白土坡，看了看手表，自语道"还没到饭时"，就跟我敲定了车钱，开上门口的面包车出发了。走的是一条近路，也是一条蜿蜒颠簸在山区的砂石路，我不断被颠得从座位上弹起来，头撞在车顶上。行至高处，眼前出现了漫山遍野又黑又亮的矩形太阳能板阵列，随着山体的曲线有节奏地起伏着，群山仿佛变成了一只穿山甲模样的巨兽，行至近处，可见许多工人正在忙碌地进行安装。店老板很自豪地告诉我，这种太阳能的确不错，哪怕遇到连阴雨也能坚持好几天，在他眼中，这荒山野岭里蕴含着无穷的潜力。

在山区颠簸了半个多小时才到达白土坡村，建福寺在村中部，我直接被扔在山门前。山门是很普通的清代风格建筑，而且很明显被拙劣的修缮弄得没什么古迹的味道了。

走进院内，仍然是满眼艳丽的红涂料墙、油漆粗劣的彩画，殿宇都安装着玻璃门窗，甚至加了不锈钢栏杆，除了房子的外形和布局还有点古老的意思，其余的一切都让我失望。建福寺现存三进院落，山门内是天王殿，两侧配有钟鼓楼，之后是大雄宝殿，这一进最宽敞，两旁还有配殿，平整的灰色地砖反射着干巴巴的白光。最后一进院是新建的，北边和东边都是二层楼房，西边另有跨院，更是气派十足，看来僧人在这里投入了大量的资金，也把一座古寺修得面目全非。

在这些艳俗不堪的殿宇间，我发现大雄宝殿檐下的斗栱还依稀有明代风格，虽说已经被油漆涂刷成令人作呕的蓝绿色，但结构倒还基本完整。这座殿面阔三间，进深六椽，悬山顶，外观看起来已经满是艳俗之色，屋顶也是新修整的。为了避开正面又高又大的现代铁香炉和牌匾的遮挡以及那些仿古门窗，我选择画了一幅背面，抛弃杂乱的视觉迫害，把这些硕大的双下昂五铺作斗栱结构表现出来，越画越感觉这里应该曾经是一座很棒的寺院。

山西省盂县牛村镇白土坡村建福寺
二〇一八年五月四日中十一时一十二时五付 连达

盂县牛村镇白土坡村建福寺

僧人很热心地打开殿门，请我进去看看，里面加装了天花板，无法得见梁架结构，两山墙上还有很大面积的清代壁画，模模糊糊好像是天界地府各路神明圣母，可惜保存状况极差，许多都已经开裂翘起，好像吹口气就会四散纷飞的残渣一般脆弱。不过院中有两通石碑记录了建福寺悠久的历史，其中一通为"大定四年（1164）九月十三日"的赐牒碑，上半部是礼部各级官员的签押，下半部为《大金国河东北路太原府盂县白土坡建福院记》的碑文，详细记载了当时建福寺的建筑规模和相关佛教财产的数目，其规模远大于现存者，也证明了此寺至少在金代就已经存在了，是极其珍贵的资料。另一通"嘉靖十一年（1532）岁在壬辰"的《重修建福寺碑记》上则说"盂县东关三十里许有村曰白土坡，有寺曰建福寺，考其迹，大金明昌六年（1195）奉敕建碑额"。两者相对照，自然是大定年间的赐牒碑所述更可信，毕竟那是金代原物，看大雄宝殿的斗栱结构，应该就是嘉靖年间重修所遗留了。还是应了多年来的经验，不要小看山西乡村的每一座寺庙，在普通的外表下也许会隐藏有极为悠久的历史。

东坡头泰山庙

北下庄乡东坡头村位于盂县县城东北部30公里处，四周有矮山丘陵环抱，村庄面积不大，村南的台地上建的一座泰山庙规模却不小，所以我也是大老远专程赶来寻访。

此庙朝南而建，地势较高，对面舒缓绵延的群山，好似给东岳大帝展开的千里江山图卷，殿堂层叠嵯峨，颇具宫苑气息。庙宇南北狭长分前后两进院落，山门前有宽阔的平台，最前端竖单开间石牌坊一座，可惜被破坏得仅剩底部的门字形框架。山门面阔三间，进深四椽，悬山顶，前出廊，两面都设木板门和直棂窗，左右建有两层歇山顶钟鼓楼。

前院面积最大，显得有些空旷，在北部一米五高的条石平台上建有面阔三间、进深四椽的硬山顶正殿，这是一座元代遗构，硬山顶看起来是出自于清代的改造。殿前宽大的月台周边还饰以石雕栏板，可惜毁坏严重。檐下设单下昂四铺作斗栱，中心出斜栱，耍头刻做昂形，檐柱卷杀明显，三间全设隔扇门。殿内以三椽栿接前剳牵用三柱，前槽柱和三椽栿各承交互斗和捧节令栱托起平梁和平槫。墙壁上残存有斑驳不堪的壁画，看风格应是明代作品，依稀画的是东岳大帝所统属的阴曹地府各殿各司。整座殿宇显得敦厚憨实，但是缺少灵气，檐下硕大的斗栱在戛然而止的山墙阻隔下，好像难以张开的双臂一般，显得有些憋屈。正殿前两厢是配殿，均为长长的硬山顶大瓦房。

后殿是一座基本保存了原貌的元代建筑，面阔三间，进深四椽，悬山顶，明间开隔扇门，

山西省盂县北下庄乡东坡头村泰山庙前殿
二〇一八年五月四日 下午十七时二十分——十八时五十四分 连达

盂县北下庄乡东坡头村泰山庙前殿

两次间为直棂窗，铺作层与前殿基本一致，殿内以四椽栿贯通前后，无内柱。由于悬山顶得以保留，因而看起来比前殿更有古风，视觉上舒服不少。后殿西侧建有垛殿，东西两厢有配殿，在东墙下还建有碑廊，收藏着庙内的历代碑刻。此庙创建年代已不可考，只有元至正七年（1347）重建的记载，廊下众多明清碑刻中也都未曾提及更有价值的信息。

我进村打听是谁负责泰山庙的钥匙，通过对浓重口音的半听半猜，找到了住在村西北深巷里的文保员大嫂，但她很为难，不肯让我这个陌生人参观。我一看赶紧掏出背包里几份山西当地的报刊，请她看上面对我的报道，以证明我的确是专门寻访山西古庙的好人。大嫂还是将信将疑，又去东边找来了一位姓贾的老大爷，他是村里另一位文保员，已经年近八旬。贾大爷热情地帮我打开庙门，让我随便参观写生，哪怕我画得没完没了，在这里逗留了一下午，也不急不催，还和我聊了一些泰山庙的往事。他说这里早在"文革"时就砸了，塑像全都推倒，改成了学校。后来乡镇并校，庙就空置起来了，日久则房倒屋塌。前两年才重新修缮了，不过问题也很多。他指着东廊下一通明天顺元年（1457）的石碑说："你看那碑原本好好的，可是他们搬动的时候没轻没重也没个好气，愣是给摔断了，这不现在是粘起来的，好东西就这么祸害，太可惜！"

画到傍晚，看来已经很难找到回县城的车了，贾大爷热情地请我去家里住。这是个干净

盂县北下庄乡东坡头村泰山庙后殿

利索的小院，正房是一排窑洞，家里只有老两口，大妈特意按当地的待客风俗给我包了饺子。晚上我就住在东边一孔窑洞里，高高的火炕，深色的老木柜，墙上贴着旧时的电影明星画报，深深的窑洞好像让我走进了一个至少二十年前的时空里。我还在感慨之时，贾大爷已经给我端来了洗脚水和起夜用的尿盆，这样的照顾让我真是感动得手足无措了。

林里关王庙

    阳泉市位于山西省中部的东端，仅辖有北面的盂县和东南的平定两个县，市区夹在两县之间，西面同晋中市的寿阳县接界。阳泉控太行山脉而俯瞰河北，扼守着晋中平原的东面门户。春秋时期，这里属仇犹国，战国归赵，汉初为上艾县，北魏改石艾县，唐代更名广阳。北宋太平兴国四年（979）正式定名为平定县，金代为平定州。民国三十六年（1947）从平定县分割出一部分设立阳泉市，至今阳泉市除了下辖两县外，另有城区、郊区、矿区三个区，矿区主要开采无烟煤、硫铁矿和铝矾土，是国内名列前茅的重要基地。

    多年前我曾经路过一次阳泉，感觉这里就是一座污染严重的工业城市，也没有什么历史积淀,所以再未涉足。直到有一天我听说这里竟然还有一座宋代的大殿,才再次专程赶来瞻仰。

从阳泉市区北去约 6 公里有个林里村,村南有一座东西向狭长的玉泉山,好像影壁一样横亘在村庄面前。山北坡上坐西朝东修建了一座气象森严的关王庙。

庙宇规模不算大,山门前是一个小广场,前端建有单开间歇山顶倒座戏台。院子主体为长方形布局,山门是三开间悬山顶,前出廊,门内有宽敞的庭院,两厢设三开间前出廊的悬山顶配殿。院子中部为一座单檐歇山顶的四柱式献殿,它的后面就是庙里的核心建筑崇宁殿。献殿和崇宁殿的两厢还建有长长的廊庑。

崇宁殿修建在半米高的砖石台基上,面阔三间,进深六椽,单檐歇山顶,前出廊足有两椽之跨,显得空间幽深而神秘。檐下斗栱为双杪五铺作计心造,正面两明柱的柱头铺作向两侧出斜栱,耍头刻为昂形。普拍枋很薄,阑额不出头,柱头卷杀圆润,侧脚和升起明显,明间开木板门,两次间设直棂窗,整体构架以四椽栿接前乳栿用三柱,宋代建筑的特征被基本保留。

据记载林里关王庙创建于北宋熙宁五年（1072）,那时候关羽的爵位只是个区区的壮缪侯,但自从道君皇帝宋徽宗赵佶登基以来二十年间,累加封关羽为"忠惠公""崇宁真君",直至"义勇武安王",关羽的尊崇日盛,庙堂也广布天下,于是在宣和四年（1122）,林里关王庙也再一次得到了重新修缮,那时因为关羽被封为王爵,所以称之为关王庙,并流传至今。此庙是国内现存最早的祭祀关羽的庙宇,也是唯一一座保存至今的宋代关王庙。

这座庙宇安静地矗立在山坡林丛中,与世无争地默默传承了九百多年,在"文革"期间曾经惨遭捣毁,仅有崇宁殿主体构架幸而尚存,于 20 世纪末得以修复,所以庙里也就仅有崇宁殿是真正的古迹了,其余所有殿堂均为模仿宋代风格的仿古建筑。

山西省阳泉市荫营镇林里村
关王庙
二〇一八年五月五日 下午十六时三十分—十八时四十五分 逢远

阳泉市荫营镇林里村关王庙

平定文庙

平定县是千年古县，阳泉市就诞生于平定县，所以阳泉市的"悠久历史"一多半指的都是平定县的历史。平定县城区现在呈放射状发展，老城被包夹在中部，落了个城里村的名字。而昔日的平定古城到了今天，所剩古迹已经屈指可数了，标志性的就是文庙和天宁寺双塔。

平定文庙位于老城北部靠近北门的位置，现在被平定县实验小学占用。根据光绪版《平定州志》载，这曾经是一座规模相当宏大的古建筑群，创建于北宋元丰六年（1083），元至正年间毁于火灾，明洪武二年（1369）于现址重建，明清两代不断增修和扩建。根据《平定州志》中的"州学宫图"显示，文庙中轴线上有照壁、泮桥、棂星门、戟门、大成殿、明伦堂和尊经阁，戟门的东西两厢是名宦祠和乡贤祠。东路有忠孝祠、崇圣祠和学政署，西路为节烈祠、省牲所、训导署、敬一亭，沿街还设有牌坊多座。整座建筑群堪称恢宏庞大，配置完备。

现在的校门就是昔日的棂星门，是一座跨度很大的四柱三楼歇山顶牌坊门，前后设夹柱石，檐下出华丽的三昂七踩斗栱。棂星门前有东西相对的两座单开间歇山顶牌坊门，分别是"德佩天地""道贯古今"。南面开辟一座南北向长方形的小广场，上面还有泮桥遗址和牌坊，形成了一处相对完整的文庙前部建筑群。

校园内是宽敞空荡的大操场，戟门和名宦祠、乡贤祠之类建筑全部无存，只有大成殿孤独地矗立在操场北端。从棂星门和大成殿之间超长的跨度，就能够感受到文庙建筑群往昔磅礴的气势。

一场春雨使天气忽然变得又阴又冷，我来到小学的操场上，直面大成殿时说不清是因为有点激动还是有点冷，身上竟然微微发抖。平定县曾经拥有这么大面积的一座文庙，完全超乎想象。

大成殿修建在一米余高的砖石台基上，前部凸出有宽阔的方形月台，周边围护石栏板，三面设有踏跺。殿堂面阔七间，进深三间，单檐歇山顶，檐下设重昂五踩斗栱，中部五间皆设隔扇门，其余部分均为墙壁。我趴在门缝向内张望，空空荡荡的殿内仅在西墙下陈列着一些碑刻。根据《平定州志》上记录，"大成殿及东西庑至（乾隆）四十七年（1782）告竣，嘉庆八年（1803）知州朱宏记即于是年重修"。看现在大成殿的清代风格，应该就是这时候所遗留。我坐在开始飘洒牛毛细雨的操场上，歪着脖子夹着伞，忍着逐渐浸透衣衫的潮湿之气，哆哆嗦嗦地为大成殿画了一幅。

山西省平定县文庙
二〇一八年四月二十二日十一时一十二时四十
连达

平定县文庙

天宁寺双塔

　　在平定县老城南部的高处，耸立着两座造型奇特的砖塔，叫作天宁寺双塔。这里地势凸起，形成一道绵亘于城南的台地，好像县城天然的屏障，登临其上，老城景色尽收眼底。双塔依托地势更显高峻，也分外醒目，我绕过周遭曲折狭窄的街巷，一路找了过来。

　　说它们奇特，是因为双塔竟然都只有四层，偶数层的佛塔实在不多见，而且塔下层和上层宽度差异之大，近乎比例失调了。两座塔平面均为八角形，高20余米，西塔中空，一层开有十字交叉的拱形门洞，上面三层每层选择不同朝向开一个拱门，其余各面以砖雕形式做出仿木板门或直棂窗装饰。一层以上皆设平坐，与檐下均砌双杪五铺作斗栱，最顶上为攒尖塔顶，安置钢管串铁球式塔刹。

　　东塔是实心，一层四面的拱门洞做佛龛之用，里面安置有两尊残缺不全且风化严重的北朝砂岩石佛，上边出檐和平坐之间距离更大。除此外两座塔造型基本一致，都是底层特别宽大敦厚，但收分似乎过于急切仓促，顶层显得格外窄小，与下部很不协调。双塔东西并峙，相距仅三十余米，塔下被开辟成广场，向北不远则是一个断崖式下坡，所以原有寺庙限于地形，规模应该也不会太大，站在这里向下眺望，半个县城尽收眼底，小学院中的文庙大成殿正与双塔呈遥相呼应之势，依稀勾勒出古城旧日的南北轮廓，让人顿生怀古之情。

寺院其他建筑片瓦无存，但塔北有一块殿堂基址，依《平定州志》载"宋熙宁（1068—1077）间建，赐名天宁万寿禅林，敕太师蔡京书额，有双塔东西对峙，高十余丈……寺有大悲阁，后改大雄阁，（清）乾隆二十九年（1764）重修，光绪二十五年（1899）补修大雄阁东西配房及大门"，可知塔下应该原有一座以大雄阁为主体的院落，因而推测那个殿堂基址应该正是大雄阁留下的。

来到双塔时正下着小雨，我和陪我一同前来的武乡郝大哥只好躲在西塔旁一户人家的大门檐下，可是被这家男人粗暴地轰了出来，比驱逐乞丐还要凶狂，这令郝大哥很是气愤和感慨，说"今天真是感受到了你这些年在外寻访古庙的不容易啊"，最后是他半蹲着帮我打伞才让我勉强画下了双塔。

山西省平定县天宁寺双塔

二〇一八年四月二十二日上午七时五十分—九时四十分

莲达

平定县天宁寺双塔

马山马齿岩寺

　　马山村位于平定县城东边百里之外的太行山深处，去一趟特别不易，郝大哥决定开车送我。偏巧这一日我们刚刚出发不久便下起大雨，一度形成瓢泼之势。我深感沮丧，郝大哥却挺淡定，他说在山区经常会有区域性小气候，用"一山有四季，十里不同天"来形容特别恰当，别看这一段下得厉害，说不定过一会儿就没雨了。正应了他的话，车子在颠簸的山路上一会儿钻入雨幕，一会儿又滴水不见，折腾了好久，终于到达了马山村，天幸此地只是阴沉着，并未降雨。

　　村东北角就是我们的目的地马齿岩寺，马齿岩是马山村的旧称，指的是村庄附近一片形如马齿的山峰，听起来颇为粗放甚至粗俗，但实际上寺院还有个很水嫩婉约的名字"樱桃寺"，两者的风格相差实在太过巨大了。

　　现存的马齿岩寺实际上已经没有多大规模了，最前方是三开间悬山顶的山门兼天王殿，典型的晚清风格，在外门楣上嵌"樱桃寺"三字石匾，内侧挂天王殿匾额，山墙是以太行山的灰白色岩石砌成，颇具特色。院子不大，北部近两米高的条石台基上，坐落着正殿，前面凸出月台，正中设有高高的踏跺。这是一座金代遗构，面阔三间，进深六椽，单檐歇山顶，檐下设单杪单下昂五铺作斗栱，做法介乎宋代的精致与金朝的粗犷之间。我们来时正遇上寺内一场大修刚刚开始，正殿门窗已经被拆去，殿内也搭起了密集的脚手架和跳板，并且禁止我靠近，只能在门口向内张望一眼。可见殿内前槽设有两柱，承托一根粗大的内额，两头接东西山墙的丁栿，内额接前檐铺作后尾的挑斡，顶上承蜀柱托平梁，别的就无法看到了。

　　此殿外观工整古雅，但最有特色的是殿前两株身姿清秀的古松，如同接受了统一的指令，一同屈身倒向正殿方向，又好似在向殿内的佛祖弯腰致敬，树冠几乎要趴在殿顶上了。尤其东侧一株，枝干生长得宛若国画的泼墨渲染般洋洋洒洒向外延展开去，呈现出一种极其飘逸的造型。这对松树种植于清朝咸丰年间，有了它们的点缀，苍老的正殿也增添了无限的神韵和无穷的魅力，更像是一座只应在画中的山林古刹，能够欣赏到这样醇厚的中国古韵之美，不虚此行。

　　现在正殿两侧还有类似垛殿的建筑，但很显然都是当代改建的，除了天王殿和正殿，再没有旧时的遗构了。寺后是本村敬老院，据里面的老人讲，早年间在敬老院楼房的位置还有一座更大的殿堂，新中国成立后拆掉了。现在寺里还有一些石碑，但已经不知寺院初创于何时，只记述正殿重修于金大定二十九年（1189），与现存构架相吻合。

平定县东回乡马山村马齿岩寺

　　我被这山乡古寺所感染，老天也给予眷顾，在我绘画时并未下雨，我也抢在全面大修波及正殿之前，将它的样子留在了纸上。

　　值得一提的是，在抗日战争爆发后，1937 年 10 月 19 日，八路军一二九师师长刘伯承就是在马齿岩寺召开了"马山军事会议"，指挥了著名的七亘大捷，用同一地点重叠设伏的精妙战术给进攻娘子关的日寇以沉重打击，古老的马齿岩寺和一对古松就是这段烽火岁月真实的见证。

平定娘子关

　　阳泉市凭借太行山天险被称作山西的东大门，其实真正卡在太行山险要处的娘子关和固关才是门上的两把大锁，而最负盛名的则非娘子关莫属。它位于平定县东北方约 90 华里外，扼守在晋冀交界处的太行山天然裂谷井陉之上，是一座千古名关，也是历来兵家必争之地。

早在春秋战国时期，这里就是控扼太行山中段的关键所在，得之者或可居高临下席卷河北平原，或可一路向西，直扑并州和关中。隋朝曾在平定东部设置苇泽县，所以这里古称苇泽关。隋末天下混战，太原留守李渊父子起兵逐鹿，李渊的女儿平阳公主率军进占这里，为唐朝的创建立下了汗马功劳。相传自此后，苇泽关便更名为娘子关，至今已经有一千四百年了，金代文学家元好问在《游承天悬泉》中就有"娘子关头更奇崛"的诗句。

　　到了明代，退回草原的蒙元势力不断南下图谋恢复元朝统治，有明一代边患最重，为了抵御和迟滞蒙古骑兵的进犯，明朝除了在山西北部设有内外两道长城外，还沿着太行山脉设置了太行防线，娘子关就是其中重要的险隘，和北部的乱岭关、平型关、龙泉关，南边的固关、马岭关、鹤度岭关、支锅岭关、黄榆关、黄泽关、东阳关、虹梯关、玉峡关等关声势相连，组成了一道坚不可摧的太行雄关铁壁。蒙古骑兵如果攻破内长城，想从山西一侧突入河北京畿腹地，也很难逾越太行之险。在冷兵器时代，太行山脉本就是天然屏障，所以那些裂谷之上修筑了险关要塞后，绵延南下的太行山就成了明朝又一条坚固的长城。今天的人们借

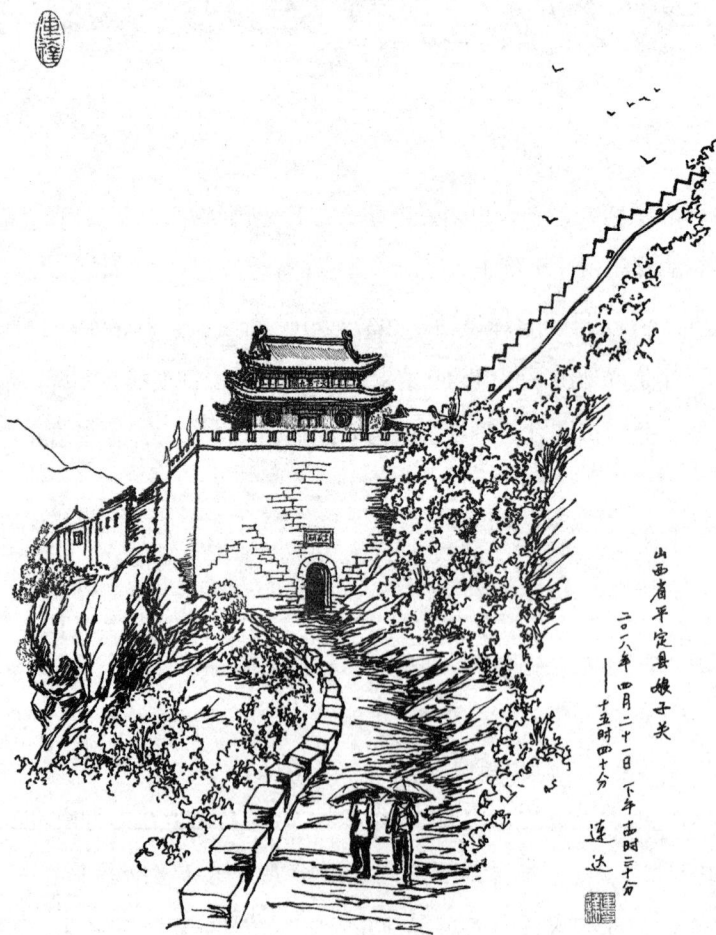

平定县娘子关

助飞机、高铁和汽车早已经能够轻松逾越山脉的阻隔，哪怕是高耸接天的太行山也再无法成为交往和沟通的藩篱，只留下了昔日的关塞城垣供人追思凭吊。

现存的娘子关城是明嘉靖二十一年（1542）重建，卡在山谷最窄的桃河拐弯处的东岸高地上，因地形所限，关城面积不大，呈南北向狭长的矩形，西、北两面的城墙脚下原是面向河川的崖壁，因而仅设有东门和南门两座城门。南门是娘子关最为人所熟知的门，在已经磨得光滑的石径上耸立着高大威武通体以条石修筑的坚厚城台，下部门洞也并不宽大，处处显示出控扼的目的，门洞上方镶嵌着匾额"京畿藩屏"，其上建有重檐歇山顶两层城楼，顶层檐下悬挂巨匾"天下第九关"。从南门向东延伸的一段阶梯式爬山城墙是娘子关城最具险峻气质的标志性地段。每日到此游览和留影的人们多是在南门下驻足和盘桓，东门就相对安静多了。

东门是一座砖砌的城门，也有十几米高，上建单檐歇山顶城楼一座。门洞上方的石匾上刻着"直隶娘子关"，直隶就是今天的河北省，这就引出一个疑问，为什么山西的娘子关却归属河北省管辖呢？其实整个太行山沿线的关隘在明朝都归属位于河北的真定（今正定）保定所属的真保镇统辖，这是明代后期在长城九边重镇基础上又增设的一镇，而且我也实地寻访过其中几处关隘的遗址，发现这些关城和其两翼延伸出的长城都是面对山西一侧设防的。也就是说太行山长城不但要防御蒙古军队的入侵，保护河北平原的侧翼，其控制权还要掌握在处于低地的朝廷手中，来防备山西境内的军事力量扼守太行以割据，所以才有了这种直隶娘子关的情况。不过从山西攻破娘子关的不是蒙古人，而是明末李自成的大顺军，那时候雄关险塞也挽救不了明朝败亡的危局了。

娘子关在近代依然发挥了战略要地的作用，清光绪二十六年（1900）底，清军曾在这里坚决抗击了八国联军对山西的进犯，并且予以痛歼。抗日战争时期日寇也在娘子关遭到了中国军民的坚决抵抗，死伤数千人。1940 年 8 月到 9 月间，八路军更是杀出娘子关，主动对日寇出击，以鲜血和生命取得了百团大战的胜利。

今天的娘子关已经成为一处喧闹的旅游景区，想要静下心来凭吊和感怀历史，已经不容易找到这样的氛围了，不过我和郝大哥到来时雨也下大了，关前嘈杂的人群迅速散去，给我们留下了一个难得宁静的娘子关。

第七章

古长城畔文殊境——忻代五台佛国行

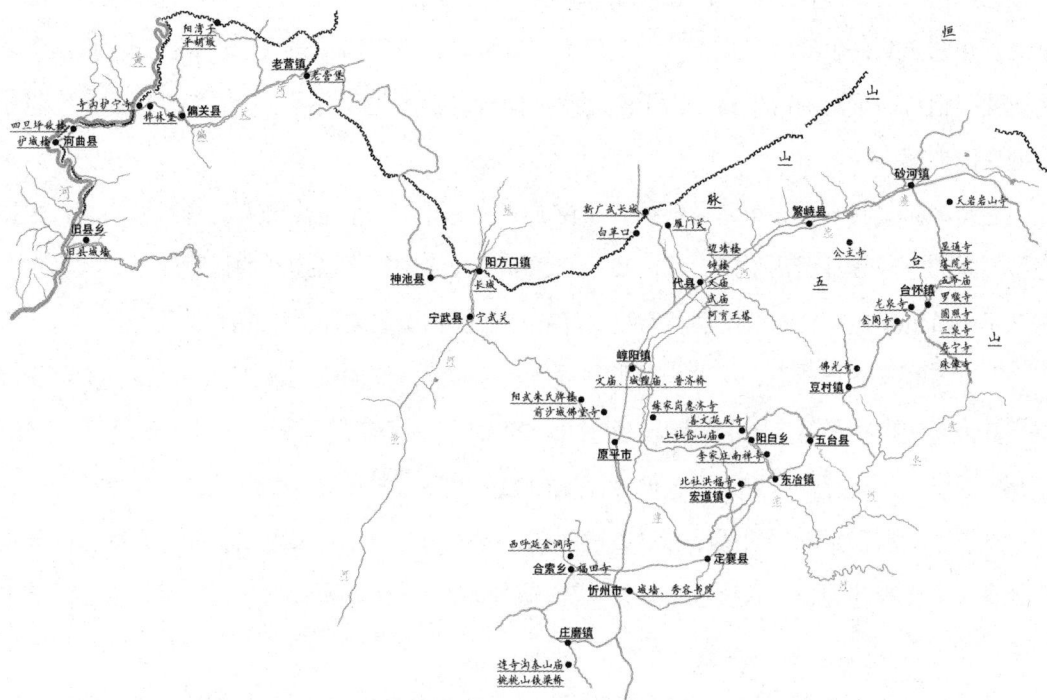

　　忻州是太原北面的地级市，出了阳曲县的石岭关，就进入了忻州和定襄所在的忻定盆地，这里处在向东北延伸的吕梁山余脉云中山和东边恒山山脉与五台山包夹之间的滹沱河冲积平原上，忻定盆地沿着滹沱河谷地一路延伸向东北方，在群山之中画出一个超级巨大的"6"字，忻州城就坐落在其腹地。

　　忻州早在新石器时代就有先民活动，春秋时期属晋，战国归赵，东汉建安二十年（215）设置秀容县，属地一直在太原郡、雁门郡、新兴郡等建制间摇摆不定，北魏永兴二年（410）置秀容郡，隋开皇元年（581）复为新兴郡，直到唐武德元年（618）正式改为忻州，并一直沿用至今，金末元初的大文学家元好问就是忻州人。

　　现在忻州作为地级市，下辖两市十二县，其北面大致以明代的内长城为界和大同、朔州毗邻，南边则屏石岭关为藩篱同太原市相望，这一地区才是传统意义上的晋北，而出了内长城雁门关后，处在内、外长城之间的大同和朔州一带则被习惯称为雁北。忻州东北部的五台山是我国四大佛教名山之一，相传是文殊师利菩萨的道场所在，以五台县台怀镇为核心的佛教寺庙和古迹遗存呈放射状散布在忻州地区的城镇村庄和山峦水畔，傍依着铁血肃杀的明代内长城，留下了佛国世界慈悲祥和的千年圣迹。

忻州城垣

  忻州市区所在地现在被叫作忻府区，实际上就是在忻州老城的基础上发展起来的，这座千年古城现在已经被挤到忻府区的东南角上，庞大的新市区正在向西向北以公路为骨架急速扩张。忻州的老城大致为东西向长方形，原有东南西北四座城门，每座城门外都建有瓮城。据《忻州志》载，东门曰"永丰"，南门为"景贤"，西门名"新兴"，北门叫"拱辰"。南北两门相对而东西两门相错，由于南北两门偏西，以南北大街为主线的老城区的重心也相对处在西半部。

  记得多年前我乘坐火车路过忻州，车窗前一闪而过了一个生满野草的衰败城门洞，根据方位判断，这应该是忻州东门。之前我只知道那座被涂刷得崭新通红的忻州北门城楼尚在，却从不知道忻州还有别的城门残存，这让我觉得对忻州该重新仔细审视了。

  当我专程来到忻州后，从北门沿街搜寻老宅古院，一路向南门前进，虽然没什么收获，但当高大的南门城楼越来越清晰地展现在眼前的时候，心中还是有一丝说不清道不明的感慨。忻州的城墙早已被拆得所剩无几，但四座城门却多少还有些遗存。北门是最受宠爱的一个，它被从下部的城台到上边的城楼都涂装成红色，雕梁画栋，三重檐歇山顶的七开间楼阁体量庞大巍峨，比现存的西安城楼也不差，下面还开辟有大广场，那堂皇气派的感觉使当地老乡戏称之为"天安门"。

  而东门和西门的状况就一言难尽了，东门瓮城和两侧的城墙以及顶部的城楼都被拆得片甲无存，仅剩下巨大而荒芜的包砖城台，上面是野草的乐园。西门城楼也早已毁掉，瓮城和两翼的城墙倒是还在，但均已被拆光包砖，仅剩下一道黄土的残垣断壁而已，倒是因西城墙修建在一处北侧隆起的台地上，从西门到城西北角的夯土城墙还大体连贯，仍有一些雄伟气势。

  我站在南门瓮城里，仰望着那坚厚的有如钢铁浇铸般的城垣，目测几乎有十米高，真不敢相信忻州城防曾经有如此规模。南门此时已经过整修，补砌了残缺的墙面和垛口，复建了一座七开间歇山顶的两层城楼，又把外侧的瓮城也修补完整，使人置身其中能够真实地感受到昔日那金城汤池般的坚固壁垒与森严气象，也对这座古城曾经的辉煌过去产生了无限的遐思。

  过去忻州城的城门和瓮城内外均包砌青砖，城墙内侧则不包砖，夯土直接裸露在外，时间久了自然会生出许多野草，在无人看管的地段会有人偷偷从城墙上取土自用，或在墙边倾

三晋揽胜

山西省忻州市古城南门
二〇一四年九月六日下午十六时
——十八时四十分 连达

忻州市古城南门城楼

倒垃圾，甚至掩埋死婴。我在南门内看到一块清朝"同治九年（1870）九月"的《忻州正堂戈（知州戈济荣）示》碑："内城壕不准上城闲游、牧放牲畜、埋葬死孩、挖土脱坯。"虽是一百多年前的告示碑，却记录了那时候傍依城墙而居的人们的一些生活状况和细节，仿佛历史触手可及，颇为耐人寻味。

秀容书院

忻州老城之内，古迹遗存已经所剩无几，在南门的北边不远处有一座关帝庙，可惜已经被修得惨不忍睹，倒是位于城西南高岗上的一片高低错落的古建筑群引起了我的注意，这就是清代修建的秀容书院旧址。

《忻州志》载："秀容书院在治西冈上，文昌祠西……乾隆四十年（1775），前知州鲁潢劝捐创建……嘉庆二十五年（1820），前知州福敬又劝捐重修，添建屋宇牌楼。"其中记载书院经费是依靠捐款进行经营运作，学生都是"生童"，也就是说书院相当于一所清代的小学。这些生童每年二月开课后要考评等级，定下来一年该奖给的"膏火"，即灯油钱，指代读书的费用，另外还有奖赏。"每年除正月、十二月不课外，每月初一日、十一日、二十一日斋课，十六日官课，十七日诗赋课"，可是到了同治八年（1869）以后，"因应课生童无多，又复谕令续捐，增加奖赏，外添诗赋一课，以示鼓励"。从中可见，清代的小学是一种松散的教学形式，与今日的义务教育制小学不同，甚至需要靠奖赏来刺激生童入学，经费来源靠不稳定的捐资，也并非长久之计。此类书院应该是当时基础教育的一种重要形式了，但对于今天的我们来说已经显得完全陌生了。

我来到高地上这处古建筑群门前，这里原来是一处中学的校园，不过看起来已经废弃很久了，大铁门和锁头上都是锈迹斑斑，院内成片的灰瓦屋顶和衰颓破落的翘角飞檐让我开始兴奋起来。看看这周遭完全没有人，我干脆背着大包从铁门上翻了进去。

院子里满是疯长的野草，有的甚至及腰高，一派野生的状态。这是一片分为东、中、西三路的庞大建筑群，中间是清代的文昌祠，坐北朝南拥有两进院落。西路院落的前门比文昌祠的山门向后缩进了一段，也是南北向两进院，即秀容书院之所在，与《忻州志》的记载相吻合。东路仍是两进，比西边规模更小，也许是后期扩建书院时增加的房屋。在中路的文昌祠建筑群山门前还建有倒座戏台，是一座悬山顶的小殿前部又连建有一座卷棚歇山顶的前台，当然现在这些房屋都已经被严重改造，门窗也或拆改或封堵，只有屋顶还是老样子。戏台东侧建有一座与哪里都不相对应的斜置的悬山顶小殿，也不知是做何用途，倒是它干裂的泥坯墙和沧桑厚重的博风板给我以深刻印象，这就是历史留下的印迹啊。

这些院子幽深而安静，无论正殿、配殿还是过殿，房屋都是被改造过的筒子教室模样，除了文昌祠正殿屋顶上还有些琉璃构件残存，昭示着往昔的威严外，其余房子外观被改造得近乎整齐而雷同了。走在狭窄的巷道里，身边只有自己双腿蹚过草丛的沙沙声，间或传来风刮动某处未关好或已经破损的门窗的咯吱声。我在三组建筑里转了一大圈，越转越觉得瘆得慌，虽然也曾经历过无数次的破庙探险，但真的感觉此处肃杀之气太重，让我有些紧张。

在西路书院建筑群的对面还有一组单独的院子，是曾经的白鹤观旧址，两者之间有一条向西上坡的通道，从这里可以登上书院西侧一道高高的土岗。在这条通道的前端竖立着一座单开间木牌坊，已经歪斜欲倾，顶上的瓦作也都脱落干净，但椽子下竟设有密集的九踩斗栱。旁边瘦高的柏树好像被剃尽了毛的绵羊，光秃秃地顾影自怜，只有最顶端还残存着最后一撮绒毛而已。

沿着坡道来到书院西侧的高冈上，这是一道南北向的黄土台地，并不算宽阔，好像是龙的脊背。在上边远中近共建有三座亭阁，最北边是叫廖天阁的六角亭，中间的单间单檐歇山顶方亭为文昌殿，最南端的八角亭是望萱阁。尤其在望萱阁的脊檩下还有"旹大清嘉庆二十四年（1819）岁次乙卯七月初四日吉时建"和"旹咸丰二年（1852）岁次壬子桂月重修"

忻州市秀容书院

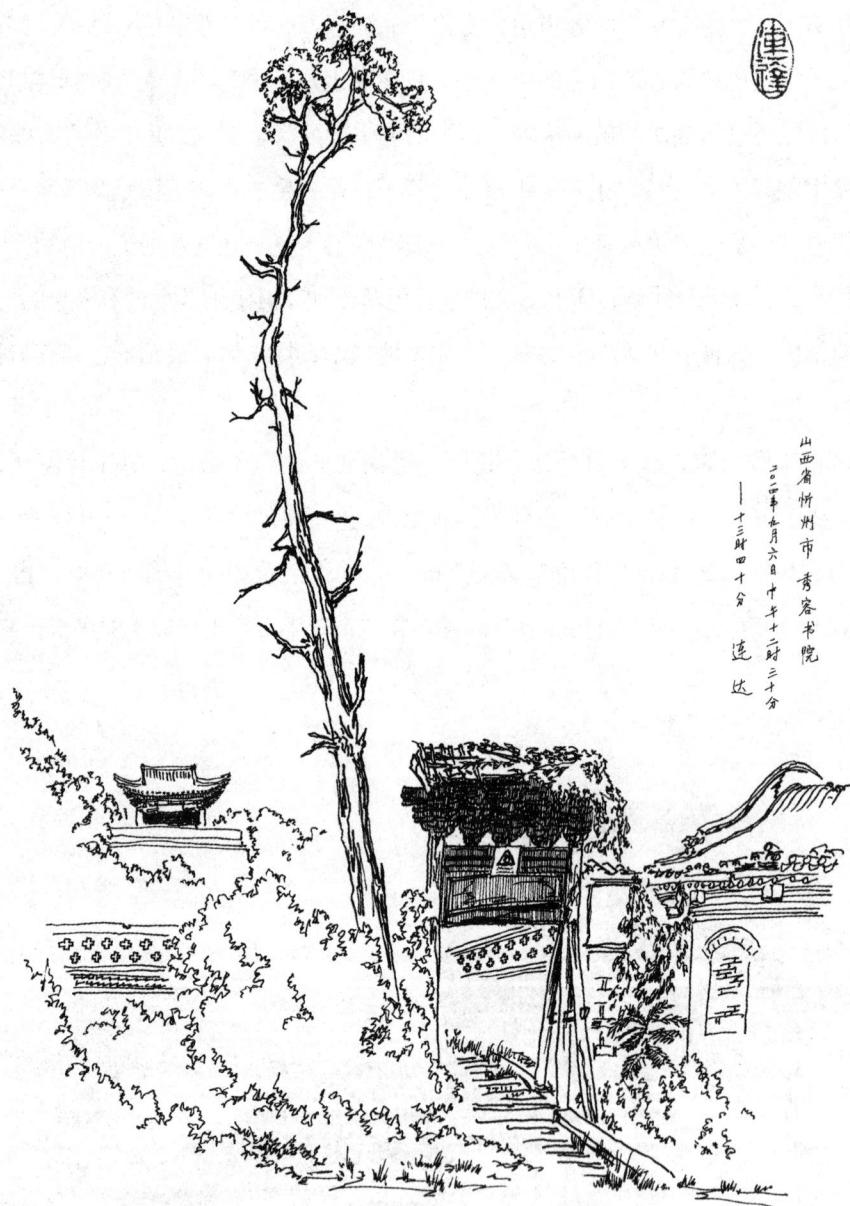

山西省忻州市秀容书院
二〇一二年五月六日十午十一时三十分
——十三时四十分
连达

忻州市秀容书院木牌坊

的题记。站在这里可俯瞰书院乃至全城的风貌，其南面就是忻州城高大而颓败的夯土残垣，远方高低错落的城市楼宇和街巷，宛若这雄踞高处的书院苍茫的背景衬托。也正是在这里我才真正领略到了忻州府雄城铁镇的气韵，南面无边的旷野和城北蜿蜒的群山是这座千年古城磅礴气势的最好注脚。低头再看看破烂不堪、混杂于野草丛中的书院，这片曾经冠以秀容之名的教化之所，忻州城内幸存的最大一片古建筑群，就这样搁置荒废，真是斯文末路啊。

我坐在草丛中正画画时，牌坊南边白鹤观院里突然走出了一位大婶，就站在野草丛后面向我张望，这样荒芜的院子里陡然出现了个陌生人，我想彼此都很紧张吧。原来人家大婶就是住在这儿负责看守院子的，刚刚是出来倒泔水，对我这种闯入者她也见怪不怪了，倒是我颇为忐忑了一阵子。

连寺沟泰山庙

忻州市西南部的庄磨镇有个连寺沟村，这里处于阳曲县赤塘关外的山间谷地里。村西有高大蜿蜒的群山环抱，主峰形若饱满的蟠桃，名曰桃桃山，其下隐有古刹伞盖寺，村庄以一条山沟与伞盖寺相连，于是得名连寺沟。

村里房舍傍依山沟分散而建，老村在西，新村在东。老村中部有一座荒败的泰山庙，即供奉东岳天齐大帝的东岳庙。此庙坐北朝南，格局完整，大体包含最前端的山门，第二层的重门以及最北端的正殿，东西两厢还建有配殿。山门前是东西向的村路，路南有面北而立的倒座戏台。

从建筑风格来看，这座庙是典型的清代后期作品，因修在一处小高地上，颇有巍峨高峻的气势。山门面阔三间，进深三椽，悬山顶，门前设有两重石阶。正面明间屋顶前部缺失了一大块儿，本以为是漏雨毁坏，据村中老乡说，此处原有一座嵌入式的悬山顶抱厦，设置了很密集华丽的斗栱，是一个漂亮的小门楼，后来悬山顶被整体偷走了，在山门正面的房顶上留下了内凹的大豁子。正脊扶梁签上一端为"天地无忌、百无禁忌、万载遐昌、大吉大利"的吉祥话，另一端是"大清咸丰贰年（1852）岁次壬子三月二十七日吉时建"。门廊下立有两通石碑，都是些捐资的人名，并无建庙的具体记载。

山门内又是一道更高更长的石阶，直通重门，这也是一座面阔三间、进深三椽的悬山顶建筑，正面设隔扇门窗，背面仅在明间开门，门楣板上镌刻着"隆祀岱宗"。殿内扶梁签上所题内容与山门一致，显然是同一次工程的产物。重门两侧连建有耳房，这一排殿堂昂然挺立于高台之上，霸气威武。

院内的正殿面阔三间，进深五椽，悬山顶，前檐出廊，明间开隔扇门，两次间设直棂窗，殿内构架简单，塑像崭新而粗劣，扶梁签上则写着"岂大清乾隆贰拾年（1755）岁次乙亥伍月穀旦"。殿前地上横躺竖卧着几通石碑，甚至台基下的垫脚石也是一块石碑，字迹大多已经磨蚀毁坏，难以辨认。其中一通"大明万历贰拾玖年（1601）"的《重修圣帝庙碑记》状况稍好，依稀有"圣帝庙则□□东岳泰山神也，未考枬于何代，我大明国太祖高皇帝重造以来……"的字样，因此可推知该庙始建年代必定早于明代，可惜现存者只是清代重建之物了。东西两配殿也是简单的三开间房屋，与重门和正殿围拢成了一座方正的小院。整体来看泰山庙就是一座建在高坡顶上的四合院，在山脚下又加了一座山门，路对面再修一座戏台而已。庙中建筑的结构都颇为近似，主体殿堂均是悬山顶，后檐短而前檐长，垂脊划出圆润而夸张的弧线，两侧习惯加以厚重的博风板，但檐下不设斗栱或仅有一斗二升交麻叶头的简单装饰。

这里的建筑虽然很一般，但高低错落的排布和院内两株参天的古松极具意境，为不起眼的小庙增添了苍古之气。

路对面的戏台倒是全庙中最具复杂结构和装饰的建筑了，其主体是一座悬山顶的二层楼阁，面朝庙门一侧前出单层卷棚歇山顶抱厦，面阔三间，进深一间半，用材粗硕，手法古拙。尤其明间阑额跨度极大，拓展了台口的空间，还颇有点元构遗风，只是柱子并非抬梁，而是

山西省忻州市庄磨镇连寺沟村 泰山庙戏台
二〇一九年五月五日下午十六时二十分——十八时二十五分　连达

忻州市庄磨镇连寺沟村泰山庙戏台

插入阑额之中，为本地区清代建筑所常见。檐下设一排单昂三踩斗栱，栱眼壁和平板枋下遍布精美的木雕装饰，抱厦内的扶梁签上有"旹大清咸丰贰年（1852）岁次壬子三月初十日吉时建"的题记。

现在整座戏台已是破败不堪，除了早就丢失的砖雕和木雕构件外，抱厦的西侧檐角也坍塌了好几年，却只能默默地等着进一步的毁坏来临，并无任何挽救措施。环顾村中，所剩的多是中老年人，简直就是如今老龄化社会的一个缩影。有些住宅都已经废弃了，谁又顾得上失去了功能的庙宇和戏台呢。

桃桃山铁梁桥

从连寺沟村向西沿着曲折的盘山路一直攀升，便来到了桃桃山主峰下的伞盖寺。这条路紧邻深沟，宽窄无常，起伏不定。太原的侯大哥开车拉着我和另一位"身宽体胖"的刘兄，好似探险般向前缓慢挪动。车窗外千沟万壑的黄土山塬显得坚实厚重，被浓密林丛覆盖的山涧又给人一种深不可测的凶险感。

相传古刹伞盖寺初创于五代后唐初年，以山势秀美、奇松如伞而得名，因此亦曰"青松伞盖寺"。因地形之故，寺院建在一条山沟南北两侧的坡地上，中间以一座单孔石拱桥跨涧连通。此地苍山如海、林涛鸣动、流泉叮咚，巨伞般的松树环侍于千年古刹之侧，是为忻州古八景之一的"伞盖青松"。诗云："西推青松景最真，峰峦秀丽古犹今。岩山尽日谁为主，翠璧誉岩两岸分。"明代嘉靖年间的太仆寺少卿忻州人王治亦曾留下"隐隐山间寺，青青涧畔松；团团拥大盖，郁郁当严冬；雪顶深栖鹤，寒枝怪伏龙；岩风朝暮激，雄籁掩霜钟"的诗句。可惜伞盖寺在"文革"中被捣毁，现在原址上重建的几组建筑之粗劣恶俗，真是不看也罢。

跨建在山沟上的单孔石拱桥至今犹存，成了伞盖寺遗留下来的最古老建筑。这座桥名叫铁梁桥，被茂密的林丛所掩盖，直到我看见桥头的石狮子和残存半边的石栏板才感到不同寻常。尤其惊讶于在文物盗窃猖獗的今天，竟然有野外的石狮子还能安然幸存于原处，而且桥两端各置两尊，这简直太不可思议了。细看则发现这些狮子的前肢多被打断，以水泥修补，破了相的石雕价值也受损，才能侥幸逃脱魔爪。尚存的西侧桥栏板上浮雕图案虽有残损，但依稀有宋金风韵，桥栏石柱上遍刻捐资人的姓名，其中一根柱子上有"明嘉靖四十二年（1563）岁次癸亥三月"的题记，很显然是一次重修时的记录。桥南端尚立有一根风化严重的明代风格盘龙石柱，应也是此次重修所立。

沿桥南头的石阶来到沟底，在此仰望可见铁梁桥全貌。这是一座饱经沧桑、破败严重的单孔石桥，桥身以粗粝的毛石砌成，但桥洞却是用规整的拱形条石沿着桥拱的弧度并列砌筑，石拱有 16 道之多，此为极古之法。外侧拱面上浮雕有云朵、兽头、龙、马、人鱼等祥瑞题材的装饰图案，石拱之间以腰铁串联固定。但很显然东侧的 4 道拱券曾经垮塌过，当地以铁丝捆绑、水泥黏合及木棍支撑等方法把塌落的部分又重新安装上去。最南边底部有一块拱形石料格外细小，弧度也不对，明显不是此处的原构件，引起了我的兴趣。转到桥身西侧则发现，主拱券南边还保留有一个小拱，虽然内部早已被毛石填死，但足以说明此桥最初曾是一个大拱券肩挑两个小拱券的敞肩式结构，只是在后世的重修中，小拱券被废弃了。由此可知东侧那个纤细的拱形石料应该是使用了原来小拱券的旧料。我还在西侧桥拱上发现了"至元十七年（1280）七月□十□日记"的题刻，这就更加明确了至少此桥在元代初期就进行过一次修缮。但以桥上的石狮和栏板的风格来看，此桥的始建年代至少不晚于金代，这样古老的石桥在整个山西恐怕也没有几座。寺里的僧人指给我看，在桥拱顶上隐约可见两处露出头来的铁棍，这是建桥时即安置在桥拱上的拉杆，用以加强各道石拱之间的联系，因而得名铁梁桥。这样的构造形式与著名的河北赵州桥简直如出一辙，也从侧面反映了此桥之古老。

忻州市庄磨镇桃桃山伞盖寺铁梁桥

桥下早已没有流水，只剩下葱郁的树丛和杂草。我静静地坐在桥下仰观而绘，久坐不动，一只野兔子蹦跳着来到我身边，好奇地看着我，我们俩对望了好一阵，这个可爱的小家伙才欢快地跑开了。

我还想再换个角度画一幅时，天上忽然下起雨来，只得赶紧撤退，这时候我吃惊地发现一辆一吨多重的越野汽车正在从铁梁桥上缓缓开过。而我刚刚描绘了桥下那摇摇欲坠的拱券，深知这桥的筋骨再也经受不起粗暴的重压，霎时真是提心吊胆。

和在沟外等我的侯、刘两位大哥说起此事，均感事态严重。下山回连寺沟村找到支书，再三说明铁梁桥的宝贵价值，请求他在桥头设置路障，禁止汽车再开上桥，以保全这座也许是晋北最古老的石桥，让它能够继续矗立下去。支书爽快地答应了，这令我们心中稍安，但这座古桥的未来究竟会怎样，仍然让人时刻挂怀于心。

西呼延金洞寺

相传在距忻州市区西北方20公里的旷野上有一块巨石，北宋初年的名将呼延赞曾经率军在此与辽国作战，亲自登上石顶指挥，给士卒擂鼓助威，后人便把这块大石头称作呼延石。到了明朝，这一带逐渐聚集成为村落，巨石以东就叫作东呼延村，西边就称为西呼延村了。

在西呼延村的西面，傍依龙门山的黄土山脉脚下，坐北朝南建有一院古刹，名曰金洞寺。寺院的名字是何来历已经无从考证，甚至连创建于何时也难以说清了，而且这座寺院的布局就如盂县中北村释迦寺一样，显得杂乱得不合常理，是在漫长年代里逐步增修形成的大杂烩式局面。

寺院整体上有东、中、西三组建筑，中路的最前端是山门，从外面看是一座瘦高的悬山顶券洞式小门，内侧则成二层楼阁形式，在门洞上方还供奉着观音菩萨。接着是一座三开间悬山顶的过殿，明间为通道，两次间各设门窗形成东西单独的两个房间，东侧供奉关帝，西侧供奉佛祖。其东侧还有一座悬山顶的二层钟楼，青秀的造型与山门还有几分类似，西侧相对位置却不见鼓楼。

过殿后面是寺内的主殿文殊殿，此殿建于明嘉靖七年（1528），背靠土崖修筑在高高的台基之上，居高临下，颇有气势，是一座面阔三间、进深六椽的悬山顶建筑。檐下设双下昂五铺作斗栱，补间出斜栱，明间开隔扇门，两次间为巨大的直棂窗，殿内以四椽栿接前后劄牵，结构简单。

忻州市合索乡西呼延村金洞寺文殊殿

两山墙上分别残存钟馗和鬼的清代风格单体人物壁画，旁边还有一名叫"张瑞春"的道士书写的长篇累牍的《劝善文》。一座寺院里出现了道士的笔墨，听起来不可思议，但这应该说明寺院在历史上曾经一度为道家所有。而且即使作为佛教寺院，位置显赫的主殿里供奉的不是佛祖而是文殊菩萨，这听起来好像也有些喧宾夺主，想来应该是受五台山文殊信仰体系的影响所致吧。

东路建筑显得没什么章法，在文殊殿东边略靠后的位置面向南建有一座三开间悬山顶的三教殿，这是明嘉靖二十年（1541）所建，自然就是儒释道三家合祀的地方，体量小于文殊殿。可若按传统的对称布局，文殊殿西边应该也有一座同等规模的殿堂才对，但那里只有两孔窑洞。

在文殊殿的左前方仍然是面向南还建有一座悬山顶的普贤殿，结构与三教殿类似，是清康熙二十七年（1688）增建。但这个位置却显得突兀怪异，若非要给身在东路的普贤殿找个对称的建筑，那么也只有西路唯一的殿堂转角殿在位置上还算勉强凑得上，可普贤殿是悬山顶的大屋，而转角殿却是座歇山顶建筑，两者怎么看也没有一致性。院子里的殿堂基本都是面南横向而建的，并没有常见的纵向配殿，就这样相互不太配合地松散矗立在院子里，让初来者有一头雾水的迷惑感。

山西省忻州市合索乡西呼延村
金洞寺 转角殿
二〇一四年七月五日 中午十二时十五分—下午十四时 连达

忻州市合索乡西呼延村金洞寺转角殿

　　西路的转角殿也是一个神奇的存在，这是一座平面呈正方形的单檐歇山顶小殿，据记载重修于北宋元祐八年（1093）之前，其始建则未可知也，是金洞寺内最古老的建筑。此殿面阔三间，进深六椽，前檐下设单杪单假昂五铺作斗栱，昂身平直，耍头做成批竹真昂形，下垂的耍头和平伸的昂头犹如大鸟修长而锐利的喙几乎要闭合在一起了。其余各面均为双杪五铺作，平伸昂形耍头。转角殿正面明间开木板门，两次间设直棂窗，殿内梁架结构错综复杂，诸多梁栿劄牵都交会到前后槽的四根金柱上。

　　在这四柱之间设有一座两层楼阁式小木作神龛，一层面阔三间，左右次间向前突出有盝顶双阙式配殿，设双杪双下昂七铺作斗栱。二层置平坐，面阔三间重檐歇山顶，设单杪双下昂六铺作斗栱，檐下悬挂小匾"先师祐民之阁"，里面原来的塑像与寺内各殿的所有塑像一起在"文革"中被捣毁，据说从前供奉过神农和伏羲，现在补塑的是两位僧人。神龛亦是转角殿同时期作品，一丝不苟地按照真实的木结构楼阁制作，实际上相当于一座宋代建筑的模型，华丽的斗栱和梁架，锐利张扬的批竹昂呈现出九百多年前早已消逝的俊逸风采。殿内梁栿上密密麻麻地写满了捐修人员的姓名和所在村子、寺庙的墨书题记，其中就有西呼延村的名字。

　　这座小殿内空间不大，已经被纵横密布的梁架和神龛填得满满当当，梁架上又写满字迹，让我真有眼花缭乱、目不暇接之感，简直不知道看哪里才好，索性把自己搁在这幽暗的殿内

山西省忻州市
合索乡西呼延村 金洞寺
转角殿内 神龛
二〇一四年六月五日上午八时十分一下午十一时三十五分 连达

忻州市合索乡西呼延村金洞寺转角殿神龛

足足四个多小时，看个够也画个够，仿佛是通过时间的裂缝短暂地与早已消逝的故宋时代来了一次近距离的接触。

我在寺里没完没了地画着，守庙大叔干脆锁上大门回村干活去了。下午他返回来时，对我画的神龛大为赞许，热情地开着农用三轮车特地把我送到了有回城客车的大路上。

合索福田寺

坐客车从金洞寺返回忻州的途中，路过合索乡时，我发现在一个院子里有座高大的悬山顶从车窗外一闪而过，很显然是一座古庙，于是第二天我专程返回合索乡来寻访。

此庙位于合索乡派出所后面的大杂院里，院子前半部杂草浓密，好像荒野的灌木丛，中间矗立着的苍老而垂危的殿堂就是令我一瞥难忘的古庙——福田寺，院子北面还有一大排筒子房，住了好几户人家。

这座大殿周围疯长的野草几乎有一人高，把大殿裹了个严严实实，我挑掉蛛网、撕开草丛闯过去，仿佛是在山里披荆斩棘，强行开路。此殿面阔三间，进深四椽，悬山顶，体量魁梧，身形庞大，檐下设双下昂五铺作斗栱，前檐糟朽塌坏多处，椽子、飞子和野草一同搭垂下来。正面明间被封堵并改装有办公室般的门窗，两次间则装上了对开的栅栏式木门，改造成车库，但显然被废弃很久了，西侧的木栅栏已经倒掉。

走进殿内，却见里面甚是明亮，因为后墙和后檐中部已经完全垮塌，白森森的阳光直射进来。几根塌落的粗大木料斜靠在未倒的梁架旁，未塌的部分也是腐朽严重，一派摇摇欲坠的惨状。整座大殿已经开始向前倾斜，正面靠几根参差不齐的木棍戗住，以防不测。殿内淤积的砖石和瓦砾成了一堆堆的土丘，上边长出的野草与院子里的声势相连，一样的葱郁。两个车库门内各挖有一条用于修理汽车底盘的长方形沟槽，在沟槽的左右边缘都铺垫着既大又厚重的灰白色石碑，字迹早已被磨损得所剩无几。我拂去尘土，依稀看出有家族墓地的祭祀碑，还有别的地方搬来的似乎是寺庙的碑，年号有"乾隆二十口年"的字样。

我在院子东墙根旁还看到了一通"大明万历贰拾捌季（1600）岁次庚子仲春月乙卯穀旦"的《鹊索福田院重修口口》残碑，是用如铜锈色的石料刻成，字迹也多缺损漫漶。上面有"忻郡鹊索福田院，其源远矣，历唐、宋、金，代为修营，胡元至正，始备基址，广大木植，耸峙巍然……"，其中一条重要的信息是说合索古时候曾经叫鹊索，看起来这应该是来自少数民族语言的音译吧，若是按碑中所说的寺院唐代就有了，那鹊索之名甚至有可能追溯到北朝

山西省忻州市合索乡 福田寺
二〇一四年九月六日 星期六第七部五十分——上午十时
连达

忻州市合索乡福田寺

时期。我翻阅《忻州志》时见到清代乾隆年间的合索村南有一条"鹄索河"的记载，由此可知村名大约来源于河名，应该是在清代才改为"合索"的。碑中记载明代重修福田院，这和现存大殿的结构一致，所以这块碑是福田寺始建和重修年代的重要依据，可惜就这样倒放弃置在墙边，任其风化水浸，和大殿一同走向毁灭，令人痛惜不已。

这真是路边捡到的古建筑，让我有机缘在其毁灭之前见上一面，并用画笔记录下它真实的模样。

阳武朱氏牌楼

原平市是忻州下辖的县级市，位于忻州市区和定襄县的北面，东接五台县，西连宁武县，北面与代县和朔州市的平鲁区为邻。此地在秦时称崞县，西汉元鼎三年（前114）取其地形"原隰宽平"之意，名曰原平县。西晋置云中县，北魏改石城县，隋大业二年（606）在今原平市崞阳镇设立崞县。唐贞观五年（631）置怀化县，五代设唐林县，至北宋景德二年（1005）皆并入崞县，延续近千年。新中国成立后于1958年撤销崞县，设立原平县，把县城由崞阳镇迁到今址。

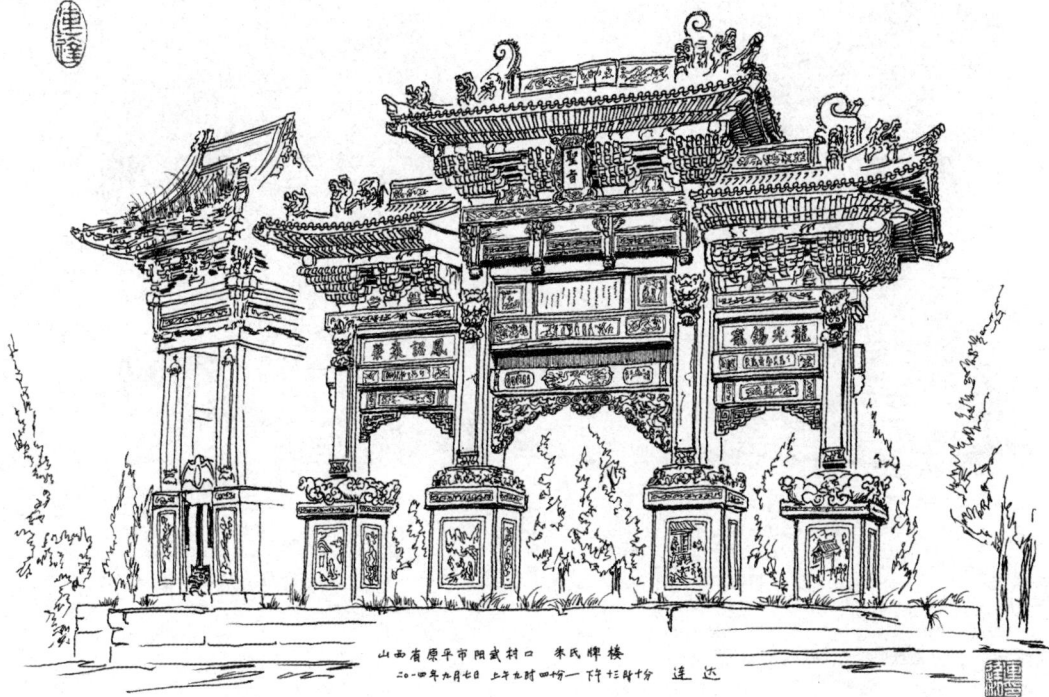

原平市阳武村口朱氏牌楼

距离原平市西北 14 公里的大牛店镇阳武村内外，现存两座雕琢精美绝伦的石牌坊，是由清代后期官员武访畴为其母朱氏所修的节孝坊，因而被俗称为朱氏牌楼。相传当初一共建有三座牌坊，可惜其中一座已经被毁了。

我在村西南口先见到了一座牌坊和一座碑楼面南并列而立，牌坊修建在半米余高的条石台基上，为四柱三楼歇山顶式，通高近 7 米，檐下设密集而写实的仿木结构斗栱，明间檐下悬挂盘龙圣旨匾额，下面额枋出垂柱，明间当心嵌横匾，镌刻着"赠资政大夫曾祖父廷桂，貤赠夫人曾祖母李、邬氏，诰赠资政大夫祖父秉璧，诰赠夫人祖母吴氏，诰赠资政大夫父烈，诰封夫人母朱氏，陕西分巡延榆绥兵备道加四级武访畴谨建"，再下面还镶嵌字牌一条"大清咸丰六年（1856）岁次丙辰仲夏上瀚穀旦"。这些文字记载，说明至少此牌坊不是为武访畴母亲朱氏所建的节孝坊，其上有圣旨牌高悬，又将曾祖父母直到父母的封赠姓名全部铭刻，说明这是一座为彰显家族荣耀而建的牌坊，不应该叫朱氏牌坊。再看四根方柱上都浮雕有龙头吞挂的楹联，正面明间为"豸节崇褒三秦著迹，鸾书叠贲八座增荣"，两次间是"恪共臣职抒丹悃，荣赐天书降紫泥"，其上又分别镶嵌小匾"龙光锡宠"和"凤诏褒荣"。背面明间是"三晋云山祥迎凤诰，九乾雨露恩纪鸾章"，两次间刻"缥缃世业怀先泽，纶綍新恩拜圣朝"，匾额为"克成先志""垂裕后坤"，内容也完全是接受封赏，感戴皇恩的意思。此

山西省原平市阳武村内
朱氏节孝坊下石兽
二〇一四年六月七日 傍晚十八时十五分——十八时计五分
连达

山西省原平市阳武村内
朱氏节孝坊
须弥座下之金刚
二〇一四年六月七日 下午十七时四十五分——十八时
连达

原平市阳武村朱氏牌坊下石兽与金刚

坊周身上下雕刻精致华丽自不必说，是清代后期极致追求繁缛装饰的产物，细看其中的人物故事图案，也多是官员形象，或是出巡的仪仗，或是会客见礼，都意在显示武家尊崇的身份和地位，因此我觉得叫作武家牌坊更合适。

牌坊西侧的单开间歇山顶碑楼也大体完整，其内部几通大小石碑尤其完好，书法刚劲，叙事明晰，是"光绪三十四年（1908）"所立的《赐进士出身，钦加盐运使衔，皇清诰授中议大夫陕西延榆绥道芝田武老大人讳访畴德行教思碑》，碑楼两侧墙上尽是本地举人、耆老、大宾、贡生、庠生等的名单。背后及两山墙上镌刻备述了武访畴的生平事迹、家族子孙状况和怀念他业绩功德的文章，极尽溢美之词。其中可知武访畴在陕北到关中从知县做到知府，为官清廉，淡于荣利，捐修路桥，还致力于讲学育人，所以桃李遍布秦晋，碑楼前后所录人员应多是门生弟子的身份。光绪二年（1876）武访畴卒于家中，年七十五岁。这就弄清楚了村口所谓朱氏牌坊和碑楼的真实情况与武访畴是何许人也。

村子里还有一座石牌坊，出于保护所需，现在被用短墙围在一个小院之内，钥匙由对面的一户人家掌管，这家的大叔说他就是武家的后裔。此牌坊通高近 10 米，修建在约 1 米高的石雕须弥座上，四周以石栏板围护。须弥座下雕刻有四尊全身铠甲的力士，半蹲身躯，做奋力扛托状，更显得顶上的牌坊有万钧重压。牌坊为四柱六楼歇山顶结构，下部以魁梧的四根方形石柱支撑，明间宽为两次间，上出重翘五踩斗栱托举起品字形排列的三座歇山顶。在这层檐顶之上设有平台和栏板，又竖立起一座缩小版的四柱三楼歇山顶石牌坊，使得整座牌

山西省原平市阳武村内
朱氏书华坊
二〇一四年九月七日
下午十四时一十七时十分　连达

原平市阳武村朱氏牌坊

坊有层檐叠出的视觉效果，气势宛若巍峨的两层楼阁。牌坊四柱下以雕刻华美的四面夹杆石围抱，更显壮硕沉稳之态，前后各设四根戗柱加以固定，正面四根戗柱皆做成高浮雕的盘龙云柱，每根柱前设须弥座，上边有一只呈蹲坐姿态仰天而望的龙。背后四根戗柱为素面圆柱，柱脚前蹲坐小狮子。在整组牌坊前面设有石旗杆和石狮子各一对，好似官府仪仗般堂皇气派。牌坊背后是一面宽大的歇山顶影壁，左右还加设有八字形附壁，在壁心位置高浮雕着并列立于云端比真人尺寸还大的福禄寿三星。

牌坊最顶层檐下高悬圣旨牌，各层梁、枋、柱上尽皆浮雕有令人眼花缭乱的诸如连续花卉、二十四孝等吉祥图案，几乎是目之所及，无死角地进行了全面彻底的雕琢装饰。正面明间小额枋下面镶嵌的字牌上刻有"旌表资政大夫庠生武烈之妻朱氏节孝坊"，下面由额上浮雕"咸丰五年（1855）九月男武访畴谨建"，次间匾额分别为"柏舟矢志""竹帛流芳"。背面明间横匾为"冰清玉洁"，两次间则分设字牌记录了朱氏夫人接受旌表和生卒时间，"嘉庆十六年（1811）六月初六日守节，时年二十八岁，道光十五年（1835）十二月十五日，奉旨旌表，时年五十二岁，计守节二十四年""生于乾隆四十九年（1784）三月初十日卯时，卒于咸丰六年（1856）七月初五日巳时，十七岁于归，十九岁生子，二十八岁守节，享寿七十二岁"。

所以这才是真正的朱氏牌坊。

综合村内外两座牌坊上所记载的信息可知，1835年朱氏受到了朝廷的旌表；1855年武访畴为母亲朱氏建立了节孝坊，第二年朱氏去世，武访畴又在村口建立了那座镌刻家族荣耀的武家牌坊。1876年武访畴去世；1908年武家后人在村口牌坊旁边为武访畴竖立起了碑楼。

两座牌坊的精美奢华足以与晋南地区的诸多清代旌表石坊相比肩，村内朱氏牌坊甚至还有可能拔得头筹，它们的建造也体现了山西北部地区石雕的一流水准，只是在文物破坏和盗窃越发严重的今天，这么华丽的牌坊矗立在村头和街边总叫人感觉心里不太踏实。看管小院钥匙的大叔也是这么想的，他见我进院后就再无动静，警惕地来看了好几次，确定我真的是在画画，并且真的画出了牌坊，这才放心了。

前沙城佛堂寺

在原平市西北的西镇乡前沙城村东头有一座佛堂寺，寺院现在仅存前殿和后殿两座建筑，墙边胡乱堆放着许多旧木料，看起来应该是昔日配殿等建筑上留下来的。

这个空荡的院子里有浓密疯长的野草，还有老乡自己种的大葱，一片繁茂的生机。绿草丛簇拥着一座飞檐高挑、造型俊逸的小殿，显得古香古色，野趣盎然，这就是佛堂寺的明代前殿。

相传佛堂寺创建于北宋时期，之后历代传承，多有修缮，原来前面还有一进院落，两厢也有配殿和廊庑相对，可是近些年其余建筑逐渐倒塌毁灭，就剩下独处于院中央的前殿和紧靠后墙的后殿而已。由于后殿过于靠边，存在感极弱，我最初走进院中都没有注意到它。前殿建在砖石台基上，面阔三间，进深六椽，单檐歇山顶，檐下设单杪单下昂五铺作斗栱，前后明间贯通，开隔扇门，其余无门窗。外墙残破甚重，西山墙中部外皮已经坍塌。殿内为四椽栿接后乳栿，用三柱，构架因水浸和烟熏已经发黑，显得甚是颓败，老乡自己重塑的神像也是惨不忍睹。

后殿为悬山顶，面阔三间，进深六椽，檐下设单下昂四铺作斗栱，耍头刻为昂形，前檐已经开始下垂，用几根木棍勉强撑住。正面明间开隔扇门，两次间为直棂窗，殿内为四椽栿接前后剳牵用四柱，构架比前殿做法古朴，似乎有元代遗风。窗前一通清代乾隆年间的维修碑上也仅知道顺治年间曾经重修，再早的信息就无从考证了。

两座殿宇曾被本村自行修缮，屋顶的瓦作、脊兽以及斗栱上的彩画都已经粗劣难看，使得这座庙的文物价值大为减损，能够打动人的也就是那种古刹野韵的气息了。

山西省原平市前沙城村
佛堂寺
二〇一四年五月八日
上午十时十分—十一时十分　连达

原平市前沙城村佛堂寺

练家岗惠济寺

　　在距离原平市区东北方 15 公里处的黄土台塬上有一座练家岗村，村庄北部现存一座名曰惠济寺的古刹，是原平现存著名的寺院之一。相传最早创建于唐代，传承到今天，久负盛名的当属寺中的宋、明彩塑了。

　　惠济寺坐北朝南，修建在一处高地上，现存大致是四合院布局，南边为观音殿，北面是正殿，东西为廊房，在院子东南角上建有二层悬山顶钟楼一座，楼下即进出寺院的正门。观音殿坐南朝北，面阔三间，进深四椽，悬山顶，明间开木板门，两次间为直棂窗，殿堂不高，但柱间跨度很宽，是清康熙五十三年（1714）重修的。殿内正中央佛坛上设有悬塑洞府式神龛，里面是侧身闲坐的观音像，两旁三面墙下各塑六位菩萨坐像，是为十二圆觉，东西窗前还塑有相对而坐的文、武像各一尊。这些塑像是明代作品，风格清新淡雅，姿态也各具特色，栩栩如生，虽多有损伤，但整体上也还算保存尚可。塑像背后的墙面上还绘制有大面积的佛教故事壁画，至今仍图案清晰，色彩艳丽。

山西省原平市练家岗村
惠济寺
二〇一四年九月八日下午十三时四十分一十五时二十九分
连达

原平市练家岗村惠济寺大雄宝殿

院子北边是正殿，殿前有与殿等宽的长方形月台。此殿面阔五间，进深六椽，单檐歇山顶，檐下设双下昂五铺作斗栱，当心间出一朵大斜栱。明间和两次间开隔扇门，两稍间无门窗。殿内构架疏朗，以四椽栿接前后劄牵用四柱，两侧采用移柱造，东西各设金柱两根，分别以绰幕枋与内槽柱串联，衬托劄牵扛起山面，使中部空间大为拓展，据说西侧两根方柱还是唐时遗留的。这种做法带有很明显的早期建筑风格，但看檐下斗栱和主体梁栿的构造又是明代特点，应该是历代重修造成的风格杂糅。

　　殿中佛坛上以骑狮的文殊菩萨为中心，左右侍立撩蛮和童子以及两尊胁侍菩萨，最外侧是圣老人和佛陀波利，佛坛下左右各站立一尊威猛的天王像。这一组合形式流行于金代以前，很明显这也是五台山文殊信仰体系下的寺院，正殿以文殊师利菩萨为主尊，所以实际上是一座文殊殿。这些彩塑传为宋代作品，佛坛上众多人物除撩蛮和圣老人面目被毁，又有几尊手臂折断外，看起来大致也还算完整，可细看才发现，也正因为撩蛮和圣老人面目损坏，才得以保全，其余彩塑的头颅早已被盗割而去，现存之头仅是当地匠人粗劣的补充之作，与原像技艺气韵相去太远，真是狗尾续貂了。

　　倒是佛坛下两尊天王，除了各缺一只手外大致完好，是寺内所有彩塑中最有气势也最生

原平市练家岗村惠济寺天王像合影

动细腻的作品。天王身高足有两米余，外侧腿直立，内侧腿斜伸，上身微微内倾，使得重心落在直立的一条腿上，整体上形成了稍息的站姿，显得自然而舒展，让人感到魁伟刚猛的天王也不都是直挺挺、硬邦邦的凶煞之势，松散闲逸的状态和凡人是一样的，这也算是宗教世俗化的一种细微体现吧。其全身上下的兜鍪、发髻、战袍和铠甲全都展现出故宋时代优雅细腻的特征，依稀尚存五代武士的遗风，令人观之思之，思绪直追千年，深感喜爱，也更为佛坛上诸像之毁愤懑不已。

殿外陈列着许多石碑，其中一通"峕嘉靖十三年（1534）岁次甲午季夏"的《重修练家岗惠济寺记》上有"我崞练家岗，去县治东南二十里许，东倚凭牛之麓，南接天涯之峦，西枕滹沱之涘，北连五峰之境，……其中建寺一所，名曰惠济，乡中父老传云，创自唐末，历宋元以来而基址犹存"，说明此寺确是千年之古刹。这次嘉靖年间整修了"正殿三楹，南殿三楹，伽蓝庑二楹，东廊三楹，西廊三楹，钟楼一楹，山门三楹"，综上可知现存惠济寺的格局与嘉靖时期的这次大修基本一致，只是山门和伽蓝庑已经没有了。

我在画正殿的时候，管庙大叔在旁边认真翻看我之前的作品，不时地赞叹道："哎呀，那个地方可老远了，你竟然也找到了！"待我画完天王像，他诚恳地欢迎我明天再来把文殊菩萨也画一画，我看了看文殊菩萨崭新而粗劣的头颅，终究还是下不了这个决心。

上社岱山庙

原平市东部的东社镇上社村是一处面积巨大的村庄，已经处在五台山余脉上，是群山和黄土台塬相交错的地带。这里的历史最早可追溯到春秋战国，东晋时的名士郝隆便是上社人。他生逢乱世，南渡投奔桓温，世人皆称其贤，从流传下来的逸事看，充满了魏晋名士诙谐不羁的个性。相传他饱读诗书，胸藏锦绣，曾经在七月七日人皆晒晾衣物之时，解衣坦腹，立于庭院之中，谓之晒书。时人皆好借晾晒的时机展示家中名贵衣饰以夸耀财富，郝隆晒腹既是对这些人的嘲讽，也是对自己满腹经纶的一种自信表现。上社村旧属崞县管辖，《崞县志》有"晋处士郝隆墓县东一百里上社村"的记载，上社也被后人尊为"晋贤故里"。

村中现存古庙多处，但都年代较晚，规模不大，只有村北小学东侧的岱山庙相对可观。岱山就是东岳泰山，所以这里是一座东岳庙。

此庙由最前端的木牌坊、中间的过殿和最后面的正殿组成，三座建筑中，最华丽的莫过于牌坊。全庙都建在一处较高的平台上，牌坊前自然设有高高的台阶，两旁还配有一对石狮子。牌坊为四柱三楼悬山顶结构，是清代建筑，前后出戗柱，最为华丽炫目的是檐下密集的斗栱部分。明间檐下设四攒六昂十三踩斗栱，尤其罕见的是每个昂的左右两侧外拽瓜栱与外拽万栱之间又加入了一层万栱，形成了三层叠压的效果，配在六重昂之后，真宛若精巧的镂雕窗棂般玲珑剔透，又好像一串串高悬的香蕉般丰盈饱满。两次间无出昂，分别置两攒五翘十一踩斗栱，每翘左右也是三层重栱相叠加，使得整座牌坊巨大而沉重的头部显得富贵华丽又有点让人眼花缭乱。明间檐下现在悬挂一块竖匾"晋贤故里"，本该写庙名的地方现在挂这样的名号，应该是想借郝隆来提振上社村的知名度吧。

牌坊后的过殿是一座面阔五间的硬山顶大瓦房，明间前后通透，是进出的通道，两侧的次间和稍间则改成了村里老人们的活动室，午饭过后，里面逐渐又响起打牌搓麻将的喧闹声。

后院里看起来较为空旷，现在只剩下最北端孤零零的正殿。此殿建在半米余的砖石台基上，面阔三间，进深四椽，悬山顶，檐下设单翘三踩斗栱，补间出斜栱，耍头做成昂形，明间尚存隔扇门，两次间则早已拆改分隔成单独的房间使用，两墙角处向外伸出短促的八字照壁。从窗棂上的窟窿向内张望，但见主要构架工整细致，保存也很完好，屋内现在堆满了各种杂物，显然废弃许久了。殿顶上的荒草像随风舞动的长发，使苍凉破败的感觉变得格外强

原平市东社镇上社村岱山庙正殿

山西省原平市东社镇上社村岱山庙牌坊
二〇一二年三月六日 下午十五时十分—十八时二十二分
逄达

原平市东社镇上社村岱山庙牌坊

烈。在脊刹镶嵌的字牌上依稀有"弘治十六年（1503）"的字样，这应该就是正殿的创建时间，除此之外庙中已经找不到别的文字记载了。在正殿两侧各生有两株古拙遒劲的柏树，身姿扭曲向天，如伞如护，为老态龙钟的正殿增添了许多古雅意韵。

有不少老人围拢过来看我写生，用浓重的方言议论着。这座村庄虽大，目前留在村中的也仅是为数不多的老年人，有的都70多岁了，还在扛着锄头下田干活，还有许多身体不好或者有残疾的人，坐在庙前的树下边聊天边好奇地打量着我。我跟身边的一个老爷子开玩笑，指着这几十位看热闹的老人说："是不是全村的青壮年劳动力都来了？"没想到他回答："还真是差不多啊！"令我顿时吃了一惊。而且庙旁的小学放学时，也并不见多少孩子走出来，老人们说现在学校里一共也就只剩下几十个学生了，农村人口的凋零可见一斑。

崞阳文庙

现在原平市北部18公里处的崞阳镇，就是隋大业二年（606）设立的崞县旧址，直到1958年撤销崞县将此地降格为镇时，这里已经做了1300余年的县城，抗日爱国将领续范亭就是崞县人。抗战时期，日寇占领崞县，大肆焚掠屠杀，崞县人口损伤过半，千年古县从此一蹶不振。现在明代时修建的崞县城池还有些许遗存，大致位置就在东侧的滹沱河、西边的108国道、北边的北桥河与南边的南桥河之间偏西的区域。据清光绪版《续修崞县志》载"县旧城，晋怀帝永嘉四年（310）建，东临沱水，西跨今城。元末察罕知院因旧城截筑其西隅，明洪武八年（1375）、景泰元年（1450）相继重修，万历二十七年（1599）砖甃（zhòu）。周围一千一百丈，高三丈六尺，雉堞七百有四十，高六尺，连女墙高四丈二尺，厚三丈八尺。敌台二十一座，池深三丈，周围具筑捍水堤。门四，东曰临沱，西曰保和，南曰景明，北曰定远……崇祯七年（1634），知县冯梦熊修四门城楼"。除了坚固的主城，后来又在西、南两面增筑关厢，在南关厢外再加筑罗城，使得整座城池三面临河，铁壁重垣，坚不可摧。

我实地寻访时发现，这座昔日的县城、钢铁般的堡垒只有南门、北门尚存，另有零星残垣隐没于密集的民房包夹中，城楼敌台则尽皆毁灭。另外西关厢还有少量土垣残存，有人说西门尚存，但我并没有能够找到。

即使毁坏成这样，城内外仍然有一些古建筑坚强地支撑到了今天，其中规模最大，遗存也最多的就属崞阳文庙了。

原平市崞阳镇文庙棂星门

　　文庙位于老城的东南部，创建于金大定年间，重建于明洪武三年（1370），经之后历代修缮增补，形成了一片规模非常庞大的东、中、西三路建筑群。中线前端分峙左右有"德配天地""道冠古今"牌坊，当中是"金声玉振"坊，其后为大照壁，再有棂星门，左右有义门、礼门，又建敬一亭、石林亭。棂星门内为泮池，池后是戟门，即大成门，其左右两侧分列名宦祠和乡贤祠。内院核心为大成殿，东西设长长的廊庑。后院有明伦堂。东路建尊经阁、文昌祠和忠义祠，西路有宰牲所、讲堂和崇圣祠，真是殿阁重重、庙貌巍巍的一方胜境。

　　可惜新中国成立后偌大的文庙被多个部门分割占用，中路建筑是粮库所据，逐渐拆改破坏，几十年折腾下来，这一片大庙仅剩下棂星门、泮池、戟门和大成殿还在，其他一切尽数被荡平无存了。

　　现存的棂星门为五开间歇山顶的一大列组合式木牌坊，也可以称作六柱五楼，前后皆有夹柱石和戗柱加固。当心间檐下设五昂十三踩的密集斗栱，两侧的次间和稍间也都多达十一踩，出昂好像充满韵律的绽开的花束，又宛若草船借箭后身被箭支的战船，真是构造华美，气势非凡。其后稀疏的柏树簇拥下是以石栏板环绕的宽阔泮池，中间的泮桥竟然是一座三孔石桥。桥北的戟门面阔五间，进深四椽，悬山顶，下部有砖石台基，正面砌青砖坡道。檐下设重翘五踩斗栱，明间和两次间为隔扇门，两稍间置隔扇窗。

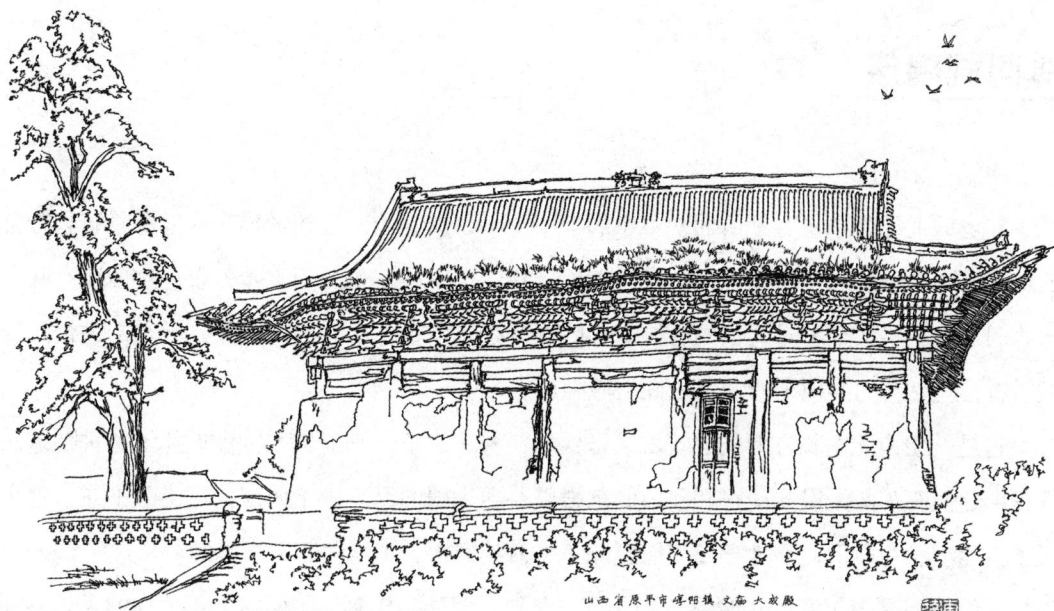

山西省原平市崞阳镇 文庙 大成殿
二〇一四年九月八日 下午十四时四十分—十六时二十分 连达

原平市崞阳镇文庙大成殿

戟门之后是一处宽阔而空旷的大院子，东西两侧原本应该有廊庑的位置现在都是茂盛的野草和玉米地。在院子中部雄踞有一座单檐歇山顶的庞大殿堂，这就是文庙大成殿。

此殿修建在近1米高的砖石台基上，面阔七间，进深五间，体量极其宏大，其正脊高耸，屋坡陡峻，山面高度几乎与下边的墙身高度相等。檐下斗栱应用之密集、组合之精妙堪称眼花缭乱，叹为观止。其东、西、北三面皆设三下昂六铺作斗栱，耍头刻为昂形，每间补一朵，北面明间补两朵。这些如阵列般的斗栱和出昂本已是整齐划一，充满着韵律之美，而南面更是将柱头铺作上改为一簇簇如鲜花怒放般的大斜栱，使得正面和转角的视觉效果简直有如爆裂一般极具张扬的冲击力。这也是大成殿最精湛华丽之所在，其下的门窗全部被封堵，仅在东次间留有一个进出的小门。墙身上涂满了厚厚的白灰，废弃已久，成片地斑驳脱落，再配合殿顶的荒草、糟朽的檐椽和下沉的檐角，呈现出一派褴褛凄惶之态。

殿前还有宽敞的长方形月台，台前和旁边一共约有6株古柏幸存，稀疏寥落地矗立在大成殿和戟门之间。

大成殿背后有一座南北狭长的筒子形库房，比大成殿还要大，其余就是空荡荡的场地，坚硬的水泥地面抹平了所有历史的遗迹。

崞阳城隍庙

　　在老城北门内东边有一所面积不小的崞阳中学，高高的三层教学楼背后坐落着崞县昔日的城隍庙，隐藏之深使外地人几乎难以发现。我走街串巷东张西望之际，看见校门口有两段旧物利用的石栏板和一对清代的石狮子，因而怀疑院内也许会有旧庙遗迹，于是走进校园随便看看，竟然真的发现了教学楼后面的城隍庙。

　　这是一组南北向长方形的建筑群，已经不完整了，看起来前部至少被拆掉了一进院落。现存部分仅有东西配殿、正殿和前面的献殿以及西垛殿而已。由于前部建筑已经不在，这个院子实际上没有前门，于是学校在前边加了一道铁栅栏，把城隍庙关在里面。

　　《续修崞县志》载："城隍庙在县城东北隅，创建年代久，明弘治七年（1494）知县陈志重修……雍正二年（1724）、乾隆二十八年（1763）知县顾弼、嘉庆二年（1797）知县陆如冈、道光二十五年（1845）阖邑士民屡次修葺，各有碑记，每岁九月初九致祭。"

　　现存的主体建筑自然就是正殿和前面的献殿了，正殿面阔五间，进深六椽，悬山顶，檐下设双下昂五铺作斗栱，要头刻做昂形，补间出斜栱。献殿与正殿屋檐相连，面阔三间，进

原平市崞阳镇城隍庙

深两间，单檐歇山顶，屋顶中部又向前出山面，与献殿脊交成十字，一直延伸到正殿屋顶上。献殿前有长方形月台，正面设踏跺，三面围有石栏板，柱头皆以瓜桃造型装点。这些城隍庙的房屋曾经用作教室，门窗墙面尽皆改换，献殿看起来原本应该为通透式结构，现在也封堵得严严实实，"为中华之崛起而读书"的标语仍然清晰完好地镶嵌在额枋下。宽阔的院中久已无人打理，生满了茂密的野草，好像给城隍爷铺上了厚厚的绒毯。

我抑制不住意外发现的惊喜，背着大包翻入铁栅栏内，坐在东配殿檐下开始画起来。其时天色阴沉，大风忽起，不久就下起雨来。雨滴随风凌乱飘洒，配殿的短屋檐根本无法遮蔽，自带的小伞也难抵挡，我怀抱着画板沮丧万分，自语道："城隍爷真不够意思，我给你画庙，你却不肯配合一下，若真有本事，且让这风雨停了吧。"说也神奇，转眼间风停雨住，直到我画完后的一个多小时，再也没有一丝雨水掉落到我身旁。

普济桥

出崞县老城南门景明门后便进入了南关厢，原来还有两道护城河，河上分别筑有平定、永安两座石桥。出关厢南门后，还有一重罗城，待出了罗城才算彻底走出了崞县南关，这时面前就出现了一条宽阔的大河，即南桥河。河上如飞虹横卧般跨建有一座石拱桥，名曰普济桥。现在除了南门洞尚在外，就剩下这座桥了，这也是崞县硕果仅存的一座古桥。

普济桥全长约 30 米，为敞肩式结构，由一个主跨拱券和两侧对称的一对大、小附属券洞组成。主拱券跨度有 8 米，高度也有 7 米，4 个大小券洞是为增加桥体的排洪量，降低洪水对桥身的冲击力而设的，实际上还为古桥增加了许多美感。每个拱券弧顶上都雕刻有龙头吞口，券身表面均装饰精美的浮雕，以古雅的吉祥故事、人物以及云龙纹饰为主。桥两侧的石栏板也基本完整，简洁朴素，未有太多装饰，柱头多刻成瓜果形状。桥面以两道石牙分割成左中右三部分，宛若现在马路当中的车行道和两侧的人行道一般，铺设在桥面上的青石板早已被岁月磨拭得圆润无棱，还留下了凸凹不平的辙痕。由于现在交通要道已经转移到镇子西边的 108 国道上，曾经架起通衢大道的普济桥变得没落无闻，仅剩下镇子与河南岸小村之间的通行作用。桥上的石缝里生出了无孔不入的野草，好像在给这些大石头勾勒轮廓一般，桥下的河水也所剩无几了，沦为一片芦苇摇曳的沼泽湿地。现在桥南的小村口还有一个夯土裸露残缺不全的包砖门洞，县志载为"南阁"，是一座过街楼，也有人说此处的小村为旧日的"小南稍关"，是从南面进入崞县的桥头堡。清代时桥上还建有木牌坊，桥旁有河神庙，现在一点痕迹都找不到了。

据《续修崞县志》载，"普济石桥，在县南门外，金泰和三年（1203），义士游完建，历代补修"。这个叫"游完"的人同时还修建了位于北门外的"来宣石桥"。在《县志·人物志上·乡贤》一栏中专门有所记录："游完，性仁厚，好施济。大定初，岁荒，完日赈赡三百余口，冬给穷民衣五百余套。又出家财，以工代赈，募人平治道路，北至太和岭，南至石岭关，二百五十余里道路胥底荡平，而饥民亦赖以全活，修来宣、普济二桥，功费钜万，好善之心，老而弥笃……"可惜时至今日，这两座石桥早已非金代原构了。

关于普济桥，县志中还记录有"乾隆二十年（1755），雨塌七洞"，不知这个七洞是指何意，现存之桥一共才有五洞，难道是说金代修建的普济桥在垮塌前是一座不少于七个桥洞的多孔石桥？之后又有"道光十年（1830）六月，复塌……光绪二年（1876）重修……光绪五年（1879）重修"。看起来这屡次坍塌和维修之后，石桥应该连面貌也与金代时完全不同了，所以现存的普济桥其实是一座清代晚期石拱桥。不过看其面貌，倒真与著名的河北赵州桥颇为神似，难说是修桥工匠参考过赵州桥为蓝本。

北门外那座来宣桥就更惨，早在1952年崞县地震的时候就塌掉了，现在的三孔石桥是1956年重建的。

山西省原平市崞阳镇
南关普济桥
二〇一四年九月九日 上午八时五十分—九时五十分
连达

原平市崞阳镇南关普济桥

古老的崞阳镇，昔日的崞县城，虽然残存的古迹不多了，但贵在不加粉饰的沧桑和真实感，南门外还有一座泰山庙，东门口尚存一座关帝庙，还有街头巷尾不时闪现的老宅门和形韵皆佳的古树，都为崞阳增添了无穷的古朴魅力，也令我念念不忘。

代县边靖楼

因为从小就熟悉和感动于杨家将的故事，代县雁门关曾经是杨家将浴血奋战的地方，因此代县的名字我早就如雷贯耳了。在我脑海里，代县是一座英雄的、钢铁一般坚毅的城市，这里的一切都写满了与杨家将息息相关的忠勇与壮烈，以至于我第一次踏上代县土地的时候，产生过难以名状的自豪甚至是悲壮的感觉。

代县位于滹沱河由东拐向南的谷地上，南北两面有山峦对峙，千古名关雁门关就位于北面的勾注山中。代县西南接连原平市，东南靠五台县，东边同繁峙县为邻，北面与山阴县相望，是历史悠久的边塞重镇。此地古称上馆，春秋属晋，战国归赵，赵武灵王在此置代郡。秦始皇二十六年（前221）设广武县，隶属并州太原郡，东汉改属雁门郡。北周时改肆州，隋开皇五年（585），改肆州为代州，开皇十八年（598）再改为雁门县，之后多次在代州和雁门之间反复改换。五代以后干脆称代州雁门县，元中统四年（1263）废掉雁门县，直接称代州，直到民国初年，废州改县，称代县至今。《明史》中"传庭死，而明亡矣"说的兵部尚书孙传庭就是代县人。

《代州志》载，（古城）"明洪武六年（1373），吉安侯陆亨、都指挥使王臻因旧城砖甃之，周八里一百八十五步，高三丈五尺，池深二丈一尺，门楼四，角楼亦四，铺舍五十，月城亦建四楼，规制与门楼称，月城外又为罗城……"，现在这座坚固的军镇堡垒早已大部分被拆毁，只有西城墙和北城墙的西段还有残存。二十年前我第一次看到那些残高也足有10米的夯土城墙，内心是震撼的，可去年再到代县，发现西城墙被重新包砖，也就是"砖甃"了，西门"阜成门"的城楼和城墙的西北角楼也重建了，看起来的确是堂皇气派，可是再也没有最初那种玉米地里看沧桑的味道了。崭新的青砖墙泛着灰白色，顶部镶嵌着一排身材窄小、射孔巨大、比例失调的垛口，实在是不伦不类。

在现代人马马虎虎掺杂着臆想而重建起来的仿古城垣楼宇对比下，古城十字街中心那座擎天巨刹一般的巍峨楼阁就显得更加耀眼夺目了，这就是明朝代州城的谯楼，即俗称的鼓楼——边靖楼。

代县边靖楼

《代州志》云："谯楼在城中央，洪武七年（1374）吉安侯陆亨建，成化七年（1471），灾，都督金事刘宠、副使蔡麟重建。台高四丈，楼七楹，檐四重，高八丈，四眺可绝山河，牓曰，雁门第一楼。"这就把边靖楼的大致情况说得很清楚了，现存者是明成化年间所建，边靖之意就是希望边塞和平安宁。此楼通高近40米之巨，被誉为国内现存体量最大的鼓楼，下部的砖石平台就接近13米高，宽度43米，纵深33米，中心辟南北向贯通的门洞，宛若城门一般。其上为面阔七间、进深五间的四重檐三层木楼阁，二层檐上出平坐，每层皆有回廊环绕，各层檐下都排布有密集的斗栱，使楼阁威武之余，更显华丽气质。一层仅在明间开南北贯通的门，其余各面皆为砖墙；二层亦设砖墙，在南北面的明间和两次间设隔扇门，两稍间开圆窗，东西山墙则各为两圆窗夹一拱门；三层无砖墙，四面皆开隔扇门窗，并在南北两面中央位置各悬挂一块超级巨匾，匾以长条形木板并列拼合而成，高度近乎一层楼，宽有两间之跨，以顶天立地的擘窠大字写就，南面为"声闻四达"，是清雍正十一年（1733）原平道汤豫诚书。北面的匾额与南边尺寸一致，书"威震三关"，也是同一年所制，但落款处漫漶难认，很可能也是汤豫诚手笔。在南边的顶层檐下还悬挂一块清道光二十七年（1847）由知州陈鼎雯书写的"雁门第一楼"横匾。

楼内高大空旷，各层都好像一个宽敞的厅堂，皆以六椽栿贯通前后，把空间最大限度地释放。顶层彻上露明，檐柱环列，梁栿纵横，蔚为壮观，带给人以大体量木结构建筑的强烈震撼感。凭栏远眺，古老的代州城尽收眼底，西南方文庙蓝色的琉璃瓦顶闪耀着奕奕的光辉，东街的钟楼则在水泥楼群的包裹之中勉强露出头来，东北方阿育王塔的尖顶则刺破楼群的围困直指青天。南北两面无尽的群山好似正在向城池逼近的滚滚铁流，苍茫壮阔的气象使人不禁联想起金戈铁马，气吞万里如虎的豪迈塞上风云，心生壮怀激烈之感。

烽烟战火早已远去，现在的边靖楼下是热闹的商业街，我坐在喧闹异常的街头，在几乎吵爆耳膜的商场大音响的轰击下，哆哆嗦嗦地忍受着忽然降温的寒冷，强行屏气凝神地画了三个多小时，却怎么也表现不出边靖楼那磅礴的气势和醇厚的古韵，也只能权作到此一游的记录吧。

代县钟楼

在代县东大街路北、距离边靖楼不远的地方还有一座钟楼，比起边靖楼来，体量显然是太瘦小，无法相提并论，但毕竟也是个通高 19 米左右的高楼。不过这座钟楼实在像一位闹市中的隐者，静悄悄地矗立在临街的民房和树木后边，若不是专门来寻找，甚至都不会注意到它的存在。楼后面是一大片闲置的空地，成了附近居民堆放杂物、倾倒垃圾或停放汽车的大杂院，尤其楼基附近，垃圾气味炽烈扑鼻，简直难以靠近。

《代州志》记："钟楼在谯楼东，高及谯楼之半，其钟金大定八年（1168）造也，明万历十四年（1586），兵备张惟诚葺新之。康熙四十八年（1709），兵备杨宗义、知州滕天宪重修。"

也就是说现存的钟楼应该更多是清代遗存。

钟楼下部建有 4 米高的砖石台基，上边为平面正方形的三重檐十字歇山顶方形楼阁。一层面阔进深皆为五间，四面设门，檐下出回廊，上有平坐腰檐。二层为一间，各面均开隔扇窗，内悬金代铁钟一口，铸有"金大定八年（1168）岁次戊申八月十三日造"铭文。

我走访古迹多年，钟、鼓双楼皆存的古代城池实在所剩无几，而规模又都如此宏大的，也不过北京和西安而已，那可都是都城和省府一级的名城重镇，代州城尚能保有此等巨构，真是更令人赞叹不已。

山西省代县
钟楼
二〇一四年九月十日
付十四时一
十八时许绘
连达

代县钟楼

代县文庙

在代县老城大南街南段的西侧有个文庙路口，里边坐落着规模庞大的代县文庙，近些年掀起复古风，又改叫代州文庙了。

相传此庙创建于唐代，元灭金时毁于战火，到至正二十七年（1367）开始重建，《代州志》则认为重建于明洪武二年（1369），其实两者相距仅两年，应该是改朝换代使工程中断，明朝掌握代州后继续施工较为合理。之后明清两代修缮不断，使文庙之规模号称冠于北方。新中国成立后这里被征用为粮库三十余年，虽多遭损毁，却也因祸得福，使得建筑群得以大体完整地保留至今。

这是一片朝南而建的四进大院落，最前端为一座四柱三楼的歇山顶式木牌坊大门，各柱顶端加琉璃盘龙望柱头，前后均有抱柱石和戗柱加固，三间都设有对开的木板门。明间檐下设五翘十一踩斗栱，两次间设九踩，在进入文庙之前即给人以先声夺人的华丽雍容之感。牌坊正面什么字都没有，明间内侧书"万仞宫墙"四字。《代州志·卷五·学校志》中关于文庙的记载有"棂星门外竖坊，曰万仞，与门相称"。看起来所说的就是此坊无疑。

第二进的棂星门也是一座木牌坊式大门，规模和装饰又比万仞坊更加富丽堂皇。牌坊为六柱五楼歇山顶结构，修建在长方形的台基上，相当于三座并排而建的歇山顶木牌坊之间又加筑了两座重檐影壁墙，使这组牌坊有一个极其宽大的正面，不但自身显得气势不凡，与万仞坊相比，又起到了增强尊崇气氛的效果。正中间的主牌坊最高，檐下设单翘四昂十一踩斗栱，左右两朵大斜栱如同绽放的花冠，昂嘴几乎都要抵在一起了。两侧的牌坊略矮，檐下为单翘三昂九踩，这些放射状四面伸出的细长的昂比万仞坊更加令人眼花缭乱。牌坊间夹筑的两座影壁嵌琉璃团龙壁心，六根枋柱顶端加琉璃盘龙蹲狮望柱头，前后各有抱柱石，设双层戗柱，各间加对开木板门。当中枋板上棂星门三个金色大字虽然斑驳，在周围隐约可辨的彩画与孔雀蓝瓦顶、暗红色坊门的簇拥下依旧显得分外明晰。刚来到文庙就见到这么华丽的两座牌坊式大门，让人对后面的建筑群更加期待。

棂星门内的第二进院落东西宽阔，南北狭长，中线两侧点缀着几株粗细不齐的槐树，两厢是贯通南北的长长的廊庑。院子北端是戟门，门前是半月形的泮池，东西相对建有名宦祠和乡贤祠。

戟门也就是俗称的大成门，下部有砖石台基，是面阔五间，进深六椽的悬山顶过殿形式，两旁耳殿上还开有掖门。

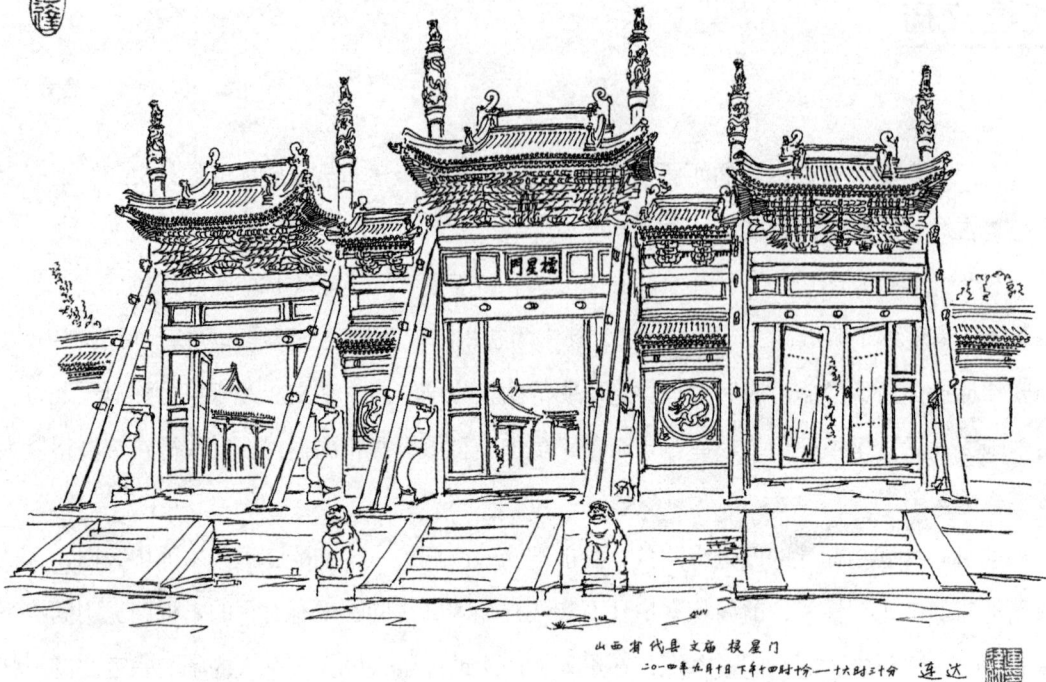

山西省代县文庙 棂星门
二○一四年九月十日下午十四时冷一十六时三十分 连达

代县文庙棂星门

　　站在戟门里向北看，第三进院中矗立于平台之上巍峨宏丽的大成殿好像在戟门两柱间展开的一幅古雅画卷。这是全庙的核心与精华所在，两厢长达十三间的廊庑和之前的一切铺垫都是为了它的耀眼出场。

　　大成殿面阔七间，进深五间，单檐歇山顶，建在这座宽阔庭院北端一米多高的砖石台基上，前面设有长方形的巨大月台，三面设踏跺，月台和大殿台基都围有石栏板。檐下设单杪三下昂七铺作斗栱，最外侧的两个柱头上施以近乎疯狂的密集斜昂，而且里侧柱头上仅出指向明间的斜昂，就好像被水流冲得倒像同一方向的水草一般整齐顺畅。这里的斗栱比棂星门的更显复杂和华丽，尤其体量更大，也就更具冲击力。殿前只在两尽间有砖墙，其余各间皆开隔扇门，殿内有平棊，当心间高悬八角藻井，外檐铺作后尾和内槽柱头铺作交相辉映，使殿内富丽堂皇毫不逊色。

　　文庙建筑群最后一进院里，偏东有简单的三开间崇圣祠及其残存的配殿。庙内东西两路的建筑群早就不在了，但东院还存放有大量各处征集来的石刻文物，也同样十分珍贵。

　　整座文庙中轴线上的主要建筑都覆盖着孔雀蓝的琉璃瓦，清新淡雅，与蓝天交相辉映，成为代州城内最赏心悦目的一抹亮色。

　　我在画大成殿时，一位本地大嫂自豪地告诉我，代县文庙是中国北方最大的文庙呢。我

代县文庙大成殿

一时疑惑，不知道这一说法是否准确，其"最大"是指建筑面积还是建筑体量，再者应该不会有哪一座文庙能够赶超山东曲阜的主庙吧。我的一番疑惑大概刺伤了大嫂的家乡荣誉感，立即冷了脸，愤然离去，令我尴尬不已。

代县武庙

武庙也就是关帝庙，代县的武庙位于县城西南部的振兴巷和老爷庙街交汇处，在文庙的西北方位。《代州志》载："关圣大帝庙在城西南隅，元天历二年（1329）建，明弘治十一年（1498），正殿灾，州人修之。万历十三年（1585），兵备道张惟诚又修之。其后屡有增建，最称钜丽。"

代县武庙是一所坐西朝东的院落，基本也就是一座四合院格局。最前边的山门兼倒座戏台为重檐歇山顶结构，堂皇气派，两侧各有掖门和钟鼓楼。山门前建有一座四柱七楼歇山顶木牌坊，其华丽与浓艳让这座关帝庙显现出一股浓浓的土豪味道。

庙内正中位置就是正殿和前边的献殿，两者修建在一米余高的"凸"字形砖石台基上，前边月台三面设踏跺和栏板。后边的正殿面阔五间，进深三间，单檐庑殿顶，檐下设双下昂五铺作斗栱，是明代风格。月台上的献殿面阔三间，进深一间，卷棚顶，虽然把正殿的前面挡住，毕竟窄一些，好在正殿庑殿顶优美的曲线和飘逸的飞檐还是尽情地显现出来了。殿内虽然光线昏暗，但仍可见整齐的斗栱环列四周，梁架彩画新鲜艳丽，宛若新建。

正殿两厢还有配殿和廊庑相对，整座庙宇修缮一新，处处都是浓妆艳抹的油漆涂装和彩画，那些石狮子、石栏板乃至石碑以及院中一对盘龙石旗杆，全都是崭新之物，那种电砂轮切削出来的生硬的刻痕使得今人修补的这些石刻作品粗糙敷衍，毫无艺术价值可言。这座被修成乡村新庙一般的武庙最具价值的恐怕也就只有正殿的造型和原有的构架了，这样的庑殿顶式建筑在山西实在不算多，晋东南几乎没有，晋南也就是芮城永乐宫、万荣太赵稷王庙、洪洞坊堆碧霞宫、赵城文庙大成殿等几处令我印象深刻。而来到晋北地区，代县武庙正殿是我所遇到的第一座漂亮的庑殿顶建筑，从这里开始庑殿顶式的殿堂才逐渐多了起来。其实经过严重破坏后，武庙实际上也就剩下大殿和献殿这俩空框架了，今朝整容一般的重妆虽然叫人不大舒服，好歹也算是一种重生吧，限于审美水准和修缮能力，也可以理解。

山西省代县武庙
二〇一八年十月一日 上午十时三十分—十二时 连达

代县武庙

代县阿育王塔

在代县东大街东段的路北是县政府所在地，这里曾经是昔日的县衙，至今大门仍然是古香古色的悬山顶。院内三面是宽大整齐的办公楼，从主楼和东配楼之间穿过去，就能看见后院里造型与众不同的阿育王塔了。

这座阿育王塔通高约有 40 米，建在宽阔的方形平台之上，平面为圆形，侧面看起来则像一个戳天的巨锥，是藏传佛教覆钵式砖塔。底部几层圆形台基上设覆仰莲瓣与叠涩混肚及方涩的须弥座，承托覆钵塔身。其上又置折角须弥座，加圆锥形的十三级相轮，最顶端有垂铃宝盖金珠式塔刹，是一座地道的藏式佛塔。但与众所周知造型浑圆饱满的北京妙应寺白塔和五台山塔院寺白塔相比，身形则又显得苗条清秀，风格高古。

据传此塔最早是创建于佛教初入中国的时代，后湮灭于战乱。隋仁寿元年（601）在此重建起十三级木塔一座，塔下原有龙兴寺，所以也称龙兴寺塔，是隋文帝杨坚诏令广布于天下诸州的舍利塔之一。到了唐武宗会昌二年（842）灭佛时，寺塔皆被摧毁。大中元年（847）佛事重兴，遂再建寺塔，更名为圆果寺。北宋元丰二年（1079）的一场大火把阿育王塔烧毁，崇宁元年（1102）又一次重建，可惜在蒙古南下灭金时，毁于兵燹，也真堪称命运多舛，屡遭浩劫。

在天下初定后的元至元十二年（1275），以砖重建阿育王塔，采用藏传佛教的覆钵式造形，才为今天留下了这座宝塔，不过塔下的圆果寺则已经没什么遗存了。

代县阿育王塔与太原晋源区的阿育王塔看起来有些相似，但后者比代县阿育王塔晚了整整 110 年，下部的方形须弥座相对呆板，缺乏装饰性，十三级相轮之下也没有折角须弥座，整体上就显得简单甚至简陋了。

在代县，边靖楼和阿育王塔是古城里的两座制高点，一魁梧一俊秀，东西并峙，相映生辉，是古老代州城光耀 600 年的地标性建筑。无论城市面貌发生怎样沧海桑田的变化，它们还屹立在自己的位置上，宛如互相守望一般巍然不动，希望它们能永远地坚守下去，守住代州真正的古韵。

山西省代县阿育王塔
二〇一八年十月一日 上午 八时三十分——下午二十分

连达

代县阿育王塔

新广武长城

明朝为了抵御退回到蒙古草原的元朝残余势力侵扰，在二百多年的时间里，几乎一直在修筑长城，主线从今天辽宁省丹东市的虎山开始向西延伸，至甘肃省嘉峪关西边的讨赖河谷止，绵延近万里之遥，被称为外长城。在防御压力最重的黄河以东地区，还修筑了东起北京延庆九眼楼，西至山西偏关丫角山的内长城。

在山西的内长城上有一座名震古今的雁门关，提起这里，大家自然而然就想起了忠烈抗辽的杨家将，想起了无敌的杨令公，更追思起大破匈奴的赵国武安君李牧和威震匈奴的西汉飞将军李广。雁门关所在的大山叫勾注山，所以雁门关也曾叫勾注关，唐代改称西陉关、雁门关，其下控制着大小十八个隘口，无数波澜壮阔的战争场景曾经在这里上演，多少铮铮硬汉在这里捐躯，雁门关前的殊死搏杀紧紧联系着历代王朝的兴衰。明代中期将雁门关迁移到了今天的位置，形势比唐宋时期的雁门关更为险要，号称外三关之首，外三关指雁门关、宁武关和偏头关，因而有"三关冲要无双地，九塞尊崇第一关"的美誉。可惜到了 20 世纪末，关城已经毁损殆尽，只剩下两三座残缺的城门洞，今天完整崭新的雁门关都是重建起来的仿古建筑群了。

《代州志》载："明万历二十三年（1595）巡抚李景元筑雁门关边墙，绵十五里，坚固精好，外护雁门，内巩省会，敌不敢窥焉。"这里所说的边墙就是指长城，即在勾注山的北口（今天的代县白草口村）到属于山阴县的新广武村一线修筑城防，与东西绵延的内长城连接，控制大同盆地南下的门户，是雁门关北面的前哨阵地。敌军如果突破大同的外长城，平坦的大同盆地便无险可守，新广武的内长城就立即变成前线，敌军的骑兵便会通过滹沱河谷地席卷南下，直逼太原。

新广武的名字来源于距此地不远的猴儿岭西北方长城外侧、创建于辽代的广武城。明代在此地新建城堡后，仍然取名广武，为了区别两者，便称原来的为旧广武，这一座叫新广武。实际上明代也重修了旧广武城，这座长方形的城堡至今保存完整，也是长城沿线少有的包砖尚存、格局完好的古城堡了。而现在的新广武城却早已被拆得七零八落，仅剩下一些夯土残垣，东边还被河水冲掉了一部分，只有南门洞和北墙中部的护关大楼子一带尚存包砖，可惜这座巨大敌楼的北墙也已经整体坍塌，所以当地流传着"新广武不新，旧广武不旧"的说法。

新广武城的构造也堪称特别，主城卡在山沟里，基本呈东西向长方形，东西两山上的长城各自分为两岔，以人字形下至山谷里，北侧主线与新广武城北墙连接，南侧支线在城南门

山西省山阴县 新广武村东山长城敌楼
二O一七年五月七日下午五时二十分—六时三十分
连达

山阴县新广武村东山长城敌楼

之外形成一层重城，并以此为基础，向南又拓展出一座大致近乎方形，面积超过主城近三倍的南城，完全把山沟里的大路与河道卡死，给进犯之敌设置了难以逾越的重关铁镇。在南城的南侧似乎还有重城，因被河道冲毁，仅剩下从东山坡上垂下来的人字形残垣，旧有格局尚不明晰。

新广武两翼的山势相对低缓，长城因而修建的更为高大坚固，这一带竟然尚存有近10座完整或残破的砖砌空心敌楼，至于仅存夯土台的敌楼遗址更达几十座之多。城东紧邻河川，所以东来的长城主线在河东山顶上的砖楼旁便收住了脚步，这也是新广武城东第一座近乎完整的砖楼。此楼主体呈梯形，为东西向两通道格局，并在南墙内设梯道，因而北墙上开设了三个拱形窗，南墙则无窗。东西墙皆是一门一窗，两门相对均位于南侧，门上方都镶嵌石匾，但字迹风化无存。楼西门外有一小段如平台般的短促城墙，再向前便是断崖了，东来的长城到此为止。楼基原为条石包砌，现在条石全部被挖走，露出了内部填充的碎石和夯土，甚至还从西南角处向楼下挖掘出了如地下室一般的窟窿。即使如此破坏，此楼仍然不屈不挠、巍然而立。

长城主线过了新广武村向西爬上猴儿岭，翻过一道山梁后已经远离村庄，城墙上开始出现大面积的包砖，这在全晋现存的长城中都是极其罕见的了。山西长城总是以黄土夯筑的形象出现在各种宣传片、风光片和人们的概念中，在新广武长城上则可很清晰明了地看到，山

新广武长城之一

西的长城原本并不是裸露的，而且也是筑有众多空心敌楼的，只是被破坏得实在太惨重了，以至于本来的样子反倒变得陌生，令残垣断壁的夯土成了山西长城固化的形象，真是太可惜也太讽刺了。

沿着猴儿岭长城向西一路攀升，越高处的城墙上，幸存的包砖越多，毁坏者也基本以自然坍塌为主，人为的因素就少了。有的地段砖城墙近乎于完整，连顶部的垛口也还挺立着，这真是奇迹。在猴儿岭上大约还有6座较完整的砖砌空心敌楼，它们点缀在盘亘于山岭间的古长城之上，充满了沧桑和神秘的气息。敌楼大多凸出在墙体外侧，为敦实的梯形，在城墙一侧开拱门出入，门上设砖雕垂花门罩，中间镶嵌匾额，其余三面墙多是设两三个拱形箭窗。内部或为口字形，或为回字形，格局也不尽相同，还有的敌楼顶部甚至残存着望亭，就是驻守士兵和存放物资的小房子。在这些敌楼中，有4座楼的5块石额尚存，上面分别镌刻着双勾线刻的两个大字"鍼扃""控阨""壮橹""天山"，并且在"壮橹"楼的另一侧门上嵌有一块"雄皋"匾额。这些匾的上款均为"万历丙午（1606）中秋之吉巡抚都御史李景元"，下款皆是"兵备副使李茂春、左参将陈天爵、管粮通判蒲嘉轮立"。

登上猴儿岭最高处，毳毳的墙垣和垂暮的敌楼似乎就要触及青天的面庞，北方大同盆地旷野无垠地展现在眼前，旧广武城整齐完好，如同点缀在山脚下的一个小巧的长方形沙盘，城东边就是一大片高低错落的荒冢，长眠着戍守边关的汉军将士。在这样的环境里，天地苍茫与思古感怀的情绪让我胸中壮怀激烈，虽然我无法成为往昔峥嵘岁月的见证者，但能够来

新广武长城之二

到历史发生的地方凭吊和瞻仰，是何其幸甚啊！越在此时，《登幽州台歌》越是振聋发聩地在耳边萦绕："前不见古人，后不见来者。念天地之悠悠，独怆然而涕下。"

我在山巅正画着，阴云忽然卷地而来，四野很快就暗如黄昏，见势头不妙，我迅速逃进敌楼内，关闭了手机。霎时间闪电霹雳一起向古长城和我砸下来。这座敌楼的一个角已经坍塌，一声炸雷之后，只见灰土扑簌簌从残垣上撒落下来，脚下的地面都为之震颤。狂风鬼哭狼嚎般在回廊内呼啸，简直是一派末日之态。我好比风箱中的老鼠一般，很快就被冻得浑身发抖，只好抱着臂膀来回小跑。山中暴雨来得急，去得也快，待雨住风停，我依旧回到原来的位置上继续画，恢复了笑看风云淡的闲适之态。

宁武关

明代外长城在天镇县进入山西境内，一路蜿蜒在大同和朔州以北的黄土高原之上，成为了今天分隔晋蒙两省的边界。内长城从灵丘县进入山西省，一路向西南经浑源、繁峙县、应县、代县，至宁武、神池等地又拐向西北，最终在偏关丫角山同外长城会合。这条线因处在京城防御圈的外围，雁门关、宁武关、偏头关被称作外三关，其中宁武关就位于今天的山西省忻州市宁武县城。这里处在东西两山相峙的恢河谷地之中，是控制南北交通要冲的枢纽之地。《宁武府志》载"宁武府城，筑于明成化二年（1466），初为关城……明年四月城讫，以总兵镇之，遂为镇城"。最初这座城池大致为底宽五丈，高三丈，不设北门，东曰"仁胜"，西称"人和"，南名"迎熏"；"弘治十一年（1498），巡抚魏绅拓广之，周七里一百二十步，增埤五尺，加关北门，名之曰镇朔，皆土筑"，"万历三十四年（1606），宁武道郭光复始甃以砖，又筑东西关城"。据府志的图示看，宁武城池大致为一个"凸"字形状，依山临河，堪称形胜，若展长尾和双翼临河之凤鸟，被誉为凤凰城。

和雁门关一样，宁武关并不与主线长城相连接，其下辖的长城修筑在更北边的阳方口一线，即恢河谷地的北口处。宁武关既是阳方口背后的依托和战略支撑，也是明代九边重镇里山西镇的镇城所在地，相当于山西军区司令部驻地，与雁门和偏头两关声势相连，互为犄角。《边防考》云："以重兵驻此，东可以卫雁门，西可以援偏关，北可以应云朔，盖地利得势。"如果外长城被蒙古各部突破，这里和雁门关立即变成保卫山西腹地的最前线；反之，如果有人从内地打来，宁武关也是大同、宣府（今河北省宣化）两镇乃至京畿侧后的坚强保障，因此战略地位极其重要。

最终令宁武关名垂青史的进攻来自长城防线内侧，明崇祯十七年（1644）铺天盖地杀来的是二十多万李自成的大顺军。他们发起了对明王朝最后的总攻，意图突破内外长城，入居庸关，直取北京，宁武关就成为了李自成前进道路上必须要荡平的地方。携横扫晋南，攻克太原，生俘晋王的破竹之势，大顺军如同洪水一般向宁武关扑来，似乎须臾之间便可将这里碾成齑粉，但他们面前的对手是周遇吉，一块硬骨头。

周遇吉是辽东锦州人，他此时刚临危受命接任山西镇总兵不久，仓促把各关军马集结在宁武，也不过四千余人，且因李自成来势太快，他已经来不及调集更多部队。大同等地明军畏敌如虎，根本不敢来援。于是很快周遇吉和他的四千孤军就被李自成彻底包围在宁武关城中，除了投降，绝无任何生路。但周遇吉选择了忠于职守，拼死决战。有人说他愚忠，大敌当前自寻死路，但明知必死而绝不退缩，这样的勇气和精神又岂是常人所能企及。周遇吉在宁武关与李自成血战七天七夜，在大顺军一浪高过一浪的狂攻之下，战到弹尽粮绝，城垣被毁，再进行逐屋必争的巷战搏杀，直至全部战死，无一人退缩投降，甚至周遇吉的夫人也率领家丁仆妇登上屋顶以弓弩和砖瓦向敌人发起攻击，最终全部葬身于火海。周遇吉战至最后，身被重创，仍手刃数人，直至被乱箭射死，其惨烈之状令对手也不禁肃然。

此战虽然周遇吉四千人马全体殉国，但却杀伤大顺军数万人，极大地震骇了李自成的信心，几乎准备撤回关中进行休整了。恰在此时大同和宣府两镇的总兵争先恐后地送来了降表，

山西省宁武县鼓楼
二〇八年十月三日中午十二时十二分
下午十四时四十五分 连达

宁武县鼓楼

这才使得李自成兵不血刃直抵北京城下。后来大顺军中有人议论说："如果明朝兵将都似周总兵一样，我们如何到得了这里！"

宁武人民感念周遇吉的忠勇英烈，收殓了他的遗骨葬在城边河畔，现在周墓被迁建到城西的山顶上，与苍山林海相伴，也算是托体同山阿了。而历史上的宁武关则早已改换了样貌，仅有少量残垣断壁还隐藏在密集交错的民房和楼宇之间，要仔细搜寻才能发现。但东关城墙的残存部分竟然仍有十几米高，我站在其下，抚摩沧桑的老砖墙时内心涌起无限的感怀之情，仿佛能够听到那声嘶力竭的喊杀，看见血肉飞溅的搏斗，不禁心潮澎湃，三百多年的历史宛在眼前，似乎忠烈的精神也并未远去。

在宁武关旧城中心，今天的县政府旁边还保存有一座砖木结构的鼓楼，这也是宁武关古城内仅存的代表性古建筑了。此楼下部为方形城台，开十字穿心拱门洞，上建东西向三层歇山顶木楼阁，面阔五间，进深四间，各层皆有回廊，梯道设在城台西南角。也许是硕果仅存之故吧，鼓楼被粉饰得太过艳丽，少了些历史的凝重，在这里找不到怀古的思绪，仅能权作记录而已。

阳方口长城

从宁武关沿着恢河一路北进，20多里后就来到了阳方口。这里两翼山势低缓，恢河又是流量不定的季节河，枯水时便成坦途。《宁武府志》载："阳方堡，明嘉靖十八年（1539）巡抚陈讲筑堡，为中路第一冲口，地势平漫，十万骑可成列以进。"试想如此之敌横冲直撞，防御压力何其沉重。从匈奴肆虐时起，阳方口不知道已经被游牧民族的铁蹄践踏过多少次了。是以明朝宣大总督翁万达云："……阳方口直通朔州大川，尤为吃紧……实敌人必争之地，三关首犯之衡。……故曰，守大同者守山西也，守中路者守两关也，守阳方口者守全路也。"

这里东西两侧虽然有山体连绵，但因地势相对低矮平缓，可以依赖的自然屏障甚少，长城墙体便修筑得格外高大坚固。我曾经沿着长城向阳方口东西两翼徒步寻访，在距离关口很远的地方，许多夯土城墙残高至少在十米，不难想象当年完整之时应是多么高大雄壮。这一地段的长城上，敌楼或者马面极其密集，这也是以高度和密集的火力来弥补地形上的先天不足。

阳方口堡建在恢河东岸的山脚下，现在仅北城墙和南城墙局部有所残存，堡内有一条南

山西宁武县阳方口东长城敌台一景
二○一八年十月三十日下午十二时—十三时
莲达

宁武县阳方口东长城敌台之一

北向老街，但老房子已经所剩无几，大多荒废。北门尚在，城台上原来建有一座水塔，现在水塔被拆掉，复建了一座高大的歇山顶城楼。关城外是杂乱而建的村镇和污染严重的煤场，铁路、公路在城西、城南及河边纵横交错，把当地的格局切割得稀烂，轰鸣的载重大车和黑乎乎的煤尘把城东的道路弄得拥挤不堪、暗无天日，不过铁路撕裂阳方口长城从民国时期就开始了，现在的格局是近百年来逐渐积累而成的。

跨过阳方口东面的铁路有一座煤场，在院子里保存着一段几百米的长城，其实是以长城当做院墙，但因此使这段长城相对完整地留存了下来。

此段长城为夯土筑就，北立面以青砖包砌，上边还神奇地残存着三座砖敌楼，都凸出于城墙北侧，皆在南墙中部开一座拱门，上面装饰有砖雕垂花门罩，很显然曾经镶嵌有匾额，现在都已丢失了。楼子的其余三面都设三个小拱形箭窗，内部为回廊式结构，梯道放在一角上，中部有设单独小室的，也有完全是一座实心大立柱的。这些楼子外观整体呈下宽上窄的梯形，敦实厚重，看起来坚不可摧，与白草口至新广武段长城的建筑风格基本一致。从外侧看，严整的砖墙和下部坚厚的条石基座让人恍然不敢相信这是山西的长城，而眼前的事实明确地告诉我，山西长城原本就是如此，那些裸露的土长城不是什么独特的黄土地风情，只是被破坏后的残骸而已。这一段不长的城墙和三座楼子虽然是被煤场占用，却真是因祸得福，

山西省宁武县阳方口东长城敌台之二
二〇一八年十月三日中午十二时半分—一下午
十三时三十分 莲达

宁武县阳方口东长城敌台之二

否则必定难逃毒手。

我在阳方口东西两山上沿长城徒步，不但看到了因自然风化和水土流失造成的长城随黄土台地一起塌陷的状况，更看到了那些高大的城墙和密集的墩台全被扒光的惨状。我在土城墙顶部发现了漫地青砖和残碎的垛口帽砖，更是长城曾经有包砖和砖垛口的铁证。许多墩台已经无法辨别是马面还是敌楼了，但脚下成堆的碎砖头都在诉说着山西长城原本不是裸露的，只是坚厚的铠甲被无情地剥去了，这般惨不忍睹、遍体鳞伤的境况真是一种文明的耻辱。

偏关老营堡

外三关最西边一关就是偏头关，即今天的偏关县城所在地。相传此处因地势东仰西伏，得名偏头，其名源于五代，沿用至今则常简称偏关。明初，长城九边重镇的山西镇总兵曾一度驻扎在偏关。《偏关志》云"其疆宇东则云朔雁门，南则芦汾宁武，西抱黄河，北控紫塞"，把其地理位置描述得十分清晰。明代内长城和外长城在偏关东北方的老营堡丫角山重新会合，然后继续西进，在偏关正北的老牛湾沿黄河南下直抵保德县石梯隘，这就是著名的黄河边墙。所以偏关东控内外长城接合部，以抵御自朔州一线破边而入的敌人，北边还要正面防守直接突入外长城的虏寇，正西虽有黄河天险为屏障，但每逢冬季封河，坚厚的冰面也变成了可供万马奔腾的通途，驻牧河套一带的蒙古各部过河来犯，更是防不胜防，因此偏关三面受敌，边患之重可称三关之首。

但历史的烽烟毕竟早已消散，今天的偏关已经沦为了普通的内陆小县，曾经森严的城垣也大多无存，仅余下西城墙一部和南门洞尚为旧物，城内老宅更是所剩无几。登上城西虎头山，这里明代的虎头墩遗址也被改修成现代的仿古楼阁，向下俯瞰河谷里的县城，满满当当的房屋几乎要把偏关河的河道都挤占了。只有远山上高低相望的几座巨大烟墩还在诉说着昔日的峥嵘岁月。

相比起偏关翻天覆地的巨变，老营堡则显得要古朴许多，这里是偏关东路四堡之一，距离县城80里，是今天老营镇所在地，与朔州市北部的平鲁区相毗邻。明《宣大山西三镇图说》载："本城设在极边，与大同接壤，山坡平漫，虏如越塞而逞，即三岔、五寨、岢岚、河曲皆可一驰而至，嘉隆间数大举，如从马头山、好汉山进抢，河曲大遭荼毒，老营且有陷将之祸；至由贾家堡攻围老营，势更危急。本堡边墙依山而建，外虽高耸，内实卑薄，山头障蔽，

山西省偏关县老营镇
南城墙一景　二〇一八年十月五日　下午十二时十分—十四时七分　连达

偏关县老营镇南城墙一景

声信难通。"老营堡掩护偏关、河曲的侧后，一旦敌军破朔州、平鲁的外长城而入，马上便处于最前线的位置。

城堡卡建于偏关河谷东段的北岸，南北两侧有高大的黄土山相对峙，内长城自宁武、神池方向逶迤而来，下了南山旋即从城堡东门外爬上北山。《偏关志》载："老营堡明正统末都督杜忠建，周广五里。"《读史方舆纪要》曰："正统末置，弘治十五年（1502）、万历六年（1578）增修。"现存的老营堡呈东西向长方形，设有东、南、西三座门，门外均建有瓮城。堡东南还建有直抵河边的子城，以控制河边滩头阵地。为了掌握北山的制高点，又从东西两墙向北山顶延伸出一个面积几乎比主城还大的套城，把北山坡囊括于城中，其东墙与内长城并列爬上北山，几乎挨在一起。老营堡以其重要程度和建筑规模成为偏关之下规模最大的堡垒之一。

主城墙高度近 10 米，脉络基本完整，只是现在大部分都被拆成裸露的夯土墙，但在东边有一部分外墙未被破坏，可见其下三分之二的部分都是以坚厚的条石包砌，上部筑青砖，在数百年风化水浸中，已经发黑的条石墙体仿佛弥合了所有缝隙，看起来好像铁铸一般坚硬。三座城门洞也大致完整，并且几乎都是以条石砌筑，但外边的瓮城则受损严重，尤其南门瓮城，已经仅剩下东半部。城内西南方对着西门的位置尚存鼓楼下部的十字穿心台基一座，距

山西省偏关县老营镇
东南角城墙
二〇一八年十月五日 下午十四时十分—十四时四十四分 连达

偏关县老营镇东南角城墙

离东南二门则特别远，这是城堡初建时的鼓楼，后来城池向东扩建了近一倍，原来位于中心的鼓楼便偏居一隅了。

老营南面的城墙上被挖满了窑洞，因为这一侧背风向阳，住惯了窑洞的老乡拆掉城墙表面的砖石后，就在夯土上挖窑洞居住，以至于现在南城墙的窑洞如排队一般密集。不过近些年大部分窑洞都已废弃，变成了一个个黑洞洞、空荡荡的窟窿，也使得本已残破不堪的城墙更显苍凉。而城内其实也没有多少人气了，靠近城墙的许多地方甚至都开垦成了农田，街头巷尾所能见到的也多是中老年乡亲，老营堡正在从外到内日渐老去。

我坐在城外已经收割过的玉米地里，为高峻而残缺的城墙画像，睹其惨状，甚感凄凉，可转念思之，曾经浴血搏杀的边塞重垣下成为耕种与收获的良田，若说是铸剑为犁好像也可以，就算是给自己心里找一个舒服些的借口吧。

阳湾子平胡墩

山西外长城尚存的砖敌楼真的是两只手的指头就能数过来了，其中在偏关草垛山堡正北有个阳湾子村，村北的长城上就幸存两座残破的砖楼子，只是地处偏僻，想来寻访殊为不易。此地东面是水泉乡，即明代的水泉堡，西面距著名的长城与黄河相会处老牛湾也不远了，这一段长城是归属草垛山堡管辖的。阳湾子村位于一座东高西低的黄土山阳坡，上面高低错落地散布着稀疏的窑洞式民居，而已经坍塌成土埂状的明长城就在村背后的山脊上走过。这里处在黄土高原深处，浑圆的土山无边无际，一目千里，视野极其开阔，只是中间有千沟万壑阻隔，看得见长城却不一定摸得到。长城主线从东面的水泉乡一路西来，座座或圆或方的土墩台逐渐延伸到阳湾子村附近。在村北山顶上有一座塌掉一角的砖砌空心敌楼因被老乡存放柴草才侥幸保存下来。从村子向西的长城逐渐下坡来到一处山谷，这里是名为榆皮窑口的一个小隘口，在口子的东南坡上建有一座巨型砖楼，名曰"平胡墩"，即是守御此口之用。

平胡墩为一座平面呈方形体量宽大的砖砌空心敌楼，下部用灰白色的条石为基，上部砌砖拱券结构，中心为四面开拱门的小室，外设回廊，是一个"回"字形布局。原来此楼东墙为两窗夹一门，门上方设砖雕装饰，镶嵌有一块石匾"平胡墩"，其余各墙面均设 4 个拱形窗洞，梯道就开在楼子的东北角，是山西长城线上的一座名楼。可现在此楼的东南和西南部已经坍塌，尤其基座西南部的条石也被拆走，很显然是人为破坏所致。

我和太原的侯大哥从草垛山堡一路北进，似乎是错过了一个路口，车到麦虎村便没有路

山西省偏关县水泉乡
阳湾子村
平胡墩
二〇一七年五月九日
下午十六时一刻绘五台
逸远

偏关县水泉乡阳湾子村平胡墩

了，于是改为徒步向北摸索前进。先是纵穿刚刚犁过的瘠薄的田地，又在一人高的茅草和灌木丛中奋力前突，终于有巨大的圆形墩台出现在左前方，远处山脊上阳湾子一线的长城也映入眼帘，但很显然我们和阳湾子之间有着一道似乎险不可测的深沟，凭我多年的户外穿越经验来看，没有一两个小时很难逾越。此时已近下午四点钟，距离日落也没多久了，顿时感到格外紧迫。在几次寻找突破点失败后，我们开始沿着山坡向西挪进，决心放弃阳湾子山顶上那座砖楼子，拼全力朝沟底看起来近一些的平胡墩冲锋。

我凭借丰富的野外经验，采用"之"字形的线路逐渐强行突破至半山腰，和侯大哥拉开了距离。于是干脆叫他就地等待，我独自涉险继续向山谷里突进，在被密灌扎了许多血点子后，终于闯到了低缓些的地方，这时的平胡墩已经由俯视、平视变成高高耸立在眼前的山顶上了。

我一鼓作气来到谷底干涸的河床上，这里有已经废弃的村舍和羊圈，院子内外的茅草也长得比窑洞还高了。我爬上平胡墩时，看到它未塌的部分也已经裂口纵横，摇摇欲坠了，那块"平胡墩"的石匾已不知去向。楼子内外淤满了大堆的土石，中心室和北侧回廊内的拱券已经分层地脱落垮塌下来，只不过还依靠着顶部坚厚的夯土和石灰层撑着，未形成全面彻底的崩溃罢了，但这也是迟早的事。我在里面探查时也是小心翼翼，大气都不敢出，生怕一声咳嗽都会引来新一轮的崩塌。

山西曾经拥有数量庞大的明长城砖敌楼，现在却已经所剩无几，纵然如此，仍然任由平胡墩自行消亡，真是让人悲叹不已。而我拼命前来瞻仰，纵然在山野中有如虹的豪情和斗志，最终却也只能强按捺住激动得微微有点抖的手，给平胡墩画上一幅而已。

偏关桦林堡

从偏关县城沿着 249 省道向西行进约 20 华里，就来到了桦林堡，这是修筑在黄河东岸高峻台塬上的一座方方正正的屯兵堡垒。《偏关志》载："桦林堡，在关西二十里，明宣德四年（1429）建，后因套虏攻废。万历二十七年（1599），兵使赵彦修复。"

现在桦林堡四面城垣基本尚存，除四角的角台外，每面还凸出有一两座马面。堡墙被扒开多处豁口，除了在南墙的东部残存有一座门洞，可知此处设有城门，其余已经难以辨认。

城墙外部的包砖和条石基本被扒光，仅在东南角台和旁边的东城墙上还有小面积砖石残存。那片砖墙通体风化成土黄色，下边的条石是常见的灰白色花岗岩，这种搭配简直与河北和北京一带人们所熟知的长城形象没什么差别，可惜山西长城沿线数百座大小城池堡垒，留

山西省偏关县桦林堡
二〇一八年十月六日 中午十一时四十分—十二时五份
连达

偏关县桦林堡

存到今天也就只有旧广武城还勉强算是完整，而绝大部分城池甚至连夯土墙也都毁坏得残缺不全了，似桦林堡这般还能剩下一点砖墙，简直都像是中大奖一般难得了。

现在城堡内部民房杂乱，已经没有多少完整的老宅子了，偶有几座破庙，也都是清代遗留，被改建得面目全非。南门其实就剩下朝东开的一个瓮城门洞，上边的匾额看起来很平整，却什么字也没有。走进这摇摇欲坠的门洞，沿着路向前不远就是另一座更高大坚厚的城门洞式建筑，其实这是桦林堡昔日鼓楼的基座。拱门顶上也镶嵌有一块匾额，上面从左向右排列有"桦林堡"三个凸起的水泥字，很显然这是出自现代人之手。老乡说，字是早些年有人在这拍影视剧时安上去的。不过最令人大跌眼镜的是桦林堡内所有的沿街房屋和院墙，无论式样和年代，全部涂刷成了白色，而这座鼓楼门洞则彻头彻尾被用深灰色的涂料粉刷一新，效果与北京街边那些新建的仿古四合院一样虚假和生硬。老乡说这是村里在两天前刚刚刷完的，气得我直拍大腿，一座古老的明代门洞给涂刷成如此令人作呕的模样，除去文保的问题外，他们就没有一点起码的审美观吗？可惜我又来晚了一步！

从桦林堡向西望去，不远处的黄河上波光粼粼，对岸的内蒙古一侧一样的黄土高原，一样的无边无际，若无黄河的切割，真不知这所谓的两省之地有什么不同。我迎着西斜的暖阳沿着舒缓的黄土高坡向黄河岸边大踏步走去，很快来到了桦林堡与黄河之间的一座巨型圆墩台下，此台高度近10米，站在这里，足以把对岸数十里内敌军的一举一动看得清清楚楚。我站在平坦的台顶，俯瞰脚下黄河与长城相携南下的壮观景象，心潮也如同河水般激荡澎湃，思绪更好似长城般纵横无际，霎时豪气真比昔日的烽烟还要直冲霄汉。

从老牛湾南来的沿河长城非常有特点，主线墙体上修筑了大量的圆形墩台，正常高度均在10米左右，呈下大上小的圆台形，高大敦实，在面向黄河的山崖顶上阵列排开。黄河东岸大多是陡峭的悬崖和台地，这些墩台与城墙扼守在高处，即便冬天失去了黄河的屏障，也是易守难攻的坚固防线。

寺沟护宁寺

黄河边有个村庄名叫寺沟，得名于村庄西南方长城内侧高地上的一座古刹——护宁寺，顾名思义，取的是守护一方安宁的意思，不过这座寺庙始建年代要远远早于明长城了。据寺内清代碑刻记载，当时的人就推测"或曰建自北宋"。现存的寺院坐北朝南而建，前有宽大的广场，南端有戏台。主体为四合院格局，最前端是三开间悬山顶的山门，两侧分别为歇山顶钟鼓楼，在钟鼓楼的外侧又建有两座面朝寺外的单间小殿。院内最北端为正殿，面阔三间，进深四椽，悬山顶，檐下是粗大雄健的双下昂五铺作斗栱，当心间补一朵大斜栱，这些斗栱尺寸之大显得本就不甚宏伟的殿身更有低矮之感。殿内以粗大浑圆的三椽栿接后劄牵用三柱，简洁粗犷，元代风格明显。正殿两旁有垛殿，东西还有配殿，在前两年的一番整修之下，倒也光鲜起来，但也就斗栱的形制还依稀残留有苍古之意，否则在崭新的粉刷之下，护宁寺的韵味就所剩无几了。

夕阳西下，一抹艳丽的橙黄色把寺院内外浸透，走出山门，但见黄河变成了一条金光闪闪的巨龙，不远处屹立于山崖之巅的孤绝墩台也已被金澄澄的色彩重塑，让我忽然有一种感动。当年的戍边将士们在无数个黄昏里就是这样身披夕阳的金辉站在墩台上凭高眺望，望着那看不见尽头的远方。远方有塞外的蛮荒之地，也有朝思暮想的家乡吧，日日月月就在这种凝望中轮回消逝了。想来孤独寂寞的边塞戍卒会经常到护宁寺中祈求和寄托自己的愿望，就这样，古老的小小寺庙陪伴着长城和守卫长城的将士一起保护着安宁，这一方一镇乃至一国的安宁。寺院见证过长城的修筑、敌寇的入侵、将士的血战，更倾听过思乡人默默的诉说，直到这些人一代代老去，再也没回来。长城也日渐倾颓，一切如戏般在寺院的凝望下上演和落幕，似乎只有护宁寺才是这黄土高坡上长久永恒的守护者，可是在山崖下浩荡南去的黄河

山西省偏关县寺沟村护宁寺
二〇一八年十月六日下午十五时四份—十七时三份 逢达

偏关县寺沟村护宁寺

眼中，一切也不过是浪花一朵罢了。

我在寺沟桥南头被从偏关开往河曲的最后一班客车无情地拒载了，四野迅速昏暗下来，塞上寒风真是丝毫不留情面地死命刮起来，要把刚才的一切美好都无情地抹去，我甚至开始发起抖来。无奈之下只好向素未谋面的网友河曲小吕兄弟求助，他二话不说，立即打车从60里外的河曲县城赶来接我，并带我去饱餐一顿，简直是雪中送炭般的救命之举啊！

河曲护城楼

明代宣德至正统间，在偏关西面的黄河边墙一线修筑了杨勉堡、得马营、五花营、唐家会、灰沟营、焦义营、楼子营等堡垒，号称黄河七堡。《宣大山西三镇图说》里记载，七堡中的灰沟营建于宣德四年（1429），后名为河保营、河会营，最初为土城，万历二年（1574）展修，七年（1579）包砖，周二里零七十步，高三丈五尺，隔河即陕西皇甫川清水营。《河曲县志》载："乾隆二十九年（1764）徙治，开拓周围三里八步，砖砌高三丈六尺……南门号南薰门，东门号宾旸门，西门号靖远门。"明代的河曲县城在今天县境东南方群山之中的旧县乡，清朝时黄河水运日趋繁荣，灰沟营以滩涂平缓之利，逐渐发展成重要的水旱码头与贸易集散地，经济地位远超旧县，到了乾隆时期就把县治迁建到此，延续至今。

河曲处于黄河南下途中向西的一个巨大凸出部，因而得名。乾隆年间扩建的河曲县城靠近这个大拐弯的北端，现在仅有北城墙西段和西城墙少部分因曾经被用作看守所的院墙而保留下来了，且都是砖城墙，但也是多处开裂下沉，岌岌可危。

明代黄河边墙上现存最完整的一座空心敌楼就在这段城墙的北侧不远处，好像是城池的守卫者，因此得名护城楼。

这是一座平面方形的超级大楼子，通高12米有余，底宽约20米，南墙中部开辟拱门，两旁各有一个箭窗，其余三面墙上均设有一字排开的五个箭窗。内部是回廊环绕的回字形布局，中心三间为一个超级高巨的单独券室，回廊也是宽大深邃，楼内东南角上设有梯道可通楼顶。这座楼子尺寸极大，所以内部空间也比一般的敌楼宽敞许多。当地人说清朝时楼内就被改建成佛堂之用，现在中心的大券室是正殿，四周回廊和窗券内也供奉着玄天神佛仙圣，甚至在西北角还隔出单间做成僧人的住所以及卫生间。当年的哨所化身为祥和的佛堂，墙上挂满了匾额和锦旗，给人一种眼花缭乱的神秘感。楼顶四面的高大垛口也基本完好，足有两米高，在这里竟然修建起一座四合院式的古建筑群，最北侧为玉皇殿，两旁有垛殿，东西为配殿，东南和西南两个角上还建有钟鼓楼，各殿里也和楼下一样充斥着花团锦簇的新塑像，都是近些年做起来的。偌大的敌楼上下佛道共存，诸神合署办公，也正因此，敌楼才保存完整，哪怕在浩劫年代也只是被毁坏了塑像而忽略了敌楼本身。

楼门距地面近7米，门前原有垂带踏跺，现在新搭建了高耸的平台和双向石阶。拱门为雕花石框，上方设精美的砖雕仿悬山出檐，下边有一块风化损坏严重的砂岩石匾，上书"镇虏"二字，因其质地疏松，绝大部分上下款的小字都已无从辨认，仅有"万历、钦差提督山、钦差镇守山西、钦差整饰山西、钦差分守山西河"等字可见，但也算是极其珍稀的长城匾额了。当年灰沟营的边墙从集义堡外长沙滩一直绵延至灰沟营南园九良滩，这一线曾筑有十座巨大的墩台，号称"守河十墩"，护城楼就是其中的第五墩。凡砖砌空心敌楼应该是增筑于隆庆议和之后明蒙间的和平时期，与戚继光督修的蓟镇长城前后时间相仿，而十墩的初建时间应在成化年间，比灰沟营城堡的建造时间略晚。各墩排布次序在嘉靖版《三关志》中有所图示，都取有"守河某墩"之类的名字，所以最初都是实心墩台，应该是后来被加以利用，扩建成了空心敌楼。

这些年走长城的经历中，所见可称巨型的空心敌楼只有三座，北京延庆的火焰山九眼楼、宣化东榆林的威远台，再就是眼前这座护城楼了，当然原本应该叫作"镇虏楼"更为恰当。

三座楼的共同特点都为方形，占地面积极大，高度都在十几米，堪称明长城空心敌楼中的"巨无霸"，而又以护城楼同寺庙相结合最有特点和趣味。

在这里俯瞰黄河浩荡而下的滚滚浊流，宛若千军万马奔腾席卷之势，摧枯拉朽的力量简直无可阻挡，我心中也升起无限的豪迈之感。在我来此的数日前，黄河刚刚冲毁了今人夺河而建的现代广场，看来从古至今，黄河的尊严都是不容侵犯的，黄河的河床都是危机四伏的。

原来护城楼上还有万历年间的石碑，但几年前住持师父的徒弟盖房子，擅自把碑砸碎用作地基。据师父口述，碑文上有督造敌楼的官员名字，还有万历皇帝的年号。我和小吕兄弟一商量，他是本地人，由他负责跟师父套近乎，后来果然得知这师父曾经抄过一些碑文，但是已经找不到了。我建议小吕带点礼物再去试试，这位小兄弟便拎了半袋子大枣又去拜访，果然师父很快就找到了一纸手抄的、不很准确的碑文，但其中一些句子还是令我感到很有价值："拓城环围共一百八十丈，高厚亦如旧城制，四角筑置鼓楼以司晨昏警懈，垛高如城，四围共一十六丈，万历三年（1575）御外而安内矣。""高广城垣，既以壮丽其体魄，移建庙祠，又以妥安其神魂，则保障完。互市之虏，顾视骇畏……""嵒万历四年（1576）夏四月吉旦，河曲旧县岁工监生阳川李蒙训撰，钦差分守山西河保偏地方参将都指挥佥事李澄清……"

这些文字大致说明护城楼下在万历时期曾经加筑了一座周长约600米、用于互市的小城

河曲县护城楼

堡，长城沿线有许多这样的堡垒。在明蒙息兵后，护城楼的御敌作战功能逐渐转变为监管边民互市的作用，如现存的左云县镇宁楼、榆林市镇北台都是这类用途。而且也明确地记载了楼上的庙宇是在万历四年（1576）之前迁建而来的。

经过我们锲而不舍的努力，终于弄清了护城楼和玉皇阁的一段历史，不致因石碑被毁使这段往事彻底湮灭，再看这座建庙的敌楼，似乎也变得更加明晰起来。

四旦坪敌楼

在河曲县城北面数里之外有个四旦坪村，村东北有一座残破的明长城砖敌楼，这是河曲县境内仅存的三座砖砌空心敌楼之一，可谓劫后余生。此楼平面呈正方形，残高在十余米，南墙最完整，开有四个箭窗，内部为回廊环绕的中心室布局，现在整面东墙和敌楼的西北角已经坍塌毁坏，西墙尚有三个箭窗，北墙仅余一窗，从西北角外可以清晰地看到敌楼台基内的夯土大墩。

从东墙塌方处爬进楼内，感觉空间高大宽敞，墙体依然坚固完好，给我一种回到了河北

山西省河曲县四旦坪
明长城敌楼   二〇一八年十月七日 中午十一时四十五分—十二时十三分
逄达

河曲县四旦坪明长城敌楼

东部长城上的错觉。从前我在冀东长城上所常见的敌楼在山西再寻到，却有一种如获至宝的兴奋，根本原因就是山西长城毁坏得实在太过惨烈，当年戍守边防的砖楼子用"百不存一"来形容都绝不夸张，是以当我终于访得一座砖楼时，就会产生中大奖一般的狂喜。

四旦坪敌楼身后连接有一个长方形的小小墩院，敌楼北边是直直远去的夯土裸露的长城，远处几个土墩子便是昔日砖敌楼的残骸，而敌楼北墙下庄稼地里那座已经废弃的以长城砖建造的破烂平房，则述说着长城惨遭浩劫的往事。我站在楼下向上仰望，感觉敌楼之魁梧无从攀援，简直不可能被攻破，但在黄河封冻的时候，即使这样的钢铁防线仍然无法阻挡敌军呼啸而来的冲击，从史书中尚能找到的只言片语里就多次记载过敌军踏冰过河的血战厮杀。而从依然完整的西面箭窗眺望，当年濒临城下的黄河水早已远远退去，曾经波涛浩荡的地方已经被丰茂的良田和房屋密集的村舍所覆盖，如果不是敌楼还坚守在原地，那段铁血的往事也几乎就被掩埋在黄河故道的泥沙之下，被今人彻底遗忘了。

另一座尚且完整的空心敌楼被圈在河曲中学院内，只能隔着学校的栅栏远远眺望，也是开有四个箭窗，结构应与四旦坪敌楼一致，处在护城楼和四旦坪敌楼之间的位置，当地人叫"四墩"。后来经小吕兄弟反复打听得知，此楼就是北园敌楼，原名"威远楼"，石匾被村民拆掉做了杀猪案板使用，终至无处可寻。时至今日，守河十墩乃至绵延上百里的黄河边墙仅剩下这三座砖楼了，甚至更北边以楼子多而密集著称的楼子营早已被拆得片甲无存，连一截像样的砖城墙都没有了。

河曲旧县城

现在的河曲县旧县乡就是明代的河曲县城所在地，位于今天河曲县东南方约70里的高山之巅。这里始于五代十国时期北汉设置的雄勇镇，北宋太平兴国七年（982）设立火山军，一直到明代中期都只是一座周长六里的土城。"万历间，给谏苗朝阳建议兴筑，巡抚侯于赵调平、潞等军万余，鸠材包砌，城高三丈五尺。"这座城池受地形限制，像一条带子随山就势勒在山顶上似的，老远望过来，古城仿佛悬于半空一般，在高峻地势的烘托下，展现出一派骏极于天而俯瞰苍生的雄霸气势。古城的轮廓也是一言难尽，北部地势高且宽阔，南边略低而狭窄，若说形如一只鸡腿倒也很是形象。旧县处在连绵的群山之中，城南有县川河劈开大裂谷西入黄河，形成了坡陡崖直的绝险形势。站在城中，西可眺望黄河天堑与陕北一侧的无尽群山，南可俯瞰山塬相峙，峡谷幽深，感觉蓝天已是近在咫尺、触手可及。而对于这座

河曲县旧县古城东门

犹如建在天上一般的老城，一大问题就是水源，所以特地在城东南开设了一个小门洞，专门为下山取水之用。

《河曲县志》里就记载了旧县因水源决定胜负的一次大战。明"崇祯元年（1628），陕西皇甫川贼王嘉應、吴廷贵踏冰掠河曲乡村"，这里说的王嘉應于别的记载中常为王嘉胤，是陕北农民军统帅，后来大名鼎鼎的闯王高迎祥和李自成那时候都是他的手下。"（崇祯）三年（1630）十月……乱民王可贵引贼入城，二十八日，王嘉應陷城"，"（兵部）令杜文焕为提督，偕曹文诏驰至河曲，绝饷道以困之。（崇祯）四年（1631）四月，曹文诏等克河曲，斩贼一千五百余级，夺获兵械旗帜无算，骡马数千头。总督魏云中、参政周鸿图锢城竭水，贼渴甚，乃降"。

现在老城城墙多数已毁坏无存，或者包砖拆尽只剩下沟壑满身的内部夯土，幸存者数西北和东南两段较长。东南这一线城墙虽然多处下沉塌方，甚至表面的砖石已经严重风化破损，整体上倒也还算连贯，这座小门也摇摇欲坠地残存在拐角里，是河曲旧县唯一尚存的城门了。但此门之名不见于县志记载，低矮的门洞上镶嵌着一块灰白色的石匾，字迹已经漫漶不清，我圆睁双眼仔细辨认，才看出正是"水门"二字。

这一带的城墙实际上把砖石包砌在山体的截面上，墙顶与山顶基本持平，水门是一条狭

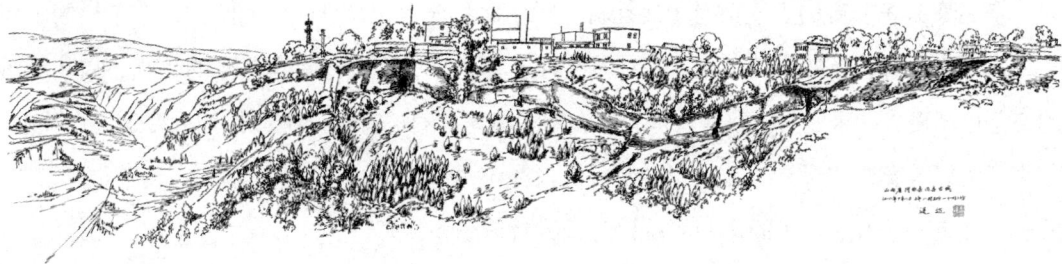

河曲县旧县古城

窄的斜坡通道，从这里走进去就好像爬楼梯钻隧道一般。现在门洞里已经淤满了垃圾和碎砖，拱券顶部还不时有砖掉落下来。最惊人的就是砖墙表面风化酥脆的惨状，已成蜂巢般千疮百孔，几乎没有一处平整完好。砖与砖之间的石灰缝完全被风剃除干净，许多砖被风蚀得外薄内厚，好像斧头一般，无依无靠地干插在墙面上。水门外就是陡峭的山坡，衰草覆盖之下，久已无人通行的小路湮没难寻。我坐在陡坡上，身体努力地向城墙一侧倾斜才能不至于滚落到山下去，就这样扭着身体绷着劲儿，近两个小时，才完成了这座城门的写生。

旧县除了南门外山崖下的清代寺庙海潮庵，其实已经没有什么像样的古迹了，基本沦为一个普通乡村的模样，但仅凭这一段挺立在高山之巅衰颓的残垣断壁也足以值得我来观瞻凭吊了。水门内侧的楼房是旧县小学，小吕兄弟就是这里的教师。他是个二十多岁的儒雅后生，白净面皮配着近视镜，有浓浓的书卷气息。除了喜爱文史和古迹，他也特别热爱自己的家乡，是这个时代里不多见的有觉悟并立志于钻研和整理本地传统文化与历史信息的年轻人。在周围人的不解甚至嘲讽下，他利用业余时间几乎跑遍了河曲县的沟沟坎坎和每一个偏远村庄，因此我们之间是惺惺相惜、一见如故的感觉。当小吕把我介绍给学校的同事时，大家却满是疑惑地说："这个东北人跑咱们山西来玩，家里肯定是特别有钱的大老板吧！"我和小吕相视苦笑，其实我们都是自己生活圈子中难以被人理解的异类。

北社洪福寺

定襄县城在忻州市的东北方，城里现存一个据说是金代遗构的关王庙，可惜我大老远赶来，刚刚进院就被粗暴地轰出来，这令我一头雾水。围观者建议我再去试试，说明自己远道而来不容易，可我又进去后，几乎是被连推带搡地再次轰出来的，只能作罢。好在定襄县乡下还有另一座金代殿堂，总算不至于白来定襄一次。

在定襄县东北方的宏道镇有个北社村，村庄面积很大，又分成东西两村，在东村的中部有个洪福寺，其构筑颇具特色，修建在一个小土堡之中，下部还筑有坚厚的台基，周围厚重的夯土墙高度在 7 米左右，宛若城垣，仅在南墙偏东开有一个小小的砖拱门，真是门户严整，一夫当关万夫莫开的设计。若从正面看，竟丝毫不见寺院的迹象，更像是一个小巧的军堡。看起来应该是受晋北频仍的边患所扰，时刻进行着防备。

土堡内空间看起来挺宽敞，里面是一块大平台，主要建筑都偏东修建，最北端约 1 米高的毛石台基上端坐着正殿，西侧有垛殿，两厢设有配殿，东配殿基本完整，西配殿已经被改造成民房模样，守庙的人就住在西配殿里。

正殿台基前出小巧月台，左右相对设踏跺。殿堂面阔五间，进深六椽，悬山顶，柱头上设单杪单下昂五铺作斗栱，耍头也做批竹琴面昂，各次间均补出一朵双杪斜栱。檐下正中悬挂一块匾额"毗卢真境"。明间和两次间设隔扇门，两稍间为直棂窗，因屋檐下垂，檐下加了立木支撑。左右墙角另伸出短八字影壁。

寺院的始建年代已经无从考证，但殿前陈列着的碑刻中还是有一点蛛丝马迹，清"康熙四十七年（1708）"的《重修洪福寺正殿碑记》有"院心石亭载宋宣和、金天会修经幢事，而此殿已称古院，则其创建之由邈乎远已。独殿脊上著有大明弘治十七年（1504）

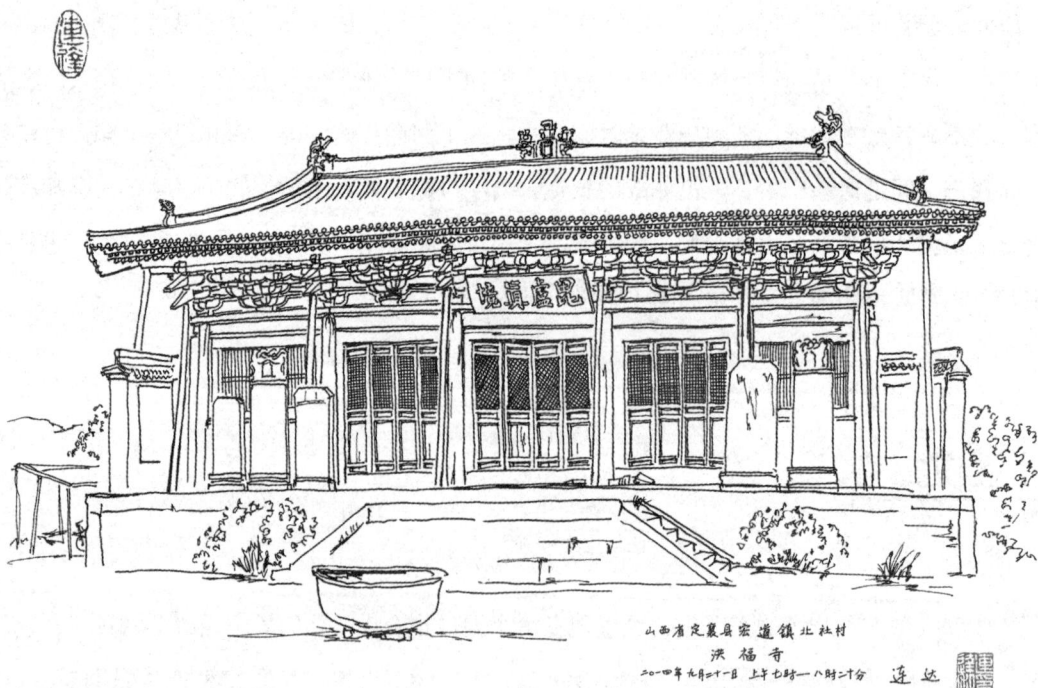

定襄县宏道镇北社村洪福寺

□□□。此殿重修不知凡几，而最后可稽者在弘治甲子"的记述。由此推知此庙至少在宋末就已经存在，当时称之为古，则其创建时间只会更久远。但看现存木结构的风格，金代特点较为明显。

殿内佛坛上保存着一堂完整的彩塑，正中央为华严三圣，佛祖身边侍立两弟子迦叶和阿难，佛祖左边的普贤菩萨左侧和右边的文殊菩萨的右侧各侍立一尊胁侍菩萨，佛坛两角上站立两尊全身铠甲的天王护持。这些塑像造型优雅雍容，面露贵气，佛祖祥和，菩萨慈爱，两弟子表情生动，宛如常人，胁侍更是贤淑的少妇气质，天王威严冷峻、孔武有力，三主尊身后以华丽炫目的背光和巧夺天工的悬塑营造出极乐世界的美好愿景。关于彩塑的年代众说纷纭，宋、金乃至明都有，我觉得宋、金时代相近，艺术上的界限又不会仅仅是政权更迭这样明确，加之历代都会有修缮和彩妆，以我多年游历之经验，金代风格更多一些，如果说塑像与殿堂是同时代的作品，也完全是合乎情理的。

可惜住在庙里的汉子那天正要出门去，我却还想画一画，他就急着赶我走，最后才在我苦苦哀求之下，准我画幅正殿，他就在旁不耐烦地踱步催促，我飞快地画着，嘴里还不住地说着好话应付。无论如何加速，也只画了一个多小时，然后就被赶出洪福寺。这幅正殿速写也成为了我在定襄县留下的唯一一幅作品。

村南部还有一座坐北朝南的长方形土堡，砖砌的南门洞有如城门一般宏伟。门额上深深地镌刻着"都御史第""万历四十一年（1613）冬十月吉旦""（钦差）总督宣大山西督察院右都御史豫章涂宗浚题"。此堡主人名叫李楠，是明万历年间的大臣，历任刑部主事、摄湖广浙江诸司事、员外郎中、山西按察使、布政使、巡抚等，著作有《四六稿》《蝉鸣集》等。可惜古堡内的老房子早已毁尽，并无有价值的遗存了。

善文延庆寺

五台县位于忻州市东北方，南靠盂县，北连代县和繁峙县，西与原平市、定襄县毗邻，东面同河北省平山县、阜平县接壤，县城设在五台山西南部的虑虒河谷地中。这里西汉置虑虒县，北魏太和十年（486）改为驴夷县，隋大业三年（607）正式更名五台县。阎锡山、徐向前都是五台人，在近现代史上书写了浓重的一笔。

在五台县城西面的阳白乡善文村东北角上有一座金代古刹，名曰延庆寺，现在是一座两进院的建筑群，其实真正的古迹只有最后面的正殿而已，其余殿堂皆是近几年以修复的名义新建的仿古建筑。早先的正殿孤零零地矗立在荒野里，身边只有已经全部垮塌的配殿的残垣断壁和砖石瓦砾。

正殿体量不大，但造型既精致又夸张，完全是个卓尔不群的神奇存在。它修建在半米高的砖石台基上，面阔三间，进深六椽，单檐歇山顶，明间为木板门，两次间设直棂窗。檐下的柱头铺作为单杪单琴面批竹昂五铺作，耍头也刻作批竹昂形，补间为双杪五铺作，明间补出大斜栱，前檐及两山铺作皆是如此。柱子侧脚和升起明显，殿身墙壁更是少见地砌成坡度极大的梯形，甚至有点像护坡墙的角度般夸张。殿顶的高度似乎正处在早期建筑的平缓屋顶向后来高高隆起的屋顶过渡的阶段，屋檐十分宽大，檐角出挑非常张扬有力。殿内为减柱造，构架既传承了宋金严谨和工整的特色，也有一股塞上之地的粗犷硬朗气息，其中托脚穿越平槫的做法更是直追宋代早期的遗风。

原来陪伴在延庆寺正殿前的只有一座经幢，可惜后来经幢的上部被盗，仅剩下幢身残存了。延庆寺再没有别的文字资料，只能凭借木结构的风格来推断大约为金代遗构。

我来此时，寺内住着一对老两口，大妈说让我看看赶紧走，她要去村里的婚宴上帮厨，可我还想画一幅，她就很不耐烦。她老伴在厢房里更是要暴怒了一般吼起来，我一看势头不对，赶紧掏出"香火钱"孝敬给大妈，她这才缓和下来，并去安抚了老伴，还一再催我快画，我飞速地草草画了一幅就被请了出去。

山西省五台县阳白乡善文村 延庆寺
二〇一四年九月二十日 上午八时二十分—九时二十分 连达

五台县阳白乡善文村延庆寺

李家庄南禅寺

在五台县阳白乡李家庄西面的台塬上，有一座地处偏僻却名声在外的寺院——南禅寺，因为这里保存着中国现存最古老的木结构殿堂，一座唐代的正殿。寺院背依苍翠的群山，俯瞰苍茫的田野和村落，风景甚为秀丽。灰瓦红墙的寺院坐落在林木掩映间，的确有一种隐者之风。

在佛教圣地五台山及周边地区，寺院真是数以百计，无处不在，距离中心区台怀镇很遥远的李家庄曾经被外界所忽略，大凡进山拜佛的信众，都车马劳顿地直奔台怀而去，很少会留意这山村旁的小小禅院，更不要说专程前来了。也许正因如此，这座寺院神奇地躲过了一千多年来的无数次劫难，不露声色地幸存到了今天。

南禅寺创建年代已无从考证，但根据正殿梁上的墨书题记"因旧名，岁大唐建中三年（782）岁次壬戌月居戊申丙寅朔庚午日癸未时重修殿，法显等谨志"可知，此殿乃唐代遗构。在唐武宗会昌五年（845）的灭佛运动中，天下寺院基本被摧毁殆尽，而偏居乡野、默默无闻的南禅寺也许是因为规模太小，名声不显，因而得以毫发无损地躲过了灭顶之灾。之后一千多年的岁月沉浮，竟然也能够安然无恙，甚至因实在显得太过平凡，连专程来五台山

五台县阳白乡李家庄南禅寺

寻访唐代建筑的梁思成和林徽因两位先生从其附近经过都对它一无所知，遗憾地失之交臂。

现存的南禅寺坐北朝南分为东西两个院落，西部为主体，是个四合院结构，最前端为山门兼观音殿，东西两厢是配殿，最北端即正殿。东院为僧房之类附属建筑，全寺之内除了正殿外，都是明清所建。

正殿修建在约半米高的砖石台基上，面阔三间，进深四椽，单檐歇山顶，平面基本为正方形，规模其实并不大。从外观看，屋顶的举折十分舒缓，出檐也格外宽大伸展，各柱头上设双杪五铺作斗栱，耍头做成昂形，无补间，转角处还使用了鸳鸯交手栱。柱头卷杀，柱子有侧脚和升起，无普拍枋，阑额的两端不出头。仅在正面明间开隔扇门，两次间为直棂窗，其余三面皆是墙壁。殿内彻上露明造，无内柱，采用两根四椽栿贯通前后直接伸至外檐刻成第二跳华栱，其上施缴背，刻做昂形耍头。两山的耍头则以延伸的丁栿刻成。四椽栿和缴背上承驼峰、栌斗、捧节令栱，架起平梁和平槫。平梁两端用托脚，其上以大叉手承托脊槫，不见蜀柱。这些都是唐以前建筑的古制遗存，五代以后逐渐改变。

整座大殿呈现出简洁素雅和雍容大气的美感，将唐代普通殿堂的样貌直观地留存到了今天，让我得以从中一窥大唐的遗韵，其珍贵程度真是怎么说都不为过。尤其南禅寺大殿也是

山西省五台县阳白乡李家庄 南禅寺
天王像
二○一○年九月二十日
午十二时十合一十三时十五分
莲达

五台县阳白乡李家庄南禅寺天王像

中国现存年代最早的一座木结构殿堂，在中国建筑史上也骄傲地占有重要地位，这不但是五台的珍存，也是山西的骄傲，更是中华民族的无价瑰宝。

殿内还存有一组基本完整的唐代彩塑，佛祖端坐于正中央，两旁有迦叶和阿难以及两位胁侍菩萨。再外侧左为普贤，右为文殊，亦各有胁侍于旁。在两菩萨身边原还有牵象人、牵狮人和两童子，佛祖须弥座前两个小莲台上有两尊相对半蹲、身形小巧秀美的胁侍菩萨，整堂彩塑的最外侧是全副武装的两尊天王像。

这些塑像都是唐代原物，布局同阳曲不二寺如出一辙，传承关系明显，在元时曾经重新进行过彩妆，但仍然保留了唐代的风貌，是除了敦煌以外保存最接近原貌也最完整的一

山西省五台县阳白乡李家庄
南禅寺彩塑
二〇一四年九月二十日下午十五时——十六时四十分　连达

五台县阳白乡李家庄南禅寺彩塑

组唐代彩塑作品了。这些唐代彩塑和建筑一起组成了宝贵的文物和艺术圣殿，虽然规模不大，地处偏远，但随着现代发达的资讯传播，已被越来越多的中外寻访者所熟知，成为人们心中的圣地。

可惜在 1999 年冬季的一天晚上，一伙盗贼侵入南禅寺，将守庙人捆绑起来，然后将大殿内的佛祖和菩萨开膛破肚，盗取了装藏的经书珍宝，并将文殊菩萨的牵狮人撩蛮以及佛祖座前小莲台上的两尊小胁侍菩萨一并盗走。转眼 20 年了，仍无法将窃贼擒获，失窃的塑像和文物至今杳无音信，成为无法弥补之损失。窃贼眼中只有现实的金钱价值，哪管什么历史与文物，只要能够换来现金，他们就能够迸发出不顾一切的疯狂破坏力。

现在南禅寺正殿佛坛前加设了严密的铁笼子，人们只能挤在门内一块狭窄的空间里向笼子内张望，我也几乎快贴在栏杆上才勉强画了几幅。现在太多的寺庙都因盗窃的压力给塑像加装了铁笼，这真是既无奈又讽刺的事情，想要教化世人的神佛却被世人肆意开膛斩首地盗卖，最终关进笼子里，真是叫人感到悲哀啊！

豆村佛光寺

说起佛光寺，热爱中国古建筑的人几乎无人不知，佛光寺的唐代东大殿被梁思成先生誉为"中国建筑第一瑰宝"，使得这座寺院名扬世界，甚至成为了中国古建筑的形象代表。

佛光寺位于五台县北部的豆村镇佛光村旁，坐东朝西而建，背依佛光山，居高临下守望着远方的旷野、村庄和山峦，有一股胸怀天地、海纳百川的磅礴气势。寺院大致分为南北两部分，南院是僧舍和禅堂等附属建筑。北院是寺中主体，最西端为山门，门内南边有伽蓝殿，这是明代的三间悬山顶小殿，里面塑有佛家的诸位护法伽蓝。院内平坦而空旷，中线旁耸立着一座已经有些倾斜的唐乾符四年（877）石经幢。在院子北侧朝南建有一座面阔七间、进深六椽、单檐悬山顶的金代文殊殿，当中三间开木板门，两稍间为直棂窗，其余皆是墙壁。殿内正中供奉骑狮的文殊菩萨，两旁为胁侍菩萨，其下有撩蛮、童子和圣老人及佛陀波利，这一套人员组合的标准在五台山文殊体系之下，尤其在金代以前是常见配置，比如原平惠济寺正殿内也大体如此。文殊殿的山墙上还存有明代绘制的二百余尊罗汉壁画，殿内构架也是充满了创新精神的减柱造。但这座集木构、彩塑和壁画于一体的金代巨殿却常常被人忽视——因为这里是佛光寺，有更伟大的圣殿在放射出无比耀眼的光芒，这就是院子最东端高台之上的唐代东大殿。

五台县豆村镇佛光寺东大殿

　　院子东端依山脚地势筑有一座十多米高的大平台，台下还建有一排窑洞，中间设陡峭的石阶通到东大殿前，好像是给虔诚的信徒朝圣时最后的考验。殿里的佛祖在信众心里是至高无上的神圣象征，而整座东大殿在我这样的古建筑行者眼中更是无比尊崇之地。我多次来此，每次都心怀虔诚瞻仰之心，能够与之相伴，也被我视为人生中的幸事。

　　东大殿修建在半米余高的条石台基上，面阔七间，进深八椽，单檐庑殿顶，除了两尽间设直棂窗外，中央五间皆开木板门。檐下设双杪双下昂七铺作斗栱，干裂的批竹昂依然彰显出凌厉的气势，檐柱的侧脚和升起都特别明显，唐代无普拍枋，补间铺作不落在阑额上，而是在柱头枋上出两跳华栱。这些斗栱用材雄大，足占了檐柱高度的近一半，把屋檐远远地挑出，几乎将殿下宽阔的台基也遮蔽起来了。殿顶举折舒缓，比例匀称，充满着自信和博大的气度，檐下正中悬挂着精美的明代匾额"佛光真容禅寺"。我在大殿的柱础间还第一次见到了起串联加固作用的地栿这种似乎仅存在于传说中的构件。殿前一对参天的古松相传与佛殿同寿，也给这座千年古刹增添了无穷的神韵。

　　殿里设有一圈内柱，形成一周回廊。内柱中心是佛坛，上面供奉着三十多尊大小彩塑，核心是阿弥陀佛、释迦牟尼佛和弥勒佛，三位主尊在左边的普贤菩萨和右边的文殊菩萨以及众多胁侍菩萨与天王的扈从下端坐于须弥座上，东西两侧的回廊里有二百余尊明代所塑的罗汉像侍列两厢。佛坛上这些彩塑是唐代原物，只可惜在20世纪初被僧人重妆，使得色泽明艳，旧貌无存，佛祖身披的袈裟也被绘成了龙袍，但唐塑的组合形式与造型气质还是依稀可见的。这也是除了敦煌外国内保存规模最大的唐代彩塑了。殿内的墙壁和佛座背后还残留有部分唐代的壁画，殿门内更是不可思议地保留下了唐人游览的墨迹，但一切神奇的遗存都是千余年来无数幸运累积的结果。

　　殿内顶部施平闇，即整齐而密集的小方格子式天花板，所以并不能得见顶上的构架，但在最北侧的明栿下依稀可见墨书题记"功德主故右军中尉王、佛殿主上都送供女弟子宁公遇"，

五台县豆村镇佛光寺唐代彩塑

山西省五台县豆村镇
佛光寺唐代彩塑
二〇〇七年八月三十日——九月一日 连达

这是东大殿断代为唐构的重要证据之一。

20 世纪 30 年代，日本学者曾经断言中国已经没有唐代建筑遗存，而梁思成和林徽因两位先生于 1937 年 6 月终于找到了隐藏于五台山南麓、不为外人所知的佛光寺。虽然斗栱梁架结构是唐代风格，但还是缺少最直接的决定性铁证，梁上宁公遇题记的发现正好与殿前经幢上的"女弟子佛殿主宁公遇"字样相印证，说明两者是同时代之物。经幢上还有"（唐）大中十一年（857）十月"的时间记载，这就给东大殿举证出了最准确的建造时间，说明是来自长安的佛教信徒女弟子宁公遇在这一年捐资修建了东大殿。所以佛光寺东大殿成了当时中国发现的第一座唐代木构遗存，而且至今仍是中国最大的唐代殿堂。

佛光寺最早创建于北魏年间，在唐代已是五台山的一方名刹，形象曾被绘制在敦煌莫高窟第 61 窟的壁画《五台山寺院图》里，可惜在会昌灭佛中惨遭摧毁。唐武宗去世后，灭佛运动停止，于是宁公遇捐资为佛光寺重建了一座佛殿。这位女信徒千余年前的一念之善为中华留下了一座最伟大的建筑瑰宝，也让今人对久已消逝的辉煌大唐产生了无尽的遐想。梁林两位先生在发现东大殿之后不久，抗日战争全面爆发。在国破家亡的岁月里，东大殿又一次神奇地毫发无损，使我辈终于得以有机缘能够直面此雄浑凝重的圣殿，触摸千余年前的大唐余晖，真是深感此生幸甚，不复奢求矣。

在东大殿内外徜徉良久，审视着这雄健而苍老的木结构殿堂和阵列整齐、气度雍容的诸多佛像，我的思绪无可抑制地飘飞到了它们诞生的年代，仿佛能够看到宁公遇捐建的佛殿正在热火朝天地进行着营造，当一切都尘埃落定后，转瞬就是一千一百多年。再看佛坛南侧角落里被魁梧的仗剑天王所遮挡的瘦小的宁公遇坐像，感觉她伴着自己的佛殿和虔诚的信仰也一直坚守了千余年，从未离去，而我真的想对她由衷地说一声"谢谢"，想来梁林两位先生当初也是如此吧。

我曾来到过佛光寺四五次，每次都被东大殿深深地吸引，那种发自于灵魂深处的留恋让我根本不舍离去，看不够也画不够，也许我真的是想一直守护在这扇与大唐相连通的门旁，生怕再失去吧。

在东大殿南侧的墙角处还有一座通体白色的祖师塔，梁思成先生根据构造风格判断为北魏遗物，是寺中遗存最古老的建筑了。寺外山坡上还有多座苍老的唐代以来安葬高僧的砖塔，即使遗珠散落，也值得披荆斩棘前去寻访。在这些璀璨的光华之下，附近村庄则容易被完全忽视，但我在东面的小豆村粗略走走，就看到了一座极其夸张的老宅内门。这近乎疯狂的十五踩斗栱从前也只在牌坊上才能见到，却用于内宅上，早已房倒屋塌的这座两进老院子到底有着什么样的故事呢，真是难以想象。其实这些不为人知并日渐凋零的乡村古建也是历史的组成部分，发现和记录它们才是给未来留下更全面真实的馈赠。

山西省五台县小豆村古宅门
二〇一七年八月二十九日十五时二十分—十七时五十分

连达

五台县小豆村古宅门

台怀显通寺

　　五台山处在太行山脉北段向东北方的转折处，这里隔滹沱河谷地，与西北面的恒山山脉相望，方圆五百余里，海拔三千多米，除了所在的五台县境之外，还跨北面的繁峙县、西北的代县、西边的原平市和南面的定襄县等广袤地区。这里苍山如海，沟深林密，群峰争耸，宛接天际。在这片山峦的东北部有五座高峰环伺而列，其势若瑞莲绽放，天设形胜无可比拟，即东台望海峰、西台挂月峰、南台锦绣峰、北台叶斗峰、中台翠岩峰。这些山峰虽然高峻，但其顶部却地势舒缓，好像天然的大平台，因此得名"五台山"。传说这里是佛教文殊师利菩萨的道场，所以五座山峰又被赋予为文殊五种智慧的象征，即大圆镜智、妙观察智、平等性智、成所作智和法界体性智。五台怀抱的山谷里就是台怀镇，是五台山佛教寺庙群的核心区域，从台怀镇向周边辐射，分布在五座山峰范围内的寺庙通常被称为"台内寺庙"，五台之外更广阔地区内若卫星般散布的如佛光寺、南禅寺、公主寺、岩山寺之类，都被俗称作"台外寺庙"。

　　五台山的最高处是北台顶，海拔在3061.1米，是著名的"华北屋脊"，因而山中气候寒冷，即使在盛夏季节也凉爽宜人，所以这里最初就叫清凉山。相传佛教自东汉时期传入中国，便开始在五台山修建寺院了，最早的是大孚灵鹫寺。到南北朝和隋唐时期，五台山的佛教极大兴盛，曾经达到僧侣万余人、寺庙三百座的空前规模。五台山也成为了中土佛教的象征和无上圣地，其影响遍及东亚和南亚诸国，甚至佛教发源地印度的信徒也专程前来瞻仰，可惜随着会昌灭佛的打击，一蹶不振。北宋重兴佛事，五台山再度开始繁荣，但在金兵南下时，又一次化为焦土。元代重新在五台山大兴土木，明代则把黄教（藏传佛教）引入了山中，使得五台山形成了青教（汉传佛教）和黄教并存的局面。清代为了笼络蒙藏，大力推行黄教，使得五台山的黄教一度达到了极盛之局面，至清末时山中两教的寺庙尚存近百座，僧侣也有千余人。

　　五台山从隋代起便在各台顶修建寺庙，凡来五台山礼佛的人常要登上诸台顶拜寺，称之为朝台，这种习俗传承千年，至今不衰，并演化出大、小朝台之分。大朝台指遍访五台山所有寺庙并登临五大台顶，小朝台则指拜完台怀镇内的寺庙，并登上位于镇子东边象征五台精华的黛螺顶。现在大朝台又有了新的表现形式，成为了许多户外运动爱好者的一条绝佳穿越路线。比如从北边的鸿门岩进山，先来到东台顶，再折往西边上北台顶，随后一路南行过中台顶、西台顶，最终到达最远的南台顶。相传若是在一天内能够完成五台连穿，便相当于增加修行 500 年，所以经常有各种户外队伍不辞劳苦地穿行在五台之巅，挑战着体能和意志的极限。

现在整个台怀镇都成了以佛教文化为核心的巨大旅游区，如若进入镇里，便需要购买不菲的门票。一位北京来的老哥自告奋勇带我绕过检票口，我多年徒步古长城，对翻山越岭毫不畏惧，便跟他在鸿门岩下了客车钻入山里。不想这老哥一时紧张带错了路，我们直奔密林深处猛冲下去。那时正遇漫山云雾忽至，几乎对面不见人，想来这也是迷路的原因之一，四外松林交错宛若天罗地网，都挂满湿淋淋的露水。我们奋力撕开扎人的松枝强行开路，衣裤里面是汗水，外面是露水，浑身上下好似水洗一般，不过我倒是一点也不感到惊慌，反而觉得挺刺激。

后来云雾略消散些，我才辨明是从东台的西边一路向西南扎下来了。越走越低，逐渐有了潺潺的流水之声，甚至还与一头野生的鹿迎面遭遇，只是这头鹿在密林里的行动速度竟然比兔子还敏捷，只一个照面就箭一般地飞蹿得无影无踪了，让我们这俩浑身湿透、四肢僵硬的人类大感汗颜。

台怀镇的寺庙数量众多，新旧建筑紧凑地交错在并不很宽阔的山间谷地里，随着如潮的游人，我也走访了若干寺院，不少地方都整饰一新，了无古韵，更有些寺庙则是以大面积的现代仿古建筑群充斥于其中，我避之唯恐不及。在台怀寺庙群中，我随机地拜访和记录了一些，虽不能尽显此间之精华，也还是理出了一些头绪的。

显通寺位于台怀镇的中心区北部，西侧傍依山脚，坐北朝南而建，背靠菩萨顶，南接塔院寺，东侧毗邻罗睺寺和圆照寺，是台怀镇里兴建最早规模最大的寺院。东汉明帝永平十年（67），印度高僧竺法兰和大月氏僧迦叶摩腾以白马驮佛经来到大汉，并在洛阳兴建了中国第一座寺院白马寺，自此佛教便在中国生根发芽。之后两人又来到五台山修建了佛教在中国的第二座寺院大孚灵鹫寺，传承近两千年来，曾名花园寺、大华严寺、大吉祥显通寺、大护国圣光永明寺，是五台山第一大寺，清康熙二十六年（1687），正式改名为大显通寺。

朝代更迭，屡经兴废，现存的显通寺也仅是明清两代所建，但规模十分庞大，前后足有五进院落，中轴线上排列着观音殿、大文殊殿、大雄宝殿、无量殿、千钵文殊殿、铜殿和藏经殿等殿堂，两厢都对称地建有配殿和廊庑。东西两路还有许多附属建筑群，尤其东路建筑较多，显通寺的山门就开设在东南角上。

墙外耸立着一座过街楼，是显通寺的大钟楼。下部建有条石台基，上面为三重檐十字歇山顶两层砖木楼阁，一层特别宽大，二层和顶部则收分明显，两层皆出回廊。一层中部开辟南北向拱门洞以通行，二层内悬挂有一口近万斤重的明代铜钟，周身遍布佛经，钟声浑厚洪亮，经久不息，可传遍台怀。此钟楼修建在显通寺、圆照寺、塔院寺和罗睺寺间的枢纽位置，一是因为在明代将原本属于显通寺的大白塔分割出去，单独修建了塔院寺，使得显通寺不得不重开山门，另建钟楼。二来将钟楼跨建在台怀要道之上，等于昭示了显通寺在台怀寺庙群中无与伦比的尊崇地位。

寺内建筑都是明清式样，无外乎硬山、歇山，在近几十年来的破坏、改建、整饰和装点的轮回之下，大部分殿堂其实已经没有什么特色或者说年代感，但大雄宝殿却算是个例外，在泯然众人的建筑群里属于特立独行的庞然大物，也的确给地位尊崇的显通寺撑起了应有的体面。

大雄宝殿重建于清光绪二十五年（1899），面阔九间，进深五间，重檐庑殿顶，檐下四周设回廊，体量特别宽大。正面奇特地凸出面阔五间的重檐卷棚顶抱厦，这样的怪异形式我也仅在此处得见，或许是该地区清代建筑中别出心裁的创造。大殿前面设隔扇门窗，后边仅在明间和两次间开隔扇门。殿内中央的佛坛上供奉着释迦牟尼佛、药师佛和阿弥陀佛等横三世佛，两旁另有三大士和十八罗汉，均是清代作品，今人又多有虔诚的敬献与装点，宽阔幽深的大殿在摇曳的灯烛映照下显得金碧辉煌，低垂的幔帐内佛祖的金身越发庄严神圣。

五台山显通寺钟楼

大雄宝殿后还有重建于明崇祯九年（1636）的砖砌无量殿，面阔七间，高两层，歇山顶，寓意佛拥有无量的智慧。其内部结构则是三座相串联的巨大穹隆顶券洞，所以实际上是个无梁殿，这与太原永祚寺、永济万固寺的无梁殿结构一致，很可能是同一设计方案。

寺院后部还有千钵文殊殿、铜殿和藏经殿等建筑组成的小群落，这些殿堂依山坡而建，高低错落，簇拥着中心平台上的两层楼阁式鎏金铜殿，此殿铸造于明万历三十八年（1610），据说用铜达十万斤之巨。殿旁又有五尊造型各异的鎏金铜塔相配，代表五台山的五座山峰，金灿灿的殿阁与宝塔成为显通寺后部的一处亮点。

我来到显通寺时，正淅淅沥沥地下着秋雨，又阴又冷。我只好蜷缩在东配殿下画大雄宝殿，还要不时用伞遮挡凌乱的雨滴。这时候的游人也变得极少，只有即将开始诵经的僧人们穿好了袈裟，开始鱼贯走进殿内。然后我发现在对面的西配殿廊下竟然站着一位头戴混元巾，身着蓝色道袍，脚踏十方鞋，长须飘飘的道士拿着雨伞在打手机，这真是把我震惊了。正好已经冻得有点发抖，我于是起身活动，跑过去跟道士打招呼。我虽然也知道五台山里是有道观的，但还是很奇怪为什么道士会出现在佛寺里，道士说："我电脑出问题了，来跟他们借个启动盘！"在如此古香古色的建筑群里，穿着打扮也宛若古人，却说出这样现代的话语来，真是令我忍俊不禁，看起来佛道两家也都与时俱进，并且相处融洽！

山西省五台山显通寺大雄宝殿
二〇一四年五月十六日下午3时——5时对景写生
连达 绘

五台山显通寺大雄宝殿

塔院寺

来到台怀的人，几乎在镇子的哪个方位都能一眼望见浑圆高耸的大白塔，这座藏传佛教的覆钵式塔已经是五台山的标志性建筑。每天都有无数的游人在塔周围流连仰望，而挺拔的白塔亦似将镇子里无数的古刹佛堂都凝聚在了自己的身边，又同周边的菩萨顶和黛螺顶等制高点相呼应，俨然成了台怀佛国的核心。

塔院寺位于显通寺的正南，两寺间仅隔一条小路。寺院分为东西两部分，东部是三进院的佛殿、禅堂和僧舍等附属建筑群，西边是主院，为白塔和正殿之所在。两院都是面南而建，南北跨度相等，因位于高地之上，塔院的中轴线远远地延伸到山坡下面去了。

这一组建筑群最前端是照壁，山脚下建有四柱三楼歇山顶的"清凉胜境"木牌坊，沿着长长的甬道爬上山坡，穿过三间过殿，这才来到塔院寺的山门前。山门修建在高厚的石台基上，主体为三开间歇山顶的砖石小殿，中央开拱门，两侧配拱形假窗，正中悬挂着"敕建护国大塔院寺"的斗匾，左右还对称地建有掖门和钟鼓楼，这种山门在北京和承德的清代寺庙中较为常见，通常还兼有天王殿的职能。

五台山台怀镇一景

山西省五台山塔院寺白塔
二〇一四年五月十五日下午五时半画
——十六时十分
莲达

五台山塔院寺白塔

院内有面阔五间、进深三间、单檐歇山顶的"大慈延寿宝殿",为寺内的正殿,是万历皇帝为母亲李太后祈求延年永寿而建。殿内正中供奉释迦牟尼佛,左边为文殊菩萨,右边是普贤菩萨,即"华严三圣"。

殿后就是直插霄汉的大白塔了。相传此塔最早是供奉佛舍利的阿育王塔之一,在此处称作"慈寿塔",竺法兰和迦叶摩腾来到五台山时,就在塔旁创建了大孚灵鹫寺。但更具体些的说法是慈寿塔始建于唐长安二年(702),此后一千多年里,这座佛舍利塔就一直是后来的显通寺的一部分。佛塔位于寺院的前部,这也是早期佛教寺院的一种常见布局,比如现存的应县木塔和洪洞县广胜寺飞虹塔等即此种方位。现存的大白塔为元大德六年(1302)由尼泊尔建筑师阿尼哥设计建造,传闻将旧有的慈寿塔包入大白塔腹中,所以仍然是一座佛舍利塔。明永乐五年(1407),成祖朱棣下令重修白塔,并将其从显通寺中分离出来,单独建寺供奉,于是便有了塔院寺。

白塔为青砖砌筑,周身涂刷白垩,修建在方形的平台之上,通高约55米,魁梧巨大,宛若擎天之柱,身临其下,更是感觉震撼非常。塔下为折角束腰须弥座衬托,周围有八角形回廊围绕,廊内面南设有龛笼三座,中龛嵌匾曰"大慈延寿宝塔",正南建卷棚硬山顶塔殿。平台四角各置攒尖亭阁,内置巨大的转经筒。塔座之上是圆滚滚的塔身,上承另一重须弥座,出十三级相轮和宝盖金瓶式塔刹。全塔造型简洁明快,不重繁缛装饰,但自有一派神圣庄严的凛然气势。

塔后还有面阔五间高两层的硬山顶藏经阁,内部收藏有明代所制的八角三十三级转轮藏。东院的东侧建有一座小巧的宝瓶式喇嘛塔,相传是文殊菩萨显圣,留下一缕头发,后人便在此处建塔供奉,称作文殊发塔。

大白塔比北京妙应寺白塔的修建时间晚了14年,造型较为相似,体量则过之,都是阿尼哥的作品,也是元代藏传佛教覆钵式塔的代表作。塔下回廊内的转塔信众川流不息,我也跟着转了两圈,然后退至院子的一角开始精心而绘。我虽非佛教信徒,但在喧闹的游览区域,可以凭着自己对绘画的执着而感受到如入禅定的安静与超脱,就像不止一位僧人所说过的那样,我这般寻古和绘画,也是一种修行。

万佛阁

在塔院寺南边的坡下还有一座南北向的两进庙院,名曰万佛阁,又叫广济堂,是台怀镇里香火最旺盛的地方。院子很宽敞,南端为倒座戏台,两旁开有掖门,东侧朝西建有一座三重檐歇山顶的两层砖木楼阁，面阔五间，进深四间，上下皆有回廊，一层门上悬挂匾额"万佛阁"。此楼造型敦厚沉稳，虽无华丽的装饰，但古拙之美却远超院内其他殿堂。此阁传为明万历四十四年（1616）所建，其内供奉佛祖及诸菩萨，主像周边三面墙上和格龛内供奉着密密麻麻的大小佛像，因而统称"万佛"，这也是台怀为数不多的大型单体楼阁之一。西边与万佛阁相对的仅是一排平淡的厢房，显得不大协调。

前院正中是一座面阔五间、进深三间的单檐歇山顶小殿，檐下设回廊，前面另建有一座面阔三间、卷棚顶前出歇山式裙檐的献殿，两殿都建在高厚的条石台基上。殿前还有一株宛若伞盖的古松护持，意境甚佳。这就是建于清代的龙王殿和1917年增建的献殿，其内供奉着"广济龙王菩萨"，这也是广济堂的来历。传说主神龙王是文殊菩萨的化身，亦有说是龙王的第五子，俗称为五爷，得到文殊菩萨点化，在山中行云布雨，造福百姓。此等传说大多寄托了民众的美好祈愿，倒也不必深究，但却是宗教世俗化的一个绝佳实例。

五爷的声名异乎寻常地大，甚至超过了文殊菩萨本身，所以大家习惯把这里称为"五爷庙"。要知道台怀镇乃是文殊道场，可遍观诸寺，却无一处能够及得上五爷庙人声鼎沸，香火炽烈，皆称五爷极其灵验，令人趋之若鹜。大凡来此祈求上香者，多以求财为主，当然也不乏其他各类愿望，但传闻所求无有不应者，所以许愿和还愿的人每天都声势浩大，似乎将要挤破大门，至于香火钱更是所捐不知凡几，令我这等穷汉看得心惊肉跳。戏台上一直在进

五台山万佛阁

行着戏曲演出，锣鼓激昂、笙箫婉转、唱腔抑扬顿挫，晋剧洪亮的嗓音穿透人群的喧嚣，声声入耳，字字清晰，宛若在耳畔不时炸响的惊雷。台前拉起某某公司或个人为五爷敬戏的横幅，一日间能连唱数场，费用多则数万。

第二进院中是面阔五间硬山顶的文殊菩萨殿，虽是山中正主儿，较之前边却冷清多了，蜂拥而来的香客把香烛、钱财和祈愿一股脑都敬献给了五爷，就不怎么往后院来了。

早已被雕琢整饰得花团锦簇的五爷龙王殿，在我眼中却不如万佛阁看起来更有韵味，如同菜市场一般的嘈杂也让人心烦意乱。我本不愿到这样的地方来凑热闹，但又实在想给万佛阁画上一幅，于是远远地躲在对面厢房的屋檐下，抛开一切噪声和杂念，努力沉浸在自己的世界里，净心而绘，这也可称得上是对心境的一种修炼吧。

罗睺寺

在显通寺和塔院寺的东边几乎一路之隔就是南北向三进院的罗睺寺建筑群，虽比不得显通寺宽敞气派，规模也算很可观了。

罗睺寺创建于唐代，历史上曾是显通寺（时称大华严寺）的十二座下院之一，叫作善住阁院，明弘治五年（1492）进行过重修，是台怀五大禅寺之一。明清两代曾有多次大修，清康熙二十二年（1683）由青庙改为黄庙，成了五台山的十大黄庙之一。

那么罗睺又是何意呢？罗睺也称"罗睺罗"，其本意为"覆障""障目""执日"，是佛祖儿子的名字。传说在佛祖释迦牟尼还是迦毗罗卫国的太子时，娶妻耶输陀罗，后来妻子身怀有孕，太子出家修行 6 年开悟之际，他们的儿子方才降生人间，取名罗睺罗。6 岁时他成了佛祖身边的首位沙弥和十大弟子之一（20 岁以下受过十戒的出家男子）。罗睺罗严持毗尼、精进修道、不毁禁戒、诵读不懈，证得阿罗汉圣果。佛赞曰"在我的弟子中，罗睺罗比丘是'密行第一'"。他具足三千威仪八万细行，总是默默地修持工作，从不表现自己，所以后人为其建寺供奉。相传罗睺罗还曾在五台山显圣留迹，又因罗睺寺在黄教中的地位，凡从青藏所来的信众都要专程前来敬拜。

现存的罗睺寺包括最前端的天王殿、文殊殿、大佛殿和藏经阁等建筑，两厢有对称的钟鼓楼、配殿和廊庑以及禅房等众多的殿堂。这些建筑在当代大修重妆之后已是崭新无比，缺少年代感了。最后边的藏经阁内设有一座莲台，其上置巨大木雕花苞，转动机关，花瓣便缓缓张开，里面相背而坐的四尊佛像即显露出来，因而名曰"花开现佛"。

山西省五台山
罗睺寺文殊塔
二〇一四年八月十四日下午
十七时四十分——十八时二十分
连达

五台山罗睺寺文殊塔

相传在山门前曾经生有一株枝繁叶茂的参天古松，北宋末年的尚书右仆射张商英（1044—1121）来到五台山时还曾经看见夤（yín）夜时树上明亮宛若神灯显现，于是人们传颂此树为"佛树"。至清代时，松树枯死，于是时人便以其木料制成"花开现佛"供奉于寺内，也有说主干的木料是充作文殊殿内塑像的骨架之用，总之是生于寺门，归于佛堂了。剩余枝杈仍在原处埋葬，其上建砖砌喇嘛塔一座，供奉文殊菩萨，名曰文殊塔，俗称为"松树灵塔"。

此塔位于罗睺寺天王殿外的东侧，背依钟楼，通高约在 7.5 米，下部有方形条石平台，塔基为折角束腰形须弥座，塔身覆钵，上承须弥座和相轮宝盖，塔刹为仰日月宝珠。塔南面开龛笼，内奉文殊菩萨像，在全寺一片簇新之中，留下了仅存的古朴风貌。

圆照寺

圆照寺位于罗睺寺的侧后方、显通寺东北角外的山坡上，因地形限制大致是面朝东南而建的，这里位置比显通寺略高，背靠广宗寺和菩萨顶，视野开阔，气势恢宏。

圆照寺创建于元朝，初名普宁寺，在明朝永乐年间尼泊尔高僧室利沙到中国弘扬佛法，明成祖朱棣大悦，册封他为国师。室利沙来到五台山后，就住在普宁寺修行。到了宣德元年（1426），明宣宗朱瞻基再次请室利沙进京说法，没想到室利沙在北京圆寂了。宣宗将他的舍利子一部分供奉在北京真觉寺，另一部分送回五台山普宁寺，并取《圆觉经》中"生死涅槃，同于起灭，妙觉圆照，离于华翳"之意，改名为圆照寺，建舍利塔供奉，清代时圆照寺由青庙改为黄庙。

穿过显通寺钟楼，沿着林间石径一路北来，上了山坡便来到了圆照寺金碧辉煌的山门前。山门面阔三间，进深两间，单檐歇山顶，檐下设重昂五踩斗栱，正中心悬挂"大圆照寺"匾额。前后出门廊，隔间上并排开三座木板门，两侧另设两座掖门，呈五门并列的宏大气势。门前出八字照壁，左右有十字歇山顶的二层钟鼓楼相对峙，门前还竖立着高高的幡杆和一对石狮。这是一组典型的清代风格建筑，虽然已经被翻修装点得金碧辉煌，太过艳丽，但这种组合显现出的堂皇气派也还是颇有特点的。

我一大早就赶来画山门，一些早起的游客和僧人纷纷来围观，其中有昨天曾见过我写生的两位年轻僧人跟我打招呼，指着远山上的云雾说："山顶戴帽，将要有雨，你做个准备。"

圆照寺分三进院落，前院内有三开间单檐歇山顶的天王殿，规模不算大，里面正中塑弥勒佛，两厢分列四大天王坐像。这些天王像很显然是清代的作品，已经陷于过分追求繁缛琐碎装饰的窠臼，但威猛气势还是有的。尤其我跑了好些台怀寺庙，还能保存下来的清代原塑也不算太多了，圆照寺天王则又是其中相对较好的一组作品。因此我就在殿内东墙下坐定，为东方持国天王和南方增长天王画上一幅。天王殿无窗，仅明间前后相对开隔扇门，所以殿内光线不足，而外边的阴云说来就来，霎时间已经阴如锅底，殿内就更是近乎地下室般幽暗了，我选择东边也是因为这一侧的光线还相对亮堂些。

　　幸亏我躲在天王殿里画画，外边少时已经闷雷滚滚、暴雨倾盆了。由于此时没有游人进香，我和看守天王殿的僧人也聊得熟悉了，竟然还是位东北老乡。他便把佛前的许多供品送与我吃，说分享供果也是分享福气的。

五台山圆照寺山门

　　第二进院里的大雄宝殿是寺中体量最大的殿宇，面阔五间，进深三间，重檐歇山顶，下部修建在米余的石台基上，前边突出有宽大的月台，全部围饰以石栏板。这座大殿传为明代遗构，檐下却不设斗栱，柱头上直接伸出梁头，正中悬挂"大雄宝殿"横匾，明间和两次间开隔扇门，其余皆为墙壁。院里的东西两厢都是整齐对称的两层楼式廊庑和配殿，森严有序。在背后菩萨顶建筑群和低沉云雾的映衬下，色彩古朴的大雄宝殿有一种特别强烈的古雅凝重气息。

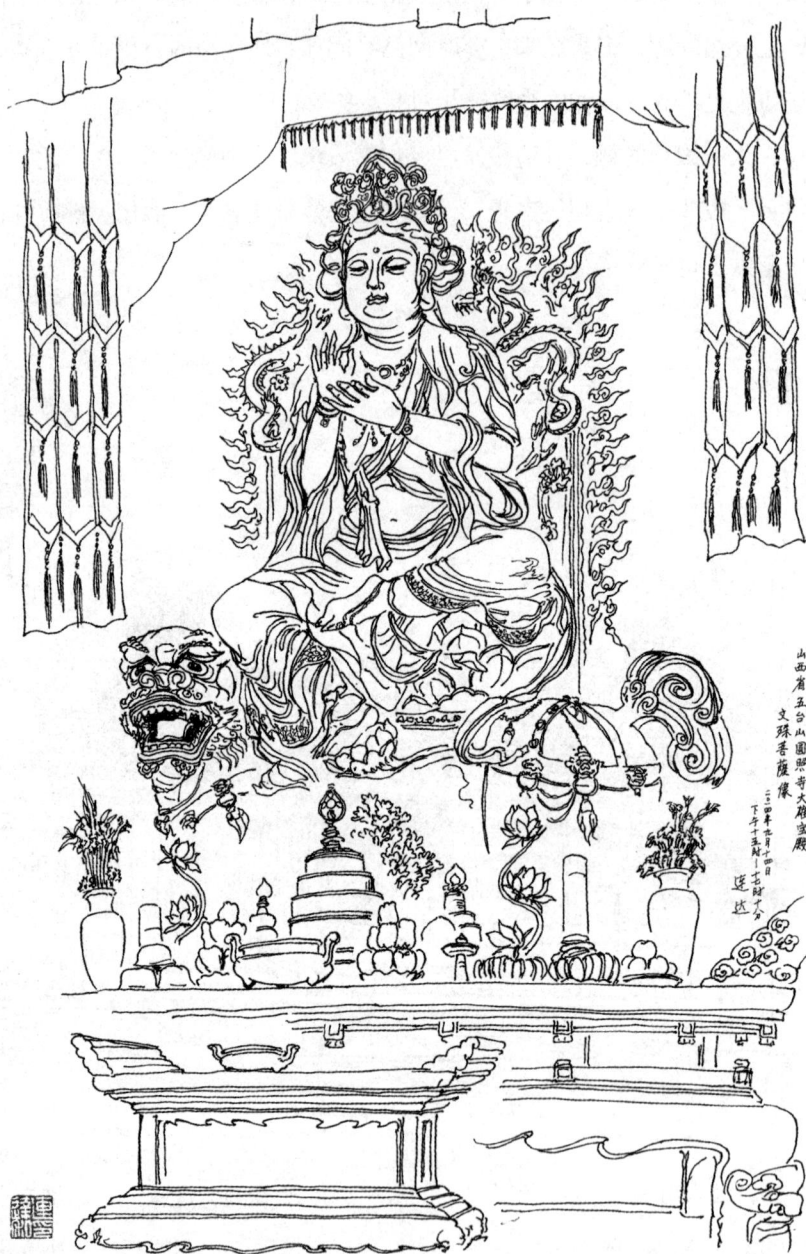

五台山圆照寺大雄宝殿文殊菩萨像

山西省五台山圆照寺大雄宝殿
文殊菩萨像
三四年九月廿四日
下午十五时卅古建工余
连达

殿内供奉着释迦牟尼佛、药师佛和阿弥陀佛组成的横三世佛，两山墙前以悬塑山石做龛笼，里面端坐着众多的佛像和罗汉。三世佛前两侧分立有冠带袍服华丽、脚踏莲台的大梵天和帝释天立像。释迦牟尼佛座前有迦叶和阿难护持，但正前方还塑有一尊坐在狮子背驮莲台之上的文殊师利菩萨像，其身后的双龙火焰背光几乎把佛祖遮挡了个严严实实，真不愧是文殊道场，到处都把文殊菩萨放在最显眼的位置。

最后一进院里有座白色藏式喇嘛砖塔立于核心，这就是尼泊尔高僧室利沙的舍利塔，全院殿堂皆围绕此塔而建，位于 4 米多高的条石平台上。后殿叫作都刚殿，原是管理佛教的僧官之名，后来被改为祭祀室利沙的地方。寺的东、北两面还建有许多现代仿古式的殿宇和斋堂，体量甚至超过了寺内旧有建筑。

以现在各寺的重新之状，圆照寺能够保留下几座主殿和大量的明清彩塑，实属不易。一日的阴雨也给了我更多近距离观察和陪伴圆照寺的机会，虽然凄风苦雨，阴冷不堪，但我即使在佛前啃着干馒头也不停笔地画着，或许也是一种宛如苦行僧般的执念吧。

五台山圆照寺大雄宝殿

三泉寺

　　菩萨顶是台怀内的另一个制高点，就位于显通寺、塔院寺、圆照寺等建筑群的北面，与黛螺顶东西相望。上面的真容院建筑群密集紧凑，主要殿宇均以黄琉璃瓦覆盖，远观好似给菩萨顶山峰戴上了金灿灿的华冠。从这里沿着盘山土路继续向西北爬上去，在大约山腰位置的松林环抱中闪出一座寺院，这就是三泉寺。

　　据寺前一通"大明正德改元岁在丙寅（1506）"的《重修三泉寺佛殿之记》云"三泉者，以其一井之中有三泉之并涌，因以为号"，说明了三泉寺名称之由来。"正统（1436—1449）之间，圆照硕德二僧曰觉空、觉亮者，见斯地之清幽，乃相伴而住之……修殿宇、廊庑、僧房，尽其全美。"说明了三泉寺的创建时间和起因。

　　现在的三泉寺是一组坐北朝南、东西向略宽的大四合院，山门仅是单开间悬山顶门楼。院子中心有一座平面呈正方形、面阔和进深皆为三间的四角攒尖顶建筑，下部设有粗粝的毛石台基，前檐下出廊，设置隔扇门窗，门楣上悬横匾"观音圆通"，说明这是一座观音殿。匾额是新物，因此我很怀疑所谓观音殿是今人在文殊殿的基础上所改，因为五台山哪座寺院会没有文殊殿呢，尤其廊下一通"景泰三年（1452）"的碑首上就镌刻着《文殊菩萨真容赴

五台山三泉寺

殿》的字样。这座方形殿堂的风格在诸多寺庙中也堪称奇特，甚至有点早期献殿的味道。脊刹已经无存，攒尖顶上显得光秃空荡。檐下也不设斗栱，仅以伸出的梁头刻做麻叶头形。在两檐角下现存高浮雕的泥塑云龙，二龙相对，身姿舞动于云朵之间，虽然塑造得略显僵硬，却基本完整。明间中央也塑有一座小小的佛龛，但损毁严重，已经看不出细节了。总之，此殿确实有点早期的遗风，但现存者也就是清代风格而已。

后边还有一座修建在一米余高的砖石台基上、面阔三间硬山顶的大雄宝殿，设有前廊，全部置隔扇门。东西垛殿和两厢的配殿以及东配殿后边的僧房都是现代的红砖水泥所建，已非古物。

清晨，我踏着雨后泥泞的土路，穿过湿漉漉的草丛来到寺里，僧人们好像也刚刚起床不久，对于我这样到处张望的游人已熟视无睹，完全不理会。我坐下来画画，一个胖胖的年轻和尚只是站在远处张望，忽然又急火火向院子一角跑过去，为了对比观音殿的体量，我就顺手把他的身影也画在了纸上，忽然我明白过来，他这是急着去茅房。

小小的三泉寺端庄地坐落在苍翠的山坡上，背后松林好像并肩而立的千军万马一般环护在寺院身旁。寺前山坡上白色和粉红色的野花在雨后成片地绽放，为这偏僻的山寺增添了盎然的生机。四野大小山峰在若薄纱飘荡般的云雾里时隐时现，台怀众多古今寺庙如堆锦叠绣般几乎填满了绵长的山谷。菩萨顶建筑群好似一艘即将在斗栱飞檐的寺庙海洋中向东南方启航的宝船，而大白塔更像是一座指路的灯塔般与之遥相呼应，远近连绵的山峦也许就是那海上波澜起伏的浪涛吧！我站在三泉寺前，被这样的美景看呆了，早已忘记了周身的潮湿和寒冷，不禁由衷地赞叹当初在此建寺的觉空、觉亮两位高僧真是慧眼独具，小小一座山寺却几乎将五台山的美好与意韵全都揽入襟怀，真是令人迷醉忘返啊！

寿宁寺

从三泉寺沿着土路向南再爬升一些，便来到了寿宁寺，这是一座两进院的寺庙，但气势上则比三泉寺要显得宏大许多。

最南端的山门为砖石砌筑，开设一个拱门洞和两个拱窗，上承单檐歇山顶，两侧有一对掖门和两层歇山顶的钟鼓楼。门前宽阔坦荡，从门洞向外望去，但见云雾若哈达般随风轻飘漫舞，丝丝缕缕从脚下轻抚而过，使寺院若修筑在云端一般，极显庄严神圣之态。

山门内的第一进院中心有一座六角攒尖顶亭阁，其下设须弥座式石台基，前后以凸起的甬道和山门及大雄宝殿相勾连。亭阁檐下围廊一周，前后相对开设隔扇门，正面悬匾"文殊殿"，背面为"佛法无边"。这秀气的六角亭比三泉寺的四角攒尖前殿更显别致，给中规中矩的寺院里增添了一股灵秀之气。

后面便是体量庞大的大雄宝殿了，也是建于近 1 米高的砖石台基上，面阔五间，进深三间，单檐庑殿顶，檐下无斗栱，有围廊环绕，正面全部开隔扇门，左右如伸展双臂般又连建有两座通往后院的掖门。此殿宽大沉稳，好像靠山一样衬托在小巧的文殊殿之后，再与五开间硬山顶的后殿相呼应，把寿宁寺殿堂层叠的森严气象诠释得淋漓尽致。两厢是对称的配殿和廊庑以及僧房等附属建筑，都是清代的风格，但寿宁寺的历史却远不止于此。

相传寿宁寺最早创建于北齐时期，初名"王子焚身寺"。在《清凉山志》中有一则与此相关的记载："高齐第三子，自识宿命，厌尘劳，于此燃身供圣，菩萨现形火光中。内侍刘谦之回奏，帝悼之，敕建寺焉。"说的是北齐高家的一位王子在这里自焚而死，在火光中显现出菩萨的身影，于是建寺。唐代的时候，寺中的普雨大师奏请重修，唐昭宗李晔还曾拨州田百顷供给寺院日常开支。到了北宋景德年间，宋真宗赵恒下诏改为寿宁寺。

现在寺中早期痕迹早已缥缈无存，各殿正在进行新一轮整修和油饰，色泽更加饱满明艳。只有一通蒙元时期的《天恩法雨之碑》算是最早的遗物了，其落款时间为"狗儿年春二月二十七日"，应是金朝灭亡元朝未立的蒙古帝国时期，开篇第一句话就是"长生天气力里"。我查了一下干支表，从 1234 年金亡到 1271 年元立，其中的狗年只有戊戌年（1238）、庚戌年（1250）和壬戌年（1262）。

山西省五台山寿宁寺
二○一四年七月十七日上午十时四十分——中午十一时五十分
连达

五台山寿宁寺

漫步于满是湿滑青苔的碎石铺就的小路上，我努力地想在这座有着 1400 多年历史的寺院里再找到点更早的历史遗迹，却一无所获。一代代的翻新和修缮正在把寺院可见的岁月积淀抹拭干净，甚至彻底斩断与久远过往的血脉联系。这种情况在台怀已经比比皆是，成了一种无可扭转的趋势。尤其以大量现代材料和设计建造起来的仿古建筑群更是日益吞噬着真正具有历史文物价值的寺庙建筑，也许终将有一天，台怀里的寺庙会被崭新的仿古货完全取代，这种设想真是令人不寒而栗。

寿宁寺里的居士们特别和善热情，中午执意拉我去一同吃斋饭，早已饥肠辘辘的我觉得素斋也是相当美味。当时正值中秋，居士们还热情地送给我一些她们自制的月饼，香甜酥软，成了我未来几天在野外写生时的主要口粮，至今仍怀念不已。

殊像寺

在台怀镇台怀村西边凤林谷口处，有一座背靠青山面南而建的古刹殊像寺，也是台怀五大禅寺之一。这五寺是指显通寺、菩萨顶、塔院寺、殊像寺、罗睺寺，而殊像寺自然是以专门供奉文殊师利菩萨的圣像而得名。此寺创建时间据寺内"大明万历戊申（1608）孟夏"的《重修殊像寺碑记》上"五胡之乱遭回禄，灰飞烟灭"可知，殊像寺至少应在魏晋时代就已经创建了，流传至今，比寿宁寺还要悠久了，不过寺中现在尚存的碑刻可见者也就是明朝弘治和万历时期遗物，也风化损毁得厉害。

寺院修建在山坡前的高地上，原有规模并不算大，最前端为三开间悬山顶的山门，仅设贯通的前后门而无窗，东西两侧还配有钟鼓楼。走进山门没有任何缓冲，迎面便是正殿大文殊殿，此殿体量很是高大，下部建在足有 1.5 米高的砖石台基上，前出月台，三面设踏跺。殿堂面阔五间，进深三间，重檐歇山顶，顶层檐下有密集的三昂七踩斗栱，二层檐下设重昂五踩斗栱，典型的明清风格，正面明间和两次间开隔扇门，其余皆是厚重的墙壁。

殿内供奉有一尊通高近 10 米的骑狮文殊像，堪称台怀之最。主像之下众胁侍和狮童、撩蛮等人躬身侍立，两尊金甲天王执刃于前，威严地注视着前来之人，两山墙上悬塑的山崖形壁龛上是佛祖和众罗汉像，殿内虽然幽暗，但精湛华丽的塑造和庄严神圣的气氛却令观者立即有毕恭毕敬、诚惶诚恐之感。相传承德外八庙里的殊像寺就是乾隆帝仿照五台山殊像寺所建，乾隆更是以文殊菩萨转世自居。

寺内东西两厢是对称严整的配殿和僧房等建筑，配殿里还供奉着达摩祖师和关帝伽蓝。

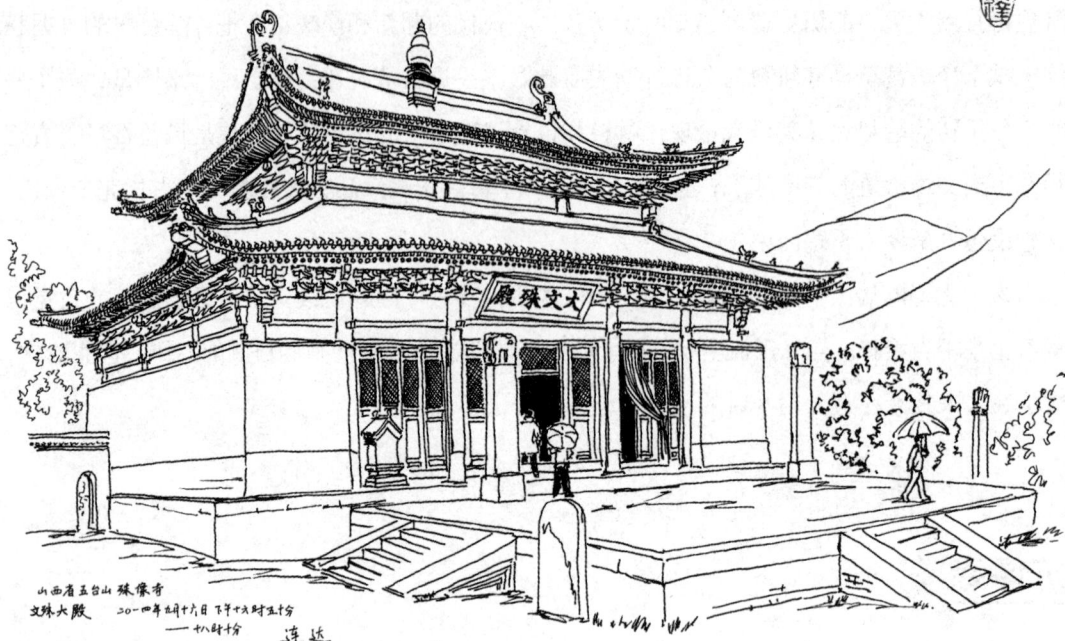

山西省五台山 殊像寺
文殊大殿　二〇一四年九月十六日 下午十六时五十分
　　　　　—十八时十分　莲达

五台山殊像寺大文殊殿

大文殊殿背后还有一排罩楼，整组建筑群应该都是明清两代遗留下来的，显得端庄肃穆。现在东西两路又建起了比主院还宽大的附属建筑群，都是适应于现代需求的一些大房子，尤其寺后扩建出一进大院，修了一座三重檐歇山顶的巨大仿古楼阁，体量远超大文殊殿，两侧的配殿也都是二层楼，在整体上把大文殊殿等旧有殿堂对比得单薄简陋，我观之则有虎狼环视的威压之感，总怕说不准哪一天就会对珍贵的大文殊殿下手翻新。

　　在阴冷的秋雨里，我躲在配殿的屋檐下，哆哆嗦嗦地快速为大文殊殿画了一幅。雨天虽然寒冷，却也冲淡了嘈杂和喧闹，让我能够神清气爽，更加专注。

金阁寺

　　在五台山南台锦绣峰西北方大南庄北边的半山腰处，忻州通五台山西门的 311 省道北侧坐北朝南有一座宏丽巨刹，名曰金阁寺，寺院地势高峻，背依群峰，怀揽深谷，有气吞万里之势。据说这里是除了各台顶诸寺之外，整个五台山地势最高的寺院了。

　　我穿过公路边的木牌坊，缓步爬上漫长的石阶，立即被山门建筑群华贵的气质所吸引。

五台山金阁寺山门

正中央为建在条石高台上面阔五间、硬山顶的砖石结构山门，三座拱形门洞一字排开，石门框上高浮雕有精美的花卉和龙凤等吉祥纹饰，垂带式踏跺和丹陛上更是云龙缠绕，瑞气升腾，正中央门楣上悬挂盘龙横匾"金阁寺"，门前陈设石狮子及石旗杆各一对，以壮威仪。两旁连建略矮一些的侧门，都是面阔五间，前后出廊，明间开贯通内外的木板门，廊下陈列着许多完整如新的门扇般巨大的石碑。这一列高低错落的山门两端是两层歇山顶钟鼓楼。整组建筑堪称气势磅礴，庄严华丽，尤其无处不在的精湛雕琢使得目之所及，皆为美的享受，当然也展现出了鲜明的晚清气质。

寺内空间宽敞，石栏板环绕的大平台上巍峨地矗立着一座体量惊人的超级巨构，这就是金阁寺的核心——大悲殿。说是殿，外观实则为一座两层的楼阁，面阔七间，进深五间，重檐歇山顶，檐下密密层层地布满了双昂五踩斗栱。两层皆设回廊，正面当中三间开隔扇门，柱间镂雕的雀替多是二龙戏珠或双凤朝阳等吉祥图案，尺寸之大，好似幔帐低垂，这不厌其精的匠心之作令人赞叹不已。二层檐下正中悬挂有一块竖匾，上嵌三个圆润凸起的贴金木雕大字"大悲殿"。此殿造型魁伟霸气，若山岳之巍然，似天宫之临凡，繁华瑰丽非言语所能尽述，仰视间简直不敢相信亦从未见过此等构造之古殿阁，唯有惊叹。传殿内当中奉一尊近18米高的千手观音立像，四周龛笼里环侍二十四诸天，皆称佳品，可惜寺僧不肯开门，我并无缘得见。

大悲殿周遭配殿或靠楼都是两层筒子楼，穿过后靠楼，再上一层高台，就是第二进院了，里面是面阔五间、硬山顶的大雄宝殿。整座金阁寺中，除了这两进院外，还有东边的禅院和西侧的塔院，甚至最北端近些年还新建起一座三重檐歇山顶名曰卧佛殿的仿古巨楼，但据我观察，除了大悲殿有明代风格外，其他建筑都不过是晚清遗物罢了。

我仔细读了山门廊下的一通"中华民国二十四年（1935）岁次乙亥孟秋下浣穀旦"所立的《重修五台山金阁寺碑记》，其中有"始建于唐……至于五代残唐，屡经兵燹而遗址尚存。明嘉靖四年（1525）有了用和尚礼五台山，见其寺丘墟，有感于怀，募化重修殿阁三层七楹"，"代藩睿王深信佛法，因捐重资铸成三头四十二臂、五丈三尺高大佛一躯……年湮代远"，"东西十二院已至丘墟，唯有大佛殿基址尚存。同治年间，有南山极乐寺普济大法师……夏日朝台，路经金阁寺，见大佛殿倒塌已甚，上露佛顶，不胜悯焉。光绪间遣皈依弟子兰凤赴东省募化……于民国元年（1912）率同居士开工重修……殿阁辉煌，佛相庄严，殿堂僧寮无不整洁……大佛殿、罗汉殿、观音殿、圆觉殿、玉皇殿、地藏殿、选佛场、当人殿、九公殿、三皇殿、老君堂、关帝庙、天王殿、龙王庙、大仙堂、钟鼓楼、山门、旗杆、狮子、牌楼、石桥、清净堂、万善堂、东西楼一十八间、东西院客舍僧寮数百间……民国九年（1920）告竣开光"。把金阁寺的来龙去脉和格局弄清楚了。

在金阁寺东边约里许的山坡上现存青灰色石塔一座，造型与经幢甚似，通高在 5 米左右，

山西省五台山 金阁寺 大悲殿
二〇一四年九月十八日 上午八时三十分一十一时三十分

五台山金阁寺大悲殿

最下部以毛石砌成较大的方形基座。其上是八边形须弥座，下层装饰宝装莲花，八个立面上均浮雕火焰形壶门一座，内刻僧俗人物，现在已经风化得仅余依稀轮廓，束腰处朝四个方向各雕有狮头，上承仰莲座。

八角立柱式塔身正南面上部镌刻有"金阁寺普同塔"字样，其下及各面刻《佛顶尊胜陀罗尼经》。塔额东侧立面上刻有"五台山大金阁寺……贞元三年（1155）乙亥岁八月丙子朔甲申日"。塔铭多是经文，还有建造时间和人员名称，此外并无更多有价值的信息了。塔顶是用整块石料雕成仿木结构的八角攒尖顶，塔刹遍刻卷云纹，尖顶的葫芦状宝珠已经风化碎裂仅存半边了。

金阁寺普同塔
贞元三年乙亥岁八月丙子朔甲申日
二〇一四年八月十八日下午十三时三十分—十三时四十三分 莲达

五台山金阁寺金贞元三年普同塔

上边被捆绑了许多经幡，随风飘飞，好像一条五彩的围巾。唐代也有贞元年号，但一查干支，确认是金代石塔，这也是金阁寺现存最早的一件遗物了。

龙泉寺

龙泉寺坐落在台怀镇西南小车沟村北边的九龙岗上，此处已近中台。在东侧山沟中有一眼清泉溢出，而附近山冈走势均呈向此聚拢之态，若九龙戏水，因而得名龙泉。相传寺院最早创建于宋代，因附近有令公杨业的灵塔，人皆言此处最初是杨家香火庙。明朝嘉靖时也曾翻修，不过现存者都是清末民国的遗物。在台怀一带数十座寺庙中，龙泉寺位置比较靠边，建筑年代又算不得悠久，但名气却特别响亮，完全得益于这里的两座建筑，一坊一塔。

寺院选址于山腰处，在山间砍劈出一块巨大的平台，因其所在位置特别高峻，远观宛若悬于空中。全寺坐北朝南分为东、中、西三个院落，每个院落都设有独立的山门。东院是龙

五台山龙泉寺石牌坊

泉寺的主院，分为前后两进，是三座院落中延伸最长的，由最前端的石牌坊、山门兼天王殿及钟鼓楼、中间的观音殿和最北端的大雄宝殿组成，两厢是对称的配殿和配楼；中院也是两进，但长度比东院短，由最前边的山门、中间的宗堂殿和最北端的祖师堂组成，两侧也是配殿廊庑严整，祖师堂前还耸立着一座"普济宝塔"；西院只有一进，正殿为文殊殿，院中央立有一座"岫净文公大和尚塔"。

寺前山脚下建有一面巨大的照壁，两侧斜向八字形伸出，主壁心嵌有一块精湛的镂雕石刻，在林丛云雾的掩映间、佛塔殿堂的簇拥下，核心位置有一座特别精致华美的佛龛，意为文殊所在，其精雕细琢给人以小中见大的奢华之感。

转身向山门前高耸的108级石阶上望去，一座宛若九天琼楼般的汉白玉石牌坊端庄而雍容地出现在平台顶部，在两旁盘龙石旗杆的护持下，真好比天宫的南天门一般神圣庄严。这座牌坊为四柱三楼歇山顶结构，四根承重方柱前后各出戗柱，周身上下极尽繁缛精细的雕刻装饰，几乎不见死角，简直达到了人力所能创造的极限一般，一瞥惊艳的炫目之感令我霎时间怔住了。牌坊出檐宽阔优雅，上下比例适中，一切结构都是仿照木建筑雕琢而成，每一条阑额、每一块枋板和每一根戗柱都遍布栩栩如生的高浮雕祥瑞人物、花卉、故事或是遒劲的盘龙。尤其柱间三组双面镂雕雀替，那种云龙翻腾、博古架层叠的玲珑剔透之感，恐怕比木雕塑造得更加生动逼真，其中哪怕角落里的一颗水果或是一根绸带都一丝不苟地刻制出来，简直是用玉雕摆件的匠心来制作建筑物了，那种繁缛的震撼之美我好像只在湖北随州曾侯乙墓出土的青铜尊盘和冰鉴前体会过。比起龙泉寺牌坊的雕工之美，我曾经见过的所有的牌坊全部黯然失色。虽然南方牌坊我尚且见得不多，未敢妄言，但毫不夸张地说，在北方现存的传统牌坊中，龙泉寺牌坊可称极品，再无出其右者。仅凭空泛的赞美、贫乏的词汇和拙劣的画法根本不足以描述这种梦幻般的美好与五体投地的折服，非实地观瞻不可。

这座牌坊是由当时的崞县宏道镇贾庄村人胡明珠（1895—1968）设计建造的，从1916年起耗时6年方才建成，是呕心沥血的绝伦之品，也堪称传承了两千多年的传统牌坊式建筑留下了封山扛鼎之作。牌坊后面的小拱桥和一对石狮、石旗杆及山门的拱形门窗也都雕琢精美，但在石牌坊耀眼的光彩下，已经被人们忽略掉了。

龙泉寺中院后部的"普济宝塔"则是另一座超凡脱俗的石雕精品。此塔也是全部以汉白玉雕造而成，通高12米，下边设有高2米、宽5米的方形须弥座式平台，周遭以云龙花卉盘绕，四角有圆雕力士扛托，束腰处为近百尊佛像列坐。平台上以勾栏望柱环绕，中心是一座汉藏合璧的覆钵式喇嘛塔。塔基为八角形双层束腰须弥座，雕刻装饰比台基部分更加密集而华丽，其水准直追山门前的石牌坊。须弥座上置仰莲台，承托饱满圆润的塔身，分别朝四面开龛，里面各端坐一尊弥勒佛坐像，空白部分镌刻《摩诃般若波罗蜜多心经》，落款上写着"中华民国十有三年（1924）岁次甲子天中日关东奉省□会□建立"。塔顶置仿木结构的八角攒尖塔檐，下设双翘五踩斗栱，正南面悬挂一块五龙盘绕的斗匾"普济宝塔"。最上边是层叠的相轮和宝盖垂带托宝珠式鎏金铜刹。此塔的精妙之处就在于雕刻，其精美与石牌坊可称双璧，其造型又是喇嘛塔结合了汉式风格，在台怀诸多寺院里也算得上标新立异了。

这位普济和尚到底何许人也，之前在金阁寺的重修碑刻中已经见过他的名字，正是他主持募化，才使得金阁寺获得了挽救。深入了解才知道这位普济非同寻常，金阁寺碑中曾有"普济大法师，河北宁晋县人，俗姓李"的记载。他生于清道光三十年（1850），原名李得胜、李向善，自幼是孤儿，十五岁加入了"九宫道"教门。他依靠天生的聪明才智很快崭露头角，号称自己是弥勒佛转世，在五台山正式受戒，光绪十年（1884）时已经当上了极乐寺住持，当时东北、华北的九宫道教众三十余万尽数听他调遣。

光绪二十六年（1900）八国联军侵华，清廷有病乱投医，还曾诏他进京演法救国，慈禧太后亲赐"真如自在"御笔，至今仍存放在五台山南山寺中。这位普济和尚很有头脑，深知与清廷打交道该注意什么，于是重新给自己整理出了曾经参军、厌倦流血斯杀而出家的清白历史。此后他遍访北方，广为募化，修缮了五台山的龙泉寺、南山寺、古佛寺、金阁寺、普济寺等大小18座寺院，于1912年圆寂。按这个时间看，金阁寺的修缮刚刚开始，他就去世

山西省五台山龙泉寺普济和尚塔
二〇一四年九月十八日下午十四时三十分
——十五时五十分
延达

五台山龙泉寺普济和尚塔

了。不过看现存的五台山南山寺、普济寺等建筑和雕刻，与金阁寺、龙泉寺真是一脉相承，都是晚清民国风格的石雕佳作。

西院中的"岫净文公大和尚塔"所安葬的就是普济的弟子岫净文公，他是南山极乐寺第二代主持，普济宝塔就是他为师父住持建造的。而他自己的灵塔除了造型与普济宝塔相似外，外观则简洁到了素面朝天的地步，想来这也是出于对自己这位传奇师父的谦敬之意吧。值得一提的是因为普济和尚自称弥勒佛转世，他灵塔四面佛龛中的弥勒形象即按照他少、青、中、老四个年龄阶段的形象塑造的。

龙泉寺除了牌坊和普济宝塔外，各殿堂还有大量华丽的木雕和石雕装饰，从斗栱、雀替到门窗隔扇、殿内藻井以及壁画，都是秉承了精美奢华之风，真有繁花似锦、目不暇接之感，但油饰装点下的木雕未免显得花哨甚至艳俗，还是素色的牌坊与塔更耐看。

台怀寺庙群数量庞大，其精华遗存绝非蜻蜓点水般的仓促寻访所能领略，我也只是管中窥豹而已，实当在台怀长住一段时间，逐寺逐院地走访感悟，方才不负这千年佛国圣地的珍贵遗存。

天岩岩山寺

繁峙县东部的砂河镇位于滹沱河谷地的东段，这里设有一座名曰"五台山"的火车站，从华北和东北来五台山旅行的游客大多都会从这里下车，然后换乘客车向南进山直驱台怀，所以这里虽然是个枢纽大镇，但驻足盘桓者却不多，五台山就好像有无限虹吸之力般把滚滚游人都直接吸走了。

其实在五台北口（砂河当地称南峪口村）东边一山之隔的天岩村里，就隐藏着一座至少有八百年历史的古刹岩山寺，也是台外重要寺庙之一，却经常被人们所忽视。天岩村建在五台山北麓的黄土台塬上，古时候也曾是进山的重要通道，现在被一条土路分割成东西两部分，岩山寺曾名灵岩寺，就坐落在村西北角上。

寺院面积不大，坐北朝南，呈不太规则的长方形，正殿已经毁掉，现在主要建筑是南殿，另有东、西配殿和禅房各一座。东墙上建有十字歇山顶的两层钟楼，下部开拱门，即寺院山门。院内的东配殿和其南侧的禅房并肩而立，两者之间夹建有三开间悬山顶木牌坊，挂"岩山寺"木匾，是寺院的二门。除了南殿之外，这些建筑都是清代或民国遗留。寺内生有多株古松，挺拔苍翠若冠盖云集，身姿随风摇曳轻舞，给山寺苍古的气质里又装点出蓬勃生机。

繁峙县砂河镇天岩村岩山寺古松

　　南殿名曰文殊殿，面阔五间，进深六椽，单檐歇山顶，檐下设单下昂四铺作斗栱。南北墙上布局相同，均开两窗夹一门，造型简洁大方，无奢华装饰，直棂窗位置较高，木板门严谨，难窥殿内情形。

　　其实岩山寺创始时间已难详考，一说不晚于北宋元丰二年（1079），一说创建于金正隆三年（1158），因为现存的南殿是金代遗构，所以后者流传较广。

　　殿内墙上保存了大面积的金代壁画，内容自然是佛教题材的佛本生故事为主，但画中所描绘的大量市井人物和宫廷生活都是当时社会面貌的真实反映，有金朝版《清明上河图》之誉。尤其是两组宫阙殿阁的形象写实地记录了金朝中都皇宫建筑的确切式样。壁画完成于金大定七年（1167），据记载乃"御前承应画匠王逵"所作，西壁上也保存有"画匠王逵六十八岁"的题记，就更毋庸争辩地说明了关于宫殿风貌描绘的事实依据和可信程度。从中即可看出宋代以来宫室营建的风格特点，对比现存的元明清三代建筑实物也能明白金代建筑在后来数百年间的传承与演变方向。现在宋金元宫殿实物早已彻底毁灭，所以还能够在壁画中看到金代中都宫廷的模样，真是让人既兴奋又赞叹，其珍贵程度无可比拟。

　　佛坛居于殿内中心位置，上边原有骑狮文殊以及一系列扈从人员，与原平惠济寺正殿和五台山佛光寺文殊殿内的人物组成基本一致，甚至因为佛坛居中，多出来的两个角上还多塑

山西省繁峙县砂河镇天岩村 —— 岩山寺
此间寺院气温已凉，又值秋雨过后，于山间寺中静坐而绘。
不免全身发抖，成之不易也！
二〇一四年九月十二日 晨七时二分 —— 上午九时十分 连达

繁峙县砂河镇天岩村岩山寺文殊殿

了两尊天王，文殊菩萨背后一墙之隔另塑倒座观音一尊，所以原来至少应该有 14 尊塑像。可惜这些金代彩塑现在被盗窃和破坏得所剩无几，就连文殊也难幸免，仅剩下被砸烂头颅的狮子和两尊残缺的天王以及缺手断腿的观音等 6 尊而已，实在是可惜又可恨啊。不过我见两尊天王的造型甚有唐风宋韵，因而对岩山寺创建于宋代甚至更早的说法又多了一分支持。可惜守寺老汉收了香火钱也仅准我匆匆一观，便赶紧锁闭殿门把我请了出来，这满壁的遗珍和佛坛的天王我连张照片都没能留下，更遑论画一幅了。

公主寺

在繁峙县城东南不远的五台山北麓山脚下有一座公主村，村庄被从山上下来的一条季节河劈为两半，在东村的南端现存一座三进院的古刹便是公主寺了。

相传这座寺院最早建于北魏时期，是文成帝拓跋濬的四女儿诚信公主出家的地方，于是得名公主寺，寺旁村庄原名空如村，也因而改为公主村了。不过毕竟年代久远，虽有唐宋传

繁峙县公主村公主寺

承，也都早已湮灭无存，现在留下来的殿堂主要是明弘治十六年（1503）重建以及清代修缮的遗物。

公主寺坐北朝南，面向群山而建，分为左中右三路和前中后三进院落。中路殿堂为寺中主体，最前端是三开间悬山顶的山门，但两侧无钟鼓楼，而是对称地建有两座分属东西两路的倒座戏台。院内松柏参天，环境清幽，毗卢殿轻舒飞檐点缀其间，娟秀古朴，意韵悠远。此殿建于砖石台基之上，面阔进深皆为三间，单檐歇山顶，檐下设双下昂五铺作斗栱。仅在前后明间开隔扇门，其余再无门窗，所以殿内十分幽暗，我来此时正值天色阴沉，秋雨绵绵，殿内情形更宛若密室般晦暗不明。

但当我看清殿内陈设，顿觉眼前明亮万分，这里保存着特别完整的一堂明代彩塑，正中央为佛祖坐像，两侧侍立大梵天和帝释天。四壁上以悬塑做成了山峦崖壁和洞府仙境，佛祖与文殊、普贤两菩萨以及十八罗汉等均端坐其中，既像是会于佛堂之内，又仿佛正在仙山琼岛之中，塑造出了极乐世界之景象。

紧靠毗卢殿的背后建有一座卷棚歇山顶的单开间亭阁式小殿，下部为方形条石台基，南边与毗卢殿台基相连，朝北设垂带踏跺。小殿内祀韦驮，开隔扇门。体量虽小却给公主寺建筑群增添了许多层次与变化，有一抹清新灵秀之气。

繁峙县公主村公主寺韦驮殿

之后是面阔三间、进深六椽、悬山顶的大雄殿，和毗卢殿一样也是仅在明间开隔扇门，不设窗户，所以不大的殿内同样极其昏暗。但殿内塑像的精彩程度更超前殿，横三世佛一字排开，高耸的须弥座上宝相庄严，三尊佛像背后都有美轮美奂、直达殿顶的绚丽背光，尤其以主尊释迦牟尼佛的背光最为夺目，两旁侍立着造型生动宛如真人般的迦叶和阿难。墙壁上保存有完整的水陆壁画，以毗卢遮那佛和弥勒佛为中心，三界人神鬼怪环绕侍立在四周，足有数百位之众。这些人物塑造得精细写实，神情生动，冠服华丽，衣袂飘举，设色饱满，线条流畅，是明代壁画中的精品，在山西现存的同类壁画中也是上佳之作，堪称山乡一隅的微缩版永乐宫壁画。不大的殿堂昏黄的光线中，我圆睁双眼仔细地观瞻欣赏，好像在密室里发现了宝藏一般，越看越赞叹不已。毗卢殿和大佛殿都是明代原物，建筑和塑像、壁画侥幸得以完整保存下来，为这偏僻的山乡寺院增添了无穷的光彩。

寺中其余殿堂都是清代所建，大雄殿后面还有一座简单的五开间悬山顶大佛殿。中路建筑两侧都对称地设有配殿和厢房，格局也基本完整。东路前院是关帝庙，西路对称的是奶奶庙，分别与倒座戏台组成了独立的院落，并以侧门同中路相通。

这座汇聚了彩塑和壁画精华的明代古刹本已经足够伟大，又因"公主"二字与早已消散远去的千年往事有了一丝若即若离的联系，更增添了无限的神秘和遐想。

第八章

辽金巨刹今犹在——云朔烈烈塞上风

新平堡镇
玉皇阁
李二口长城
天镇县
慈云寺
阳高县
云林寺
镇边堡
镇宁楼长城
威鲁堡
宁鲁堡
八台子
左云县
大同市
华严寺
善化寺
鼓楼
大同县
怀仁县
浑源县
北岳主峰
永安寺
应县
木塔，净土寺
山阴县
朔州市
崇福寺

　　出了雁门关，便进入了山西省最北部的大同盆地，这也是传统的雁北地区，南面有恒山山脉阻挡，北边和西北则是内蒙古高原绵亘，把大同盆地挤压成了一个东北—西南走向狭长的形状。天镇县位于最东端，与河北省怀安县相抵，大同市居于中部，从古至今都是此一地区的核心所在，朔州市处在最西端，控扼着宁武关和偏头关的前哨与侧后，是晋西北的脊背之地。在这一地区两千多年来上演过无数金戈铁马的激烈碰撞，也促成了多种文化的交汇融合，是一块如黄土高原般有着无尽厚重积淀的古老沃土，也是至今仍能够感受到萧瑟肃杀之气的塞上前沿，更是来山西追寻历史、感受文明所绝不能错过的地方。

应县木塔

应县位于大同盆地中段的南部，桑干河东岸的广袤沃野之上，这里现在属于朔州市管辖，但在地理位置上基本处于大同和朔州中间。县境西接山阴县，北邻怀仁县，东连浑源县，南面隔着高耸的恒山山脉与繁峙县和代县相望。《应州续志》云："以境内龙首、雁门二山南北相应，城当其间，故名。"西汉时在这里设剧阳县、埒（liè）县，唐末改为金城县，后迁徙至今址，并于金城县置应州。明洪武八年（1375）废金城县入应州，民国初年废州改称应县。

我寻访山西古迹 20 余年，从英姿勃发的热血青年到两鬓逐渐发白的中年人，曾经有无数人问过我，山西到底哪座古建筑最好，或者说你最喜欢哪一座，我都会毫不犹豫地告诉他们，是应县木塔，这个不是之一，而是我心中不可替代的唯一。

在应县老城西北部，耸立着一座直插天际的高大楼阁式木塔，这就是创建于辽清宁二年（1056）的佛宫寺释迦塔，俗称为应县木塔，是现存的八大辽构之一。塔通高 67.31 米，底层直径 30 余米，为平面八角形攒尖顶宝塔，在平缓的大地上真宛若塔上一块匾额所书"天柱地轴"一般，有无限魁伟之态挺拔之姿，是中国现存体量最为庞大的木结构古建筑。此塔为辽兴宗仁懿皇后萧氏创建，她是应州人，一门出了三位皇后和三位王爷，所以在家乡修建规模宏大的佛宫寺和释迦塔彰显荣耀也完全合乎情理。同时应州正是后晋儿皇帝石敬瑭割让给辽国的幽云十六州之一，处在辽宋对峙的前线，登高远眺，几十里塞上风光尽收眼底，堪称"拔地擎天四面云山拱一柱，乘风步月万家烟火接云霄"，实际上也起到了瞭敌预警监视宋军动向的作用。

木塔外观为 5 层 6 重檐，内部还有 4 个暗层，所以实为 9 级。一层有两重塔檐，其余每层一重檐。木塔一层檐下设有回廊，前后相对开门，其余各层出平座勾栏，四面开门，置隔扇门窗。一层内的空间高大宽敞，宛若宏丽的殿堂，内壁上绘制着众多佛像、天王像以及供养人形象的壁画，其中就绘有萧家三位皇后（仁懿皇后萧挞里、宣懿皇后萧观音、钦哀皇后萧耨斤）的画像。正中央坐北朝南供奉释迦牟尼佛，这尊佛像极其高大，有 11 米之巨，身体略微前倾，神态安详，似乎在俯瞰人世间的疾苦，佛像面部绘有胡须。二层以上，每层塔心室的佛坛中央都有佛像端坐，周围有菩萨或胁侍环绕，这些佛像大多是辽代遗留，但已经受损严重，许多地方都进行过大面积修补。塔身内外各层各面几乎都悬挂着建成以来历代游人的题刻匾额，其中还有明成祖朱棣和明武宗朱厚照的御笔"峻极神

山西省应县佛宫寺释迦塔
二〇一六年十月七日—八日共用近十三小时完成   连达

应县木塔

工"与"天下奇观"。最大也最重要的是木塔南面第三层檐下悬挂的巨型匾额"释迦塔"，端庄的擘窠大字充满了阳刚的力量。木塔内部还发现了两颗释迦牟尼佛牙舍利以及辽代的刻经等文物，这些与木塔相依相伴穿越时空的珍贵文物和精美艺术品也是木塔所不可分割的重要组成部分。

木塔把中国传统木构的精妙发挥到了极致，仅不同结构和功能的斗栱就有近60种，被誉为斗栱博物馆。其构造也相当科学，平面为相对稳固的八角形，呈内外相套的两重筒状设计，其间以阑额、地栿、㦷柱、斜撑同梁栿等构件相连接，使这个双层的套筒具有了很好的稳定性，并且外圈随着高度的增加逐层向内收分，进一步加强了结构的牢固程度。塔外观看起来有5层，内部的4个暗层位于每层塔檐与其上层的平坐之间，这个位置内外复杂的支撑和斜拉结构相当于木塔的四道加固圈梁，将塔身的内外与上下紧密地结合在一起。而且斗栱和梁栿、枋、柱之间的契合方式使木塔在遭受狂风和地震晃动时能将大部分外力通过自身构架的位移和摩擦吸收消耗掉，轻微摇晃是一种自我调整，所以木塔经历多次大地震的考验都安然无恙。元大德九年（1305），大同路发生6.5级地震，有声如雷，波及木塔。元顺帝时，应州大地震七日，塔旁舍宇皆倒塌，唯木塔屹然不动。近代，邢台、唐山、大同、阳高一带的几次大地震，均波及应县，当时木塔曾大幅度摆动，风铃全部震响，但过后仍巍然傲立。其实木塔的传奇还不止于此，甚至在近代军阀混战之中，在枪炮的轰击下也仍能安然无恙，简直如同神话一般。

当我第一次见到应县木塔时，整个人都处在一种极度的震撼中，那种灵魂深处生腾出的激动情感至今仍记忆犹新，从此再也未被超越。木塔建筑风格上承唐风，粗犷硬朗，大气磅礴，不仅是一座建筑，一组文物，也是集力和美于一体的无与伦比的艺术品。此后我多次到木塔下写生和凝望，每次都要坐上一整天，因为我知道木塔已经十分衰老疲惫，开始倾斜和扭曲了，第二层的斜度目前相当明显，未来的结果也许就是或者落架大修，或者局部加固，或者在某次地震中倒塌。相信国家不会坐视不管，所以只能是大修。但如果真的落架大修，便是个庞大到难以想象的工程，据说曾经推算，将木塔所有构件展开平铺能够覆盖整个县城，这样的工程必然会持续数年，此时不画，待到我老眼昏花的年纪了，纵然木塔焕然重生，恐怕我也已经画不了了。

到21世纪中叶，木塔将迎来落成1000年的整寿，我曾与友人相约，希望那时候我们和木塔还都在，到时候两位年近八旬的"年轻人"还要再来木塔前与塔相聚，为塔祈福！

应县净土寺

在木塔的东北方原应州城残垣之内，还静悄悄地隐藏着一座小小的净土寺。这里院子倒是不小，但前部一片荒芜，建筑都聚集在北端，除了中间的大雄宝殿外，东西配殿、东厢房和背后的一排禅房年代都很晚，有的甚至是近些年才修起来的。

《应州志》记载，净土寺于"金天会二年（1124）僧善祥奉敕创造，金大定二十四年（1184）僧善祥重修"，大雄宝殿就是金代的原构。寺院原来分为东西两部分，东院由最前端的禅堂、中间的佛堂和北部的藏经楼及两侧的厢房组成；西院为主院，前部是山门，院内建有一座八角五级的石塔，高度在 10 米左右，供奉佛舍利。塔后是天王殿，两边有钟鼓楼相对峙。其后东配殿是观音殿，西配殿为地藏殿，大雄宝殿居于正中，背后另有法堂一座。可惜在"文革"中净土寺的大部分建筑和塑像都被捣毁，仅有大雄宝殿残存。

其实大雄宝殿体量也不算大，面阔三间，进深六椽，平面为正方形，单檐歇山顶，殿顶的高度与殿身的高度基本相等，檐下仅设简洁的单下昂四铺作斗栱。正面的匾额和隔扇门窗

山西省应县净土寺大雄宝殿
二〇一七年九月二十二日十四时十分一十六时三十分
连达

应县净土寺大雄宝殿

应是近些年新作之物。外观上看起来除了比例与清代殿堂有所差异，似乎也未有过人之处。

走进殿内抬头一看，我顿时倒吸了一口气，原来里边暗藏玄机。殿内是以四椽栿接后乳栿用三柱的结构，两条四椽栿把殿顶空间均匀地分隔成三部分，每一部分又以密集的小斗栱分隔围拢成前、中、后三个藻井，簇拥着八角形、六角形或菱形的美轮美奂如天宫高悬般的核心部分。这些小巧的斗栱细密精致，仿照真实建筑的结构制作，尤其以明间中部的装饰最为华丽。藻井四周以小斗栱围成平坐状，上边设置勾栏和长廊环绕，每一面中部都向前凸出歇山式抱厦，尤其正面施以四柱三楼牌坊式造型，飞檐高挑，宛若云宫琼楼。在这些殿阁顶上的中心位置又向内递进一重八角形藻井，繁复托举的小斗栱把空间感层层推进，藻井核心为黑底色，镶嵌高浮雕的二龙戏珠，两条金龙好像在漆黑的天际间舞动翻腾，人从下边望去，就好比人间对天界的仰视与希冀。这种辉煌典雅的气息与岩山寺的金代壁画简直是一脉相承，让人叹为观止，堪与木塔并峙生辉。

殿内三面墙壁上还保存有清代佛教壁画，佛坛上是近些年重塑的佛像，水准同天宫藻井比起来也是天壤之别了，甚至可作为 800 多年来审美和艺术没落的直观例证。

浑源永安寺

浑源县位于桑干河支流的浑河谷地，县城三面环山，北面因六棱山与大同市和阳高县为邻，东南两面屏恒山山脉和广灵、灵丘及繁峙三县相望，只有西面同应县接壤的地区较为平缓。这里自秦代时起称崞县、平舒县，至唐朝时，因浑河发源于此，取名浑源，沿用至今。

浑源县城池原本是个八边形，虽然今天城垣早已被拆除了，但从几条斜街上仍能依稀找到当年的轮廓。从鼓楼街向北，在原来旧城东北角的位置上现存一座古刹名曰永安寺。据《寰宇通志》和《大永安禅寺铭》载，永安寺始建于金代，后毁于火灾。元初，浑源州都元帅高定父子在原址复建。元延祐二年（1315）高定之孙高璞又捐资增建传法正宗之殿。相传因高定曾任永安军节度使，归隐后又号永安居士，故将寺院定名为"永安寺"。

这座寺院坐北朝南而建，在民房的簇拥下显得格外堂皇气派，现存建筑有最前端的三开间山门及两侧掖门，第二进为面阔五间、进深四椽的悬山顶天王殿，此殿正面在明间和两次间开隔扇门，背后出三间卷棚歇山顶戏台。天王殿两侧也连建掖门，沟通前后院，在掖门两边各建歇山顶钟鼓楼。第三进院中最为宽敞，正中央是规模宏大的正殿，修建在近 1.5 米高的砖石台基上，前边突出很宽阔的月台，三面置垂带踏跺。此殿面阔五间，进深六椽，单檐

浑源县永安寺

庑殿顶，檐下设单杪单下昂五铺作斗栱，当中挂巨匾曰"传法正宗之殿"，传为元初书法家雪庵和尚所题。正面明间和两次间开隔扇门，背面仅在明间中部开木板门，其余各面皆为墙壁。正面两稍间砖墙上直接雕刻出两个顶天立地的擘窠大字"庄严"，上款时间为"壬午夏月"，印章依稀是"古雅绝伦"，落款为"太原龙山段士达"。后墙上的两次间和稍间上也有四个大字"虎啸""龙吟"，款识为"大清乾隆""张焰书"。

殿内已无塑像，显得宽敞空旷，构架为四椽栿接后乳栿用三柱，结构严谨，用材工整，明间顶部设有精巧的八角形和六角形两组藻井，下边左右装饰以微缩版的天宫楼阁，其精美直追净土寺大雄宝殿藻井。最著名的则是殿内的壁画，东西两山墙上是密集而艳丽的水陆画，传为明代作品，数百位人物分为上中下三列队伍面向佛坛方向行进，粗看倒也不错，但若对比画工与设色的水准，比繁峙公主寺则还是差了不少。最有争议的是后墙上的十大明王壁画，以明间木板门分隔成东西两组的后山墙上各画着五尊孔武有力、面目狰狞、驾驭神兽与墙等高的明王像，传为元代作品。但我观其色泽与东西墙上的水陆画一样艳丽，设色、线条和笔法也十分接近，都有很浓郁的晋北清代壁画特征，因而我怀疑这些壁画不论初创于何时，清代应该是重新描绘过。

原来正殿后面还有一进后殿，可惜已经了无痕迹，只剩下各种碑刻石雕堆在墙角里。

其实早在 2001 年的秋季，我就曾来过浑源，那时候是慕名去爬北岳恒山和悬空寺，在当地出租司机的推荐下才知道了永安寺。可是赶来一看，正在进行大修，立满了脚手架，我也被施工队粗暴地轰了出来。但印象最深的是殿顶上的琉璃构件全部换成新的，那些被拆换下来的尺寸像小柜子般还很完好的高浮雕花卉正脊构件，就被当成垃圾扔在角落里，磕碰损坏，遍地残渣。所以当我今天看到正殿顶上金灿灿的琉璃瓦和娇艳欲滴的花卉、脊兽装饰时，心中真是五味杂陈。曾经在无知的时候破坏了后殿和彩塑，但在我们已经意识到应该维修保护的时候，我们的做法就真的是完全正确的吗？是保护还是破坏真的要留给历史去评说吗？等到后人只能评说却已经无法挽回损失的时候，我们岂不是就成了历史的罪人吗？

朔州崇福寺

朔州市位于山西省的西北部，也是一座三面环山一面平原的城市，这里处在宁武关和偏头关的夹角处，为明代内外长城结合部的重镇。既是山西西北部外长城内的依托，也是内长城外的前哨。蒙古铁骑如果从这边突破外长城，朔州立即就变成了前线，而宁武关阳方口几乎是首选的纵深突破口，偏头关老营一线也是分外危急，所以这一地区相当于钉在边塞上腹背受敌的钉子，其重要地位可想而知。

现在的朔州市区所在地名叫朔城区，北边为平鲁区，南边是宁武、原平和代县，西南接神池县，东邻山阴县，是一个统辖2区3县1市的地级市。这里是西汉时设置的马邑县，汉武帝布下三十万大军设围欲全歼匈奴就在此地。北齐天保八年（557）改马邑为招远县，并于此设立朔州治所。后晋天福元年（936）石敬瑭割十六州归辽，朔州为其一。民国改称朔县，至1989年正式设立地级市，仍用朔州之名。

朔州老城位于南面的恢河和北边的七里河之间，平面近乎正方形，原有四门，现仅南边承恩门门洞尚存。城墙包砖早已拆尽，但夯土的残垣倒也还算完整连贯，高度都在10余米，虽然破败，却甚是壮观。近20年前我曾来过朔州，高巨的南门洞给我留下了深刻印象。现在这里被修整得崭新整齐，复建了一座城楼，生硬的感觉很是怪异。整个老城里的古民居也铲除一空，全部被居民楼和仿古铺面所取代，古老的朔州城内只剩下东街北边的巨刹崇福寺还孑然独存。

相传崇福寺是唐麟德二年（665）由名将尉迟敬德奉敕创建，他是朔州鄯阳（今平鲁区）人，但在显庆三年（658）就去世了，应该是因为他太过著名，所以引得后人牵强附会。另传此处辽代时曾改为林太师的府邸，俗称为林衙府，统和年间这里经常夜现灵光异彩，使人惶恐不安，于是林家将此宅捐为寺院，人们称之为"林衙寺"。金皇统三年（1143）大将军翟昭度奉敕建弥陀殿，不久又建观音殿，海陵王完颜亮于天德二年（1150）赐额"崇福禅寺"。此后历代均有重修和增葺，明崇祯四年（1631），知州翁应祥题额为"林衙古刹"。

现在寺院占地广袤，基本保存了原有规模。最前端的山门为近些年所复建，走进院中的第一座建筑是五间悬山顶的金刚殿，为清代所建，里面的塑像和壁画都是现代作品。

第二进院内为千佛阁，是明代在旧日藏经楼的基础上修建，为一座面阔和进深皆三间的两层歇山顶砖木楼阁，一层设回廊，前出庑殿式抱厦，下开壸门，后出悬山式抱厦。二层置平坐勾栏，安隔扇门和直棂窗，正面明间檐下悬千佛阁竖匾。整体虽不高大，但造型颇具古风。两侧还配建有小巧的两层歇山顶钟鼓楼，也是很与众不同。楼一层为砖墙，腰部出平坐，二层四面开壸门，亦是保留了许多早期风格。

朔州市崇福寺千佛阁和鼓楼

第三进院较为宽敞，正中央是明成化五年（1469）重建的大雄宝殿，因殿内供奉着三世佛，又称三宝殿。东西两侧各有悬山顶前出廊的配殿五间，东侧供文殊，西侧祀地藏。大雄宝殿下部建有米余的砖石台基，前面出月台，三面出垂带踏跺。主体面阔五间，进深八椽，单檐歇山顶，檐下设双杪五铺作斗栱，正面两窗夹一门。殿内中央供奉着一字排开的三尊佛像，两山墙上遍绘上千尊巴掌大的佛祖坐像，这密集的阵势堪比平遥镇国寺万佛殿内的景象，也比前面的千佛阁更具有号称"千佛"的资本。

山西省朔州市
崇福寺 大雄宝殿
二〇一四年九月二十四日 中午十二封五临——丁午十四时四十分
莲 达

朔州市崇福寺大雄宝殿

　　第四进是崇福寺内最为巨大的殿宇——弥陀殿，此殿修建在两米多高的砖石平台上，前面还有很大的月台。殿堂面阔七间，进深八椽，单檐歇山顶，通高 21 米，正面宽 40 余米，纵深也有 22 米多，宛若在明代大雄宝殿背后横陈的一座小山，体量实在让人震撼，这就是金皇统三年（1143）的原构。此殿虽大，但造型极其工整精致，结构硬朗，气魄恢宏。歇山顶舒缓张扬，飞檐雄健出挑，宛若苍鹰之翼。殿顶的鸱吻、脊刹和垂兽、戗兽以及琉璃神将人物都是金代旧物，极其珍贵。檐下的斗栱壮硕有力又富于变化，柱头铺作少见地使用了斜栱，这种情况在现存的金代建筑中是特别罕见的。所有的柱头上都设双杪双下昂七铺作，耍头也做成批竹琴面昂形，在第一跳华栱两侧各出一缝斜栱，第二跳两侧各出两缝斜栱，出昂两侧另施斜栱，把柱头铺作塑造得有如一树繁花。各补间铺作就相对简洁素雅许多，皆为四杪七铺作，默默地成了陪衬，只有转角铺作还肆无忌惮地狂热绽放。正面明间檐下挂巨型竖匾"弥陀殿"，好像将一只小船高高悬于空中，三个遒劲有力的颜体大字刚猛中又带有一丝圆润和儒雅的气质，远追颜鲁公之遗风。落款为"大定廿四年（1184）三月十九日"，也是金代原物。

　　大殿的侧脚和升起均很明显，正面当中五间皆对开隔扇门，门上密布精湛的镂刻透心木雕窗棂，纹饰有 15 种之多，如菱花、莲花、椒眼、古钱等，阵列排布，首尾衔接，玲珑剔透，让人眼花缭乱，也为古人的匠心所折服，而似此处能够保全如此众多完整的金代门窗，又是一个奇迹。

山西省朔州市 崇福寺 弥陀殿
二〇一一年九月二十四日 上午十时三十分——十年十二时十分
连达

朔州市崇福寺弥陀殿

　　殿内彻上露明造，为了拓展空间，将前槽仅留两根金柱，后槽柱全在佛坛背后，为朝拜者留出了特别大的前厅。没有了柱子的遮挡，佛坛上的塑像也更显神圣庄严，威仪逼人。殿内供奉的是"西方三圣"，中心须弥座莲台上结跏趺坐着阿弥陀佛，两侧并坐大势至和观世音菩萨，都是面容丰腴，体态雍容。身后密集的卷曲纹背光宛若竖立着三片巨型叶子，雕琢编织得极尽繁缛富丽，又有无穷无尽流动升腾的动感直冲殿顶。三位主尊之间共侍立着4位胁侍菩萨，在佛坛两角处是两尊威武挺拔的天王像，尤其东侧的一尊，那乌黑的面容和霸气的神态，让我不禁联想到了尉迟敬德。这些塑像也都是金代原塑，明代进行过重妆，但筋骨神态一如旧貌，也是现存体量最大最完整的一堂金代彩塑精品。

　　四壁还保存有基本完整的金代壁画，以佛祖说法为题材，总计10尊佛像，都结跏趺坐，几乎与墙等高，两旁各立胁侍菩萨，天空中祥云缭绕，飞天舞动，人物沉稳端庄，若有所思，笔法娴熟，线条流畅，虽经八百多年时光，依旧色泽饱满，细节清晰，是佳作上品。

　　现在弥陀殿顶的琉璃、匾额、门窗、佛像的背光和满墙壁画都是金代文物和艺术珍品，被誉为"五绝"，我倒觉得这样巨型的殿宇保存得如此全面完整本身就是最为宝贵和神奇的，何以只见树木不见森林。

　　寺中最后一座殿堂是观音殿，也是金代遗构，面阔五间，进深六椽，单檐歇山顶，修筑在与弥陀殿相连的双重砖石台基上，体量小于弥陀殿，但大于前面的明代大雄宝殿，这三座

山西省朔州市崇福寺弥陀殿 天王像
二〇一四年九月二十三日中午十二时二十分 ——
十四时十分
连达

朔州市崇福寺弥陀殿天王像

山西省朔州市 崇福寺
观音殿
二〇一四年九月二十四日 下午十四点五十分——十六点三十分
连达 绘

朔州市崇福寺观音殿

殿宇相距不远、高低错落的感觉还真有些宫殿的意味。观音殿前后檐下设单杪单批竹琴面昂五铺作斗栱，耍头也做成批竹琴面昂式，形成有韵律的放射状效果。东西两山的补间则改为双杪五铺作，令视觉上产生了有规律的变化。正面檐下悬竖匾"观音殿"，明间和两次间为隔扇门，背面仅在明间开小木板门。当年观音殿的隔扇门与弥陀殿一样精致华丽，可惜"文革"时期被劈柴烧火了。

殿内采用减柱造，四椽栿接后乳栿用三柱，为了减轻四椽栿跨度过大的压力，还创新地设计了双层叉手结构，把平梁前部的重量分散给前檐柱和内槽柱，使得佛坛前无遮无拦，宽敞通透。此殿内将观音菩萨居中安放，两侧的是文殊和普贤，均为明代作品，风格同大雄宝殿里的塑像近似。

崇福寺建筑群占地甚广，保存也十分完整，尤其以弥陀殿最为珍贵。环顾四周，这里已成为古老的朔州城内唯一的古建筑遗存，若是再来朔州城，也只能是为崇福寺而来了。

大同华严寺

大同是晋北最大的城市，也是山西省的第二大城市，这座位于晋蒙两省（区）边界的古城，两千多年来几乎一直处在中原王朝与游牧政权针锋相对的战争和农耕同草原文明交汇融合的最前沿。大同古称平城，春秋时曾是北狄林胡属地，战国时先入代，后为赵襄子所并。秦统一中国后属雁门郡，两汉因之，三国时为乌桓、鲜卑属地。398年北魏拓跋珪迁都平城，这里第一次成为都城，并开凿了举世闻名的云冈石窟。北齐时属北恒州太平县，北周灭齐后，改为云中县。唐初置云州，会昌三年（843）以云、蔚诸州为大同道。五代属后唐、后晋，石敬瑭献幽云十六州于辽，中原遂失此屏障。辽重熙十三年（1044）改云州为西京，设西京道大同府。辽保大二年（1122）金将完颜宗翰攻占大同府，仍以大同为西京，改西京道为西京路。元初仍称西京，至元二十五年（1288）改为大同路。明洪武七年（1374）改为大同府，永乐七年（1409）置大同镇，设镇守总兵官。正德八年（1513）设总制，辖13卫所，823堡寨，307座墩台，驻军最多时达13万余人。清顺治六年（1649）多尔衮屠大同，将城墙拆低5尺，大同废。顺治九年（1652）迁入移民复兴大同。民国改为大同县，1993年大同设立地级市。

今天的大同老城既是辽、金、元三朝的西京，又是明代九边重镇大同镇的所在地，近千年的历史积淀，使得这里保存下许多文物古迹，其中最为宏大壮丽的当属位于老城西门内的华严寺了。

大同市上华严寺大雄宝殿

清光绪版《大同府志》云："大华严寺在府治南少，西东向，台崇数十尺，上构大殿，高亦如之，俗谓之上寺。其地旧名舍利坊，辽清宁八年（1062）建寺，奉安诸帝铜、石像者也。旧有南北阁、东西廊，像在阁下，已失所在。明成化、万历、崇祯间相继修缮。""寺之东南为薄伽教藏殿，亦垒石为台基，稍庳，俗谓之下寺。"因辽金皆以大同为西京，又都崇信佛教，所以寺院修建得格外庞大华丽。辽保大二年（1122）金兵攻占大同时，华严寺建筑群部分被毁，其中就包括大雄宝殿，金天眷三年（1140）进行了重建，寺院逐渐得到恢复，但规模已萎缩。元末混战中，寺院再次受损，明代予以重修，并将之一分为二，成了上、下两寺。上寺即现在以华严寺大雄宝殿为主的建筑群，下寺是薄伽教藏殿及附属建筑。清初两寺遭战火蹂躏，再次损失惨重，索性两座大殿还是幸存了下来，后来进行的一些补建规模很小，不复往昔气象。直到当代才又将两寺重新合并，还在周围修建起许多新的仿古殿堂、楼阁和木塔，当然目的已不再是为了佛教信仰，而是旅游开发。

华严寺建筑群坐西朝东，背靠大同西城墙。清代的上华严寺只是在大雄宝殿前边延展出了一座两进的小院，最前端是山门，第二进为前后出抱厦的天王殿，两厢以长长的连脊厢房环抱，尽头处为钟鼓楼。但这些建筑在大雄宝殿前就宛如儿童过家家的玩具般小巧简单，也更对比得大雄宝殿如山一般高峻宏伟。此殿下部建在 4 米余高的"凸"字形平台上，前部为月台，正面设踏跺，以石栏板和女墙环绕。月台上还建有六角攒尖顶钟鼓双亭。大殿面阔九

大同市下华严寺薄伽教藏殿

间，进深五间，单檐庑殿顶，面宽约 54 米，纵深 29 米，通高 20 余米，仅正脊两端的鸱吻就有 4 米多高。殿檐出挑之宽也有近 4 米，人在其下犹如蚂蚁观象，简直震撼灵魂。檐下施简洁的双杪五铺作斗栱，正中央悬挂"大雄宝殿"斗匾，下边另有一横匾"调御丈夫"，此为佛陀十号之一，意为佛陀有无穷的智慧能调御修行者的心性，使之获得正觉。大殿正面开设有三座壶门，因殿身实在太高，门上还安装有格子窗。门前月台上有辽大康二年（1076）的八角陀罗尼经幢和明万历二十二年（1594）所铸仿楼阁式铁香炉。

殿内采用移柱和减柱法，把前后槽柱内移，节省 12 根柱子的空间，使殿内更加宽敞舒畅。由于设置了平闇，看不到梁栿的状况。中心的佛坛上一字排开供奉着五方佛，都是明代作品。这些佛像端坐在高高的须弥座莲台上，自身体量并不大，数百年的金身仍展现出饱满雍容的光泽，身后的背光和平闇一样花团锦簇，美不胜收。各位佛祖之间侍立着秀美的胁侍菩萨，东西两厢分列二十诸天，每侧站立 10 人，都衣着华丽冠带堂皇，以前倾的姿态面朝佛祖的方向，好像在上朝的文武百官，也俱为明代作品。各面墙壁上的壁画饱满艳丽，刻画细腻，保存完整，有佛传故事、说法、善财童子五十三参、达摩传法、千手千眼观音、华严三圣等众多题材，包含大小人物多达五千余人，看构图和布局应是明代所绘，但细看设色和画风，却是清代手笔，为光绪年间的画工董安在明画基础上重描的。

在钢筋混凝土楼房没有出现的时代，大雄宝殿几乎一直是大同老城内最大的房屋，在周围平房式民居的簇拥和对比下，这座巨殿好像平原上隆起的山丘，又仿佛渔船中驶来了航母，呈现出一种敦厚沉稳、与世无争却又无可匹敌的长者之风。这样的景象在十年前还没有太大变化，但随着华严寺里建起了众多的仿古殿宇楼阁和木塔后，大雄宝殿似乎一夜之间变得雄风不再，仿佛身形也缩小了一般，沦为这一大片真真假假的古寺院里普普通通的一员了。

在大雄宝殿的东南方就是薄伽教藏殿，也是修建在"凸"字形的台基上，面阔五间，进深四间，单檐歇山顶，举折舒缓，出檐宽阔，造型方正厚重，是辽代建寺时的原构，也是国内现存八座辽代木结构建筑之一。"薄伽教藏殿"的意思就是存放佛经的殿堂，此殿檐下设双杪五铺作斗栱，耍头做昂形，补间采用直斗，有一种浓郁的唐代遗风。明间匾额为清康熙二十七年（1688）所制的"薄伽教藏"，左侧还挂一块清雍正元年（1723）的"古刹重新"，明间和两次间设隔扇门窗，后墙仅有一矩形窗，因殿前有一株茂盛的树木遮挡，无法得到此殿的全貌。在月台正面踏跺顶端还建有小牌坊一座，两旁分峙有钟鼓双亭。

清光绪版《大同府志》载"下寺，辽重熙七年（1038）建，保大间毁于兵火，仅存斋堂、厨库、宝塔、经藏"，殿内有"维重熙七年（1038）岁次戊寅九月甲午朔十五日戊申午时建"的题记，这与府志正好相印证，说明此殿是在金灭辽的战火中侥幸保存下来的。殿内也采用了华丽的平闇，上面还存留着辽代的彩画。佛坛上供奉着三世佛，并分别围绕三位主尊形成了三组人群，大致是以迦叶、阿难两弟子以及数量不等的胁侍菩萨侍立于佛前，另有观音、文殊、普贤和地藏四大菩萨、佛坛四角的四大天王以及供养人，浩浩荡荡的31尊的庞大队伍，其中除了在南北两主尊前有明代增设的两尊小佛像外，其余均为辽代原塑，极其珍贵。这种

大同市华严寺全景

布局又依稀与佛光寺东大殿内唐代彩塑有着相似性和传承关系。这些塑像中最著名者是南侧一尊面带微笑的"合掌露齿"胁侍菩萨像，因其塑造得柔美婀娜、生动传神，超脱了宗教的严肃刻板，充满常人的生活化气息，因而被格外关注与喜爱。有人曾誉之为"东方维纳斯"，我却对这种所谓的美誉从来不以为然，每一种文化都有自己的精华和特色，常以西方文化作为标准来衡量东方文化，也是不自信的表现——好便是好，又何须要靠别人的名字来充门面。由此我又想到应县木塔这些年对外的宣传，常以与法国埃菲尔铁塔和意大利比萨斜塔并称"三大奇塔"为荣，我对此尤为反感。一座有着近千年悠久历史的绝伦木塔去拉着仅有百余年的金属塔来为自己打知名度，简直就是在自贱身价。而木塔至今仍不能成为世界文化遗产的窘境，恰恰说明了这个所谓"世界文化遗产"的评审也并非真有水准，木塔不入选是他们的重大失误和世界文化的损失。

薄伽教藏殿内四壁设有两层小木作楼阁式藏经柜，在后窗处还架设有美轮美奂的天宫楼阁。以拱桥跨建在两侧楼阁的平坐上，桥顶亦出平坐，建歇山顶殿堂，建筑结构一丝不苟、惟妙惟肖，让我想起了山西省泽州县小南二仙庙的宋代天宫楼阁神龛，两者真是异曲同工。

无论是否经过了现代的增建，华严寺都是大同城内规模最大的古建筑群，大雄宝殿和薄伽教藏殿就好像一直静卧在地平线上凝望东方的雄狮。在时光的洗刷下，多少殿堂楼阁起起落落，最终化为乌有，我相信这两座辽金巨构却必将在无尽的岁月里一直见证和坚守下去。

大同善化寺

在大同老城南门内，坐北朝南还有另一座辽金古刹善化寺，三座巍峨苍古的庑殿顶层叠耸峙，是南城一道动人的风景。据清光绪版《大同府志》载"善化寺在府治东南，唐开元间建，赐名开元。石晋初，改名大普恩寺，岁久废。金天会戊申（1128），释圆满重建"。其中的"岁久废"实际上指的是辽保大二年（1122）金兵攻城时毁坏，至金皇统三年（1143）用时十四年多才再次修复。明正统十年（1445）更名为善化寺。

建筑群最前端为山门兼天王殿，下部有砖石台基，前出月台，是一座面阔五间、进深四椽、单檐庑殿顶的金代遗构。檐下设单杪单下昂五铺作斗栱，前后明间相对开门，正面两次间设距地面极高的长方形直棂窗。殿内设一排与脊槫对应的中柱，上面也以双杪五铺作斗栱承托梁栿。殿内东西两山墙下设神台，塑有顶天立地的明代四大天王坐像。北侧屋檐下悬挂明嘉靖七年（1528）的巨匾"威德护世"。

第二进是三圣殿，这也是一座金代建筑，下部建有 1 米余高的砖石台基，前方出月台。

大同市善化寺山门

殿身面阔五间，进深六椽，单檐庑殿顶，侧脚和升起明显，正脊很短促，飘逸的垂脊和宽广而舒展的飞檐在空中划出了优雅的曲线，是刚健与柔美的神奇结合。檐下设单杪双下昂六铺作斗栱，前后檐都在两次间补出一朵如巨大花束般的斜栱，与别处迥然不同，也打破了檐下显得过于工整的斗栱阵列，使其富于美观和变化，又不失金代风格的硬朗气质。正面檐下中央悬挂一块竖匾"三圣殿"，明间对开隔扇门，两次间也有宽大的直棂窗，北面有门而无窗。

殿内彻上露明造，梁栿纵横，辅柱也支撑了不少，很显然是把减柱造减除的柱子又填补了回来。神台上端坐着华严三圣的塑像，在佛祖释迦牟尼佛的两侧还各有一尊胁侍菩萨，这些塑像并无明确年代记载，一说是金代旧物，但看风格似乎在清代重装过。殿内有一通刊刻于"大定十六年（1176）丙申八月丁酉初一日"的《大金西京大普恩寺重修大殿记》碑，其撰文者是被扣押并居于寺中的南宋使臣朱弁，他在这里住了整整14年，亲自见证了寺院重建到落成的全过程，由是撰文详加记录，此碑就立在殿门内西侧，是珍贵的史料和文物。

在三圣殿后面是宽阔的庭院，院子北端葱郁的树丛掩映之中便是辽代遗构大雄宝殿，也是存世八大辽构之一。这是寺里体量最大的殿宇，下部也建有"凸"字形砖石高台，正面出踏跺，立牌坊，月台上设钟鼓双亭，与华严寺两座主殿的格局相同。殿身面阔七间，进深六

大同市善化寺三圣殿

椽，单檐庑殿顶。檐下设双杪五铺作斗栱，补间铺作下垫矮驼峰，明间与两稍间开三座壸门，都与华严寺大雄宝殿如出一辙。

殿内也是彻上露明造，仅在中心佛像顶部悬藻井和一小块平闇。前后槽移柱和减柱，使得前厅空间得到了最大的释放。佛坛上一字排开五方佛，俱结跏趺坐在高耸的须弥座莲台上，各个表情娴静，双目微合，仿佛世间万事万物已了然于胸。核心的毗卢遮那佛两侧侍立迦叶和阿难，再外侧为胁侍菩萨。殿内三面墙下侍立着的是二十四诸天像，也是金代作品，神态生动、气质鲜活，南、西墙尚存清康熙二十五年（1686）至四十七年（1708）所绘的佛祖说法图壁画。这座善化寺大雄宝殿与华严寺大雄宝殿相比，从结构到装饰再到佛像组合都存在太多的相似之处，因其为辽代遗构，所以也可由此判断华严寺大雄宝殿即使金代重修，其原有的损坏应该也并非是毁灭性的，保留了大部分辽代旧有结构也是很可能的。

善化寺的布局东西对称，中线上三座大殿两边都以配殿和回廊环绕串联起来的，在三圣殿后的东边有文殊阁，西面为普贤阁。其中普贤阁为金贞元二年（1154）所建，坐西朝东，平面呈正方形，深广各三间，一层明间开木板门，檐下设单杪四铺作斗栱。二层设平坐勾栏，平坐也为四铺作，亦在明间中部开门，两山墙上开直棂窗，最上覆单檐歇山顶，用双杪五铺作，耍头为昂形。这座楼阁两层间还有一个夹层，实为三层，造型古雅，直追唐风，此种式样的楼阁在后世就极为罕见了。东面的文殊阁于民国年间曾遭焚毁，现在这座为近几年仿照普贤阁的样子复建。寺西原有琉璃五龙壁一座，做工与明朝代王府旧址前的九龙照壁类似，现在被整体搬迁到了山门前，仍做照壁。

大同市善化寺大雄宝殿

善化寺建筑群巨殿层叠，气象森严，在南边的城墙上俯瞰，庑殿顶圆润的弧线使得这些庞大的屋顶不仅不沉闷，还很优雅美观。若说这种庑殿的阵列好像在哪里见过，那一定是在北京景山上俯瞰金碧辉煌的紫禁城中轴线。善化寺则更加古意十足，不由得让人思绪飞跃到了远去的辽金时代，那时候又有多少如此辉煌壮丽的古刹浮屠？那些早就消亡在历史烟尘中的九重宫阙是不是也如这般磅礴恢宏？甚至于仅留存在史书字句间的唐代大明宫是不是也能够从善化寺的身上领略些许意韵以略作慰藉？一时心潮澎湃，思绪驰骋若脱缰之马再也难以收拢了。

大同市善化寺普贤阁

大同市善化寺全貌

山西省大同市善化寺全貌
二〇一六年十月六日 下午十三时二十分——十七时四十分 连达

大同鼓楼

从大同南门内大街一路向北，过两个街口就到了大同鼓楼，位于大同老城连接四门的十字大街中心南边的第一个十字路口上。

鼓楼平面为正方形，面阔、进深都是三间，为三重檐十字歇山顶的三层砖木楼阁，通高约20米，每层皆有回廊。此楼原本是跨建在路上的过街楼，四面有民房店铺簇拥，楼下可通车马行人，现在则已经成为环岛中心的一座景观建筑，仅存象征意义。此楼创建于明天顺七年到八年间（1463—1464），不过经历代整修早已非原物，清代风格更多一些。

昔日大同城内与鼓楼争相并峙的还有东边的太平楼、西边的钟楼、各城门上的城楼、箭楼以及东南城角上的雁塔等，现如今还可自豪地称作文物的就仅剩下鼓楼自己了。其余的制高点都在历史的长河中逐渐倒下了，雁塔本来还在城墙上挺立着，近几年又被嫌弃太矮小，整体搬迁到了文庙去，原址建了座更大个的仿品。这些年随着大同古城的整修改造，曾经仅剩下夯土的城墙被重新包砖，接着各城门楼和箭楼以及马面上凭臆想创造出来的重檐歇山顶的所谓敌楼也纷纷建起来了，其中也包括早已消失几十年的太平楼和钟楼等高楼。

但在鼓楼眼中，这些新建的东西不过就是标本一般的仿制品，早已经不再是自己那些熟识了几百年的老伙计们了，那些一起走过历史烟尘、见证腥风血雨的真正的兄弟们已经再也回不来了。大同鼓楼曾经直面过蒙古铁蹄的入寇，也看到过无数大明将士的集结与开拔，作为一座军镇，这里从来就不缺金戈铁马和壮怀激烈。但终有一天，大顺军接管了这里，接着清兵也来了。鼓楼也永远忘不了大同惨遭清兵屠城尸山血河的惨状，有多少无助百姓的生命终点就在这座他们曾经日日仰望的鼓楼脚下，殷红的鲜血浸透了大同的土壤，坚厚的城墙也被毁成断壁残垣。转眼间近300年过去了，已经没有多少人还知道当年的屠城了，明朝的大同人都被杀完了，清朝的大同人是从外面被迁进来的，就好像花开花落和春风吹又生的野草，大同又是一个繁华的大城市了，人们似乎只记得"大同婆姨"。这一回是东洋的禽兽杀了进来，大同再一次惨遭蹂躏，似乎已经复苏的城市也重又堕入地狱。

当噩梦终于醒来，鼓楼发现和自己远近呼应了这么多年的老伙计们已经像秋风中的叶子般日益凋零，终于有一天只剩下自己了。现在这些新来的伙计说他们就是当年的那些老兄弟，可鼓楼跟他们聊起来往昔的旧事，他们却什么都不知道，因为他们没有过那些岁月的经历。

山西省大同市鼓楼

二〇一四年九月二十八日 上午七时四十分一十时

连达

大同市鼓楼

阳高云林寺

　　阳高县位于大同市的东北部，北以明长城与内蒙古自治区为邻，东与天镇县和河北省阳原县相接，南面是浑源县和广灵县，西面是大同市的云州区和大同县地界。北面云门山和西面采凉山形如双手捧月，阳高县城就坐落在两山夹角的平原之中。相传汉高祖刘邦北击匈奴被困白登山的古战场就在阳高县采凉山上。西汉时在这里设高柳县，到辽代设长青县，金大定七年（1167）因白登河之名改为白登县。明洪武二十六年（1393）废县置阳和卫，宣德元年（1426）徙高山卫来此同治，嘉靖二十六年（1547）设大同东路。清初将阳和卫与高山卫合并，名阳高卫。因大同被屠，一度将大同府治迁至此地，雍正三年（1725）改为阳高县，至今未变。阳高也曾惨遭屠戮，那是在1937年9月9日，日寇攻破城垣，展开了血腥的屠杀，两万人的阳高城累计死亡千余人，伤者不可胜数，南门瓮城内是集中的屠杀场，尸体堆积如山，留下了不堪回首的往事。

　　今天阳高县老城十字大街的脉络犹在，但城内古迹则摧毁殆尽，所幸存者唯云林寺而已。云林寺俗称西寺，始建年代已不可考，《阳高县志》载为明代敕建寺院。老城西南角城墙尚有夯土残垣，云林寺便坐落于拐角内。寺院规模不算大，仅存两进院落，由最前部的山门及两掖门、前殿、东西配殿、最后部的大雄宝殿和两垛殿组成。其中绝大部分建筑都是复建或整修一新的，最珍贵者则非大雄宝殿莫属。

　　大雄宝殿面阔五间，进深六椽，单檐庑殿顶，檐下设有雄健规整的三下昂六铺作斗栱，看起来格外华丽，尤其转角处，更是若繁花怒放，极显饱满雍容之态。檐下正中悬挂一块竖幅巨匾，以篆书写着"大雄宝殿"四个字。明间和两次间开隔扇门，两稍间为直棂窗，其中明间和东次间的隔扇门上雕琢有阵列排布的团花纹饰，极尽精美。类似的门我只在洪洞县碧霞圣母宫、朔州崇福寺弥陀殿等极少的地方见过，但与崇福寺的风格又颇有不同，也算是意外之喜了。北面则仅在明间开板门，其余均为墙壁。整座大殿外观施以古朴沉稳的暗红色，造型端庄典雅，庑殿顶垂脊划出的飘逸弧线让人不禁联想起大同善化寺三圣殿、芮城永乐宫三清殿甚至河北曲阳北岳庙德宁殿的风采，不知道当初修建此殿的匠作是不是就近借鉴了善化寺三圣殿的造型呢，感觉隐于小县一隅的云林寺更有一种深藏不露的贵气。

　　殿内也采用减柱和移柱的手法，原本是四椽栿接前后劄牵的构造，把前槽柱子内移到平梁下方后，两者结合部便搭在一根东西向内额上，使得前厅空间得到拓展。可惜年久之后，内额开始下沉，只好又重新支护起两根柱子，这也是许多减柱移柱殿堂的一种尴尬。

山西省阳高县云林寺大雄宝殿
二〇一八年九月二十三日 上午八时十分一十午十一时五十分
连达

阳高县云林寺大雄宝殿

　　正中央的佛坛上塑有巨大的三世佛金身，簪花堆绣的背光甚至直插到了平梁下边，好像烈焰在舔舐殿顶梁架。核心的释迦牟尼佛两旁侍立着迦叶和阿难，三佛之间露出的靠壁上绘有两尊菩萨像，佛坛两角外站立着全身披挂执戟按剑的护法天王。东西山墙下列坐着神态各异的十八罗汉，或抱膝而作，或闭目冥想，或怒目圆睁，背后墙上是完整清晰画工精湛的水陆画，色泽淡雅，线条流畅，人物生动鲜活，水准甚高。这是一座明代艺术的圣殿，也是一处少有人打扰的城市山林，在平凡的县城中为传统文化保留了一隅存身之地也是不幸中之大幸了。

天镇慈云寺

　　天镇县位于大同市暨山西省的东北角，在这个近乎平行四边形的省份最偏僻的制高点上，如果引一条对角线的话，它和晋南黄河之滨的芮城县算得上遥相呼应。这里秦朝置延陵县，北魏改置广牧县，隋为玉泉县，唐置天成军，辽代始为天成县。明洪武二十六年（1393）置天成卫,洪熙元年(1425)又添设镇虏卫。清顺治三年(1646)并两卫为天镇卫,雍正三年(1725)改称天镇县。天镇县的名字听起来很威猛,好像连天也镇得住,实际上许多北方城镇的名字都或多或少遗留着历史的烙印。这里原本就是明朝的边防前哨,三面环山,南洋河从城北流过,在县城里向北望去,高耸入云的北山好像一道天然屏障,明长城就傍依在山脚下向西绵延而去。这座数百年的边塞重镇仅在地形上就极具前沿阵地的意味,事实上也是如此,不过最惨烈的血战和屠杀却并非来自口外的蒙元铁骑,而是日寇的魔爪。1937年9月12日,鬼子攻入天镇,对手无寸铁的百姓大肆屠杀,死者枕藉,多达2300余人,罪恶弥天。

在老城西门内路北有一座面积不小的古刹叫作慈云寺,几乎是城内硕果仅存的古建筑了,静默地坚守了数百年时光,见证了边关沧海桑田的巨变。《天镇县志》载,慈云寺在城内西街,唐时建,寺原名法华。辽开泰八年(1019)修。明宣德三年(1428)春至五年(1430)夏重修,千户熊亮奏,赐额更名"慈云寺"。

慈云寺现存三进院落,最前端是三开间悬山顶山门和两侧掖门。院中颇为宽敞,左右分别建有圆形两层钟、鼓楼,这种圆形的楼阁在我走访山西古建筑中还是仅见。楼一层有回廊,腰部出平坐,两层檐下都设有双杪五铺作斗栱,顶上为层层内收的三层攒尖顶,两座楼的门都开在朝向院墙的方向。

钟鼓楼护持之下是一座面阔三间、进深四椽、单檐歇山顶的天王殿,造型古朴凝重,单杪双下昂六铺作斗栱雄大夸张,尤其三组补间的大斜栱,顶端跨度之宽,好像人张开的臂膀一般夸张,下部最后都收聚于栌斗处,犹如一个巨大的三角形倒置在普拍枋上。正面明间开

天镇县慈云寺天王殿

隔扇门，两次间为直棂窗，背面则在左右次间各设一面出檐影壁墙。寺中老僧讲，这两面墙上原本是二龙戏珠之类的吉祥图案，在"文革"时被砸掉了。

天王殿之后是更大的第二进院落，左右两厢有对称的配殿和廊庑，正中央端坐着巍峨的大雄宝殿，殿前出宽阔的月台。此殿面阔三间，进深六椽，单檐歇山顶，檐下设单杪三下昂的七铺作斗栱，粗大劲硕，密集壮观。正面皆设隔扇门，背面仅在明间设月洞门，如此搭配十分罕见。殿内用材粗大，梁栿规整，是典型的明代殿堂构造，可惜塑像和壁画已经毁于"文革"，现在皆为新塑，壁画也是新绘，却还是有些古风。

大雄宝殿两侧建月洞门连通后院，最后一重殿宇是体量最为雄大的毗卢殿，建在约 1.5 米高的石台基上，前出方形小月台。殿身面阔五间，进深六椽，悬山顶，出前廊。前檐下也设置了密集到眼花缭乱的斗栱，竟然是单杪四昂的八铺作，当中三间补间的斜栱比天王殿的更庞大。两角柱顶端的斗栱交错组合成若爆裂般的巨大团花，也许太过沉重，又单独架设了两根柱子辅助支撑。明间和两次间设木板门，两稍间为直棂窗，整座大殿气势磅礴，给人以凛然于上的威严气息，可惜这些斗栱被粗劣地涂装成绿色，使建筑的观感大为受损。这些殿宇之中，所有的塑像都是近些年的新作，如果说有让人眼前一亮的东西，便是毗卢殿内东西两壁下陈设的两座三重檐两层歇山顶楼阁造型的佛龛和经橱。听寺中年近九旬的老僧人说，

山西省天镇县慈云寺毗卢殿
二〇一八年九月二十五日 下午十四时十七分一
十七时三十八分
连达

天镇县慈云寺毗卢殿

天镇县慈云寺大雄宝殿

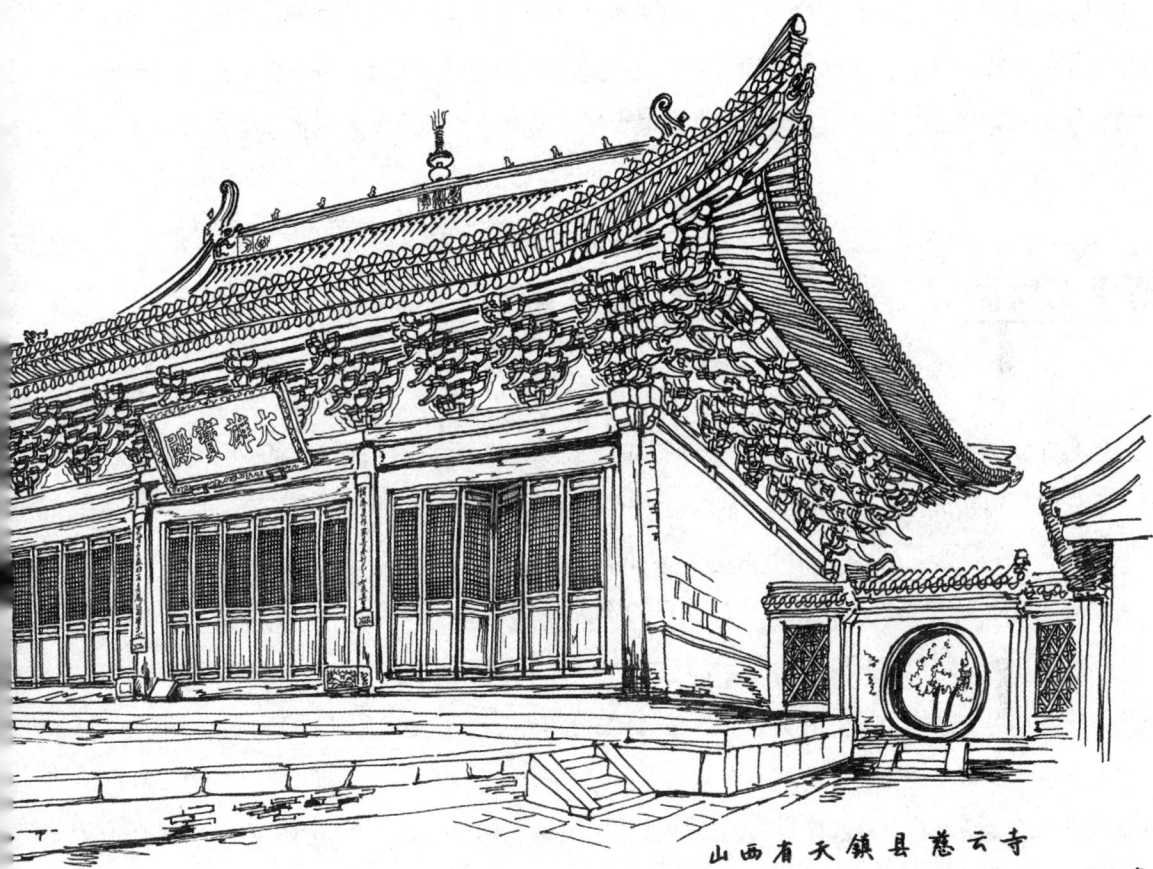

山西省天镇县慈云寺
二〇一八年九月二十四日 上午十时一下午十八时十四分
连达

"文革"时寺中经书被迁移到了大同的华严寺收存，各殿佛像则被开膛破肚、多次损坏，终至彻底毁灭，自己和师父也被赶出寺院，然后这里沦为数家居民混乱占据的大杂院。直到改革开放之后落实政策，他和师父才被请回来，国家也重新修缮了慈云寺，但已经被毁掉的东西毕竟再也回不来了，老人说到这里，仍是无限惋惜。

慈云寺以其悠久的历史、庞大的规模、宏丽的殿堂被誉为"关北巨刹"，令我最为感兴趣的是这里复杂的斗栱结构，真堪称晋北明代古建筑之最了，虽然曾经遭到严重破坏，但能够保全如此规模的布局基本完整，已经相当难得了。我常常享受于对复杂到眼花缭乱、难以理出头绪的斗栱结构进行仔细描绘的过程，也算是一个怪癖了，不过这种怪癖在慈云寺得到了极大满足。这里的斗栱不但复杂密集，还很大气，连画了两天，仍感意犹未尽。

新平玉皇阁

明朝在立国后长期遭受蒙元势力的威胁，最初明太祖朱元璋多次派军北征，各有胜负。明成祖朱棣想出兵进行决战，以图一劳永逸地消灭敌人，开始时倒也还有所斩获，后来蒙元军避其锋芒远遁无踪，使得朱棣五次劳师远征的战果十分有限，并没有达到决战的目的。因为蒙元军队以骑兵为主，移动速度极快；明军以步兵为主，要依托大量粮草辎重补给的军队，在漫无边际的旷野上根本无法追上和围歼敌人，反倒有被迂回包抄、切断粮道的危险，因此即使在以百战之师为骨干的明朝初创时期，太祖和成祖也无法彻底解除来自北方的边患。到了土木堡之变英宗被俘后，明朝更没有勇气和实力大规模出击了，只得采取守势，开始全面修筑长城，以城墙和堡垒的防御战术来削减蒙军骑兵速度和机动性方面的优势，令移动迅速、飘忽不定、难以捕捉的敌人聚集于城前，既可以与之一战，也可以最大限度地迟滞其对北境若水银泻地般的袭扰掳掠。因而长城虽并非能绝对挡住敌军入寇，但却可以使敌军不再能任意出入边境，无所阻挡亦无所顾忌地纵横驰骋，待敌军围攻一点时，明军可迅速调集各路人马前往堵截或追击。明朝嘉靖年间的宣大总督翁万达在《请修北东二路边垣疏》中对长城的作用给出了十分准确的定义——"驰击者彼所长，守险者我所长"，"山川之险，险与彼共，垣堑之险，险为我专"，"百人之堡，非千人不能攻者，以有垣堑可凭也"，"盖虏之为患，犹泛滥之水，中国设守，犹障水之堤，诸堤悉成，则渐寻隙漏，诸堤未备，则先注空虚"……把敌军比作洪水，把长城比作堤防，再形象不过了。

明代，边患未绝，长城之筑未息，即使在崇祯末年风雨飘摇之时，边堡的楼的修建工程仍在进行。从鸭绿江边的辽东镇虎山一路西来的长城在北京延庆九眼楼一分为二，内长城直驱西南，从涞源入灵丘，经雁门、宁武到达偏关县。外长城则从怀安入天镇，一路西行，过大同、左云、右玉等地，在偏关丫角山同内长城重新会合。晋北大地修筑了两道长城，既说明了边患之重，更说明了山西地理位置之重，今天的山西外长城之破败更甚于内长城，沿边寻访，常令我叹息不已。

新平堡镇位于天镇县最北部，西侧是内蒙古兴和县，东面邻河北省怀安县，身处晋、冀、蒙三省交界处，向东北方眺望，山巅上那串巨大的墩台便是从怀安县北部迤逦而来。镇子是由明长城内的屯兵城堡新平堡发展起来的，其下辖的长城从怀安入晋，由东西绵延改为南北纵贯，残破不堪的土长城成了山西和内蒙古的省界。新平堡就位于长城内侧的台地上，昔日曾经是方方正正的一座城池，《读史方舆纪要》载"新平堡，嘉靖二十五年（1546）置，隆庆六年（1572）增修，周三里有奇……嘉隆中，屡为寇冲。归款后，设市口于此，亦要地也"。其下辖新平、平定、平远、保平和桦门五堡，分守长城一十八里。书中所说的"市口"即指明蒙茶马互市的马市口，新平堡的马市口位于堡西边长城上，现在已经划入内蒙古兴和县一侧，叫作西马市村。

新平堡城墙早已经被拆得所剩无几，仅存的北门洞也严重开裂，摇摇欲坠，靠铁网和支架才能勉强维持局面。但十字街心竟然还有一座完整的玉皇阁巍然耸立着，在这以平房为主的古堡里仍然保持着几百年来鹤立鸡群的雄姿。

这座楼阁下部为十字穿心城台，顶上面南建两层歇山顶木楼阁一座，平面为正方形，面阔进深皆三间，两层均出回廊，四面置隔扇门窗，在南面二层檐下悬挂"玉皇阁"匾额。楼的造型纤瘦伶仃，顶部收山

天镇县新平堡玉皇阁

尤其狭窄，颇有陕甘一带的建筑风格，虽然结构上并无特别之处，但却是长城沿线诸多边堡中仅存的一座楼阁式建筑。现在玉皇阁成了当地的标志，是许多边塞寻古者必到的地方，我来此时正值中秋节，堡内本就不多的人更是逐渐散去，各自回家团聚了。空荡荡的街上只剩下我这个异乡游子奋笔疾绘。

晚上在路边找了个旅店住宿，屋子里潮湿倒也罢了，一开灯，墙上众多的蚰蜒、蜘蛛、潮虫四散奔逃。我只好追着将它们一一歼灭，否则夜里被爬到脸上可不是闹着玩的。

李二口长城

明长城从新平堡翻山越岭一路南进，过保平堡、南口村、桦门堡，向南来到李二口。这一线长城或石或土，大多已经化为石垄土埂，只有座座墩台还挺拔耸峙，但却不见任何一座还有包砖残存。倒是远离村庄，身居台塬顶上的桦门堡城墙上还有大面积砖石残存，一如老营堡和桦林堡的模样。夯土长城在李二口以北的地段保存则变得相对完整高大起来了，庞大的土墩台残高也仍在 10 米以上，虽然被雨水冲刷得多有坍塌，墙身上也是沟壑纵横，但在这光秃秃的土石山岗上仍然显得分外挺拔威武，从天镇县城即可望见。

长城到达李二口后，又沿着山脚下分别向东西两个方向前进，东路长城前往张仲口和瓦窑口方向，西边走薛三墩、白羊口、榆林口、水磨口进入阳高县境内。相传这一带的长城都是在明嘉靖二十五年（1546）前后修筑的，东段曾经想修到永嘉堡，将山北新平堡一带舍弃到边外，后来重新调整规划，决定还是要保留新平堡，便舍弃已经修到瓦窑口的城墙，从李二口直接翻山北去，所以才留下了东段不太长的城墙。

在外长城沿线大多都是干旱的黄土沙石山地貌，林木很少，只稀疏地生有耐旱的灌木野草，大片的绿色则主要来自山下的农田。如果能傍依一条小河，便能拥有比别处更多一些的葱郁，这一日清晨，我从西边的薛三墩沿着长城向东一路朝李二口走来，这边比别处湿润些，荒废的梯田里野草能够基本盖住地面，夯土长城仿佛是随着梯田的起伏而颠簸前行，那干黄色的土墙几乎与枯黄的衰草和远方干渴的黄土地融为一体，呈现出一派荒凉衰颓和没落的景象。

李二口是个再寻常不过的山口，长城就沿着口东的山坡陡然爬上去，村庄远远地躲到了长城东边的山脚下。但这条山口里流出了一道溪水，或许也可以称作季节河，那涓涓之水尚不足我一步之跨，但却因此使得这条山沟里有了比别处更多的嫩绿色彩，一种蓬勃于黄土地

天镇县李二口长城

上的生机，一抹给予边塞大地活力与希望的亮色，这让我对李二口的好感也瞬间增加了不少。

这些魁梧的夯土大墩虽然古老而破败，但即使如此，其阻隔的力量也绝非小股队伍所能逾越的，更不用说当初上边还有执弓弩枪铳的守军紧紧盯防了，真是了不起的超级工程。我走在仍然坚厚的土墙下，看着那一行行清晰的夯窝，仿佛都能够听到昔日筑城军民的号子声和沉闷的砸夯声。他们一下下夯实了城墙，也凝固了时间，使得四百多年后的我仍然能触摸和感受他们当年挥汗如雨的辛劳。

烽烟早已散尽，王朝霸业也化为泡影，长城还在坚守，却日渐衰颓，不知道要守卫到何年何月，也不知道还能屹立到哪一天，观之总有既壮怀激烈却又无奈伤感的情绪。

阳高镇边堡

明长城从天镇县进入阳高县继续一路西去，在云门山和采凉山之间的狭长谷地里蜿蜒穿行，过了长城乡不远就是镇边堡了。镇边堡属大同镇分巡冀北道北东路所辖，是"内五堡"之一。所谓内五堡即镇川、镇边、宏赐、镇鲁、镇河五堡，于嘉靖十八年（1539）筑，万历十一年（1583）包砖。镇边堡初名镇胡堡，《三云筹俎考》载"镇边堡原非官设住兵之城堡，嘉靖十八年（1539）更筑此城，以守备驻之，并以镇边堡名之，城周长三里八十步，高四丈一尺，分守长城二十一里"。

镇边堡呈南北向的长方形，包砖早已经被拆掉，夯土墙也所剩无几，北墙是状况较好的，最高处尚有 8 米左右，还算连贯，南墙仅剩下西南角一部分。东西两面的城墙毁坏最厉害，东墙只余几个小段，西城墙就能看出一些土埂。不过好在古堡东西相对的两座城门依然健在，

它们位于靠近南墙的位置，虽然早已没了城楼，但剩下的城台和门洞也足够高巨和威严。大约 18 年前，我背着帐篷沿晋北长城穿越的时候曾经到过镇边堡，那时候的西门还是半残的旧貌，夕阳的金辉披洒在夯土城墙上金澄澄的样子好像一幅晋北风情的油画。可当我今朝再次来到镇边堡，看见这里已经做起了旅游开发，把西门修成了一座方正僵直的灰白色大怪物，好像那些新建的假古城一样了无生趣，呆板而粗陋，完全没有一丝一毫的古意。街边也建了许多仿古建筑，做起了所谓的边塞古街，实则不伦不类，不古不今。不知道这些开发者的理念是什么，把真正吸引人的活生生的古迹与年代气息抹掉，修出这样粗劣的假东西，只能让想领略真正边关古堡风情的人们极度失望和扼腕叹息，不但风情失去了，文物毁掉了，连游人也没有了，这才真的是"自毁长城"啊。

阳高县镇边堡东门

好在东门仍旧是老样子，宽大高耸的城台上生满了杂草，残缺的门洞已经靠木架支护了。门洞外侧瓮城的墙基也还在，沦落成了居民的垃圾场。两排仿古的商铺从西门一直通到东门，崭新而生硬，在苍老的城门前更显得粗糙、虚假和滑稽，好像在耄耋者老面前卖弄聪明的小丑般可笑。可这就是现在许多地方做的所谓文物修缮和旅游开发的方式，堪称毁坏式修缮和造假式开发，从晋南的汾城到晋中的榆次、太原再到晋北的忻州、朔州、大同，真是遍地开花，无可遏制。真古迹日渐濒危，无人问津，任由其坍塌毁灭，臆造的仿古建筑却大行其道，甚至对真正的历史遗存大肆侵占拆改，简直成了山西对待传统建筑和古城面貌的一种流行的顽疾，坐拥这样优质的文化遗产资源却肆意糟蹋，实在令人痛心疾首，不知这种头脑发热的修缮和开发几时能够重新归于冷静和理性的轨道，我们还有多少文物古迹资源能经得起这样的折腾？

八台子教堂

左云县位于大同市西侧，西连右玉县，南邻怀仁、山阴，北接内蒙古丰镇，秦汉时期便置武州县，隋朝改为云内县，唐代又增设定襄县，五代随十六州入辽。明永乐元年（1403）在此置大同左卫。正统十四年（1449）把位于今天内蒙古和林县境内的云川卫迁至左卫，合称为"左云川卫"。清雍正三年（1725）改称左云县。明代外长城从大同一路西行，过得胜、拒墙、拒门、助马、破鲁、威鲁诸堡，直奔左云县宁鲁堡而来。

八台子村就在威鲁堡和宁鲁堡之间，距离宁鲁堡更近，南北向狭长地散布在黄土山坡的脚下。从东边威鲁堡方向来的长城沿村东土崖向北爬上了摩天岭，继续朝镇宁口而去。干渴的黄土台地和稀疏的树木、野草伴随着坍塌成土垄的古长城，粗犷苍凉的氛围让人脑海中不禁唱响起走西口的曲调。在这样浓重的中国边塞风貌之中，竟然不可思议地矗立着一座西洋教堂的尖顶钟楼，残缺不全的身躯好像一柄锈蚀不堪的铁钎硬生生嵌入了东方的画卷之中，令人啧啧称奇。

这座洋教堂钟楼位于八台子村北和长城之间的台地上，是哥特式建筑风格，最早由德国传教士创建于清光绪二年（1876），名叫圣母堂。当时正值中国北方遭遇持续四年的特大旱灾，波及河北、山西、陕西、河南、山东等省，饿死 1000 余万人，2000 余万灾民流离失所，为 200 年来所未有之大灾，史称"丁戊奇荒"。灾害之重使清朝官方和民间的赈灾行动收效甚微，渐渐无力回天，无数饥民挣扎在死亡线上，人相食、易子相食、夺尸而食的惨剧俯拾

山西省左云县八台子村长城与教堂
二〇一八年十月十二日上午十时二十分—十一时四十分
连达

左云县八台子村长城与教堂

皆是，大量饥民倒毙街头无人掩埋，许多村镇人烟断绝，成群的野狼吃人吃红了眼，活人竟不敢出城远行，千里江山一片惨不忍睹的地狱景象。在民众哭告于佛祖三清庙堂无效而陷入绝望时，由西洋传教士组织进行的赈灾活动也在北方广泛展开，通过赈灾进而宣传推广洋教进入中国内地。清政府已经焦头烂额，无力阻拦。民众得一粥一饭而活命，自然对圣母玛利亚母子心怀无限感激，于是一座座洋教堂便在偏僻的中国内地悄然建立起来，其分布范围之广，几乎遍布整个华北。时至今日，在晋冀两省还经常能见到或旧或新的天主堂单、双塔楼高高耸立。许多淳朴的乡民早已不清楚洋教是何时传到村里的，但却异常虔诚笃定地信仰着，或许是源于祖辈在死亡线上得以存活的刻骨铭心的记忆吧。每当我看到这些洋教堂，内心的感受总是复杂得难以言表，这也许就是那个灾难深重的时代留下的烙印吧。

八台子教堂原有规模很大，据说能容纳数百人活动，在 1900 年的义和团运动中被捣毁，1916 年曾得到了复建。后来的抗日战争以及"文革"中多次被破坏，钟楼门顶匾额上涂写的"反修"字样至今仍清晰可辨，最终只剩下这座衣衫褴褛的钟楼孑然而立。不过它也不算孤单，更古老的明长城就在身旁，两种不同时代不同文化的产物以这种方式相伴在一起，也算得上一种交汇、碰撞与融合吧。

镇宁楼长城

　　我沿着八台子教堂后边的土长城向西面摩天岭的顶上爬去，这里的夯土城墙还很高大，甚至一些地方的墙体表面还残存着部分包砌的毛石，都是就地取材的灰褐色火山岩，说明长城原来的确不是裸露的。几座超级高巨的夯土大台如同擎天神将一般远远近近地串联在城墙上，指引着我向山顶缓步而行。路边一簇簇六棱柱般的火成岩神奇地斜矗在黄土坡地上，沟壑纵横的山体和同样开裂倾颓的土长城让人看了都觉得干渴。当我来到山顶最高处的墩台下，视野瞬间开阔起来，一条低缓宽阔的沟谷呈现在西面山脚下，这就是镇宁口，土长城顽强地在满是疮疤的黄土台塬上起伏前进，那些依然有着雄强气势的墩台也还倔强地远远近近坚守在自己的岗位上。

　　在镇宁口东山脚下神奇地耸立着一座近乎完整的高大砖敌楼，和周遭的土墩台比起来，周身上下严整的包砖简直就像穿戴齐全的铠甲，挺拔而突兀地出现在早已片瓦无存的土长城线上，如一个梦幻的奇迹，也残酷地告诉我，它昔日的袍泽们那原本与它一样的战甲戎衣是怎样被无情地彻底拆毁，使得它本来寻常的模样现在竟然变成了异类，引得我翻山越岭来看它。

　　这就是镇宁楼，通高足有 14 米以上，宽度也有近 7 米，平面呈正方形，在南墙底部正

山西省左云县镇宁楼
二〇一一年七月十一日 下午十四时二十分一十五时二十分 速达

左云县镇宁楼

中央开一个拱门，门楣上镶嵌一块雕花砖框装饰的青石匾额，上书两个大字"镇宁"。进门洞即是斜向上的拱形梯道，漫长陡峭的石阶直通楼子顶层，好像地铁里的扶梯。楼内为"回"字形布局，东、西两面墙上都设有四个拱形窗，南、北墙为三窗，其中南墙中部的窗口格外高大，好像高悬于空中的门。回廊环绕的中心是一个相对严实的小房间。在回廊西南角上有梯道可登上敌楼顶部，因为被修整过，所以除了平整的地砖和四周残缺不全的垛口，也看不出更多的痕迹了。

镇宁楼下还有一圈长方形的小城，虽然砖石大都被拆掉，但正南的城门洞尚存。楼的东墙根下还有一个低矮的小拱门通向外侧，我仔细查看，楼北原也有一圈小围城，但土墙损毁成堆状，已经不完整了。很可能是隆庆议和后明朝同蒙古进行互市的地方，镇宁楼则是一座瞭望和监管互市的大型敌楼，就如同榆林的镇北台一样。

相传当地流传有一首童谣，"戚继光修敌台，放羊娃乐开怀"，说的是当年的座座敌台最终成了放羊娃躲避风雨和存放羊群的地方。而据说镇宁楼当初是因为存放柴草最终没有被拆，现在几乎成了晋北外长城上的一个异类，是保存最好的砖楼了。从镇宁楼向南望去，山下不远处就是格局尚存的宁鲁堡，那方正的城垣，凸出的马面依然还在同镇宁楼遥相呼应，镇宁楼所镇之宁就是宁鲁之宁，是边关的太平安宁。

我正画着，一个老乡从城外走进来，经攀谈得知他是北面内蒙古某村的人，最近在左云这边干活，听说有这个大楼子，于是过来看看。但他不知道这就是长城，还好奇地问我这个大楼是做什么的，这令我一时颇为感触。当年长城的修建就是想要和平，镇宁楼想要镇守安宁，而今长城外的人已经不知道长城为何物了，这难道不就是真正的安宁吗？在历尽沧桑之后，安宁成为现实，长城也走向了涅槃。

山西省左云县镇宁楼正门 二〇一八年十月二日下午十四时三十分——十七时

云县镇宁楼正门

跋

写写画画积累了这么多年，当终于把稿子整理完毕时，心中除了瞬间的轻松感之外，又有一种怅然若失的情绪，好像也终于给自己 20 年的时光完成了一个阶段性总结。在稿子收尾的这一刻，我人生的一个阶段也结束了，是与青春的告别，也是和"寻访山西古庙"的告别吧，从此自己从年龄到情感都正式步入了中年人的行列。既留恋热情似火的青春时光，也依依不舍山西的村镇庙堂，这种难以割舍的情愫让我不愿意也不忍心做最后的结束语。

整理画作和文稿，也是对自己这些年经历的一种回眸和反思，忘不了那酷暑暴晒下的挥汗如浆，也忘不了寒风凛冽中的瑟瑟发抖，更忘不了热心朋友们的帮助和鼓励，也有各种冷嘲热讽和阻拦刁难。但我不后悔自己的选择，这是一种本能的热爱和良知的驱使，在多年的跌跌撞撞之后，我甚至开始相信冥冥之中似有天意，也许自己此生就是被派来做这件事的，舍我其谁。

我深深地爱着并非我故乡的山西的山山水水和斗栱飞檐，这种爱超过了对故乡的眷恋，完全融化进了血液之中。我又深深地为山西传统文化保护的诸多问题感到忧虑和无奈，可自己资质有限，这么多年来仍然找不到除了绘画和记录之外的方式为山西的古建筑做些事情，甚至常感智力穷尽，徒呼奈何。唯愿自己用 20 年心血寻访和记录的古建筑绘画作品与故事能够继续流传下去，哪怕为了那些已经消逝的古庙在世间留下一丝记忆也好。

最后我要说，为了寻访山西古庙的事业，我亏欠家人太多，我的妻子王慧不求回报，从无抱怨和阻拦，照顾父母，教育孩子，完全扛起了家的重担，还要花很多钱支持我出去寻访和写生，是我最坚强的后盾——越是这样，我就越是感激和愧疚。我想也许她是上天派来协助我完成这项事业的天使，因为这个只有奉献没有回报的寻访古庙的事业一个人来扛实在太过艰巨了，所以天使降临人间来帮我。我深深地感激我的妻子，永远爱她。

2019 年 6 月